Klaus Barski, einer der von ganz unten kommt (Arbeiterfamilie, keine Schulbildung, Arbeitsbeginn mit 13 Jahren), schaffte mit harter Arbeit und gesundem Geschäftsinstinkt den Aufstieg vom Volksschüler und Sozialhilfeempfänger zum millionenschweren Immobilienkaufmann und Schriftsteller.

In all seinen Romanen schildert er mitreißend, schonungslos und doch immer mit einem selbstironischen Augenzwinkern knallharte, oftmals abenteuerliche Erfahrungen, wie sie ihm auch auf seinem Lebensweg in ähnlicher Weise widerfahren sind. Klaus Barski ist dementsprechend natürlich kein Leisetreter. Gerne erzeugt der Werbeprofi Aufsehen. So als er anlässlich der Veröffentlichung seines Romans *Der deutsche Konsul* medienwirksam echte und gefälschte Dollars aus dem Fenster warf. Oder als er mit Luxuslimousine im Frankfurter Café Schwille aufkreuzte um seinen Ozelot an einer Eisenkette auszuführen – Klaus Barski: eben ein echter (Erfahrungs-)Millionär mit Tick und Charme.

Bibliografie

Der Frankfurter Spekulant (1999) •
Der Loser (2000) •
Der deutsche Konsul (2001) •
Exil Ibiza (2003) •
Lebenslänglich Côte d'Azur (2005) •
Blut-Zeitung (2008) •
Prügel für den Hausbesitzer (2012) •

KLAUS BARSKI

PRÜGEL FÜR DEN HAUSBESITZER

TATSACHENROMAN EINES IMMOBILIENSPEKULANTEN

SOLIBRO Verlag Münster

cabrio

1. Jöricke, Frank:
   Mein liebestoller Onkel, mein kleinkrimineller Vetter und der Rest der Bagage
   Münster: Solibro Verlag 1. Aufl. 2007
   ISBN 978-3-932927-33-1 / *gebundene Ausgabe*

2. Jöricke, Frank:
   Mein liebestoller Onkel, mein kleinkrimineller Vetter und der Rest der Bagage
   Münster: Solibro Verlag 1. Aufl. 2010
   ISBN 978-3-932927-36-2 / *Broschur-Ausgabe*

3. Barski, Klaus:
   Prügel für den Hausbesitzer.
   Tatsachenroman eines Immobilienspekulanten
   Münster: Solibro Verlag 1. Aufl. 2012
   ISBN 978-3-932927-48-5

ISBN 978-3-932927-48-5
1. Auflage 2012 / Originalausgabe

FSC www.fsc.org
MIX
Papier aus verantwortungsvollen Quellen
FSC® C006701

Umschlaggestaltung: *Nils A. Werner, info@nils-a-werner.de*
Reihengestaltung: *Wolfgang Neumann*
Fotos des Autors: S. 2 und Buchumschlag: *privat*

Druck und Bindung: *CPI – Ebner & Spiegel, Ulm*
Gedruckt auf chlorfrei gebleichtem Papier.
Printed in Germany.

'cause we are living in a material world

Madonna, Material Girl

Prolog

Sonnenuntergang am Strand von Benalmadena. Herbst 2011. Und Fred und Angies Beachbar „Ring of Kerry“ tankt noch mindestens eine halbe Stunde wärmende, blendende, tief stehende Sonne aus dem Westen. Ich habe zum Glück den letzten freien Zweiertisch an der Treppe erwischt. Fred wienert hinter seiner Theke Cocktailgläser und erwidert teilnahmslos nickend mein „Hi“. Seine wie immer strahlende, fette Angie mit den grün gefärbten Zöpfen bringt mir stumm lächelnd meinen ersten halben, „kostenlosen“ Liter schäumendes San Miguel vom Fass und dazu einen spanischen Tomaten-Knoblauch-Bocadillo. Das läuft hier lautlos, automatisch für mich, ohne Bestellung. Bin doch akzeptierter Stammgast der beliebten Kneipe. Man kennt meine Bedürfnisse.

Links, in der Zufahrtsstraße zur A7, habe ich meinen alten, offenen, feuerroten SL-Pagodendach geparkt, den ich natürlich ab und zu mit zusammengekniffenen Augen kontrolliere. Fehlt ja noch, dass irgendein Afrikaner von der Plagiatshändlerbande mein Radio rausbricht, oder ein neidischer deutscher Tourist wegen der deutschen Nummer ihm ’ne linke Schramme verpasst. Und ich fühl mich heute wie immer richtig top drauf, weil ich mir vorher zu Hause immer zwei doppelte Soberanos reinkippe. Das spart Kohle, harte Euros, die ich arme Sau leider nun mal im Alter dreimal umdrehen muss.

Vor meinem geliebten SL parkt meist ein schneeweißes Jaguar E-Cabrio aus den Sechzigern. Es gehört Poppy, dem gestopften Häuserspekulanten aus meiner Frankfurter Glanzzeit, der sich vor zwei Jahren eine Ferienvilla in Marbella kaufte. Einem knallharten, menschenverachtenden Hasardeur, der großes Geld auf Kosten vieler schwacher Mieter machte. Mit Sanier-Psychoterror. Durch Leerstandsdruck und zermürbender Bauarbeitsdrangsalierung und natürlich lockender Abstandskohle räumte er gnadenlos den billig wohnenden Altmieterbestand. Blendende Ramschrenovierung brachte ihm nach erfolgter Aufteilung in begehrte Altbau-Eigentumswohnungen den großen Reibach. Damals in den Siebzigern und Achtzigern wurden Deutschlands Innenstadtmietshäuser ruckzuck von einer cleveren Piratenbande gekapert, geräumt, aufgemotzt und in kleinen Stücken als Eigentumswohnungen verschachert. Ich kriegte die Immobilienspeku schon als kleiner Knirps mit. Meine Leute waren seit Generationen Mieter gewesen und so akzeptierten auch meine Eltern es einfach kritiklos, das deutsche Mieterproletariersystem.

Mutti machte ihr ganzes Leben lang auf nette kleine graue Maus. Eine, die sich immer gut mit Mitmietern und Hausbesitzer verstand, weil sie nicht aufmuckte. Geduldig, nur ihr „kleines Glück": Freundschaften mit freundlichen Nachbarn und Erfüllung im schützenden Familienhort als Erfüllung sehend, ertrug sie geduldig ihr „ererbtes Schicksal". Durch Geburt zu denen „ganz unten" zu gehören, den Mieterproleten. Die „oben": Ladenbesitzer, Handwerksmeister oder Ärzte in der Nachbarschaft waren für sie „die Gewinner mit dicker Brieftasche", die „reichen Hausbesitzer". Der unerreichbare Geldadel von ihnen verkehrte nur in seinem sozialen Bereich. Kontakte mit der höheren Schicht erfuhr Mutti durch den jährlichen Arztbesuch und ein zwei Gespräche mit ihrem Hauswirt. „Sieh zu, dass du es weiter schaffst als Vati", trichterte sie mir ein. Und dass es nur zwei Typen von Hausbesitzern gäbe: menschenverachtende, sich anbiedernde „Schleimer" oder brutale „Abkocher"! Für die waren Mieter eine stumpfsinnige, dumme Kuhherde, die ein Leben lang Monat für Monat ohnmächtig in Reihe antrat, um „bis zum letzten Tropfen" gemolken zu werden. Schluckt doch die Monatsmiete bei den meisten Deutschen bis zu 40 Prozent ihres oft hart erschufteten Monatseinkommens. Da bleibt nicht viel übrig für etwas anspruchsvollere Lebensgestaltung. Hausbesitzer fuhren bei uns fast alle als Statussymbol ihren Mercedes. Wir Lemminge leider mit dem klappernden, vollgepropften Uralt-Vorstadtbus. Ja, meine Mutter und auch mein Alter, die „wussten Bescheid", kamen aber nie auf die Idee, irgendwann zu planen, zu handeln, um ihr Schicksal zu verbessern. Ich brannte damals darauf erwachsen zu werden, um das System zu kippen und zum Hausbesitzer aufzusteigen.

Heute kommen stürmische Windböen von Gibraltar. Ich schließe den Reißverschluss meiner Strickjacke und denke an Poppy. Der war mit der Meute befreundet, oft ihr Geschäftspartner gewesen und kannte sie damals alle, die großen Frankfurter Immobilienspekulanten, vom Häuserhai Aki bis zum großen „Midas" Sawitzki.

Poppy, der um die Jahrtausendwende sein halbes Vermögen im großen Newmarketfall und dem späteren Bankcrash verlor, sich berappelte und dann, etwas später, von der Steuerfahndung und Staatsanwaltschaft wegen Hinterziehung und Betrug vier Jahre in den Knast gesteckt wurde. Das hat ihn, den verwöhnten Lebemann von Popenburg, dann gebrochen. Er besitzt immer noch zwei Citymietshäuser hinter der Zeil und ein paar Millionen Dollar Schwarzgeld auf den Caymans. Aber, oh Jammer, ist seitdem nicht mehr der alte, gut gelaunte Luftikus, sondern ein depressiver, negativer Weinerling.

Seine Anfangskohle machte er mit der großzügigen Monatsapanage seiner Familie und an den US-Army-Paydays der Sechziger mit Marihuanahandel. Den soliden Reibach danach mit der sicheren Altbauspekulation der Siebziger. Der IT-Aufschwung der Neunziger mit der Aktienspekulation und die Finanznot nach dem Crash katapultierten ihn in den Knast, weil er seine Kunden und die Steuer über den Tisch zog, um sich zu retten. Jetzt trinkt er abends, aus Angst vor eventuellen Rächern, bewacht von seinem scharfen Schäferhund Elvis, den Sundowner bei Fred. Und ziemlich oft sitzen wir dann auf zwei, drei Gläser zusammen, gucken in den Sonnenuntergang und suchen den legendären „Green Flash“, der uns vielleicht die „Erleuchtung“ für die weitere Zukunftsbewältigung bringen könnte.

Ja, damals gehörten wir zu ihnen: den Mainzockern und Halbweltgrößen vom Terrassencafé. Mit dem großen Emil Sawitzki als zeitweiligem Partner drehte Poppy natürlich seine lukrativsten Dinge.

„Emil war der größte Macher in der Branche. Ein Naturtalent! Irgendwie vermisse ich sie ja, unsere alte Gaunermeute. Mensch, was waren wir damals kreativ. Und wenn der Finkelstein wiedermal mit’nem neuen Ferrari anrauschte, bin ich nach meinem Morgenkaffee, neidisch wie der letzte Loser, immer gleich zurück ins Büro und hab, heiß wie’n Groschenautomatzocker, die wildesten Geschäftsideen durchgestartet. Nur, um es auch mal wieder allen zu zeigen: meine legendäre Geschäftspower! Die Terrassencafé-Frühstücksrunde war unser Superbrainstorming und Sawitzki unser Messias“, murmelt er dann immer wieder, und dabei flackert ein kurzes, fast erloschenes Leuchten in seinen Augen.

Heute scheint er nicht reinzukommen. Er hat ja wohl nicht schlapp gemacht, der alte Abkocher?

Freds große Kübelpalme wirft bereits ihren endlos langen Sonnenuntergangsschatten, und aus dem Lautsprecher dröhnt „Satisfaction“ von den Stones. Mein täglich geiles, ewiges Jetsetleben!

Das kühle Vier-Euro-Bier schmeckt fast besser als deutsches. Verdammt, in den Siebzigern schmeckte es logo, für nur umgerechnet 30 Pfennig, noch besser. Aber jedes erste Glas am Abend hab' ich ja noch über zwei Jahre frei.

Das Wachs meiner Flügel fing nur kurz über dem Boden an zu schmelzen. Okay, ich stürzte ab, aber nicht zu tief, überlebte mit intaktem Verstand, weil ich nie zu hoch zockte und dadurch nicht in dem finanziellen Schuldenstrudel der Zinseszinsen endete. Nach den Sternen greifen, heißt für mich, nicht sie zu erreichen, sondern nur permanent ihre Richtung anzupeilen für eine gesunde Chance, über mich selbst hinauszuwachsen.

1

1941 wurde ich, Jörg Baron, in Bremen geboren. In den frühen Jahren nach dem Krieg waren wir finanziell klamm, weil mein Vater Walter damals unterbezahlter Busschaffner war und seine Kohle vorne und hinten nicht reichte. Kurz davor noch ein schneidiger Luftwaffenunteroffizier mit Eisernem Kreuz, von mir als Held verehrt und nun in der bescheidenen Schaffneruniform. Das war bitter für uns, denn Schaffner verdienten nicht viel. Später bewarb er sich beim Bund, um als Feldwebel wieder aufzuleben und seine „wohlverdiente, dicke Pension" zu kassieren. Zum „Glück" wurde bei uns schnell wieder aufgerüstet. 1957 zog er sie dann wieder an: die heiß geliebte blaue Luftwaffenuniform.

Unser kleines Glück nach dem Krieg aber war die preiswerte Souterrainwohnung seitlich neben dem Lebensmittelladen des mehrfachen Hausbesitzers Rode. Vier Zimmer mit eigentlich schöner Aussicht auf dem breiten, mit vielen Bäumen bepflanzten, großzügig angelegten Anlagenring und Tausende von Passantenbeinen.

Der Krieg zerstörte in Deutschland fast drei Millionen Westwohnungen. Über zwei Millionen weitere wurden über Nacht für die fast 12 Millionen Flüchtlinge und Kriegsheimkehrer gebraucht. Überall wurden mit viel Fantasie Behelfswohnungen in Kellern, Bunkern, Baracken und Dachböden geschaffen, um diese obdachlosen Menschen unterzubringen. Leider hatte die Stadt aufgrund der Wohnungsnot auch bei uns, nur zehn Meter entfernt, eine provisorische Vierergruppe Nissenhütten – hässliche halbrunde Wellblechunterkünfte mit Bretterseiten – aufgestellt, in denen hausten über zwei Jahre meist katholische Heimatvertriebene aus dem Osten.

„Alles halbe Pollacken. Viele stammeln so richtiges Kanakendeutsch mit Akzent. Kommen hier ausgehungert an und lügen, dass sich die Balken nur so biegen. Erzählen den lieben langen Tag nur immer, was sie alles für Reichtümer verloren haben. Wiedergutmachungskohle, die wollen sie ergaunern", ärgerte sich oft mein unbelehrbarer Vater.

Und wenn er dann beim Thema war, kam er immer schnell auf sein „abenteuerliches, aufregendes" Leben im Krieg zu sprechen. Es waren wohl seine besten Jahre gewesen, denn alle Kriegserlebnisse waren positiv: die vielen erfolgreichen Feindflüge in der Geschwaderkommodore-Maschine, mit anschließendem Ordenssegen vom Eisernen Kreuz bis zur goldenen Frontflugspange, die schnellen Beförderungen bis zum Stabsunteroffizier und sein berühmtes Foto auf der Titelseite des Frontfliegermagazins. Dazu endlose unterhaltsam-lustige Ereignisse mit den Kameraden im Fliegerhorst und beim Bombardiereinsatz. Und wenn er dann genug Bier und Korn drin hatte, gings erst richtig los: Er war als Bordmechaniker ein begeistertes Mitglied der Flieger gewesen und vermisste sie so sehr, die tägliche, große Freiheit über den Wolken. Danach kam er immer schwärmend zu seinem Ikarusthema:

„Den weiten Himmel erklimmen, aber realistisch geplant und professionell gemeistert ohne riskante, dilettantische Flugversuche, die in einem Absturz enden könnten ...“

Und ich Knirps wunderte mich, dass Ikarus seinen Flug dümmlich mit Wachskleber und Federn wagte. Das musste ja schief gehen. Im Radio lief irgendwann die Geschichte vom Schneider zu Ulm. Obwohl sie böse endete, schien er eher auf dem richtigen Weg zu sein, und so zeichnete ich mir schon in den ersten Volksschuljahren meine Traumflugmaschine, die sich durch Wind- und Menschenkraft vom Erdboden abhebend, hoch und immer höher, hineinschraubte in das endlose Firmament.

Zeitungen, Bücher, Theaterbesuche. Nicht bei uns. Nix Kultura. In den Vorschuljahren vermisste ich sie ja nicht, als kleiner Knirps. Aber wir besaßen einen ständig lärmenden, pechschwarzen Volksempfänger, auf dessen Vorderfront ein Stück Bakelit rausgebrochen war.

„Da war früher das Hakenkreuz vom Führer dran, jetzt verboten“, seufzte Mutti nachdenklich, und ich fühlte mit ihr, denn sie hatte mir '48, kurz vor der Währungsreform, ein Foto von ihm im STERN gezeigt. Der war sicherlich auch so ein lustiger Clown wie der Charley Chaplin mit dem Stöckchen. Trugen sie doch beide ein putziges Bärtchen und schnitten dazu witzige Grimassen.

Mutti schaltete mir immer die unterhaltsamen Kindersendungen an. Diese animierten mich schon in den Kindheitsjahren, gestalterisch zu spielen: Zeichnen, Basteln und einfach nur unterhaltsame Geschichtchen erfinden.

Bremen mit seinen wichtigen Häfen und Werften wurde so platt bombardiert, dass selbst viele dort Geborene noch lange im Umland wohnen mussten. Unser Haus war glücklicherweise, bis auf einige Splitterschäden, verschont worden. Einige Straßen weiter war bereits alles zerstört: Ein gigantischer, endloser Haufen Bombenschutt mit Millionen roter Ziegeln formte eine grandiose abenteuerliche Mondlandschaft, für uns Kinder ideal zum Spielen.

Oftmals kamen entsetzlich heruntergekommene Männer mit langen Haaren und Bärten, total abgemagert in schlotternden Lumpen vorbeigezogen.

„Heimkehrer, Heimkehrer. Sind wohl schon Monate unterwegs, dem Russen entkommen", riefen die Leute und flüsterten:

„Geh ja nicht zu nahe an die ran. Da holst du dir noch 'nen netten Untermieter. Vorsicht: Wanzen oder Läuse". Ein Heimkehrer in zerschlissener Uniformjacke rotzte verärgert hinter sich.

Als 1947 die Wohnraumbewirtschaftung der Besatzer eng wurde, starteten die Behörden die Zwangsbelegungen. Wir hatten vier Zimmer und das war natürlich Pech. Aufgrund des vierten Raumes wurde 1948 ein junges Flüchtlings-Ehepaar aus Stettin bei uns eingewiesen. Und so brachte mir die Wohnungsnot meinen Kultureinstieg, denn die „Aftermieter" aus dem „Polackenosten", wie Vater sie titulierte, die Eberts, waren intelligente, aufgeschlossene Textildesigner, die früher in einer kriegswichtigen Fabrik beschäftigt waren. Sie hatten sogar „Mittlere Reife".

„Mittelschüler sind se, denken sie sind was Besseres. Meine Luftwaffenschwinge, die wurde respektiert – früher. Schade, dass ich nicht mehr blauer Uniformträger bin. Die aus dem Polackenosten haben in ihrem Zimmer so knallbunte Plakatdrucke angebracht, Moderne Kunst von Picasso und Klee. Damit wollen die sich nur wichtig machen. Meine Kunst heißt Breker ... Dürer. Beim Adolf hätten'se nicht gewagt diesen Dreck an unsere Wand zu hängen. Der hätte mit so was kurzen Prozess gemacht: entartete Kunst, scheußlich, undeutsch!", brummte er.

Als unsere Nachbarin Frau Wuttke ihr Baby bekam, bastelte Herr Ebert eine atemberaubende Glückwunschkarte: aufklappbar mit einem aus Silberpapier geformten winzigen, dreidimensionalen Klapperstorch. Alle Mieter unterschrieben begeistert den druckreif in altdeutschen Buchstaben geschriebenen Text: „Alles Gute zur Geburt und weiterhin reichen Kindersegen wünschen Ihre Nachbarn Baron, Schmitt, Gorski und Ebert." Alle, bis auf meinen Vater, zeigten sich beeindruckt. Ebert war ein begabter Mann.

Roland Ebert, zeichnete von früh bis spät mit Blei- und Buntstiften antike Bremer Ruinen.

„Damit sie nicht vergessen werden, unsere alten Kostbarkeiten. Kein Verantwortlicher kümmert sich um ihre Erhaltung. Jeder holt den Abrissbagger, um sie ruckzuck plattzumachen, für gewinnbringende Neubauten. Furchtbar!", seufzte er, und ich bewunderte mit glänzenden Augen seine fotografisch wirkenden, perfekten Vergangenheitstresore. Fing dann ebenfalls an zu zeichnen und verliebte mich prompt in die Idee, später einmal ein berühmter Maler zu werden. In meinen Träumen ein besserer „Ikarus": Einer, der sich traut und durch Können siegt. Kein Blender oder Verblendeter, der durch Selbstbetrug abstürzt.

Untermieter Ebert konnte sogar richtig zaubern und begeisterte mich mit seinen raffinierten Kartentricks. Aber das stärkste war sein Fernglas: ein armeegrüner, riesiger Russen-Feldstecher, den er mir oft lieh. Damit konnte ich, unbemerkt hinter der Gardine verborgen, das bunte Treiben der Nissenhütten-Bewohner studieren. Dazu trank ich oft, wenn allein zu Hause, eine ganze Flasche Bier und war danach gut drauf. Brause, das Lieblingsgetränk der Nachbarkinder kostete damals 10 Pfennig. Konnte ich mir leider nicht leisten. So klaute ich dem Alten ab und zu 'ne Buddel „Haake Beck". Aber in Maßen, um nicht erwischt zu werden.

Bei den Hüttenbewohnern war ständig was los: Ein- und Auszüge mit Wagenladungen von armseligem, seltsamem Hausrat, Familienfesten mit Akkordeonklängen und fremdländischem Gesang sowie lallenden Alkoholleichen. Ich wurde Zeuge der städtischen Abtransporte nach furchtbaren Schicksalsschlägen, die nicht selten in Selbstmordversuchen mündeten, blutigen Schlägereien, nächtlichen, überfallartigen Polizeirazzien und rätselhaften Geschäften in den Büschen der Anlage.

Einer der schillerndsten Typen der Hütten war ein kleiner, drahtiger, halbglatziger Brillenträger, der einen richtigen Muli besaß. Mit dem alten zotteligen, hellbraunen Pferdeesel und seinem zweirädrigen, selbst gebastelten Anhänger mit Fahrradrädern führte er Kleintransporte, Umzüge und sogar Wochenendausflüge durch. Er hatte zwar nur wenig schwarze Haare auf dem Kopf, schien aber kaum älter als 20 zu sein. Immer trug er Schlips und Kragen und einen abgetragenen, schlotternden altertümlich gestreiften Anzug. Mehrmals kam ich mit diesem aus Riga stammenden Deutschen ins Gespräch, mit Emil Sawitzki. Und der konnte reden. Mein Gott, heftiger und überzeugender noch als unser Pfarrer in der katholischen Kirche.

„Jetzt, wo alles zerstört ist in unserem einstmals schönen Deutschen Reich und wir ganz unten sind, da kann es ja nur noch aufwärtsgehen. Im nächsten Monat geht der Moppi, mein Muli, in die Pferdemetzgerei Schmitt nach Lemwerder, und ich fahre dann erste Klasse: Hab gestern ein richtiges Automobil gekauft. Natürlich einen Transporter. Vorne zwei Sitze und hinten Planwagen. Einen preiswerten Unfall-Goliath, ich sag dir: So gut wie neu und wie sein blauer Lack glänzt, wie frisch aus der Fabrik. Und jetzt steig ich so richtig ins Plünn- und Oldiesengeschäft ein. Buntmetall bringt dieser Tage richtig große Asche."

„Das ist doch ein Dreiradfahrzeug. Vorne eins und hinten zwei Räder?"

„Na klar, mordsvernünftige Erfindung: Hinten trägt er die schwere Last und vorne nur mich, mit meinen heruntergehungerten sechzig Kilo. Aber weil ich jetzt so richtig an die fette Penunze rankomme, werde ich schnell wieder zunehmen, Speck auf die Rippen kriegen. Da kommt mittags statt gebratener Steckrüben, ein saftiges Kotelett auf den Teller", sagte er und streichelte schmunzelnd seinen flachen Bauch.

Wie ich von Nachbarn hörte, ging es Sawitzki finanziell nicht schlecht, weil er bereits sehr früh in den Schwarzmarkthandel einstieg: Mehrere seiner Bekannten waren farbige US-Soldaten, die er mit zu Likör umgepanschtem Rohalkohol belieferte. Der Alkohol wurde nachts, unter Lebensgefahr beim Russenbesatzer von cleveren Einsteigdieben aus ehemaligen, unterirdischen Alkoholerdtanks der Wehrmacht abgepumpt und geklaut.

Die Schwarzen zahlten in der Besatzungszeit mit PX-Ware, unterschlagenen Hershey-Schokoladetafeln, Camel-Zigaretten, Armeedecken und Nylonstrümpfen für schwarzen Schnaps, weil die rassistische US-Regierung ihnen keinen freien Alkoholkonsum erlaubte.

„Wie gesagt, es geht wieder aufwärts mit uns. Wer zuerst kommt, mahlt zuerst. Der erfolgreiche Geschäftsmann muss seiner Zeit ständig einen Schritt voraus sein. Nächste Woche kriege ich sogar 'ne richtige Adler-Schreibmaschine. Für meine Rechnungen, den Schriftverkehr. Seriosität und Professionalität sind angesagt!", ergänzte Sawitzki ein paar Wochen vor dem zündenden Wohlstandsbeschleuniger: der Währungsreform.

Gott, was für ein mutiger Visionär er schon damals war. Beeindruckt antwortete ich:

„Wenn ich die Schule hinter mir habe, komm ich zu ihnen in die Lehre, Chef. Sie fordern doch die große Welt heraus. Da will ich dabei sein."

Er grinste gut gelaunt und schenkte mir dann zwei Groschen und einen wertvollen Spruch fürs Leben, wie: „Glück läuft nur, wenn'de es vorher gezielt in den Arsch trittst", oder „Wer mich bremsen will, wird aus dem Weg geräumt!"

Vater mochte den Sawitzki nicht:

„Der ist, ich wette um den Endsieg, garantiert ein Itzig. Sieh nur die fliehende Primitivenstirn und dann seine Liebe zu dem komischen, dümmlichen Eselmischling, typisch „David Itzig".

Ich war ja dran gewöhnt, aber staunte erneut. Sein Fremdenhass kreierte immer „kreativere" Hetznamen. Zwei Jahre später wohnte der begnadete Geschäftsmann bereits in einem zwar etwas heruntergekommenen, aber eigenen Einfamilienhaus und war der erste in der Nachbarschaft, der einen richtigen Ami-Schlitten fuhr: den neuesten schneeweißen Kaiser.

„Tagediebe, Säufer und Kleinbetrüger, Tag und Nacht in unserer schönen Aussicht. Um Gottes willen, wann wird dieser Schandfleck endlich weggerissen. Der Führer hatte sie doch alle rausgeschmissen, ausgemerzt, diese Untermenschen. Jetzt tauchen sie wieder wie aus dem Nichts auf: Schwule, Kriminelle, Juden, Kommunisten, Sozis. Heimlich abfackeln sollte man ihre Hütten. Dann wäre unser Viertel wieder gute Mittelklasse", meckerte der Alte, der „diese Welt" nicht mehr verstand. Mutti, die doch sonst so „gut durchblickte" schaute auf den Küchenboden und sagte wie so oft nichts. Wollte wohl ihren Frieden und gab ihm dadurch in meinen Augen, obwohl sie doch durchblickte; Recht ...

Am 20. Juni 1948 lief dann die Währungsreform. Jeder deutsche Bürger bekam 40 Mark Kopfgeld. Freudig zeigte mir Mutti die neuen größeren Scheine: Den grauen Fünfziger und den grünen Zwanziger. Am folgenden Tag waren, wie durch ein Wunder, alle Schaufenster voller Waren. Vorbei waren Schwarzmarkt- und Hamstertouren.

Kurz danach entdeckte ich mit dem Feldstecher bei den „Kalusern", wie sie auch bei uns hießen, eine Neubelegung. Eine alleinstehende, sehr abgemagerte junge Frau zog mit ihrer schwarzlockigen, hübschen Tochter Eva ein, die ungefähr in meinem Alter war und kurz darauf in unsere Volksschulklasse eingeschult wurde.

Nahe am kilometerlangen, gefährlichen Stacheldrahtzaun, der die Schiffswerft Bremer Vulkan vor Dieben schützte, nur Minuten von unserer Lindenstraße entfernt, befand sich ein ungepflegtes, verwildertes Wiesengelände mit vielen Bombenkratern. Ideales Freizeitgelände zum Versteckenspielen, Drachensteigen und Hüttenbauen. Eines Tages in den Sommerferien planierten meine Freunde Siegfried Scholz, Faller und ich hoch konzentriert eine Murmelspielbahn mit Sammelkuhle. Da bemerkten wir hinter uns ein grinsendes Mädchen mit langer, eng geschneiderter, tarnfarbener Armeehose, einem dick gestrickten grauen Rollkragenpullover und schräg gesetzter Pudelmütze.

Eva! Auf dem hübschen, stupsnasigen, schwarzhaarigen Köpfchen blitzten riesige, langwimprige blaue Augen und ein fast herzförmiger Mund zeigte eine rosane Zunge.

„Weiber, dumm, faul und gefräßig", keifte Scholz frech.

„Haben oben wenig und unten wenig ... und'n paar krause Haare", ergänzte der „wissende" Faller.

Hämisch lachten wir uns kringelig.

„Widerliche Witze über Damen machen und zu blöd mich zu besiegen", rief meine lustige Nachbarin und hielt uns einen klickenden Leinenbeutel mit knallbunten Glasmurmeln unter die Nasen.

„Darf ich mitspielen?"

In ihrem Beutel befanden sich mindestens 50 Kugeln, das Stück zu 2 Pfennig und gierig gönnerhaft lud Faller sie ein, in unserem Spielkasino mitzuspielen. Er freute sich, als sie seinen modisch letzten Schrei bemerkte, eine echte amerikanische Levis-Nietenhose. Konnte sich trotzdem nicht einen doofen Spruch verkneifen:

„Aber nachher nicht Schnotten und Tränen weinen, hübsche Dame. Hier ist der Murmelsack schnell leer. Wir Profizocker lehren Großmäuler sich zu bescheiden!"

Ich warf die erste Kugel sehr, sehr nahe an die Kuhle. So zehn Zentimeter vor den Rand. Der schwerfällige dicke Faller runzelte die Stirn, bückte sich umständlich, kniff sein linkes Auge zu und warf konzentriert, ohne Kommentar, ganz ruhig eine halbe Distanz besser als ich. Erhob sich mühsam und drehte sich mit triumphierendem Grinsen zu uns herum:

„Der King macht heute wieder die große Kasse."

Diese gekonnte Vorgabe war natürlich kaum zu übertreffen. Scholz, unser klassenbester Sportler, ließ sich darum Zeit und ging zum Pott hinüber. Dabei überprüfte er jede kleine Unebenheit, die er sorgfältig mit dem Handrücken glatt strich. Kam zurück, peilte das Ziel mit schrägem Kopf kurz an und warf seine Murmel mit hohler, sicherer Hand. Die schlug im letzten Viertel vor dem Ziel auf, rollte schnurgerade weiter und berührte ganz leicht Fallers von rechts. Dadurch kam sie von der Bahn ab und kickte dessen Murmel zugleich nach links weg. Also führte ich und brüllte freudig: „Bingo!"

„Dieser Weihnachtsmann. Hat'n Knick im Auge und bumst mich an. Madame sie sind dran."

Eva nahm eine Kugel aus ihrem Beutel, spuckte, ihr Glück beschwörend, ein bisschen drauf, was wir natürlich mit gemeinem Johlen honorierten, und ging vor die Markierung. Sie trat mit ihrem linken Bein fast an den Strich, bückte sich langsam vor und warf ihre Kugel Richtung Pott. Die rot-gelb geflammte Glaskugel bumste auf und rollte zielsicher, „zack", in das Loch hinein. Ihr Sieg. Wir waren sprachlos. Cool sammelte sie unsere Kugeln ein und steckte sie leise pfeifend mit spitzen, hübschen Lippen in ihren fetten Siegerbeutel.

Von diesem Tag an war sie zur wichtigen Persönlichkeit für mich geworden. Ich war nur 8 Jahre alt, aber mochte sie auf eine, mir noch nicht erklärbare, Art: Ihre Schönheit, Klugheit und kessen, weiblichen Überrumpelungszüge faszinierten mich so stark, dass ich mich zu ihr hingezogen fühlte.

Schon von Geburt an hatte ich mich daran gewöhnt, der letzte Arsch der Gegend zu sein. Erlebte schon als Kleinkind, dass mich meine gesamte Umwelt wie einen Aussätzigen mied oder als Mensch dritter Klasse behandelte. Die Nachbarkinder durften eigentlich nicht mit mir spielen, und wenn ich sie zu Hause besuchte, jagten mich ihre Eltern verachtend vom Hof oder warfen mich raus. Denn alle um uns herum waren eingebildete Inhaber kleiner Einzelhandelsläden und

Hausbesitzer oder gut situierte Pensionäre, die sich eine einigermaßen anständige Eigentumswohnung leisten konnten. Wir Loser leider nicht: Unsere schäbige Souterrainwohnung ohne Badezimmer und Vaters schlecht bezahlter Kleine-Leute-Job stempelten mich zum Paria.

Eva war aufgrund ihrer Wohnkatastrophe erst mal noch schlechter dran. Weil wir den gleichen Nachhauseweg hatten und Nachbarn waren, entwickelte sich sofort ein enger Kontakt. So machten wir schon nach zwei Wochen gemeinsam unsere Hausaufgaben. Sie war eine Topschülerin und sehr intelligent. Kapierte ruckzuck komplizierte Zusammenhänge und hatte dazu ein sagenhaftes Gedächtnis. Ihre große Leidenschaft waren die großen Romane. Sie hatte in ihrer großen Strohtasche immer ein oder zwei Bücher stecken, in denen sie gerade las: Honoré de Balzac, Joseph Conrad, Pearl S. Buck. Immer nur die großen Namen. Das brachte mich dann in die Städtische Bücherei. Bei Eva konnte ich manches abgucken und lernen. Es haute mich natürlich um, als ich bei meinem ersten Besuch feststellte, wie armselig beengt sie und ihre Mutter in der Hütte hausten.

„Im Herbst werden die scheußlichen Baracken von der Stadt abgerissen, und wir bekommen hoffentlich von der Stadt eine neue Zweizimmersozialwohnung Richtung Bremen-Mitte. Mutter kriegt in den nächsten Wochen wohl ihren kleinen Erbschaftsanteil von der verstorbenen Tante aus Bremerhaven. Vielleicht reicht der sogar für die Anzahlung eines kleinen Häuschens. Wenn bloß Vati noch lebt und wieder bei uns wär, da würde alles anders aussehen“, seufzte sie und zeigte mir einen Brief vom Suchdienst, der ihn leider immer noch als „vermisst“ meldete. Ich erfuhr, dass ihr Vater Wilhelm ein richtiger Augenarzt war. Diese „vornehmen Herkunft“ imponierte mir natürlich sehr.

Meine freien Stunden verbrachte ich nun immer häufiger mit ihr: Wir gingen auf der Weserpromenade spazieren, aßen zusammen ein einkugeliges Waffeleis für 10 Pfennig im Eissalon Radloff und gingen sonntags gemeinsam in die Kindervorstellung des Vorortkinos. Meine alten Kumpels, die ich immer mehr vernachlässigte, lachten mich aus, machten blöde Witze und nannten mich einen „Weibersklaven“. Das war mir aber wurscht, weil es mich faszinierte zusammen mit diesem bildhübschen Mädchen auf der Lindenstraße gesehen zu werden.

Auf der Bank im Stadtpark küsste ich sie auf die Wange und flüsterte ihr ins Ohr, „Ich liebe dich, und wir werden später heiraten!“

Das mochte Eva, und dann erzählte ich ihr von meinen „großen" Zukunftsplänen: Ich, der zukünftige, erfolgreiche Macher und, weil oft ohne einen Pfennig, wollte ihr dann beweisen, dass ich schon als Neunjähriger „was drauf" hatte. So organisierte ich eine Zeitungspapiersammlung für die Nordbremer Fischgeschäfte. Sammelte jeden Tag nach Schulschluss, Straße für Straße alte Tageszeitungen und verkaufte sie gebündelt einmal wöchentlich an drei Läden. Aber nach kurzer Zeit kriegten das andere Schüler mit und machten es mir nach. Absatz und Papierpreis gingen langsam den Bach runter. Und dann wurde ich „arbeitslos", weil mir ein Missgeschick passiert war: Mir kam als junger, unerfahrener Bursche niemals die Idee, die Zeitungen vor ihrem Verkauf nochmals sorgfältig durchzusehen, um verdreckte Seiten oder unbrauchbare Glanzmagazine herauszunehmen. In meinem letzten, gelieferten Stapel wurden dann zwei „schlüpfrige" amerikanische Soldatenmagazine gefunden. Damals mit nur leichtbekleideten Pin-up-Girls: bloßer Busen mit verdeckter Brustwarze und runder blanker Frauenpo, clever von der Seite fotografiert. Damals der Inbegriff von wüster Pornosauerei.

„Du bringst mir in Zukunft keine Zeitungen mehr, mein Freund! Zwei Kunden waren richtig empört und haben mir ‚ihre Meinung' gesagt. Wie konnte dir das nur passieren?", sagte der Fischhändler verärgert. Und damit war das gute Zusatztaschengeld futsch.

Dann erschacherte ich mir für Glasmurmeln und ein paar alte Spielsachen fünf Kasperlefiguren. Baute mir aus einem Seifenkarton ein Kasperletheater und führte unterhaltsam improvisierte Stücke für Kleinkinder auf. Auf dem Kinderspielplatz hinter dem Aumunder Krankenhaus. Das brachte jedes Mal ein paar armselige Groschen.

Eva lachte sich darüber schief, murmelte kopfschüttelnd:

„Mein Träumer ... lieber Spinner. Irgendwann endest du bestimmt als berühmter Theaterdirektor." Was mir unpassend erschien. Ruhm? Nein! Es war mir doch ernst mit dem finanziellen Erfolg, verdammt noch mal.

Ich war kein guter Schüler und nicht besonders kräftig. Sah auch nicht besonders vorteilhaft aus: übergroße, gekrümmte Nase, spitzes Kinn und weit abstehende Ohren. Aber ich besaß eine Gabe, mit der kein anderer unserer Kleinbürgerstraße gesegnet war: Ich konnte die herrlichsten, mitreißendsten Märchen unter der Sonne erzählen. Das kriegte nicht nur Eva mit, sondern später, in der Teenagerzeit viele Teenies: Die ungewöhnlich hübschen Mädchen, an die sich die anderen Kerle nur holprig und unsicher herantrauten, weil sie doch eine vernichtende, demütigende Abfuhr fürchteten. Obwohl ich später mit 18 noch Jungfrau war, galt ich durch meine überzeugenden, malerischen Lügen bei den sich hinter vorgehaltenen Händen kichernd Liebeserfahrung austauschenden kleinen Schnallen, die, wie auch wir Jungs logen, dass sich die Balken nur so bogen, bald als der sexerfahrene Supercasanova. Klar kriegte ich die eine oder andere zu Petting rum. In den Fünfzigern war das schon so viel wie heutzutage Oralsex. Und ich liebte sie mit heißem Herzen, tagelang gesponnenen wüsten Traumorgien und der Hoffnung, irgendwann einmal eine von ihnen, so richtig f... zu dürfen.

Aber trotz meiner „Fremdgehversuche“, Eva war und blieb lange meine erste, einzige, große Liebe.

Eines Tages tauchte überraschend ihr brutal abgemagerter Vater auf und ein paar Monate später eröffnete er wieder seine Praxis in einem nur leicht beschädigten, frei stehenden Haus mit großem Garten in Grohn. Sie lud mich tatsächlich 1951 in den Sommerferien zu sich ins Haus ein. Ein Traumtag für mich: Sie empfing mich bereits singend an der Haustür: mit dem Saisonhit der Froboess „Pack die Badehose ein. Nimm dein kleines Schwesterlein ...“ Verbunden mit einem blitzschnellen, süßen Wangenkuss. Das war ein neuer Höhe-Wendepunkt in meinem Leben: Zum ersten Mal erfuhr ich, wie wohlhabende Akademiker leben. Denn Evas Mutter war Miterbin des ehemals zweitgrößten Beerdigungsinstituts Bremerhavens, wo sie anteilig wertvollen Grundbesitz und viele Antiquitäten erbte. Welch ein Unsinn: Direkt nach der Baracke nun das großzügige 150-Quadratmeter-Haus mit noch verwildertem parkähnlichen Garten, vielen echten Antiquitäten, altdeutsch eingerichtet. Besonders faszinierten mich die vielen antiken Gemälde aus dem 18. und 19. Jahrhundert, die sich fast alle mit Norddeutschland und der Nordsee befassten. In der Bibliothek beherrschten 14 alte Kapitänsbilder die Wände. Naive, streng detaillierte Drei- und Viermaster. Bekannte, wirklich gefahrene Segelschiffe der Zeit, mit Namen und Flaggen. Viele trugen auf ihren Rückseiten alte, rostbraun- und tintenfarbene Informationen über ihre damaligen Eigner und Kapitäne. Besonders gefiel mir ein Bild vom legendären Schiffsmaler Müller, das die vollgetakelte Bremer Brigg Marianne 1860 auf einer Fahrt nach Ostasien darstellte. Mit prallen Segeln, winzigen, an Deck arbeitenden Matrosen und der im Wind flatternden berühmten Bremer „Speckflagge“, rot-weiß wie eine frisch angeschnittene blutrote, mit weißem Fett durchwachsene Speckseite. Gott im Himmel, sie kriegten mich, diese alten Zeugen der damals noch fremdartigen, nur teilweise erforschten, viele Abenteuer versprechenden weiten Welt. Ich erlebte als „Gleichwertiger“ wie „die da oben“, die besseren Herrschaften, wohnen, nein, besser: residieren. Es haute mich um, ich war erregt von diesem Erlebnis und sog das Ambiente dieser gediegenen Wohnwelt gierig in mich auf. Ich sah altes handgemaltes Porzellan, Orientteppiche und Bücher. Unermesslich viele Bücher. Eva profitierte davon und erzählte mir oft von ihren erlesenen Abenteuern. Dann dachte ich an die fünf bei uns zu Hause im Büfett: ein Kochbuch, der Duden, Brehms Tierleben, Simmel: *Es muß nicht immer Kaviar* sein. Mein Buch: *Tom Sawyers Abenteuer*. Nach meinem Hausrundgang überraschte Eva mich mit einer neuen Erfindung: dem Taschenbuch! Von RoRoRo. Lesen wurde nun zu meinem neuen großen Abenteuer, und interessiert lieh ich mir von ihr einen Roman von Kipling aus. Evas Welt wurde zur wichtigsten Basiserfahrung meiner Jugend, weil sie mich zu neuen, wichtigen Wertvorstellungen führte. Mir war klar: So wollte auch ich später einmal leben.

„Mutters Großvater entstammt einer alten, nun ausgestorbenen Bremerhavener Kapitänsfamilie. Da musst du mal mit mir auf den Dachboden klettern, er ist meterhoch vollgestapelt mit Mitbringseln aus aller Welt. Unserem Erbschaftsanteil.“

Bei meinem zweiten Besuch bat ich sie, mir diese zu zeigen. Als wir eines Tages hochstiegen und die am Deckenbalken baumelnde Glühbirne erstrahlte, sah ich es dann in der Mitte vieler fremdartiger Souvenirs thronen, ein holzgeschnitztes, feuerrotgoldenes chinesisches Bett mit unbequemer Holzfläche ohne Kissen.

Atemberaubend. Unglaublich, all diese Hunderte hineingeschnitzte, bemalte Figuren raubten mir die Luft zum Atmen. Welch ein ungewöhnlich prächtig gefertigtes Kunstwerk. „Viel zu schade, um darin zu schlafen“, seufzte ich.

Eva lächelte das süßeste Lächeln ihrer süßen vierzehn Jahre, fiel geschickt rückwärts auf die harte, knallrote kissenlose Fläche und schloss mit ausgebreiteten Armen ihre Augen. Ich kapierte und krabbelte vorsichtig auf sie, um ihr Gesicht abzulutschen. Dabei spürte ich die Wärme ihrer Oberschenkel, ihre wohlgeformten weichen Brüste.

„Alles dein“, hauchte sie und ließ mich fast gewähren.

In meinen Teenagerjahren hockte ich Spanner oft, von der Gardine verborgen, am Souterrain-Kinderzimmerfenster. Wenn erwachsene, reife Hausfrauen draußen am Laden warteten, machte ich mir einen Harten. Nur Zentimeter vom verlockenden Paradies entfernt, tastete ich mit fiebrigen Augen von unten ihre Oberschenkel bis zum Höschenblitz ab. Jugend forscht.

Wir hatten jetzt immer genug zu essen. Simple, aber gute Hausmannskost: Senfeier, Graupensuppe mit unsichtbarer Fleischeinlage, Königsberger Klopse, wechselnde Steckrüben-, Linsen- und Erbsensuppen und diese sogar manchmal mit Würstchen. Einmal in der Woche bekam ich meine 60 Pfennig Taschengeld. Damit konnte man am Sonntag die Jugendvorstellung im Kino bezahlen oder zweimal die Woche Eis essen gehen. Eine damals gar nicht so schlechte, gut behütete Kindheit. Meine Volksschulnoten waren zwar nicht besonders gut, aber reichten für die Lehrstelle als Dekorateur im Veka, dem Vegesacker Kaufhaus, aus.

Irgendwann sah ich Mutti weinen. Vaters braune verstümmelte Zahnreihe sah immer schlimmer aus. Zeitweilig nuschelte er nur noch, oder sprach zu Fremden hinter vorgehaltener Hand. Um ja nicht sein optisches und damit auch finanzielles Elend zu zeigen: Er brauchte dringend neue Vorderzähne, und die kosteten dicke Kohle.

„Scheiße, ich werde mit dem Hausbesitzer sprechen müssen, damit er mir eine Miete stundet. An mein Erspartes will ich nicht, verlier sonst die Prämie. Ich zahl ihm dann jeden weiteren Ersten ein Fünftel zurück. Hoffentlich hilft er mir“, jammerte der Alte, weil seine Zahnlücke zur ständigen Demütigung wurde.

Mutter antwortete nicht. Schluckte nur mit Tränen in den Augen und verschwand im Schlafzimmer. Sie hasste den knallharten Kolonialwarenhändler, der uns am liebsten los gewesen wäre, und nannte Rode einen „Halsabschneider“.

„Ich mach aus meinem Laden sofort einen modernen Supermarkt, wenn ich sie raushabe“, schockte er sie damals. In dieser Zeit wuchs ein starkes Gefühl in mir: Es war der Hass gegen Hausbesitzer, die zig Wohnungen besaßen und, obwohl so unglaublich reich, ohne Hemmungen brutal den letzten Groschen aus uns Mietern rausquetschten und sie gewissenlos rausdrückten, wenn Profit winkte. Wenn immer ich an Rodes Wohnung vorbeiging, rotzte ich heimlich gegen seine Tür, zerriss Briefe, die aus seinem Briefkasten hingen, und warf ihm sogar, als er einmal im Urlaub war, als „Rächer“ sein Küchenfenster ein.

In unserer Familie waren alle arme, ungelernte Arbeiter gewesen. Vater glaubte tatsächlich, er wäre die erste Ausnahme:

„In meinem Beruf macht man sich nicht die Hände schmutzig und trägt eine gepflegte Dienstuniform, wie die Männer von der Feuerwehr, Polizei oder wir damals bei den Fliegern. Jeder sieht's dir gleich an: Du bist jemand, der einem ehrlichen, rechtschaffenen Beruf nachgeht! Halt der Herr Baron. Vielleicht war einer unserer Vorfahren tatsächlich einer“, pflegte er immer stolz zu sagen und klickte melodisch mit den Tasten seines Münzspenders, fast wie mit einem Akkordeon. Noch vor ein paar Jahren war er „Held“ der Luftwaffe gewesen – diesen „Harte-Männer-Status“ vermisste er wirklich sehr.

„1944 stand ich kurz vor dem Feldwebelrang. Wär der Krieg doch bloß paar Monate länger gelaufen. Schade, da wär ich doch noch Portepeeträger geworden. Das tolle Schwert in Lederscheiden-Silberausführung hatte ich schon gekauft“, seufzte er und deutete auf seinen über dem Grundig-Radio schräg an die Wand gedübelten „Ehrendolch“. Daneben hingen zwei gerahmte Fotos. Auf dem kleinen, einem Crewfoto, zeigte er noch alle Haare und seine stolzgeschwellte, uniformierte Brust. In der Hand hielt er die Mütze mit dem Lackschirm.

„Flott sah er damals aus, in der schicken Uniform mit dem Eisernen Kreuz. Alle Mädchen in der Nachbarschaft beneideten mich. Schade, dass seine schönen schwarzen Locken nicht mehr da sind“, seufzte Mutti nachdenklich. „Und ich galt als eines der schönsten Mädchen des Stadtteils. Mein Vater war beim Vulkan Leiter der Mahnabteilung. Verdiente so gut, dass er als Erster in unserer Straße motorisiert war.“

Der Alte nickte müde, tippte mit dem Finger auf das zweite Bild mit einem antiken Motorrad und sagte:

„Schietekuchen, ich durfte seine legendäre Indian sogar fahren: Opa und ich bei einer Sonntagstour. Wie schnell doch die schönen Jahre davonrasten.“ Stopfte sorgfältig seine geliebte alte Meerschaumpfeife mit aromatisch duftendem Tabak aus dem Wildlederbeutel. Zündete sie mit kurzen kräftigen Zügen an der Zippoflamme und blies schnaubend den Rauch aus Mund und Nasenlöchern heraus. Dabei streichelte er lächelnd mit dem Zeigefinger das silberne, sich bumsende Liebespaar-Silberrelief des Feuerzeuges und rückte das etwas schief hängende größere Flugzeugfoto an der Wand gerade, auf dem die stolz grinsende Besatzung vor ihrer Heinkel posierte. Der lachende Uniformierte mit der Mütze in der Hand, hinten links, war Vati. Als Bordmechaniker musste er im Hintergrund bleiben.

„Bescheidenheit, Pflichtbewusstsein, handwerkliches Können und die realistische Gefahrenerkennung, -meisterung, haben uns damals die Feindflug-Erfolge beschert. Ein Ikarus war kein Vorbild für uns, weil er unrealistisch zu hoch flog." Später trat er tatsächlich, mit neuem Gebiss, das ihm wieder ein entspanntes Lächeln erlaubte, als Feldwebel in die neue Bundeswehr ein. Schon vorher gelang uns aber endlich ein weiterer großer Wurf: Wir hatten Aussicht auf eine heiß ersehnte Vorkriegssozialwohnung von der DeWoSa. Damals waren Wohnungen im freien Markt selten und wenn, nur überteuert mietbar. Mehrmals waren wir aufgrund von „günstigen" Anzeigen zu Besichtigungen gerannt und, geschockt von den langen Interessentenschlangen, gaben wir irgendwann auf.

Eines Tages erzählte uns nämlich der Seemann Scholz, Siegfrieds Vater und alter Sportsfreund des Alten, von der gemeinnützigen DeWoSa-Wohnungsbaugesellschaft.

„Da musste erst mal Mitglied werden, etwas bezahlen und dann kommst du auf die Warteliste. Dauert lange. Ich bekam erst nach über zwei Jahren meine preiswerte Sozialwohnung. Aber es lohnt sich: Meine Miete liegt mindestens dreißig Prozent unter dem freien Marktpreis und bleibt auch in Zukunft im Keller. Ebend'ne Sozialwohnung. Manchmal kratzen aber mehrere alte Mieter ab, und dann werden ruckzuck über Nacht günstigere Vorkriegsbuden frei. Wenn'de die schnappst, Totogewinn!"

Der Alte war auf Zack und befolgte seinen Rat. Und nun hatten wir das unverschämte Glück, nur acht Monate später wurde eine frei. Direkt am zukünftigen Aumunder Schwimmbad, nördlich von der Lindenstraße mit ihren vielen Geschäften und ein Zufall, genau gegenüber von Fallers Mehrfamilienhaus mit Fleischverarbeitungshalle im Hof und Ladengeschäft zur Straße.

Fallers Vater, der stiernackige, rotköpfige reiche Metzger auf der anderen Straßenseite, fuhr schon damals einen gepflegten Mercedes und war wer in Vegesack. Unser Wohnzimmer in der Sozialwohnung hatte eine moderne Glastür zum lang ersehnten Balkon. Leider mit Blick in das großzügig verglaste, gruselige Schlachthaus gegenüber.

In der Woche stachen sie dort die vor Todesangst quiekenden, sich sträubenden Wurstkandidaten ab. Das Blut floss rot, und jeden Mittag baumelten Dutzende geteilte Tierhälften dampfend an den Fleischerhaken. Sie füllten kurz danach die fast platzenden blitzblanken Verkaufstheken des Metzgerladens mit ihren sorgfältig aufgereihten frisch geteilten Fleischspezialitäten und leckeren Wurstwarenbergen.

Obwohl gestopfter Sohn reicher Eltern, kehrte Faller das nie raus. Er war kein ausgesprochener Angeber. Okay, vielleicht ein bisschen großmäulig. Dazu immer fröhlich und obenauf. Nur ab und zu, wenn er seinen Rappel kriegte, wurde er zur linken Sau. Zuerst war ich nach dieser Erfahrung geschockt, gelähmt und später immer wieder erneut baff über jede seiner mir und anderen ausgeteilten Gemeinheiten, die er allen der Reihe nach wie ein Süchtiger verpasste und genoss. Ich verdrängte, vergaß sie dann wieder nach kurzer Zeit, weil er viel älter als ich war, zwei Klassen höher, und sich trotzdem mit mir jungem Armleuchter abgab.

Denn ich profitierte ja auch von seiner „Freundschaft“. Durfte mit seinem schicken Fahrrad fahren, seine tollen Mickymaushefte lesen und sogar durch sein geheimes Bohrloch im Dachboden gucken, das direkt auf das Bett des Dienstmädchens darunter zielte. Dazu soffen wir gemeinsam eine ganze Buddel Billigkorn und übten Selbstbefriedigung.

Als wir eines Morgens zu fünft auf dem Schulweg waren und an einem Apfelgarten vorbeikamen, lockten uns seine knallroten reifen Früchte. Der kräftige, aber sportliche Faller ging ein paar Schritte zurück, nahm dann einen Anlauf Richtung Gartenzaun und schwang sich mit einem geschickten Sprung auf diesen hinauf. Ließ sich, gekonnt wie ein Profisportler, unter den ersten Apfelbaum fallen, schnappte ein paar Äpfel und warf sie uns zu. Genauso flink wie zuvor nahm er wieder einen Anlauf und hechtete, nach Luft ringend, auf unsere Seite zurück.

„Schmeiß mal 'nen Appel rüber, Baron von und zu“, sagte er und ich gab ihm meinen. Grinste, biss krachend hinein und grunzte zu mir. „Warte, kriegst gleich deinen Anteil“, kaute schmatzend weiter, kam ganz nah zu mir rüber und zischte mit vollem Mund: „Dein Anteil, du Arsch." Dann spie er mir seinen ganzen durchgekauten Brei ins Gesicht.

Ich war geschockt. Wischte mir angewidert mit dem Taschentuch seinen rausgerotzten Ekel aus dem Gesicht und konnte die Tränen nicht stoppen. Alle lachten sich schief. Am lautesten johlte Faller. Bewundernd schauten alle zu ihrem Helden hoch. Warum lernte ich nichts daraus?

Faller war stark und sehr selbstsicher. So wurde er von allen Kindern respektiert. Auch weil er ein guter Schüler war und sich sehr gut mit Körperkraft zu verteidigen wusste. Und der ewige Besserwisser: Wenn er etwas Weißes schwarz sah, dann war es verdammt noch mal schwarz. Wer das nicht kapierte, kriegte eine Kopfnuss oder einen Hieb in den Unterleib.

Ich akzeptierte das „clever" und so war meine durch Unterwürfigkeit „erkaufte" Freundschaft profitabel. Als sein Freund, oder besser Kapo, stand ich auch unter seinem Schutz:

„Mein geliebtes kleines Arschloch" titulierte er mich oft in der Gruppe, wenn er gut drauf war, drückte mich mit seinen Pranken an sich und trällerte:

„Ooooh, was biste schööööön. Oh, was bist du schön. So was hat die Welt noch nicht geseeeehn, soooh schöööööön, so schööööön!"

Alle lachten. Ich grinste süßlich und addierte aber leider eine weitere Kerbe in meinem Ego.

Durch Evas Leselust holte ich mir Woche für Woche die vielversprechendsten Bücher, *Moby Dick*, *Robinson Crusoe*, *Lockruf des Goldes*, und sog die großen Geschichten der Welt in mir auf. Als ich Eva einmal besuchte, las sie eine ganz neue Übersetzung aus dem Englischen, *Alexis Sorbas*, und schwärmte begeistert von den dilettantischen, tanzenden Griechen und seinem englischen Kumpan. Aufgrund meiner angeborenen Tollpatschigkeit nannte sie mich fortan „Sorbas". Das fand ich zwar zuerst blöd, aber weil sie mich immer sehr zärtlich mit diesem Namen ansprach, mochte ich ihn immer mehr:

„Lieber Sorbas, gehen wir am Sonntag ins Kino, sie spielen „Vom Winde verweht"?"

„Gerne mein Schatz."

„Sorbas, küss mich, ich habe dich ja so sehr vermisst."

„Viele Kinder müssen wir machen, geliebter Sorbas. Was meinst du?“

Ich guckte erschrocken an die Decke und wusste keine gescheite Antwort:

„Meinetwegen eine ganze Fußballmannschaft. Aber um Gottes willen keine Mädchen. Eine Verrückte ist genug.“

Mit Vaters Linie-18-Bus schaukelte jeden Morgen der alte Müller-Borkum, ein ursprünglich aus Emden stammender pensionierter fetter Loggerkaptän, in die City. Um seinen täglichen Besorgungen nachzugehen, die er mit einem „Gesundheitsspaziergang“ durch das Kaufhaus Karstadt abschloss. Vor der Rückfahrt wurde dieser täglich beim Essen in „Remmers“, Bremens „Hofbräuhaus“, mit einem halben Liter Haake Beck Bier „abgefeiert“, wie er Vati erzählte. Er wohnte im nördlichen Aumund in einer Arbeiterreihensiedlung mit einfachen Eigentumshaushälften aus den Dreißigern. So über die Jahre lernten sich beide, Schaffner und Passagier, gut kennen und wenn es keine Karten zu kaufen oder kontrollieren gab, führten beide so manches, freundliches Schwätzchen und mochten sich.

Dann starb überraschend Müllers Ehefrau, und Vater erlebte an dessen tiefer Trauer und Verzweiflung, dass er über ein volles Jahr unter ihrem Tod litt. So half er dem sympathischen Witwer instinktiv immer wieder auf der morgendlichen Fahrt ein bisschen über seinen Kummer hinweg: durch ein paar lustige Witzchen, Vorortklatsch und verrückte Sprüche.

Eines Abends kam mein Alter ganz aufgeregt nach Hause und erzählte Mutter bereits beim Ablegen der Uniform das Wichtigste vom Tage.

An diesem Nachmittag hatte er wieder mal seinen Stammfahrgast begrüßt:

„Hallo Käpt'n. Heute alles Okay auf der Borkum?“

Der dicke Rentner mit riesigem Hängebauch nickte schwer atmend.

„Segel voll gesetzt, kein Mann über Bord, lieber Baron. Bin heute gut drauf, hab neue Zukunftspläne gemacht und den Entschluss gefasst, auf meine geliebte Insel zurückzukehren. Borkum ich komme!“

„Was machen sie aber dann mit ihrem schönen Haus. Sie sind doch der Besitzer. Wollen sie es aufgeben, verkaufen oder vermieten?“

„Ich gehe jetzt über die Fünfundsiebzig und will meine Ruhe haben. Da ich, Klabautermann noch mal, mein halbes Leben mit Trampfahrt auf ausländischen Pötten und nur ein paar Jahre für die Rente auf deutschen Loggern fuhr, reicht sie von vorne bis hinten nicht aus. Ich denke an einen Verkauf auf Rentenbasis. Eingetragen im Grundbuch ist das was Sicheres im hohen Alter. Kleine fette Anzahlung und ewig gutes Bares aufs Leibrentenkonto: Monat für Monat. 100 Prozent abgesichert durch den Notar."

Vater stimmte ihm nachdenklich zu und dachte an sein bescheidenes, aber wachsendes Bankguthaben. 2.000 Mark hatte er sich über viele Jahre mühselig zusammengespart, um seinen großen Lebenstraum zu verwirklichen: ein eigenes Automobil. Genauer, einen gebrauchten Borgward Isabella. Bei der Wehrmacht baute er acht Jahre vorher seinen kostenlosen Führerschein und der lag ewig ganz oben in seiner „Sammelsurium-Zigarrenkiste". Bei den wichtigsten Lebensdokumenten, vom Freischwimmerausweis bis hin zum Arbeitsvertrag der BVG.

„Wie hoch wären denn Anzahlung und Monatsrate?", stammelte Vati mutig.

„Hab ich alles schon lange im Kopf ausgerechnet: Zweitausendfünfhundert Anzahlung und monatlich einhundert, bis zum Lebensende."

Vater schluckte nachdenklich. Er verdiente damals netto nur 380 Mark im Monat. Davon gingen 65 Mark Miete an jedem Monatsersten an die Wohnungsgesellschaft. Allerdings mit nur 35 mehr konnte er nun das bescheidene Häuschen abzahlen. Das rechnete sich gut. Dabei vergaß er erst mal die noch fehlenden 500 Märker der Anzahlung. Er riss sich also zusammen und sagte, bereits mit nervöszittriger Stimme:

„Herr Müller, ich wäre an ihrem Haus in…teressiert. Selbst die Anzahlung ist schon da", denn er gebar in diesem Moment bereits eine Idee. Seine, seit früher Kindheit aufgebaute, geliebte Briefmarkensammlung! Sie würde aufgrund seltener Werte des 19. Jahrhunderts aus den Anfängen der deutschen Briefmarkengeschichte ausreichenden Verkaufserlös bringen. Er entschloss sich spontan, sie zu opfern:

„Wann könnte ich mit meiner Familie ihr Haus besichtigen?"

„Wie wäre es Sonntagvormittag, so um elf?"

Vater sagte zu. Muttis cooler Kommentar zu Hause:

„Klingt nicht übel. Ich hoffe, es ist keine von diesen Bruchbuden, wo man sich bei den Nachbarn für schämen muss. Vergiss nicht, ich stamme aus einer Büroleiterfamilie!"

Ich war ganz aufgeregt. Konnte den Sonntag kaum abwarten, und der Alte war für mich zum ersten Mal ein Held. Ich fand, er hatte richtig clever gehandelt. Am Sonntag marschierten wir dann auch sofort nach dem Kirchgang geschlossen, in besten Sonntagsklamotten, Richtung Nord-Aumund. Etwas über einen Kilometer bis zu Müllers Haus in der Borchshöher Straße. Nach hundert Metern hörte das „bessere" Wohnviertel der individuellen Einfamilienhäuser auf und links und rechts standen lange Reihen immer gleich aussehender Reihenhäuser. Eine Reihenhaussiedlung langweiliger, älterer Dreifamilienhausgruppen, mit Mittelhaus und linkem, sowie rechtem Endhaus, zweistöckig, pro Geschoss mit je 40 Quadratmetern und einem kleinen dahinter geklebten, winzigen Waschhaus.

„Prost Neujahr. Hab mir so was schon gedacht. Wenn'de mal besoffen nach Heim kommst, findste dein eigenes Haus nicht mehr", lästerte Mutti.

Vater sagte gar nichts und blieb nervös, mit zusammengekniffenen Lippen vor der Nr. 43 stehen. Aufgeregt murmelte er:

„Das, das ist es ja denn. Sieht doch recht gut aus, was?"

Das Eckhäuschen war frisch gestrichen und zeigte einen gepflegten, winzigen Vorgarten hinter einem billigen Hühnerdrahtzaun. Ein richtiges und vor allen Dingen bezahlbares schlichtes Einfamilienhaus. Vielleicht unsere einzige große Chance im Leben, doch noch zu was zu kommen.

Mutti schenkte dem Alten einen giftigen Blick, trabte durch den Vorgarten, knallte mit der rechten Faust auf den Klingelknopf, drückte den Tür öffnenden, sie freundlich begrüßenden Besitzer Müller zur Seite und brauste in das Haus hinein. Der Seebär, Vater und ich folgten ihr baff. Sie steckte ihren Kopf mit abweisender Mimik kurz in die Küche und lief dann mit großen Schritten weiter in das kleine Wohnzimmer. Das war super eingerichtet: die Wände mit exotischen Mitbringseln aus aller Welt bepflastert und viel alte Schiffsdeko, sowie mehrere antike Seegemälde. In einem Glasschrank präsentierte der alte Seefahrer seine selbst gebauten Schiffsmodelle und zwei aufgereihte, putzige Buddelschiffe.

Müller war mein Mann! Mutti aber war mal wieder rechthaberisch blind. Sah sich kurz angewidert um und linste durch die Terrassentür in den Garten. Dann keifte sie Müller an:

„Das rechts hinterm Haus, das kleine Häuschen. Was ist denn das?"

„Mein altes Waschhaus. Da lassen jetzt alle Nachbarn eine moderne, raumsparende Waschmaschine einbauen und gewinnen wertvolle, zusätzliche Nutzfläche."

Sie unterbrach ihn zynisch:

„Mann, halten sie mich doch nicht für blöd. Ich meine das winzige Häuschen hinter ihrem Waschhaus. Das sieht doch aus wie ein stinkendes, mittelalterliches Plumpsklo! Hab ich recht?"

Müller nickte ganz verdattert. Vater war bestürzt:

„Liebe Mine ... Schatzi. Das reißen wir sofort weg und bauen in die rechte Ecke des fast leeren Waschhauses eine richtige moderne Spültoilette ein, du ..."

Mutti hatte genug. Sie drehte sich auf ihrem Absatz um, hob eingeschnappt ihren Kopf, ohne uns anzublicken und raste zurück, durch die noch offenen Türen hinaus auf die Straße. Dabei schrie sie:

„Dieser dusselige Verlierer. Bietet mir doch aufs Alter eine Bruchbude mit 'nem Bauernscheißhaus an. Oh, Gott im Himmel, warum habe ich nicht damals auf Vater gehört. Der wusste, was ich für 'nen Knallfrosch heirate."

Eva war im Sommer 1956 verreist. Ihre Familie fuhr mit dem neuen Mercedes 220 nach Lloret del Mar. Teufel, waren das drei schlimme Wochen. Zum ersten Mal nach Jahren war sie nicht da, Tag für Tag, Woche für Woche. Ich litt unter der Trennung. Sehnte mich nach ihrem Augenblitzen, Stupsnäschen, langem glänzenden Haar, süßen Nacken, runden Brüsten, Po. Der Umarmung. Den süßen, feuchtwarmen Küssen, dem intimen erregenden Pettingspiel. Jetzt wusste ich, dass sie die große Liebe meines Lebens war.

Und ihr schien es ähnlich zu gehen. Als sie zurückkam, fiel sie mir jubelnd in die Arme und schluchzte:

„Ich hab dich ja so schrecklich vermisst lieber Sorbas. Küss mich besinnungslos. Ich liebe dich, liebe dich, liebe dich.

Eines Tages spendierte mir der Konditor Radloff, für den ich ab und zu eine Geburtstagsauslieferung übernahm, als Lohn nicht nur die üblichen 50 Pfennig, sondern obendrauf noch einen Eisbecher mit drei Kugeln, Schokolade, Zitrone und etwas ganz wildes Exotisches, Ananas aus Hawaii. Ich saß direkt am Fenstertisch. Hielt mit der Linken den silbernen, verchromten Metallbecher, und mit der Rechten kratzte ich, ganz ganz langsam immer abwechselnd den aufgetauten Teil der Kugeln ab. Genussvoll ließ ich jeden Löffel im Mund schmelzen und war so richtig gut drauf, da kam ein riesiger weißer amerikanischer Wagen herangeruckelt und blieb stotternd mit sterbender Maschine und den rechten Rädern auf dem Fahrradweg stehen. Emil Sawatzkis stadtbekannter Luxusschlitten.

Es war warm an diesem Maimorgen, und ich hörte durch die offene Ladentür wie Emil, der sich hinten an eine mollige, gut aussehende Blondine mit einem viel zu engen beigen Cordkostüm kuschelte, verärgert seinen Chauffeur anbrüllte:

„Willy, du Penner. Hast du schon wieder vergessen zu tanken?“ Er fasst sich an seine Stirn und wetterte weiter. „Das kann doch nicht wahr sein, da kommen wir tatsächlich zu spät zur Verabredung. Hat fast ein Jahr gedauert, den Vertrag mit Konsul Wagner auf die Beine zu stellen. Sein Lager ist exterritoriales Hafengelände. Da spar ich mir einen Haufen Geld und viel Arbeit mit dem Zoll. Was soll denn der Mann von mir denken, und sein Notar erst?“

Der Chauffeur meldete sich kleinlaut: „Tut mir leid, Chef.“

Die freche Blondine zeigte wenig Verständnis: „Emil, du bist und bleibst doch ein knickriger, kleiner Altwarenschacherer. Du hast einfach nicht das Zeug dazu, dich in der feinen Bremer Geschäftswelt zu etablieren. Einfach keine Klasse, weil du an den falschen Enden sparst, Mann. Dein Chauffeur ist ein ehemaliger Baggerfahrer, dein Verlobungsring mickrig und dein Schwänzchen, ha, winzig. Warum hat mich das Schicksal nur so hart bestraft?“

Darauf reagierte der abgebrühte Sawitzki überhaupt nicht. Nachdenklich zog er einen Zehner aus seiner goldenen Geldspange, reichte ihn dem Fahrer und kommandierte mit klaren Befehlen:

„Willy, die nächste Tankstelle ist drei Kilometer entfernt. Hier, nimm den Zehner und renn rüber in die Apotheke. Kauf zwei Liter Waschbenzin und sag dem Apotheker, dass er sein Glas gleich zurück erhält. Aber bisschen fix.“

Sprang aus dem Wagen, und während sein bestürzter Angestellter losraste, schraubte er bereits am linken Kotflügel den Tankdeckel ab.

Einige Minuten später kam der Chauffeur angeschnauft, füllte hastig den glucksenden Treibstoff ein, verschraubte den Tank und rannte mit dem leeren Glas zur Apotheke zurück. Sawitzki freute sich:

„Den Termin kriegen wir noch hin, Schatzi. Aber eins sag ich dir, wenn die Importchose irgendwann den Bach runtergeht, mach ich hier die Mücke und setz mich in irgendeine Großstadt ab. München oder vielleicht Frankfurt, das sind Plätze mit Zukunft. Dicke, internationale Kohle! Und da mach ich dann auf Makler. Im großen Stil Häusergeschäfte. Ich mag Bremen, aber hier gibt's zu viele arrivierte Familienbetriebe und arme Fabrikmalocher, die nichts drauf haben. Da fehlen der fette Mittelstand und die spekulativen Zocker, also muss ich logo runter in den Süden. Mein schwarzes Eingemachtes wird zum Startkapital und weil mich keiner kennt, kann ich erst mal unauffällig loslegen. Preiswert aufkaufen und die Kohle mit unkontrollierbaren Erhaltungsaufwendungen unterbringen. So legt man an und spart noch Steuer obendrein. In Bremen ist doch tote Hose angesagt: zu viel Loser und eine Klicke von Erbenheimern, die wie eine verschworene Mafia alles im Blick hat und keinen von unten ranlässt."

Der arme Willy kam schweißtriefend zurück. Startete die Maschine, die zuerst noch etwas stotterte und sie rauschten davon.

Sawitzki, der Erfolgsmensch. So einer wie er wollte ich werden! Der war kein Ikarus. Der wusste genau, was lief, und kam bestimmt nie in die Nähe einer Selbstüberschätzung.

Die „Haus mit Plumpsklo"-Idee war also nichts geworden. Der Alte schien auch irgendwie erleichtert, weil er schließlich dem jahrelangen Abzahlungshorror entronnen war, und verschwand etliche Tage in seinen Feierabendstunden. Schweigsam, den Inhalt dieser verbergend, aber immer wenn er anschließend nach Hause kam, leuchteten seine Augen, und er pfiff gut gelaunt seine alten Wander- und Soldatenlieder:

„Wir lagen vor Madagaskar und hatten die Pest an Bord. In den Fässern da faulte das Wasser. Und täglich ging einer über Bord."

Eines Tages kam er dann samstagnachmittags sehr früh zurück. Mutti war noch in der City einkaufen, und so tätschelte er mir die linke Wange und sagte:

„Komm, Kerlchen. Machen wir eine kleine Spritztour auf der Lindenstraße. Zum Gemüse-Steller. Den will ich doch mal so richtig in die Eier treten. Glaubt doch, nur er hätte den Erfolg gepachtet. Der Herr Erbschleicher."

Ich begriff nicht, warum ich bei seinem alten Schulkameraden, der eine Obst- und Gemüsehandel-Erbin mit Mietshaus geheiratet hatte, mit aufkreuzen sollte und überlegte mir bereits eine glaubwürdige Fluchtausrede. Da setzte er noch einen Hammer drauf:

„Und danach gönnen wir beide uns was und fahren cool zum Eissalon Radloff. Vor den Augen des staunenden Volkes essen wir dann jeder einen teuren Mambo-Becher. Den ganz großen, mit Plastikaffen und Palme."

Der riesengroße sahnige Mambobecher. Traum meiner Genusslüste: Ich willigte ein. Das mit der „Spritztour" begriff ich zwar nicht ganz, denn der Eisladen war doch nur zwei Straßen entfernt. Aber als wir beide auf die Straße traten, prunkte ein blitzblanker, schneeweißer, höchstens drei Jahre alter Borgward vor dem Haus.

„Hat nur 85.000 Kilometer drauf. Ich hab ihn als Unfallwagen gekauft, verbeulte rechte Seite. Zehn freie Nachmittage hab ich gebraucht, um Kotflügel und Stoßstange auszutauschen. Sensationeller Preis, ich brauchte nur lächerliche zweitausend zu zahlen", blabberte der Alte aufgeregt.

Ich konnte es nicht glauben. Seine jahrelang mühsam angesparten paar Mille waren weg. Statt vernünftig handelnd das günstige Haus zu erwerben, hörte er auf meine spinnende Mutter und verschleuderte sein gutes Geld für 'ne Angeberkarre.

Trotzdem, ich fand der Isabella sah echt geil aus, vielleicht wie ein etwas zu klein geratener amerikanischer Straßenkreuzer. Allerdings der Cadillac-Superklasse! Beeindruckt rutschte ich auf den schicken marineblausilbernen Beifahrersitz. Der Alte zündete sich im linken Mundwinkel eine filterlose Juno an, startete den Motor mit reinklickendem ersten Gang und gab Gas. Dreimal fuhr er total „high" die Lindenstraße, sehr sehr langsam, rauf und runter. Hoffte natürlich, dass uns möglichst viele Nachbarn erkannten. Es war ein warmer Sommertag, und wir hatten vorne die kleinen Dreiecksfenster halb aufgedreht. Als wir das zweite Mal am Stoppschild zur Vulkan-Schiffswert hielten, sah ich den vorbeischlendernden Möbelhändler Bahr ungläubig zu uns hereinstarren und kriegte mit, was er seiner Frau Ingeborg zujuchzte:

„Hast du das gesehen? Der kleine Schaffnerkacker von der Straßenbahn, mit dem Hochstaplernamen, fährt jetzt dicke Autos. Wenn er sich mal bloß nicht übernimmt."

„Na besser, als dass er sich mit jungen Verkäuferinnen im Lagerhaus kuschelt", keifte sie und lachte schrill auf, als sie an seiner wütenden Grimasse merkte, dass ihr Stachel saß.

„Dieser neidische Sargtischler. Ist ihm sofort auf den Magen geschlagen. Der Baron hats ihm endlich mal gezeigt. Genug mit dem Cruisen. Fahren wir zu meinem Freund Gemüse-Steller rüber. Der wird vor Neid in seine Gurken springen", meinte der Alte in Hochform und griff mit der Rechten in das Steuerrad, um mit dem Wagen über Straße und zwei Bürgersteige zu drehen.

Nach fünf Minuten coolem, langsamem Gleiten erreichten wir Stellers Geschäft. Der Alte grinste supergut drauf. So kannte ich ihn gar nicht, ihn, den zeit meines Lebens immer stummen, unsicheren Mann. Der höchstens mal ein paar Worte des Tadels für mich fand. Nun als Angeber, Obermacker. Stellers Laden hatte zwei große Schaufenster. Im linken war eine niedrige Gemüselandschaft mit Kohl- / Gurkenbergen sowie Kartoffel- und Zwiebelsäckchen aufgebaut, und das rechte zeigte eine wohlsortierte Aufreihung von flachen, knallvollen Fruchtkörben mit ausgesuchten Äpfeln, Birnen sowie Weintrauben. Über beiden Fenstern stand in angeschraubten, hellgrünen Grotesk-Holzbuchstaben: „Obst & Gemüse Steller". Vor der weit geöffneten Tür pries eine frischbekritzelte, frei stehende Kreidetafel die Sonderangebote des Tages: 1 A: Gurken in Gläsern! Der Alte parkte den Wagen protzend vor dem Eingang. Drückte sich seinen alten zerbeulten braunen Filzhut auf die Glatze und steckte sich seine schicke Piloten-Sonnenbrille, die er mal in der Bahn fand, ins Gesicht.

„Komm mit, Junge", sagte er und wir stiegen aus. Wir betraten den Laden, in dem sich gerade niemand befand. Der Alte suchte eine Handvoll besonders lecker aussehende, dunkelrote Kirschen aus und reichte mir einige, die ich sofort mit Genuss konsumierte und ihre Kerne durch die offene Tür, Richtung Straße spuckte. Da kam Karl Steller schweißtriefend vom Lager zurück, beladen mit zwei staubigen Kartoffelsäcken. Die setzte er, als er Vater erkannte, vor uns auf den Boden und boxte uns beiden kameradschaftlich den Brustkorb.

„Hallo, wen haben wir denn da: Ihre Hochwohlgeborenen, die Barone!"

„Alles klar, Karl? Wie läufts Geschäft?"

„Ich kann nicht klagen. Fahre am Sonntag für zehn Tage zur Nordsee hoch. Dreisterne-Camping direkt am Strand. Mit 'nem Vorderbanktrick hat mein neuer VW-Bus drei richtig gute Schlafgelegenheiten, und als Einzelhändler kann ich den Wagen zudem voll von der Steuer absetzen. Da macht doch der Urlaub gleich doppelt so viel Spaß. Aber am liebsten würde ich natürlich mit so einem Schauauto wie dem tollen Borgward da draußen zur Riviera runter rauschen. Der Isabella und dann auch noch in meiner Lieblingsfarbe, schneeweiß. Wahnsinn! Aber leider 'ne Nummer zu teuer für mich", sagte er mit schmerzlich verzogener Miene und deutete auf unseren neuen Dampfer.

„Willste mal 'ne Runde mit ihm cruisen?", sagte mein Alter lässig und hielt ihm grinsend die Schlüssel hin.

Das haute mich aus den Latschen: unser Alter als cooler Macker!

Steller verlor fast die Fassung:

„Nein, das ist nicht wahr. Bind mir keinen Bären auf. Gehört er tatsächlich dir? Hast du die Bremer Bank ausgeraubt, oder im Toto gewonnen?"

Vater schüttelte schmunzelnd den Kopf und übte sich in vornehmer Zurückhaltung.

„Donnerwetter, herzlichen Glückwunsch, Baron. Na ja, mein VW-Bus hat auch so seine Vorteile: Jeder erkennt doch gleich den selbstständigen Geschäftsmann in mir."

Vater erfuhr zum ersten Mal in seinem Leben etwas nie zuvor Erlebtes: Anerkennung von einem „Macher". Aber leider kapierte er erst Jahre später, dass er wegen seiner Entscheidung, meiner besserwisserischen Mutter wieder mal nachzugeben und Mieter zu bleiben, bis ans Lebensende zum Loser abgestempelt war.

Siegfried Scholz' Vater Manfred galt zu unserer Jugendzeit als der absolut am besten aussehende Mann unseres Stadtteils: muskulöser durchtrainierter Körper, blonde Haare, breites Kinn und dazu blaue Augen. Alle jungen Schnallen träumten nur von ihm. Hunderte wären bereit gewesen, sich ihm zu Füßen zu werfen. Freie Auswahl bei den Ten-Schönheiten! Er hätte die hübsche Baroness von Wertstein, Erbin eines Gutshofs Richtung Bremerhaven, kriegen können oder die flotte vollbusige Brigitte, Tochter des Vegesacker Kinobesitzers. Vielleicht sogar die elegante, hochnäsige Arzttochter Hanna.

Nein, sie alle hatten bei ihm keine Chance. Obwohl er, Sohn eines armen Briefträgers, der es nicht mal auf die Mittelschule schaffte, jederzeit die sichere Chance, ein gestopfter Erbschleicher zu werden, hätte nutzen können. Er war eigen, und im Bewusstsein seiner herausragenden Einmaligkeit ergab sich nur ein Anspruch, seine Braut konnte nur Vegesack's schönstes Mädchen werden: Monika! Klar, die Traumfrau des Jahrzehnts. Eine absolute Ten, lange blonde Haare: 10! Ein Gesicht wie Ursula Andress: 10! Ein Body wie Jayne Mansfield: 10! Und eine zärtlich anmachende Stimme wie Marylin Monroe, „Happy Birthday, Mr. President". Noch eine 10! Ihre ungewöhnliche Schönheit: 1. Preis für den Gewinner? Oder Bürde? Vielleicht Fluch?

Das Beste hat natürlich seinen Preis. Seine begehrte Supervenus, von der alle Männer Bremen-Nords von 16 bis 76 träumten, war sich ihres Wertes bewusst: Ließ die Jungen, die ihr verfielen, betteln, kriechen und sich oftmals beim Ausgehabend finanziell für Wochen ruinieren.

Fred hatte das nicht nötig. Er war ihr ebenbürtig, und so waren sie ruckzuck ein Paar, das nun gemeinsam erlernen musste: Respekt, Rücksichtnahme und dem anderen die Chance des ersten Schritts zu geben. Das tut Verwöhnten weh. Oft flogen bei ihnen die Fetzen, aber sie kriegten trotzdem über die Zeit eine Top-Ehe hin. Monika war arme Vulkanesentochter. Ihr Vater arbeitete schon seit seinem vierzehnten Lebensjahr als Akkordschiffsreiniger bei der großen Nordbremer Werft. Beide gerade über 17, heirateten, als sie schwanger war. Fred heuerte dann als einfacher Matrose, statt auf „Große Fahrt", auf einem Nordsee-Kümo an. Fuhr nicht, wie früher mit heißem Herz geträumt „Rund um die Welt", sondern wollte häufiger zu Hause sein. Denn an Monika durfte keiner ran, und durch den Kümonahverkehr schaffte er sein Kontrollziel. Da er nicht viel Kohle heimbrachte, musste Monika schon kurz nach der Geburt ihrer kleinen Tochter arbeiten: als Bardame in der berühmt-berüchtigten Hafenbar „Seven Seas". Dort lief für Traumweiber gutes Geld, kleine Scheine im Ausschnitt oder manchmal große im „Höschenblitz". Mit ihrem traumhaften Aussehen bekam sie ihn sofort, den einträglichsten Trinkgeldjob Vegesacks, und wurde in nur ein paar Wochen zum legendären Sexsymbol aller internationalen Seefahrer, Arbeiterhelden und spendablen Säufer.

Dadurch ging es den beiden schon nach ein paar Jahren finanziell recht gut. Sie schafften sich ein feuerrotes VW-Cabrio und 1956 eines der ersten Fernsehgeräte an. In der neuen Dreizimmer-Sozialwohnung mit Balkon prunkte eine prächtige Palisanderschrankwand, und Monika trug tatsächlich im Winter einen echten Persianermantel.

Wir wohnten nun in unserer lang ersehnten Sozialwohnung. Ein schicker Traum mit Dreiquadratmeter Balkon, Zentralheizung und richtigem Badezimmer, im gleichen Block wie Familie Scholz. Nach dem Kauf des Borgwards erfuhr Vater in der Nachbarschaft eine nie vorher erfahrene Welle der Anerkennung und des Respekts. Es veränderte ihn ein bisschen zum Positiven, er hatte bessere Laune und sah zum ersten Mal auch die anderen armen Schweine um sich herum: wie mich.

Als wir eines Tages mit dem frisch gewaschenen Wagen an der Anlegerstelle der Lemwerder-Fähre parkten, hupte hinter uns ein ebenfalls einparkender, roter Wagen. Fred mit seinem schicken Volkswagen-Cabrio.

„He, Baron, alter Kumpel! Wie läufts? Heißer Borgward, der sieht aber verdammt gut aus“, rief er, kam zu uns rüber und reichte Vater gut gelaunt seine rechte Seemannspranke.

„Kann nicht klagen, Manfred. Aber seitdem ihr Doppelverdiener seid, merkt man euch den neuen strammen Wohlstand an: Cabrio, Pelzmäntel und am linken Armgelenk sogar eine teure goldene Omega.“

Der Alte freute sich wieder einmal den fast immer auf See arbeitenden früheren Klassenkameraden und Schulfreund zu treffen und schubste mich leicht in seine Richtung. Artig nahm ich die Pudelmütze ab und murmelte wie ein kleiner Roboter:

„Guten Morgen, Herr Scholz. Landurlaub?“

„Groß geworden und kräftig. Bist doch in Siegfrieds Klasse. Da ist ja bald Sense, und Ihr bringt endlich Kohle nach Hause“, sagte Scholz und kniff mich grinsend in den Oberarm.

„Er wird nächsten Monat schon vierzehn, mein Gott, und wir? Rücken dem Altersheim immer näher. ’Ne Lehrstelle als Dekorateur hat er auch schon. Bei VeKa! Da kriegen wir dann nicht nur mehr Geld in die Haushaltskasse, sondern auch den angenehmen Angestelltenrabatt. Der hilft der Familie endgültig aufs Fahrrad“, erklärte Vater.

„Bei dem reichen Warenhausjuden arbeitet er?"

„Du meinst der VeKa-Rosenthal ist einer? Vielleicht nur'n weißer?"

„Ich bin mir da ganz sicher. Meine Cousine Irma hat bei dem 'ne Putzstelle und ist auch für seine Villa zuständig. Kennt sich bei dem Schlamil aus. Die haben viel Wiedergutmachung bekommen, wenn se überlebt haben. Also, ich hab eigentlich nichts gegen die."

Mein Alter guckte grimmig und zischte dann:

„Machen sich schon wieder breit auf unsere Kosten. Deutschland den Deutschen, verdammt noch mal."

Scholz lächelte verblüfft und sagte dann cool:

„Ob die Villa einem Herrn Baron von Ehrenberg oder Moshe Goldstein gehört, ist mir doch wurscht, denn mir gehört sie leider nicht."

Ich hörte mir das peinliche Gehetze an und schwieg. Die unbelehrbaren Narren meiner Heimat hatten doch nach diesem furchtbaren Krieg mit seinen Millionen Opfern des Hasses, der Verblendung, des Größenwahns nichts dazugelernt.

„Lasst uns noch ein bisschen Richtung Stadtpark bummeln, da haben sie bereits die Holzbänke aufgestellt", schlug Vater vor, und Fred folgte uns gut gelaunt. Am Strandkiosk kaufte mir der alte Scholz großzügig ein Eis am Stiel und scherzte:

„Nen halben Liter „Haake Beck" darfste ja noch nicht saufen."

Dazu kaufte er zwei Buddeln Bier und reichte eine meinem Alten. So waren wir guter Laune, und ich bedankte mich erfreut. Dann machten wir es uns auf einer freien Bank gemütlich. Das Wetter war klasse: Sonnenschein und volle dunkelgrüne Baumkronen. Eine Spitzenaussicht auf die Weser mit ununterbrochen vorbeirauschenden Überseepötten und mit Stützsegeln gesicherte Seglern. Fröhliche Spaziergänger um uns herum und glücklich lärmende Kinder.

Fred tippte meinem Vater auf die Schulter und seufzte:

„Ach Baron, freu mich echt, dich wieder mal zu treffen. Weißt du noch früher, wir armen Hungerleider. Und nun? Wie sich doch die Zeiten ändern. Irgendwie haben wir beide es doch geschafft in diesem Leben: tolle Luxuswohnungen mit fast fünfzig Quadratmetern, Schauautos und schöne Weiber im Bett."

Ich guckte den dummen armen Loser erstaunt an, dann erschrocken meinen zustimmend nickenden Vater. Der gute, alte Blödmann lächelte doch tatsächlich satt und selig zurück. Die beiden kleinen

Arbeitnehmer mit Sozialwohnung. Kapierten sie einfach nicht, diese Hackordnungswelt, in der sie nur untersten Bodensatz repräsentierten.

Wuchs da nicht bereits meine erste Arroganz?

Ja, Eva war die erste große Liebe meines Lebens. Wir hatten inzwischen ein gemeinsames großes Hobby, die Literatur. Lasen rund um die Uhr, erzählten uns gegenseitig unsere Buchinhalte und banden viele dieser Inhalte in unsere Gemeinsamkeit ein. Sie verglich mich immer noch mit dem tollpatschigen Sorbas. Obwohl sympathisch, hoffte ich, dass sie ihn eines Tages mit einer erfolgreicheren Figur austauschen würde, wie „Grundig" oder „Neckermann".

Eines Sonntags besuchten wir einen Cousin meiner Mutter in Schwanewede, einem kleinen Ort nordwestlich von uns. Der hieß Alfred, war gut verdienender Fernfahrer und zehn Jahre jünger als Mutti. Alfred baute auf einem günstig erstandenen 99-Jahre-Erbpachtgrundstück sein zukünftiges Einfamilienhaus und feierte an diesem Tage das Richtfest. Als wir mittags zu Essen und Umtrunk ankamen, hatten wir leider die urkomische Ehrenansprache des im Gerüst stehenden, besoffenen Poliers mit offenem Hosenlatz verpasst. Mehrere Leute gaben ihm wortlos gestikulierend Hilfszeichen. Weil er sich das störende Lachen der Zuhörer nicht erklären konnte, unterbrach er verärgert seinen Vortrag. Nur sein beherzter Geselle rettete die Situation, indem er hochkletterte und ihm den Reisverschluss hochzog. Alles lachte brüllend. Wir setzten uns zu den bereits quietschvergnügt schmausenden, saufenden Gästen an roh zusammengenagelte Esstische mit Holzbänken. Die meisten kannten wir, weil sie Verwandte oder Nachbarn waren. In der Mitte, gegenüber vom Bauherren, waren noch vier, freie Plätze mit akkurat geordneten Gedecken und Sitzkissen frei. Als ich näher zu Onkel Alfred rutschen wollte, prostete der mir zwar gut gelaunt mit seiner offenen Bierflasche zu, sagte aber:

„Kleiner, bleib sitzen, diese Plätze sind reserviert. Für unseren Architekt Schütte und seinen wichtigen Anhang. Er wird jeden Moment eintreffen."

Ich nickte verstehend, rutschte also zurück und langte mir ebenfalls eine Flasche Bier, deren Kippverschluss ich lässig wie ein Bauarbeiter mit der Handkante aufschlug. Was 'ne gute Schau war, aber so stark schmerzte, dass ich schon dachte, meine Hand wäre gebrochen.

Plötzlich ertönte ein schrilles Hupen. Alle drehten ihre Köpfe zur matschigen, ungepflasterten zukünftigen Straße. Ein offener großer Mercedes 300 mit vier winkenden Insassen hielt und die Türen öffneten sich.

Der bärtige Fahrer mit Strohhut, Architekt Schütte, brüllte laut:

„Mal langsam Freunde! Nicht so hastig, lasst mal noch was für uns übrig, wir haben schon extra seit gestern nichts mehr gegessen und getrunken. Emmi, dein Mann schwärmt immer von deiner berühmten lothringischen Küche. Also, halte die Fresser auf!"

Hinter ihm knutschte eine schlanke Blonde auf dem Rücksitz ungeniert mit ihrem Partner herum. Sie sah aus wie Eva ... Eva? Um mir sicher zu sein, stand ich langsam, unauffällig auf und marschierte, zuletzt fassungslos, Richtung Auto. Die Blondine bemerkte mich etwas zu spät. Überrascht drückte sie ihren Partner zur Seite und glotzte mich erschrocken an.

Dann öffnete Eva, sie war es wirklich, verlegen lächelnd ihren kleinen Mund und schnauzte:

„Nun zieh hier nicht die Schau ab, Sorbas. Gerade die harten Momente des Lebens üben, stärken kolossal."

Hinter mir lärmte die fröhliche Gesellschaft. Als ich zurücksah, bemerkte ich, dass keiner etwas von der peinlichen Situation mitbekam. Selbst Schütte mit kichernder Ehefrau stobte quietschvergnügt nickend vorbei. Ich drehte mich zur Seite weg und verschwand wortlos im Vorgarten, Richtung Straße. Mein Herz klopfte mir bis zum Halse. Ich war geschockt, begriff es zuerst gar nicht, das gerade furchtbare Erlebte. Eva, die ich ehrlich liebte und mit der ich seit Jahren meine geheimsten Träume teilte, warf mich einfach so weg! Wie eine kurz angerauchte Kippe. Ich erreichte aufgewühlt-zornig die Pforte und verdrückte mich zornig Richtung Innenstadt. Danach betäubte ich mich Abend für Abend mit viel Alkohol und Nikotin.

Damals, wie auch heute, kam ich nie mit meinem Geld aus. Lebte schon als Kind ständig über meine Verhältnisse. Und weil praktisch immer pleite, wuchs ständig meine Gier nach süßen Bonbons, sahniger Schokolade, leckeren Bratwürsten sowie labendem, italienischem Eis. Meine weitere große Leidenschaft waren damals amerikanische Comics und Cowboyfilme. Dafür langte, logo, nie mein Taschengeld. Aus dieser ständig wachsenden, unbefriedigten Konsumlust entwickelte sich dann später meine permanente Kaufsucht. Aus den Bonbons wurden später Bier und Schnaps und aus den Comics, coole Klamotten und kostspielige Moped- und Frauenträume. Wenn meine Kohle nicht langte, borgte ich Verwandte, Freunde und Nachbarn an. Gewöhnte mich daran mit frisch geliehenem Geld Teilschulden bei besonders nervenden Altgläubigern, die sich bereits bösartig zeigten, zu tilgen, um sie ruhigzustellen. Mein totaler finanzieller Ruin passierte endgültig durch die kostspieligen Mädchenbekanntschaften der späteren Teenagerjahre. So ab siebzehn stieg mein Kapitalbedarf ins Unermessliche, weil ich modische Klamotten wie Jeans, Elvisschuhe oder Cowboyhemden kaufte und generös die frisch angemachten Flammen in schicke Cafés oder Discos ausführte. Obwohl ich bereits mit der Lehre als Dekorateur fertig war und mein eigenes Geld verdiente, blieben mir nach Zahlung des Kostgeldes bei den Eltern nicht mehr als 100 Mark pro Monat übrig. Das war hart, sehr hart, denn ich fing früh mit dem Rauchen an und dadurch verbrannte ich bereits ein Drittel meines Budgets. In den frühen Teenagerjahren kam ich zuerst sogar besser klar, weil der Kapitalbedarf noch gering und genug Zeit für Nebengeschäfte übrig war: Ich versorgte zuerst Fischgeschäfte mit Zeitungspapier, putzte später Fahrräder für die Nachbarn und klaute heimlich meinem Vater etwas Wechselgeld aus der Hosentasche, wenn er besoffen vor dem Fernseher einschlief. Das rettete mich oft vor dem totalen finanziellen Absturz.

Später schuftete ich in der Lehrzeit als Wochenend-Balljunge auf dem städtischen Tennisplatz oder als Autowäscher bei unseren Nachbarn. Schietekuchen! Mit 17 hielt ich mich für zu alt und verzichtete auf die demütigenden Teenagerjobs. War schließlich fertiger Geselle und hatte meinen Stolz. Aber junge Dekorateure verdienten damals einen Hungerlohn, und der Beruf schien mir auch nicht besonders angesehen. Wenn mich jemand danach fragte, log ich immer und sagte aufwertend:

„Ich bin Grafiker!“

So war ich, schon fast erwachsen, allmählich überall haushoch verschuldet. Ließ mich gar nicht mehr in der Stadt blicken, um den Gläubigern zu entgehen. Als finanziell nichts mehr ging, bat ich das Kreiswehrersatzamt, mich im kommenden Jahr für W 18 bei der Bundeswehr sechs Monate vorzuziehen.

Meinem Alten gefiel der Einberufungsbescheid. Er war nicht nur ein alter Nazi, sondern schwärmte ständig mit Alkoholfahne von seinen geilen, heldenhaften Jahren bei der Luftwaffe:

„Schöne Zeit damals, als wir noch Heinkels flogen. Was waren doch die Frauen scharf auf unsere blaue Uniform. Zum Bund, eineinhalb wichtige Jahre. Gute Lebensschule. Da ziehen sie dir erst mal die Hammelbeine lang und treten dir schon in der Frühe in den Arsch. Härtet ab, mein Junge. Merke dir: zäh wie Leder, flink wie Windhunde und hart wie Kruppstahl. Dadurch wirst du zum Mann!"

Mir gelang mit „Stil" die Flucht vor meinen verärgerten Gläubigern. Vielleicht lauern noch heute gefährliche, mich ewig verdammende Scharen von ihnen in meiner Geburtsstadt auf meine Rückkehr, um mich zu demütigen, verprügeln oder vielleicht sogar abzustechen?

Ich kehrte nur selten und für ein paar Stunden nach Hause zurück, wenn Familienverpflichtungen es erforderten. Jeder würde meinen, dass mich dieser schon in frühen Jahren praktizierte Dauerbankrott lähmen oder schaden würde. Falsch gedacht. Das ständig bis zum letzten Pfennig herausgeforderte finanzielle Jonglierspiel mit Schulden, Krediten, Rückzahlungen und Stundungen trimmte, trainierte mich in die erfolgreiche Finanzgenie-Richtung, durch Kreditreiterei vermögend zu werden! Einen Erfolgsmenschen, der schon in jungen Jahren den Durchblick erfuhr, dass durch listige, ständige Expansion kaschiertes Schuldenmachen das Geheimnis des erfolgreichen Selfmademan ist! Und arbeite nie selber im Detail, sondern suche kreativ gewitzt Aufträge, pokere guten Profit heraus und reich die eigentliche Arbeit sofort weiter, an fleißige Malocher, die zu blöd zum Auftragsakquirieren und zur Generalstabsarbeit sind.

Ab und zu ergaben sich positive Mädchenbekanntschaften. Die liefen aber nur so mit zwei, drei weiteren Treffs, und dann verdrückte ich mich, weil ich frei bleiben wollte. Eva hats gelehrt. Dass ich mich ziemlich oft besoff, war nicht weiter schlimm, weil beim Bund so jeder junge Spund an der Bier- oder Billigkornbuddel hing. Besonders an den Wochenenden. Freie Bude, freies Essen, freie Uniform nebst Klamotten. Der schmale Wehrpflichtsold von nur 65 Mark ging für Bier und Zigaretten drauf. Als ich wieder mal meinen Stubenkameraden Reuß, der vor dem Bund Bankangestellter und ein ständiger Schlaumeier war, darum der Spitzname „Zeus", um zehn Mark anpumpte, meinte er:

„Ich geb dir den Zehner. Okay. Aber er wird deine Misere nicht verändern: Du säufst, rauchst und bist außerdem ständig hinter den Weibern her. Das kostet doch, Mann! Willst du 'ne Bank überfallen? 'Ne alte Oma ausrauben? Ich sag dir, was deine einzige Chance ist: Verpflichte dich ein halbes Jahr länger beim Bund. Mach wie ich auf Z 2, dann verdienste statt 65 Mäuse immerhin fast 170 im Monat. Geh runter zum Spieß und verkauf ihm deinen armseligen Körper für ein weiteres halbes Jahr."

„Scheiße, Zeus: Und wenn die Russen dann zu guter Letzt doch noch angreifen, werde ich arme Sau, wenn ich weiterhin so viel Pech im Leben habe, Kanonenfutter, jammerte ich aufbäumend und hatte mich doch längst schon damit abgefunden.

„Tröste dich Kumpel: Auch ich bin nun ein Zweijahres-Söldner. Sterben wir halt gemeinsam im Schützengraben. Nur weil wir zu blöd waren mit unserem Geld auszukommen. Alkohol- und Nikotingier brachte uns fast den Heldentod."

Und so geschah es: Ich ließ mir sofort meine Dienstzeit um ein halbes Jahr verlängern. Das dauert „auf dem Dienstweg", und so hielt ich mich solange mit Zigarettenschmuggel über Wasser. Jedes freie Wochenende trampte ich bei Wind und Wetter nach Bremen rüber und fuhr dort mit dem Trolleybus bis zum Überseehafen. Kaufte von Schiffen in der Regel für 20 Mark vier Stangen amerikanische Zigaretten, die ich verteilt in kleinen Päckchen, überall am Körper, bedeckt mit meinem weiten Uniformmantel, schwitzend durch die Zollkontrolle schmuggelte. Nie wurde ich kontrolliert. Wohl, weil sofort jeder Zollbeamte an meiner Uniform den armen Hungerleider von Bundeswehrschützen erkannte und mich mitleidig durchließ. Nach zwei Monaten war die Z2-Verlängerung durch. Ich bekam 170 Mäuse im Monat und außerdem die Aussicht auf 'ne kleine Abfindung von fast 900 Märkern zum Dienstzeitende.

Für mich war das Weihnachten und Geburtstag an einem Tag: Ich machte genug Geld für Zigaretten und ab und zu einen „Ausgehabend" in meine Traumkneipe „Lindeneck", eine zünftige schwach frequentierte Gaststätte in einem uralten Strohdachhaus hinter dem Kasernengelände. Hier zündete der Wirt im Winterhalbjahr oder an kühlen Schlechtwetterabenden den offenen Kamin im Lokal an. Die Gäste konnten sich zum Bier ein rohes Kotelett mit Gewürzen für nur zwei Mark bestellen und an kleinen Grillstangen selber im offenen

Holzfeuer grillen. Dazu Hemelinger Bier vom Fass, die knisternden Flammen immer wieder auflodernd von den Fetttropfen und ein Treff gut gelaunter, ausgewählter Freunde, die mehr wollten, als sich, wie üblich, nur den Kopf mit Alkohol aufzublasen. Unvergessene Diskussionsabende am Kamin mit meinem Freund Zeus:

„Dein Vorbild Sawitzki wird nicht mehr als ein verantwortungsloser, mittlerer Räuber sein. Diese Geschäftemacher, Mauschler sind für mich eigentlich Abschaum, weil sie sich spekulativ auf Kosten der arbeitenden, Werte schaffenden Bevölkerung bereichern. Vorbild? Nein. Du bist Dekorateur. Geh nach dem Bund in die Werbung, werde Gebrauchsgrafiker, da bist du Teil der absatzfördernden Truppe, die den Produkten oder Dienstleistungen der anderen hilft, Marktanteile zu sichern. Marketing ist das neue Zauberwort aus den USA. Das hat Zukunft und wird dir Spaß machen“, sagte er eines Abends am Kamin nachdenklich zu mir. Was für ein kluger Kopf. Er las viele Bücher und täglich mindestens zwei Zeitungen. Interessierte sich aber auch für alles, was in der Welt passierte, und traute sich auch freidenkend und aufgeklärt an vollkommen neue Lebensentwicklungen heran. Und er gab mir immer wieder einen Hieb, wenn ich es mit meinen rassistischen Äußerungen, die abgefärbt von meinem bisherigen Umfeld immer wieder mal ausbrachen, übertrieb.

„Das mit der Werbung ist eine gute Idee. Ich habe aufgrund meiner gestalterischen Ausbildung bereits ein kleines Fundament, das ich ausbauen könnte. Werde versuchen in eine Werbegrafikabteilung zu kommen. Ganz unten anfangen und mit etwas Glück ...“, sagte ich.

„Richtig. Steh ich voll dahinter, aber bedenke: Glück bedeutet für jeden etwas anderes. Nicht einfach ‚großes Geld‘ machen, Ruhm ernten oder hochdekoriert zu werden. Wahres Glück ist eigentlich: Wohlbefinden, ideelle Verwirklichung finden, anderen helfen und sich über den Erfolg gut fühlen. Der Sinn des Lebens ist nichts anderes als sich und seinen Leuten im Universum positive Punkte zu setzen und diesen, immer an das Allgemeinwohl aller denkend, zu folgen. Nur so kann man die wahre Lebenserfüllung finden. Nur so läufts mit deinem Glück, lieber Baron.“

„Warum bist du eigentlich Bankkaufmann und nicht Pastor geworden?“

Zeus grinste, wendete sein Kotelett, streute Pfeffer und Salz drauf und hielt es wieder vorsichtig über die Flammen. Hoch genug, um es

nicht zu anzubrennen. Dann guckte er mich grinsend an und meinte:
„Weil ich am Arsch der Welt aufwuchs. In unserem hinterwäldlerischen Küstenbereich gibt es kaum vernünftige fordernde Lehrstellen. Mir gefiel einfach die Grundidee der Raiffeisengemeinschaft. Einer für alle. Alle für einen. Die Kasse für den hart arbeitenden Landwirt, die ihm hilft, mithilfe der anderen Genossen seinen landwirtschaftlichen Betrieb zu sichern. Aber du spürst instinktiv, wie ich es bereits lernte: Im Endeffekt auch nur eine Bank wie jede andere, die gewinnorientiert über manches hinwegsehen muss. Auch ich werde wohl meinen Glücksweg ändern müssen."

Nur selten, Weihnachten, zu Geburtstagen und bei wichtigen Familienfeiern, fuhr ich also vorsichtig nach Hause. Um Geld zu sparen, aber auch weils schneller ging, trampte ich nach Bremen-Nord. Immer von unserer Kasernenlandstraße Richtung Osten, Weserfähre Bremen-Farge. An einem warmen Freitagnachmittag im Frühjahr stand ich dann wieder mal in Uniform mit erhobenen Daumen winkend am Straßenrand, als nach nur fünf Minuten ein ganz toller Wagen hielt: Ein brandneues, silbernes Mercedescabrio mit offenem Verdeck. Ein viersitziger SEB.

„Wohin solls gehen, Herr Major?", rief der dickbäuchige Besitzer, den ich zuerst nicht erkannte, weil er zum beigen Anzug einen großen weißen Panamahut trug,

„Richtung Weserfähren!"

„Farge oder Vegesack?"

„Beides okay, aber Vegesack ist mein Ziel."

„Nehmen sie Platz, junger Freund."

Er drückte zu mir gebeugt mit der rechten Hand den Griff der Beifahrertür auf, ich legte mich bedankend meinen „Affen", den alten fellbesetzten Wehrmachtstornister meines Vaters, auf den Rücksitz und stieg ein. Er grinste und bot mir eine Zigarette an. Gerne langte ich zu und erkannte ihn:

„Mensch, Sie sind's, Herr Sawitzki. Erkennen sie mich, Jörg Baron! Damals in der schlimmen Nachkriegszeit, die Nissenhütten. Ich wohnte mit meinen Eltern gegenüber im Souterrain. Unter Rodes Lebensmittelladen."

„Ja, klar. Baron, ha, ha, sie sind's tatsächlich: der kleine Spanner mit dem Riesenfernglas. Immer wenn ich Schwarzmarktlieferungen bekam, warnten mich Lieferanten und Käufer, da wäre irgend so ein junger, spionierender Peterneugier. Ob der wohl eine Gefahr sei. Nein, sagte ich immer, das ist nur so'n kleiner Wichser, der den Weibern unter die Röcke linst. Ha, ha, ha. Nehmense mein Lästern nicht zu ernst, junger Freund. Man kann in jungen Jahren nicht neugierig genug sein. Das schult die Allgemeinbildung", sagte Sawitzki und boxte mir kichernd in die linke Seite.

Das war mir aber peinlich. Spanner!

„Schönes Auto, Herr Sawitzki. Sie haben nicht nur Erfolg, sondern auch einen ausgezeichneten Geschmack. Hat bestimmt einiges gekostet", schmierte ich und wechselte so das Thema.

„Ja leider. Deutsche Wertarbeit hat halt ihren Preis. Da kommt so'n schwammiger Amischlitten doch nicht mit. Diese solide Straßenlage, Beschleunigung und gute Verarbeitung. Einzigartig! Dazu die Werterhaltung. Haben sie sich freiwillig zum Bund gemeldet?"

„Oh nein. Bin eingezogen worden. Beim Bund ist doch nichts drin. Versorgungsbataillon. Nach vierzig Jahren Dienst: Pension als Hauptfeldwebel. Vierzig ewige Jahre Kleiderkammer. Mottenkugelgestank, G3-Flintenölhände und alle zwei Monate um Mitternacht NATO-Alarm: Alles auf den LKW laden, irgendwo in die Walachei düsen und bei garantiertem Scheißwetter ausladen. Die ganze Nacht kaum ein Auge zu, damit man nicht beklaut wird. Ich kenne mich aus. Mein Alter, der arme Teufel, ist wieder in Uniform und gammelt in Richtung Pension. Nein danke, ich werde im Frühjahr entlassen, und dann mach ich mich, so schnell ich kann, selbstständig. Der Bund bescherte mir den kostenlosen Führerschein und beim Ausscheiden etwas Startkapital. Vielleicht werde ich Handelsvertreter, das liegt mir. Herr Sawitzki, lang nicht gesehen ... wohnen sie noch in Bremen?"

Sawitzki trat nun auf der schnurgeraden, leeren Bundesstraße richtig ins Gas und ließ seinen Renner fliegen.

„Leben auf der Überholspur, junger Freund, ist nur in den Metropolen möglich: Frankfurt, Deutschlands kleinste internationale Großstadt, wird gerade von mir aufgerollt."

„Machen sie jetzt Plünn und Oldiesen im großen Stil?"

Sawitzki lachte sich halb tot. Er wischte sich sogar eine Träne aus dem rechten Augenwinkel.

„Junger Freund, das waren die frühen Überlebensmauscheleien der Nachkriegszeit. Die guten alten Buntmetallfahrten von Haus zu Haus.

Damals noch mit dem Muli. Ha, ha. Ich war jung und schlank. Hatte aber einen Schlag bei den Weibern. Mein Gott: Heute sind'se nur noch scharf auf meine Kohle, sage ich ihnen. Nur die zählt bei den Klasseweibern mit voller Ladung! Ich mache nun auf Großinvestor: nur Toplagen in der Frankfurter City. Mein Geschäft ist Deutschlands Mangelware Nr. 1: preiswerter Wohnraum! Gott schütze die Wohnungsnot."

„Von Plünnoldiesen zum Handel mit teuren Großimmobilien. Wie um Gottes willen schafft man solche Sprünge? Toll, wer erzählt ihnen wie so etwas läuft, funktioniert? Verraten sie doch Ihrem jungen erfolgsgeilen Heißsporn und Bewunderer ihr Geheimnis!"

Sawitzki schob seinen Panamahut ins Genick, sah mich prüfend an, als er mein ungeduldiges Nicken sah, wiegte er seinen Kopf hin und her und sagte schlau:

„Ob du mit Gebrauchtwagen, oder mit Feuerholz handelst. Erfolgreiches Geschäft ist, egal welche Branche, ganz simpel: Billig kaufen und teuer verkaufen! Voraussetzung für den Erfolg sind aber solide Branchenkenntnisse: Im Immobiliengeschäft muss der Geschäftsmann monatelang sorgfältig alle Verkaufsangebote prüfen und ständig alle Unterpreis-Objekte des Marktes angucken und studieren: nach Lage, Größe, Substanz, Preis, Rendite, Zukunftschancen. Wenn er das realistisch macht und sich nicht selbst belügt. Rund um die Uhr. Dann bekommt er allmählich ein Gefühl für den Markt und weiß, wenn ein Objekt tatsächlich weit unter Preis angeboten wird. Und den ersten Einstieg mit dem sauer Ersparten nur wagen, wenn das Objekt fast verschenkt wird und sich das Überleben im ersten Jahr irgendwie rechnet. Wenn du zum halben Wert kaufst, sind reelle 100 Prozent Profit drin."

Er trat in die Bremse, bog links ab und blickte auf seine wertvolle goldene Rolex: nur noch fünf Minuten bis zur Vegesacker Fähre. Ich war beeindruckt. Der Mann wusste, wie der Hase läuft, und belohnte sich mit den Kostbarkeiten dieser Welt!

Sawitzki war nun endgültig mein Vorbild geworden. So einer wie er, ein knallharter Abkocher, aber auch Lebemann mit Stil, wollte auch ich werden. Showmercedes, kostbare Uhr. Schon in diesen jungen Jahren gebar ich meine große Leidenschaft, die Sucht nach Erfolg und den Kostbarkeiten dieser Welt: antiken Gemälden, altem Silber, Champagner, kostbaren Orientteppichen. Zuerst träumte ich noch von diesen Schätzen, aber nach und nach wurde ich auch zu ihrem Besitzer.

Als ich beim Bund entlassen wurde, meldete ich Cuxhaven als Wohnort an, weil Sommer war und mein Stubenkamerad Zeus, der mit mir den Bund verließ, dort eine winzige geerbte Bauernkate besaß. Dadurch kassierte ich sofort Stütze und erschlich mir damit drei schöne, arbeitsfreie Urlaubsmonate. Holzauge sei wachsam! War eine klasse Zeit. Und Zeus war damals für mich ein guter Kumpel, der mir mehr Sicherheit im Gefühl für Lebenswertigkeiten vermittelte: Viele Tage am Meer oder abends bei einem guten Bier tankte ich seine Weisheiten:

„Du hast viele Begabungen. Fördere und behüte sie. Schmeiß deine Perlen nicht vor die Säue. Arbeite nur mit Leuten zusammen, wo du dir ziemlich sicher bist, dass sie „sauber“ sind. Halt dich von Banditen fern, auch wenn der Deal noch so viel Profit verspricht. Dadurch gewinnst du an Selbstachtung, die dir Substanz und Stärke für den täglichen Lebenskampf aufbaut.“

Zeus brachte mich zum Nachdenken. Oftmals in den späteren Jahren dachte ich an ihn, wenn es zu kniffligen Entscheidungen kam.

Jeden Tag am Meer und in den Nächten Frischfleischjagd in Duhnens Nachtleben. Eines Nachts in der Seejungfrau lernte ich die hübsche, kesse Herta kennen: braune Augen mit langen Wimpern, Grübchen, ewig lange blonde Haare. Ich war hingerissen, denn kaum kam sie in die Kellerbar, verzog sich ihre wohl gleichaltrige rothaarige Freundin ins Damenklo. Und weil sie alleine dort stand, erwartungsvoll gut gelaunt zur Rockmusik zuckte und mein Lächeln erwiderte, bat ich sie zum Tanz. Weil ich das sehr höflich zögernd tat, griff sie energisch meine linke Hand und zog mich, den Text des Liedes mitträllernd, einfach, zack, auf die Tanzfläche und legte los. Verdattert, aber natürlich entzückt, tänzelte ich ihr alles rhythmisch nach und war prompt ganz top drauf. Nach rund 15 Minuten, schon aus der Puste, sprangen wir zu einem frei werdenden Tisch, zu dem uns ihre Freundin wies, und nahmen Platz.

Ich Idiot flippte vor lauter Glück aus. Von meinen paar Kröten bestellte ich, ganz erfolgreicher Gentleman, eine ganze Flasche Deinhardt Sekt mit drei Gläsern. Wir erfuhren, dass sie beide auf Urlaub hier waren. Sie aber nur noch bis zum nächsten Tag. Das war bitter, aber wir tanzten diese Nacht durch bis zum frühen Morgen. Am Strand in einem Strandkorb knutschten wir uns bei Sonnenaufgang ab. Zu mehr als Petting kam es aber nicht mehr, weil sie sich dann lieb verabschiedete.

Vier Stunden später packte sie bereits ihren Koffer und fuhr ab. Sie steckte mir ihre Telefonnummer zu, und ich versprach ihr, sie sofort in der nächsten Woche anzurufen. Das erzählte ich diesen Sommer noch etlichen wunderschönen jungen Mädchen. Aber vergaß sie sofort wieder, weil sie irgendwo weit weg ein paar Hundert Kilometer südlich lebten. Herta allerdings war eine von den Handvoll Mädchen, von denen ich noch eine Weile träumte.

In dieser Zeit kam ich voll auf den Alkohol. Jede Nacht herrlich besoffen und dadurch spitze drauf. Wie so viele anderer Typen begann ich immer häufiger, wenn ich mich beim Aufwachen schlecht fühlte, vor dem Frühstückskaffee einen doppelten Dujardin zu trinken, dann Bier zum Essen und abends gings weiter. Ständig gut gelaunter Obermacker. Ich kam so richtig auf den Suff und war so jung, so blöd, dass ich es zuerst gar nicht bemerkte.

Der Sommer war schnell zu Ende. Mein Freund Zeuts trat wieder seinen alten Bankjob an, und so verabschiedeten wir uns und ich fand mich dann eines Montags auf der Bundesstraße stehen, mit dem Daumen nach oben. Mein Zielort: nicht Bremen, sondern Frankfurt!

Ich war an diesem Morgen total down. Auch weil ich keine festen Zukunftsvorstellungen hatte. Trampte erst mal ohne Konzept einfach so los. Das Einzige, was mich über die Tage brachte, mir noch ein bisschen positives Erleben brachte, war eigentlich die Vorfreude auf den täglichen Saufabend. Ich erlebte in meinem kurzen Leben schon genug Horror bei Komasäufern, im Arbeiterviertel nach dem Sonntagsfrühschoppen, wenn sie vollgepisst auf dem Trottoir schliefen. Auf dem Vegesacker Jahrmarkt, wenn wir Teenager uns mit billigem Korn den Kopf volldröhnten und auf einer Parkbank oder im Ufersand der Weser in eigener Kotzlache unseren Rausch ausschliefen, und dann meine „Erfahrungen“ als häufige Alkoholleiche beim Bund ...

Eigentlich nahm ich mir eine Woche vor der Abfahrt fest vor, in Zukunft am Tag kaum einen Tropfen anzurühren, es sei denn jemand gab einen aus. Erst so am frühen Abend mischte ich mir, natürlich nie vor 20 Uhr, meinen „Kick“, daran hielt ich mich aus Überlebensgründen eisern. Aus einfachem schwarzen Rum oder Billigkorn mit Fruchtsaft. Ab dem dritten sah die Welt dann schon wieder super aus.

Die letzten Jahre schienen mir auf einmal mickrig und bedeutungslos. Die ersten „Super-Ideen" für einen erfolgreichen Neustart reiften, und tollkühne Zukunftspläne schmiedeten sich im Gehirnkasten. Ab dem vierten Glas war ich dann der El Geilo mit dem Mammutdurchblick. Ein selbstsicherer Fasterfolgsmensch mit knallharten Startkonzeptideen. Die schrieb ich mir auch immer sofort in mein kleines Notizbuch, das ich ständig bei mir trug, damit sie am Morgen mit dem verdammten „Affen" noch existierten. Daraus formte ich eine Art Marketingplan, zeitlich auf drei Jahre basierend, gekoppelt mit Finanzplan, leider ohne Geld, und provisorischem Aktionsablauf ohne Datenfestlegung. Nein, am Tage durfte ich mir den gemeinen Affen nicht locken, musste den Schnaps meiden wie die Pest. Kein Ende als Komasäufer mit sozialem Totalabsturz!

Bremen schien mir nur ein begrenztes, spießig-abgeschottetes Geschäftsfeld zu bieten. Leute, die in einen Geld produzierenden Apparat hineingeboren wurden, übernahmen den Familienbetrieb oder die durch erfolgreiche väterliche Berufserfolge zugeschanzte Existenz, die ihnen eine positive Zukunft sicherte. Arbeiter, kleine Angestellte, also meine Leute, blickten nicht durch, weil ihre und deren Eltern von Tuten und Blasen keine Ahnung hatten. Papi war Hilfsschweißer beim Vulkan. Hänschen also auch. Als Mieterparia geboren und an die nächste Generation weiter „vererbt". Da musste ich also schnellstens weg, weil mir diese Abschottung keine „Wildcard" bot, den eventuellen Zufallstreffer, Joker. Der, wenn oft genug herausgefordert, auch 'nem kleinen Hänschen von ganz unten durchaus eine faire Chance gibt. Die Wildcard hat nämlich nicht die betrügerische Loserchance eines 1:12 Millionen-Lottogewinns, sondern stand nach meinen späteren Lebenserfahrungen so bei 1:5. Also gar nicht so schlecht, wenn man sich immer wieder traut. No guts – no glory!

2

War ein guter Start damals. Verdammt guter, obwohl es zuerst kaum so aussah. In den Frankfurter 60er-Jahren. Ich war gerade in der Großstadt angekommen und wohnte die ersten Tage clever in der billigen Jugendherberge am südlichen Mainufer. Um Cash zu sparen und weil sie nahe zur Hauptwache, also zum Zentrum, lag. Dort war, im Vergleich zu Bremen, damals auf „kleinstem Raum" Promiauftrieb: Eisprinzessin Marika Kilius beim Einkauf in der Fressgass, die jungen hübschen Jacob Sisters im Café Kranzler beim Törtchenschmaus und Showmaster Kulenkampf in seiner Lieblingskneipe hinter der Hauptwache. So was haute mich um. Für die Abende in der Jugendherberge füllte ich mir immer eine viertelvolle, unschuldige Pepsiflasche mit preiswertem Rumverschnitt auf. Den kippte ich dadurch unauffällig immer schon so ab halb neun. Es störten mich auch nicht die bis in die tiefen Nächte lärmenden Mitbewohner, die prasselnden Autoreifen des Main-Ufer-Kopfsteinpflasters und der Furz- und Schweißgestank des 6-Mann-Schlafraumes. Mit besoffenem Kopf schlief ich klaro wie ein Weltmeister durch.

Die Wohnungssuche war gemein. Über Makler, die alle gute Bleiben in der Hand hatten, konnte ich nicht mieten, weil ich nicht genug Geld für die Kaution und die zusätzliche Maklerprovision besaß. So rief ich rund um die Uhr direkt inserierende Hausbesitzer oder Nachmieter suchende Mieter an. Aber überall, wo ich dann zu Fuß oder per Straßenbahn ankam, war die Wohnung bereits weg, oder eine Warteschlange von zig Leuten bewies mir die Chancenlosigkeit. Nach einer Woche war ich so richtig fix und fertig. Bis ich auf die Idee kam, die Anzeigen der noch druckfeuchten Wochenend-Abendpost von hinten durchzuchecken. Im Stehen im Telefonhäuschen war das oft unangenehm, weil immer wieder ein paar ungeduldige Leute an die Scheibe bumsten, weil sie auch mal telefonieren wollten. Die Anzeigen von hinten abzuarbeiten und so mal erster Anrufer zu sein, zahlte sich aus, weil ich sofort eine junge Studentin ans Telefon bekam, die dringend einen Nachmieter suchte. Die Wohnung war nur vier Straßen entfernt. So schlug ich die Besichtigung für 15 Minuten später vor und rannte sofort wie ein Hase los. Ich war zwar bis aufs Unterhemd durchgeschwitzt aber tatsächlich Erster! Es handelte sich um eine ehemalige Waschküche in einem Hinterhaus. Mit Sechsmannbad im Flur, aber Zentralheizung. Die Sicht auf den miesen Hinterhof mit drei überquellenden Mülltonnen versüßte die einmalig niedrige Monatsmiete von 160 Mark sowie die Kaution von 300. Ich hatte sogar 420 mehr dabei. Welch ein Glück. Begeistert sagte ich zu. Die kleine hübsche Studentin hatte einen Übernahmevertrag vorbereitet, in dem sie für einen „Möbelabstand“ weitere 400 für ihren widerlichen, speckigen und angerissenen Sessel, einen Mosaiknierentisch mit etlichen fehlenden Fliesenstückchen und eine zerkratzte Stehlampe haben wollte. Möbel, die auf den Müll gehörten. Eine miese kleine Abstauberin. Die mich damit furchtbar schockte.

„Um Gottes willen kommen sie mir doch etwas entgegen“, bettelte ich also verzweifelt: „Ich kann ihnen höchstens 250 geben und hab dann nur noch einen Hunderter bis zum nächsten Ersten zum Leben. Seien sie fair. Ich brauche die Wohnung dringend.“

Sie guckte mich grimmig an. Überlegte einen Moment und meinte stirnrunzelnd: „Okay, wenn sie so furchtbar klamm sind, mach ich mal eine Ausnahme. Kommen sie nachher um fünf vorbei, ich mache alle Papiere fertig, dann können wir anschließend gemeinsam zum Vermieter gehen.“

Ich bedankte mich freudig und drückte ihr, froh über diese Wendung zum Besseren, beide Hände. Überglücklich torkelte ich auf die Straße und bummelte Richtung Innenstadt. Hatte keine Ahnung, wie ich von den übrig gebliebenen paar Kröten überleben konnte. Aber endlich, endlich ein Dach über dem Kopf. Zwei Stunden später um fünf Uhr stand ich dann vor dem Haus und klingelte mehrmals bei ihr. Aber nichts regte sich. Inzwischen begann es furchtbar zu regnen. So wartete ich verzweifelt eine halbe Stunde unter dem überdachten Vorplatz des Nachbarhauses. Auf einmal öffnete sich drüben die Haustür, und ich sah die Mieterin, wie sie sich gut gelaunt von einer gleichaltrig aussehenden jungen Frau verabschiedete:

„Mit der Wohnung haben sie sich was Gutes angetan. Da stimmt nicht nur das Preis-Leistungs-Verhältnis, sondern sie haben sich auch in ein positives Umfeld eingekauft, nette Nachbarn, ein fairer Hausbesitzer und eine ruhige, aber citynahe Lage. Herzlichen Glückwunsch!“

Dann bumste sie ihre Haustür zu. Ich rannte verzweifelt hinüber, und obwohl ich noch zweimal sehr lange schellte, stellte sie sich tot.

Die Wohnung war also weg. Die Nachmieterin war flüssiger als ich. Nun war ich richtig angeschlagen, depressiv und verdrückte mich Richtung Jugendherberge. Als die zweite Woche herum war und ich immer noch keine Wohnung fand, sagte der Herbergsvater zu mir klar und deutlich:

„Ende dieser Woche machen sie mal langsam die Mücke hier. Samstag Früh, goodbye Deutsches Jugendherbergswerk. Verstanden? Das ist hier keine Dauerbleibe irgendwelcher dubioser Handlungsreisender."

Ich nickte ihm traurig, wortlos zu. Klar war ich nicht im Lodenmantel mit Wanderstab und Rucksack angekommen. Meine zwei fast platzenden Koffer sprachen Bände. Schon am Freitagabend teilte ich dann meine Habe in zwei Koffer auf: In den Lederkoffer packte ich die wichtigsten Sachen inklusive Wäsche für eine Woche und die nicht so dringend gebrauchten in den leichten, kleineren Leinenkoffer, den ich in der Gepäckaufbewahrung des Hauptbahnhofs deponierte.

Am Samstagvormittag duschte und rasierte ich mich dann sehr ausgiebig und verließ die preiswerte Jugendherberge. Zuckelte, den immer schwerer werdenden Koffer mal mit der linken, mal mit der rechten Hand tragend, Richtung Innenstadt. Dort betrat ich zuerst die Leihbücherei und vertrieb mir die Zeit mit den zwei wichtigsten Frankfurter Tageszeitungen und einem Reiseroman von Hans Hass, dem österreichischen Taucher und Abenteurer. Um 14 Uhr machten sie den Laden dicht. Hunger hatte ich noch nicht, weil ich beim Herbergsfrühstück so richtig zugeschlagen und für drei gefuttert hatte.

Also beschloss ich, dem Warenhaus Karstadt einen Besuch abzustatten. Dort gammelte ich bis 18.30 Uhr herum. Danach gings in die Jazzgasse. Hier befand sich das Jazzhaus, eine Kneipe für junge Leute, die ich gleich in der ersten Woche entdeckte hatte. Erst als der Laden schon so richtig voll war, verdrückte ich mich unauffällig in das Obergeschoss und bestellte ein Bier. Trank dann sogar noch ein zweites, obwohl ich es mir eigentlich nicht erlauben konnte.

Es kamen an diesem Abend nur ein paar Studenten nach oben. Um nicht blöd auszusehen und eventuell als „Obdachloser" erkannt zu werden, schob ich sofort meinen Koffer unter die Bank und hatte dann noch richtig Spaß an diesem Abend, weil einer aus der Gruppe seinen Geburtstag feierte und mir auch ein Bier spendierte.

So war ich ein bisschen besoffen, als ich nachts zum Bahnhof marschierte. Zuerst ging ich zu den Bahnsteigen. Da pfiff aber so ein furchtbarer eiskalter Wind durch die Halle, dass ich fürchtete, mir eine Erkältung zu holen. Also ging ich in die Bierkneipe des Hauptgebäudes. Hier saßen zig Leute mit Gepäck und warteten auf ihren Zug. Um Geld zu sparen, griff ich mir ein noch halb volles, herrenloses Bierglas und stellte es mir als „Dekoration“ vor die Nase.

Irgendwann nachts wurde ich gemein wachgeschüttelt und von einem Polizisten auf die Straße geschickt. Zum Glück regnete es nicht, und ich setzte mich im Anlagenring vor den Großbanken auf eine einsame Bank. Es war inzwischen scheußlich kalt, und ich stellte fest, dass ich ganz schön auf den Hund gekommen war.

Das Erste, was ich mir am frühen Morgen um sechs Uhr leistete, war ein heißer Kaffee bei einem Frühstücksmetzger. Dazu ein frisches, noch warmes Brötchen mit einer riesigen, köstlichen Leberkäsescheibe. Dazu kaufte ich mir die „Frankfurter“. Die bot mir dann in ihrem Anzeigenteil überraschend das heiße Wohnangebot: eine enge, verwohnte, aber preiswerte Dachkammer hinter der Straßenbahnhaltestelle der Homburger Landstraße. Ohne Makler, mit Zehnminutenverbindung zur Hauptwache. Leider ohne Bad und Fahrstuhl, aber mit einer Warmwasserspüle in der Eingangsnische im gemeinen siebten Stock. Bitterkaltes Frühjahr und ich pfiff trotzdem meinen Lieblingssong „White Cliffs of Dover“. Denn die Bleibe hatte zumindest Zentralheizung und kostete nur 120 Mark im Monat. Hoffentlich war ich der erste Anrufer. Nebenan in der Telefonzelle erreichte ich das Büro des Vermieters: Samuel Akter. Sicherlich ein reicher jüdischer Häuserspekulant, dachte ich und wurde auf einmal wieder Vaters Sohn: Ein kleiner lausiger Minderheitenhasser, der, wenn etwas nicht gut bei ihm läuft, Neid und Missgunst in Fremdenhass umwandelt. Es war noch früh am Morgen. Ich war der erste Anrufer und konnte schon um 9.30 Uhr besichtigen. Vorher deponierte ich noch den anderen Koffer in der Gepäckaufbewahrung, machte mich unten im Kellerpissoir etwas frisch und fuhr dann mit der Straßenbahn zur Wohnung. Vor dem Haus parkte ein neuer kanariengelber Porsche. Aus ihm stieg, als ich zum Eingang schritt, ein kleiner dicklicher, untersetzter Mann im grauen Anzug mit grauem Filzhut.

„Kommen'se wegen die Wohnung? Sie haben Glick, denn'se sind der Erste, der kommen kann, alle anderen können erst nach Feierabend“, rief er und verschloss, als ich nickte, seinen Wagen. Wir begrüßten uns und gingen die endlose Treppe hinauf bis ins Dachgeschoss. Der Alte und ich blieben zweimal außer Atem stehen.

„Was arbeiten'se junger Mann", fragte er keuchend.

„Ich fange im nächsten Monat in der Werbeagentur Thompson als Grafiker an. Mein erster Job nach meiner Lehrfirma in Bremen. Man hat mich unter acht Bewerbern ausgesucht", log ich kreativ und guckte mir mit heißem Herzen die Bude an.

„Da sind'se ja schon ganz schön tüchtig, junger Mann. Darf ich mal kurz in ihren Arbeitsvertrag hineinschauen?"

Ich schüttelte lächelnd meinen Kopf.

„Oh das ist ja vielleicht blöd. Der steckt mitten in meinem Umzugsgut. Leg ich ihnen nach dem Einzug vor."

„Aber die Kaution von drei Monatsmieten können'se bar zahlen?"

„Ja, zwei sofort bar. Aber die dritte ... darf ich die in zwei Monatshälften mit den ersten Mieten abstottern? Ich muss noch bis zum ersten Gehalt einen Monat lang überleben? Geben sie doch einem jungen Menschen 'ne Chance."

„Also aus Bremen kommen sie. Da habe ich mal zwei Wochen vor meiner Emigration nach Kuba gelebt, in den 30er-Jahren. Da war ich ungefähr so alt wie sie. Lange her. Verdammt lange. Und da hat mir damals tatsächlich jemand von der Reederei die Überfahrt durch einen Rabatt verbilligt. Massel, Massel, das war doch ... Ach, lassen wir das. Okay, junger Freund, auch Sie sollen Ihre Chance haben. Mir reichen zwei Monatsmieten", sagte er und blickte aus der Dachluke weit zum Taunus hoch. Dann gab er sich einen theatralischen Ruck, zog die gefalteten Mietverträge aus seiner Sakkoinnentasche und dazu einen goldenen Kugelschreiber.

„Schalom", murmelte er, und wir zeichneten den Vertrag. Ich bezahlte und erhielt die Schlüssel. Artig bedankte ich mich bei dem freundlichen Vermieter und war dann allein in meiner ersten Wohnung. Wahnsinn. Später schleppte ich meine beiden Koffer hoch und schlief die erste Nacht auf meiner Wäsche, zugedeckt mit dem Wintermantel. Oben, unter dem steilen Schrägdach, gab es insgesamt fünf solcher Verschläge, die einen heißen Vorteil hatten: Ständig zogen irgendwelche blutjungen Studenten oder Angestellten ein und aus. Hauptsächlich frische, unerfahrene junge Mädchen! Die waren meist zum ersten Mal von zu Hause weg. Für eine Frankfurter Lehrstelle oder den Studienplatz an der Uni. Mit sicherem Monatsscheck von den Eltern im Handtäschchen und der lang erträumten Freiheit und Begierde auf das „große“ Lebensabenteuer. Da konnte man sich ruckzuck, ohne viel Anmachmühsal ransäuseln und einen wegstecken ...

Das Zimmer war leer, und so kaufte ich mir von meinem Rest der Bundeswehrkohle, jeden Groschen einkalkulierend, eine billige Schaumgummimatratze mit zwei Betttüchern und Wolldecke als Sofa und Bett. Zur Unterhaltung ein gebrauchtes Transistorradio mit ständig eingestelltem AFN-Sender sowie eine minimalisierte Küchenausrüstung: 1 Suppenteller, 1 große Tasse, 1 einflammiger Elektrokocher, 1 Bratpfanne, 1 Kochtopf mit Henkel und ein blechernes Essbesteck. In einer Apfelsinenkiste stapelte sich mein Überlebensfutter: Dosenfleisch, Dauerwurst, Hartkäse, Ölsardinen, Mehl, Zucker, Salz, Pfeffer und Gemüse. Also alles, was ohne teuren Kühlschrank auskam. Mir blieben noch 80 Mark zum Überleben. Okay, mein Frankfurter Abenteuer konnte also losgehen mit der Suche des Broterwerbs.

Schon am Tag nach dem Einzug klaute ich in der Hauptpost aus einem Branchen-Telefonbuch die Seiten mit den kleineren Werbeagenturen und stellte mir, orientiert nach den Anzeigengrößen und Namen, eine Nummernliste von mittleren Agenturen zusammen. Großagenturen wie Thompson, SAW oder FCB waren nur mit kleinem, kostenlosem Namenseintrag drin. Ich wählte die unbekannten, mit den richtigen kleinen Anzeigen, also Werber, die wohl schon etwas Umsatz machten, aber es noch nötig hatten zu inserieren.

Im demolierten, vermüllten, stinkenden Telefonhäuschen unserer Seitenstraße rief ich sie dann mit klimpernden Groschen, einen nach dem anderen, an. Ich wollte meinen Traum, vom Job als Kontakt- oder Textassistent verwirklichen. Ohne vorzeigbare Erfahrung in diesen interessanten Abteilungen leider chancenlos, entschied ich nach den ersten paar Negativtelefonaten, mich doch nur als Anfängergrafiker zu bewerben. Als gelernter Dekorateur hatte ich gute Karten erst mal in untergeordneter Position in eine richtige Werbeagentur hineinzukommen. Deutschlands Wirtschaft boomte. Überall wurden dringend Werbefachleute gesucht. Als Insider im Laden konnte ich später immer noch künftige Stellungschancen ausloten.

Am dritten Bewerbungstag bekam ich dann den Job in einer bekannten Textilwerbeagentur am Messegelände. Mit erstem Arbeitstag zum nächsten Quartalsanfang. Also in zwei Wochen. Nun stand sie, meine armselige Überlebensbasis. Weil ganz unten, konnte es doch nur aufwärts mit mir gehen. Einen Stock tiefer wohnte eine hübsche, aber etwas mollige Arzttochter aus Hamburg im hübschen Zweizimmerapartment mit Balkon. Sie war zwar nur eine niedrig bezahlte Stenotypistin, aber ihr gestopfter Vater schickte ihr jeden Monat fette 800 Märker Apanage. Sie war dadurch immer flüssig und ideal zum Anpumpen. Willig stieg sie sofort in meinen Anmachflirt ein.

„Erna, seitdem ich dich kennenlernte, gehst du mir nie mehr aus dem Sinn. Tag und Nacht muss ich an dich denken. Deine süße Stupsnase, die hübschen Augen."

Eigentlich war sie gar nicht mein Typ und mindestens zehn Jahre älter als ich. Aber sie besaß Riesenbrüste und einen gewaltigen runden Hintern. Gerade waren die Zeitungen voll von der neuen „Obenohne-Mode" von Rudi Gernreich. Der geile Hammer! Ich wünschte mir, sie würde es schnellstens über den Atlantik schaffen. Mit ihren leckeren Rundungen kriegte Erna mich. Im Nu träumte ich Tag und Nacht von ihren Sahnebergen.

Ihr Kühlschrank war immer mit den köstlichsten Fressereien vollgepackt, und in ihrer im Wohnzimmerschrank eingebauten roten Spiegelbar verdoppelten sich die wohlsortierten Likör- und Weinflaschen. Als wir uns dann wieder mal im Hausflur trafen und ich alle Register meiner kreativen Anmache zog, von der Grübchenlächelmasche bis hin zur dümmlichen Bohemienstory:

„Mit meinem ersten großen Geld steige ich aus und werde Maler am Pariser Montmartre", eroberte ich sofort ihr kleines flatterndes Herzchen, und so lud sie mich prompt zum Abendessen ein.

Kurz nach dem Dunkelwerden saßen wir dann gemeinsam auf ihrem himmelblauen Sofa am hochgekurbelten Couchtischchen, auf dem sie mir ihren berühmten Sauerbraten mit dicker, brauner Soße servierte. Dazu tranken wir dunkelroten russischen Krimsekt, Echte Kroatzbeere-Likör und schauten ihre TV-Lieblingssendung an: „Beat Club" von Radio Bremen. Anschließend bedankte ich mich bei ihr mit heißen Küssen und vorsichtigen Pettingversuchen. Bis an die Oberschenkel durfte ich mich tasten. Aber dann war erst mal Schluss.

„Nicht so stürmisch, mein kleiner Schatz. Ich habe meine Tage. Beim nächsten Mal wird's richtig süß", flüsterte sie zärtlich und strich mir sanft über den Hosenreißverschluss.

„Merde", dachte ich und schenkte ihr einen Zungenkuss.

Die ersten drei Monate hängte ich mich wie ein Blutsauger an ihren Wonneproppenkörper, sowie Kühlschrank und borgte sie häufig an. Als ich ihr über 200 Mark schuldete, verdrückte ich mich immer mehr. Was war aus meinen guten Vorsätzen, ein Mann von Format zu werden, geworden?

Drei Wochen nach meinem Einzug packte der immer volltrunkene Briefträger des nördlichen Eckzimmers seine Klamotten in Margarinekartons und zog weg.

„Der Alkoholikerfreak war ständig so besoffen, dass er es manchmal nur noch bis zum dritten Stock schaffte. Mehrmals pennte er schon auf dem Treppenabsatz zum vierten. Er hat die preiswerte Wohnung nur aufgegeben, weil er irgendeine Bleibe im Erdgeschoss fand", lästerte meine Nachbarin, eine linke Bewegungstussi vom ASTA, hämisch und ließ es hinter ihrem modischen Babydoll-Nachthemd wackeln. Ich tröstete mich dann zwei Wochen mit ihr.

Dann zog er in die Briefträgerwohnung ein: der „große Fleißberg". Er war klein von Statur und litt schon, obwohl noch nicht mal dreißig Jahre alt, an einer ganz schön großen Glatze.

„Das sind die dominierenden männlichen Hormone, mein Freund, kluge, wissende Frauen kapieren sofort: Dieser Mann hat einen starken Lümmel, der sie nicht enttäuscht", dozierte er, als ich das erste Mal an seiner ständig offenen Tür mit ihm ins Gespräch kam.

Er lud mich prompt auf eine Tasse Tee ein und sofort fiel mir sein halb fertiges Ölgemälde auf: himmelblaugeschmierter Hintergrund, so zwei Mal ein Meter, auf eine antike Staffelei geschraubt. Beim genaueren Hingucken sah ich bereits das mit Bleistift vorskizzierte Thema des Bildes: ein schmusendes Liebespaar, an einer Felswand gelehnt. Im Hintergrund ein eklig-kitschiger, feuerroter Vollmond.

„Die ewige Vereinigung im Einklang mit den Gesetzen des Universums, Stoffwechsel, Loslösung, Geburt, Lebensbewältigung, sexuelle Vereinigung, Tod, erneute Verschmelzung mit dem Universum. Du verstehst?", flüsterte er, stemmte seine Arme in die Hüften und musterte mit eiskalten, zusammengekniffenen Augen meine Reaktion.

Ich ließ mich nicht veräppeln, beschnüffelte nickend die Leinwand und sagte cool, sehr cool:

„Da denk ich spontan an die typischen indischen Vereinigungsskulpturen, Shiwa mit Kali oder Ganeesh. Kamasutra ... Fortpflanzungsintegration ins „Black Hole". Die perfekte Vereinigung, Körper und Seele und beide lächeln sich nicht ekstatisch-geil, sondern gelassen-wissend wie der ewig lächelnde Buddha an. Fleißberg, du bist auf dem richtigen Weg, Mann, lass mich mit dir ziehen."

Er bot mir fraternisierend seinen frisch gezündelten Joint an. Schaltete seine teure Stereoanlage ein und ließ Modern Jazz anlaufen.

„Also Geschmack haste ja Nachbar. Nicht so'ne billige Popseiche wie die Stones oder Beatles", lobte ich ihn. Ich sog einen starken Inhalierer ein und lächelte ihn an. Er mochte mich sofort.

Fleißberg war also Künstler. Maler und Bildhauer. In seinem Zimmer befanden sich eine Handvoll ordentlicher Antiquitäten, Bauernmöbel, Zinn und ein paar alte Bembel. Und irdene Krüge mit Pflanzen und Blumen. Er hatte Geschmack. Überall an den Wänden entdeckte ich fertige und halb fertige Gemälde sowie viele Styropor- und Gipsfiguren.

„Kann man davon leben?", fragte ich ihn vorsichtig.

„Also es läuft ja allmählich an. Hat Brutalojahre gedauert, die Anerkennung. Bau mir langsam aber zügig den Frankfurter Markt auf. Ich mach die Abendschicht als Toilettenmanager im St. Jeans Inn. Nobelschuppen für den Jetset. Dicke Trinkgeldkohle, du verstehst? Das bringt in sechs Stunden immer den sicheren Hunderter. Weil'se dich alle für den letzten Loser halten und aus Mitleid gut löhnen. Und wenn gerade mal keiner pinkelt, arbeite ich in meinem Skizzenbuch. Zum Übertragen des nächtlichen Gedankenguts hab ich ja den ganzen nächsten langen Tag. Auf die Leinwände, in die Gipsentwürfe. Das ist ein zwar ekliger aber geruhsamer Job, und stinke ich etwa nach Gallonen von Urin? Nein. Jeder Unterleibsdoktor macht doch einen weit widerlicheren Job als ich. Da ist doch nichts dabei, wenn die Kohle stimmt. Um die Öffentlichkeit zu schocken und mein Image zu stärken, mache ich Künstler jedes Jahr meine „Realityshow" für die dämliche Frankfurter Artszene. Ich, der vor Kurzem noch bescheuert im „Club der gebenden Hände" betuchte Spießerärsche als Sponsoren anmachte oder sich über die Weihnachtsausstellung im Rathaus 'ne Weihnachtsgans verdiente. Da hab ich mich abgeseilt. New York diktiert nun, was generell läuft, und alle diese Wichser kapieren es allmählich. Letztes Jahr machte ich meine Artshow im Innhof eines Kaiserstraßen-Bordells. Da kamen nur die hartgesottenen und tranken ein Glas kostenlosen Schampus, ha, ha. Aber anschließend wilder Riesenbericht in der Nachtausgabe: ‚Deutsche Kunst in der Gosse!' Man hab ich gelacht, 'ne erschütternde halbe Seite Werbung. Die Elite kennt jetzt meinen Namen. Dali ist auch erst berühmt geworden, als er mit 'nem Spaten die Fenster von Macy's New York einschlug. Der Skandal wurde von der Saure-Gurkenzeit-Presse weltweit gebracht. Über Nacht war der weltberühmt."

Ich klopfte ihm „bewundernd" die rechte Schulter:

„Nicht schlecht, Nachbar, nicht schlecht: Ich wünschte, ich hätte auch so viel Mut und meinen simplen Überlebensdreh. Du wirst einmal zu den ganz Großen gehören. Ich spür das, spür die Schwingungen deiner explodierenden Wegbereitung. Steck leider wieder voll drin in dem Achtstunden-Narrenkarussell. Wie kann ich dem wohl entkommen?"

„Wo schaffste denn?"

„In der Textilwerbung. Als Volontärkuli. Hoffe, bald Kontakter zu werden."

„Das ist doch niedrigste Prostitution. Bezahlter Volksverarscher also. Wie kannst du damit leben? Menschen tagtäglich mit Dummsprüchen zu manipulieren. Mann, bist du ein armes Schwein."

Ich musste grinsen und kroch ihm ein bisschen in den Hintern:

„Beneidenswert, dass du dich nicht verkaufen brauchst. Ich wünschte, ich hätte deine Fertigkeiten. Für höhere Werte zu leben, ist die Antwort überhaupt. Ich beneide dich, wirklich lieber Nachbar. Vielleicht bietet sich mir auch noch eine Chance, meine Begabungen nicht den Säuen vorzuwerfen. Was nimmste eigentlich so für deine Bilder?"

„Also das Pariser Bild hier links: ‚Bettler unter Seinebrücke mit Rotweinflasche,' kostet so 200, 300. Meine Vereinigung geht natürlich nicht unter 900 weg. Ich nehme gutes Geld. Verkauf mich nicht zu billig. No, Sir, nicht mit mir!"

Ich war ehrlich beeindruckt,

„Das sind fast zwei meiner Monatsgehälter, Nachbar. Ganz schöner Haufen Knete."

Fleißberg zuckte arrogant mit den Schultern, reichte mir gönnerhaft meine dampfende Teetasse, bat mich, Platz zu nehmen und sagte:

„Kontakter willste also werden, und was machste genauer ... zurzeit?"

„Grafiker, ab Monatsende."

„Na, immerhin gestaltender Kreativer. Da sind wir ja fast schon Kollegen. Und danach machste den Werbeberater. Die sind doch schon mit kurz über dreißig ausgebrannt und im Eimer, weil die Werbebranche ihre Leute mit Erfolgsdruck gemein misshandelt, verbraucht, auslutscht, ausrotzt und schnell durch Jüngere ersetzt. Und was machste danach? Solltest gleich wie ich in die schöpferische Malerei einsteigen."

„Nein, ich habe es satt, dauernd am Hungertuch zu nagen. Ich sehe diesen Beruf als Sprungbrett in die besser bezahlte Werbeberatung. Schon im nächsten Jahr als Assi im Kundenkontakt und danach Marketingarbeit mit Schwerpunkt Immobilien."

„Teufel, der Kerl will nicht nur hoch hinaus, sondern schnellstens an die dicke Kohle. Keine Ideale hat sie mehr unsere heutige Jugend", meinte Fleißberg entsetzt und hielt mir einen echten Meißen-Zuckertopf unter die Nase. Da waren aber keine Zuckerwürfel drin, sondern nur eine Handvoll winzige Tabletten.

Nach meiner Haschischerfahrung mit ihm klaubte ich mir langsam mit spitzen Fingern zwei Zuckerstückchen raus und ließ sie theatralisch in meine Tasse plumpsen. Rührte aber nicht den Tee an.

„Wird man davon high? Rauschgift?", fragte ich ihn vorsichtig.

Er lachte und schüttelte verneinend seinen Kopf.

„Nein, Quatsch. Was Neues, Diätzucker. Kalorienarme Süßstoffpillen. Probier ruhig. Die halten deine Bierwampe flach."

Ich beobachtete die winzigen weißen Scheiben, wie sie schnell schmelzend an die Kaffeeoberfläche rotierten. Rührte ein bisschen mit dem Löffel und nahm einen kleinen Schluck.

„Süß", sagte ich, „bestimmt wieder so'n Ami-Quatsch. Wenn ich so richtig am großen Zaster dran bin, dann werde ich sie im großen Stil realisieren, meine Ideale."

Fleißberg nickte gütig. Ich mochte ihn.

Meine erste eigene Wohnung. Ich war sehr happy. Klasse interessante Nachbarn. Viele hübsche Weiber darunter. Brandneue Dachkammer mit Isolierglasluke im Ziegeldach, ein Waschbecken mit Warm- und Kaltwasserhahn neben der Eingangstür. Leider kein Bad. Aber die Etagentoilette nur zwei Schritte entfernt im Hausflur. Nachts pissen gehen – kein aufwendiger Akt. Das ging in Unterhose, weil's nicht mal 'ne Sekunde dauerte, hinüber ins Klo zu springen. Direkt vor dem Haus lärmte die Straßenbahn Nr. 10 mit türloser Plattform, die mich in ein paar Minuten zur Hauptwache schaukelte. Dort sprang ich abends immer aus der langsam werdenden Tram ab, wenn sie in der Kurve Richtung Bahnhof laut aufquietschte. Ich war nur noch ein paar Schritte von meiner neuen Stammkneipe entfernt. Da war es auch schon: das sich in eine schmale Hintergasse tief hineinduckende Fachwerk-Jazzhaus. An einem stürmischen Herbstabend, kurz nach 19 Uhr, ließ Wirt Wolfgang uns wie immer rein. Die Masse blieb gleich an der Theke hängen und bestellte sich durstig das erste schäumende Fassbier des Tages. Ein paar Typen, Stammgäste und ich, zogen sich an dem Geländer der kleinen Wendeltreppe hoch, hinein in das winzige mittelalterliche Obergeschoss mit seiner unverputzten, von Tausenden von Gästen blank polierten rechten Backsteinmauer und den alten Holzfenstern mit ihren getönten Butzenscheiben zur Straße. Mit meinen 1,90 Metern zog ich wie immer auf den letzten Eichenstufen meinen Kopf ein, um nicht an den niedrigen, rauchgeschwärzten Dachbalken zu stoßen. An der linken Wand standen drei zierliche rohe Eichentischchen an einer rundherum in die Wand geschraubten Holzbank, über der aus zwei vibrierenden Lautsprechern Modern Jazz lärmte. Der Transportkorb versorgte bereits die ersten Obergeschoss-Gäste mit ihren hinuntergebrüllten Bierbestellungen.

Erhard der „Scheißösterreicher“, wie alle ihn immer aus Spaß schimpften, weil er aus Wien stammte und dauernd „alles Scheiße“ fand, zog zwei leckende, überschwappende Biere hoch und reichte sie einem hageren, spitzbärtigen, gestikulierenden Studententyp der, im geöffneten Maul immer seine Zahnlücke in den oberen Schneidezähnen zeigend, dozierte:

„In diesem Leben musst du der Gewinnertyp sein, ihn zumindest immer überzeugend spielen. Merk dir, ab der ersten dicken Asche ist das wichtigste Mittel zur ‚flüssigen Selbstdarstellung‘ des erfolgreichen Kreditpiraten, sein beeindruckender Schauwagen. Möglichst eine extrem teure, gebrauchte Nobelkutsche. Wichtig: das neueste Modell. Ein gebrauchter SL oder Porsche bringts, aber auch ein gut erhaltener Jaguar E. Kohle kommt automatische zu Kohle, Mann. Das ewige Naturgesetz. Perpetuum-Mobile-Geldmaschine. Um an die Spitze zu kommen, musste spitze wirken. Ich bin noch ganz unten. 23 Jahre alt, da nimmt dich doch noch keiner für voll. Aber lege bereits eisern jeden Monat ein bisschen Cash zur Seite. Fordere nach positivem Prüfungsergebnis jede sich mir bietende Gelegenheit heraus, mit der ewigen Hoffnung einmal auf DIE Goldader zu stoßen. Kommt sie, steig ich sofort total ein, weil ich das notwendige Einstiegscash parat habe.“

Er griff sein Glas und lehnte sich zu einem mächtigen Schluck mit geschlossenen Augen nach hinten und soff es ohne Stopp halb leer.

„Mein Mann", dachte ich animiert und rief gut gelaunt nach unten: „Ein kleines Export bitte!"

Wirt Wolfgang schickte sofort mit gleichmäßigen ruhigen Zügen das volle Glas hoch. Das zapfte er mir bereits nach ein paar Tagen, automatisch beim Eintreten. Cooler Ausweis für den geschätzten Stammgast. Ich hob es sorgfältig aus dem Korb, stellte es behutsam auf meinen Tisch und ließ ihn, seinen Strick langsam durch meine rechte Hand gleitend, wieder hinunter. Unten wurde meine Schuld auf der Strichliste festgehalten. Dann setzte ich mich grüßend an den Tisch der beiden jungen Männer:

„Hallo Playboys!"

„Willkommen in den besseren Kreisen", sagte der gut aussehende sympathische „Scheißösterreicher", ein Flughafen-Gelegenheitsarbeiter, der von einer Karriere als Bodyguard oder Dressman träumte und wohl annahm, ich ahnungsloser Bremer Stadtmusikant, hätte erhöhten Informationsbedarf:

„Frankfurt ist ein Haifischbecken. Nur eine Handvoll deutsche Geschäftsleute mischen hier mit, der Rest kommt von wer weiß wo her. Gut für uns Zugereiste, weils kaum Establishment gibt, das nachrückende hungrige Nobodys abwürgt. Jeder, auch das ärmste Schwein, hat in Frankfurt seine Chance: Die Immobilien-Banker haben hier schon ihre dicke Nachkriegskohle gemacht und natürlich die Holocaustüberlebenden, von denen etliche ihre Wiedergutmachung im Rotlichtviertel vervielfachten und dann die Gewinne daraus im Westend anlegten. Mit ihrem großen Money spielten sie bereits Ende der Fünfziger gigantisches Hochhausmonopoly. Aber auch Flüchtlinge aus Umsturzländern: Pakistan, Libanon, Persien ... Wusstet Ihr, dass dem Teheraner Ali Selmi bereits über 70 City-Mietshäuser gehören? Und nun baut er sich zur Selbstdarstellung am Bahnhof einen gigantischen Wolkenkratzer."

Wir staunten beeindruckt, mit offenen Mäulern.

„Der soll, vor zehn Jahren, ohne einen Pfennig, als bettelarmer Flickschuster hierher aus dem Iran geflüchtet sein. Heute dreistelliger Millionär", meinte die oberschlaue Zahnlücke, die Aki hieß und „vorübergehend" als „Assi" bei einem Makler jobbte.

„Quatsch, Selmi ist bestimmt ein reicher Erbe, der hier sein Familiengeld anlegt. In sichere, zurzeit immer noch unterbewertete Immobilien. Frankfurt ist eine hochkarätige Geschäftsstadt. Da werden weiterhin die Quadratmeterpreise hochknallen. Also kein charismatischer Selfmademan, sondern einfach nur ein gestopfter Erbe. Immer wieder das alte Lied: Neues Geld kommt logo immer wieder zu altem Geld", ergänzte ich kopfschüttelnd seinen „Flickschusterunsinn" und setzte das schäumende Glas an meine Lippen.

Aus den Lautsprechern klimperte Duke Ellington, zwei hübsche Oberschülerinnen mit den neuen, heißen Miniröcken schauten neugierig lächelnd von der Wendeltreppe ins Obergeschoss, musterten uns und entschlossen sich, nachdem sie hinter vorgehaltenen Händchen kichernd tuschelten, hochzukommen und den Nebentisch einzunehmen.

„Die stehen auf uns. Haben uns zuerst mit ihren Blicken ausgezogen und sich dann süchtig auf unsere Körper für den Nachbartisch entschieden. Nicht unhübsch. Baggern wir sie an", zischte der Scheißösterreicher und Kumpel Aki zeigte ihm bereits unter dem Tisch, gemein grinsend, ein Bumssymbol. Die Dunkelhaarige der beiden ging zur Korbbalustrade und orderte zwei Cola mit Rum.

„Die Chicks saufen harten Alkohol. Enthemmungsdroge", sagte Aki. Rutschte etwas in die Richtung der Mädchen und fuhr fort:

„Mit dem Selmi-Erfolg hast du sicherlich recht. Ich glaube aber weiterhin an den Wohlstand für alle: Fortschritt, eine bessere Zukunft durch Minimalisierung. Wir müssen uns nämlich trauen Ballast abzuwerfen, um den Level durch Entstauben anzuheben und hab da auch schon ein paar revolutionierende Ideen: Wenn ich etwas auf diesem Planeten beschissen finde, dann die Existenz von zu viel Hunden und alten Leuten. Für mich Millionen unproduktive Geschöpfe, die sich täglich an unserem hart erarbeiteten Brotkorb sattfressen. Als Erstes gehören alle Hunde abgeschafft. Nur ein paar markante Rassen von ihnen sollten in Zoos zur Schau gestellt werden und als Vertreter ihrer Spezies weiterleben. Und Alte über 70 sollte es eigentlich in Zukunft nicht mehr geben. Sie sind unproduktiv, hässlich und verfallen Tag für Tag zu immer scheußlicher aussehenden Geschöpfen. Jeder sollte an seinem 70. Geburtstag einen wohlschmeckenden Drogencocktail bekommen, der ihn gut gelaunt, euphorisch, spitze drauf mit einer fröhlichen Abschiedsparty im Kreise seiner Verwandten und Freunde ins Jenseits befördert. Was wartet denn danach noch auf die Alten: Siechtum, Demenz, Depressionen. Ich hab also noch 50 gute Jahre. Dann tret ich zum Wohle der nächsten Generationen ab. Dadurch wird es in Zukunft allen viel besser gehen: Knallhart realistisch den Lebensrotstift ansetzen und dadurch ein kürzeres aber besseres Leben in Wohlstand und Überfluss leben."

Ich war sprachlos. Das klang wie Drittes Reich. Der Schlagzeilen machende große Auschwitzprozess war doch erst vor ein paar Monaten geendet. Dieser Kerl hatte doch echt 'ne Macke. Seine Zahnlücke, das absolut sichere Zeichen für Armut, weil ihm augenscheinlich das Geld für den teuren Zahnklempner fehlte, hielt mich zurück ihm in den Unterleib zu treten, und so sagte ich nur kopfschüttelnd:

„Deine blöde Naziminimalisierung ist Rückschritt. Verzichtsdenken, das leider Stillstand bedeutet. Wohlstand und erfolgreiche Lebensbewältigung kommt nur durch ständige Anpassung an die Gesetze des Marktes. Mit neuen kreativen Wachstumsideen, die sich gehebelt mit Marktforschung, neu kreierten, ständig verbesserten Qualitätsprodukten und smarter Bedarfsdeckungsstrategie behaupten. Statt dich zu bescheiden, kremple die Ärmel hoch und bau etwas für dich und dadurch für uns alle auf! Werde positiv Teil der Wachstumsgesellschaft: Qualitätshandwerker, neue Wege erschließender Wissenschaftler oder US-orientierter Marketingspezialist. Sie sind unsere Zukunft."

„Geschäftsmann, ha, ha, ha. Ohne Beziehungen und schickem Diplom. Mann, ich bin vaterloses Kind einer Kriegswitwe. Mein Alter starb wie 'ne Ratte im Warschauer Kugelhagel. Wie kann einer wie ich was werden? Geschäftsleute sind für mich nichts anderes als Volksschädlinge. Typ 1: der Firmenerbe, ein „Gentlemen-Kaufmann", der diesen Status nur dadurch sichert, weil er weiterhin, wie seine Vorfahren, übervorteilt und verdrängt. Obwohl er mit legalen, aber brutalen Verkaufstricks, Konkurrenzmassakrieren, Schwarzgeldschmieren, Vetternwirtschaft und Rosstäuscherei betrügt, wird er als erfolgreicher, geachteter Macher verehrt. Oder Typ 2: der plump operierende, von ganz unten kommende Pirat, sogenannter Selfmade-Geschäftsmann. Der ist nichts anderes als ein über Leichen gehender Betrüger, der mit schlechter Ware, Mogelverpackungen und falschen Versprechungen operierende, menschenverachtende Bauernfänger. Ein Gewissenloser, der durch seine halb kriminelle Bereicherung unserer Gesellschaft Schaden zufügt. Oft wird er in den Jahren seines

Aufbaus beneidet, aber auch geächtet und gehasst. Aber wenn er dann ganz oben ist und sich mit PR-wirksamer Wohltätigkeit oder mit 'nem gekauften Doktor schmückt, dann nehmen ihn alle ganz schön für voll und seine dunkle, fleckige Weste ist im Nu schneeweiß."

„Okay, okay, ist ja schon gut, Mann. Gerade hast du dem Österreicher erzählt, dass du dein Leben als Mann der zweiten Gruppe und „Flickschustermillionär" meistern willst. Einverstanden, fangen wir zuerst mit den Hunden an? Die 9 Millionen unnützen Katzenfresser haste allerdings vergessen."

Die Typen lachten schallend. Ich lehnte mich zurück und genoss alles um mich herum: die Jazzmusik, das mittelalterliche Ambiente, die hübschen jungen Nachbarinnen und die besoffenen Spinner an meinem Tisch.

Ja, Frankfurt wurde zu dieser Zeit wirklich die fesselnde, aufstrebende Stadt. Kurz vor dem wirtschaftlichen Aufstieg hierher zu gehen, weg vom spießigen Norden mit seinen arriviert anmaßenden Etablierten war richtig gewesen. Immer wieder in den folgenden Jahren freute ich mich über meine Entscheidung: Irgendwann stand ich wie jeden Tag kurz darauf unten an der Straßenbahnhaltestelle im kalten Morgennebel. 7.30 Uhr und ich war noch gemein müde. Tag für Tag fuhr ich noch im Dunkeln in die Agentur und wurde schon am ersten Tag einer kecken, großmäuligen rothaarigen Schönheit in der Montage zugeteilt. Sie war die Abteilungschefin und verantwortlich, aus genehmigten Entwürfen mit Fotos, Zeichnungen, Deckern und Fotofließsatz mit Überschriften, die Anzeigen zu bauen. Sie wäre vom vollbusigen Typ her bestimmt meine Traumfrau gewesen. Aber dieser Traum verflog ruckzuck. Ich gehörte nun zu ihren drei Sklaven, die zähneknirschend, unterwürfig nach ihrer Anleitung und der Vorgabe der Auftragsmappen mit Schere, Schneidemesser und Klebstoff auf weißem Karton Zeitungsanzeigen montierten. Dauernd mäkelte sie an der Qualität herum. Sie war eine brutale Ausbeuterin, die uns oft bis in den späten Abend, unbezahlt zur Fertigstellung antrieb. Und das bei dem kleinen, schäbigen Gehalt, das vorne bis hinten nicht reichte. Im dritten Monat war ich nicht mal mehr in der Lage, die komplette Miete zu zahlen, weil ich mir aufgrund des frühen Winters einen warmen Mantel kaufen musste.

Immer wieder, wenn es mir damals in den frühen Frankfurter Jahren finanziell schlecht ging, rückte auch mein Alter, wenn ich ihn telefonisch mit hungrigem Magen um ein paar Mark anbettelte, keinen Pfennig raus. Sein Kommentar:

„Von mir kriegste nichts mehr. Bist doch jetzt erwachsen. Lerne endlich rechnen und mit deinem Einkommen haushalten."

Schietekuchen, mit welchem Einkommen? Und wenn ich dann neidisch mit knurrendem Magen an den gut besuchten, schon meist von Ausländern geführten Innenstadtgaststätten vorbeischlich, schob ich typisch deutsch, meine eigene Misere auf diese Minderheiten. Träumte Abend für Abend nach dem dritten Glas meines preiswerten Selbstgemixten meinen Erfolgstraum. Wollen wir doch mal klar sehen: Die ersten Kanaken waren ja doch die Italiener. Sie kamen hier mittellos mit ein paar Apfelsinen im Handgepäck an. Arbeiteten bis zum Umfallen, sparten jeden Pfennig und eröffneten ein paar Jahre später mit ihrer Familienmafia relativ unauffällig überall in Deutschland Eisdielen. Mit wohlschmeckender Eiscreme, nach der wir Deutschen leider nur so lechzten. Aber verdammt noch mal, was ist denn Eiscreme? Nichts weiter als ein billiges Gläschen gefrorene Limonade oder Fruchtmilch. Das Pfennigprodukt packen diese Gangster dekorativ in ein langstieliges Glas. Stecken oben noch 'nen kleinen billigen Keks oder China-Sonnenschirmchen hinein und verlangen dann dafür frech fünf Mark. Und wir Deutschen lassen uns von denen seifen, haben sie in unser schönes Land hinein gelassen, damit'se uns ein bisschen Schmutzarbeit abnehmen, und nun spielten sie hier bereits die Herren. Mafiapack!

Und danach kam ihre nächste Abzocke: Pizzaschwindel! Etwas Wasser und Mehl und obendrauf für fünfzig Pfennig falscher Parmesankäse, Tomatensoße, etwas Pferdwurst. Und wir spucken sofort doof auf unsere gute deutsche Hausmannskost. Das gute Schnitzel bleibt beim Metzger liegen. Der Deutsche frisst nun trendhypnotisiert für viel Geld armselige Mehlpfannkuchen. Ich sag ja, es ist die italienische Mafia, die dahinter steckt.

Und hier und jetzt, in meinen guten alten Tagen, da haben die uns schon wieder mit ihrer Abzocke gelinkt. Nirgendwo in der Stadt kann man noch ein gutes deutsches Rouladen- oder Schnitzelgericht finden. Der neue, coole Erfolgsmensch speist heute ganz geil vornehm beim Italiener, um seinen Erfolg zu zeigen: Nudeln! Ganz einfache billige Nudeln! Jawohl ihr Verarschten. Für die paar lausige Nudeln mit 'ner Billigbrühe oben drauf zahlt der gehirnamputierte Wohlstandsbürger heutzutage 17,50! Ha, ha, nicht mit mir meine lieben Verblendeten! Ich genieße weiterhin deutsche Küchenkunst von Eisbein bis Königsberger Klopse. Saniere keine Abstauberausländer, die hier auf unsere Kosten clevere Geschäfte oder auf kinderreichen Asylant-Abräumer machen!

Und ich nahm mir damals in den frühen Frankfurter Tagen bereits vor: Wenn ich irgendwann endlich an den Drücker komme, dann Gnade euch Gott, Wohlstandsmigranten. Ich weiß schon heute, wie ich mir unsere Kohle bei euch Brüdern zurückhole: Vermietgeschäft! Ich kaufe typische Innenstadthäuser: Erdgeschoss mit Laden. Da baue ich für euch Spaghettigastronomen, Dönergriller, Thaisuppenabkocher und Jugocevapcicibrater das Pachtgewerbe rein und darüber jede Menge Mietwohnungen für euch und eure Kindeskinder.

Dabei vergaß ich am Anfang vor lauter Selbstmitleid und Neid, dass ich arme Sau selber nur ein armer Mieter war.

Ich lernte ihn gleich im ersten Frankfurter Jahr im „Bermuda Dreieck", dem Kneipenzirkel: Jazzhaus/-keller, Terrassencafé und Club Voltaire kennen. Er gehörte zu den Leuten, die jede Nacht dort herumschwirrten. Willy war ein Architektensohn aus Friedberg, der gegen die Vision seines Vaters nicht die lukrative Firma übernehmen konnte und wollte, weil er keine Chance hatte, mit Abi abzuschließen, und außerdem arbeitsscheu war. Da sein Alter seit Jahren oft mit harten 15-Arbeitsstundentagen zu viel Geld verdiente und seinen geliebten, einzigen Sohn vernachlässigte, verwöhnte er ihn häufig mit zu großzügigen finanziellen Zuwendungen. Dadurch hatte der kein Gefühl für Geld, war immer ganz schön gestopft und für mich interessant, weil man ihn anpumpen konnte.

Im Jazzhaus verbrachte er, der immer gut aussehende, künstlich gebräunte Wilhelm von Popenburg, viele Abende, um einsame weibliche Uni-Freshmen, Studentinnen der ersten Semester, aufzureißen. Er war Hobbyfotograf mit extrem teurer Hasselblad-Ausrüstung. Besaß natürlich das neueste Modell mit Elektro-Filmtransport. Er erzählte niemanden, dass er noch Oberschüler war, sondern verteilte geile Visitenkarten, auf denen in vornehmem grauen Prägedruck stand: „Wilhelm Freiherr von Popenburg, – Photografer –, New York/Friedberg-Germany". Er war nicht unbegabt. Das bewies seine hochwertig bestückte Demo-Mappe mit erstklassigen Frankfurter Stadtszenen und vielen professionell geschossenen Model-Aufnahmen. Letztere dokumentierten für damals ganz schön knallige Pornospielereien, auf die man neidisch sein konnte. Er war natürlich ständig auf „Modelcasting für führende Frankfurter Werbeagenturen“ und kriegte dadurch, ohne viel Aufwand, die schönsten jungen Weiber auf die Matratze. Das beeindruckte mich natürlich, und ich überlegte ernsthaft, nachdem wir hin und wieder ins Gespräch über „Werbefotografie“ kamen, ob ich nicht die gleiche Masche praktizieren könnte.

„Willste nach der Schule eine Fotografenlehre oder als Assi in einer Werbeklitsche machen?“, fragte ich Poppy interessiert.

Er lachte mich kopfschüttelnd aus, lehnte sich lässig nach hinten und sagte:

„Aus dem Spießer-Friedberg mach ich mich schnellstens fort und zieh in meine eigene Frankfurter Bleibe. Vatis Apanage wird aus Zorn über meinen Ausstieg dramatisch gekürzt. Trotzdem werde ich sofort ganz oben am Sahnetopf einsteigen. Denn mein Geschäft ist schon heute der Payday. Der Monatsletzte der Army-Kiffer und -Fixer. Da kommen immer mehr von ihnen angewinselt und wollen ehrliches Gras und Dope von Poppy-Daddy. Das bringt die schnelle große Kohle, Mann. Der Kilopreis Haschisch liegt bald auf der Straße bei 5.000 Mark. Das verkauf ich am Nachmittag in dreißig Unzenpäckchen und hab dann ’nen richtigen Riesen, 1.000 Mark gemacht. Eitsch bringt natürlich weit mehr, so das Fünffache. Aber auch weit mehr Knast, wenn die Schmiere dich schnappt.“

„Was ist denn Eitsch?“

„Auf Deutsch: H, für Heroin junge Unschuld, ha, ha. Und die Kohle investier ich in Gastronomie. Ich eröffne mit meinem Partner in Kürze die Top-Disco nach US-Vorbild. Frankfurts neuen In-Platz ‚Poppy’s‘. Wenn das Geschäft brummt und sauberes Geld bringt. Du verstehst? Dann klopf ich später einem großen Frankfurter Macher lässig auf die Schulter und sag: ‚Mach mal auf Rente Opa. Geh auf ein paar Wochen runter an die Côte d’Azur, und amüsier dich alter Junge. An der Riviera machen schon unsere Playboys rum und später werde ich nachkommen und mit Gunther und Brigitte und euch in St. Tropez die Nacht zum Tage mache.‘“

„Gunther ... wer?“

„Na der Sachs doch. Der ist jetzt mit dem französischen Filmstar Brigitte Bardot liiert.

Und ich sag dem alten Geschäftsmann: Das Leben ist kurz und ich, dein Nachfolger, kümmert sich jetzt um deine Firma. Ich werde dann richtig seriös, comprende? Wusstest du, dass viele große US-Weltfirmen-Vermögen so entstanden. Zum Beispiel in den Zwanzigern, den goldenen Jahren der Prohibition. Statt heute Hasch, damals Schnaps. Da wurden Alkoholschmuggler ruckzuck zu Industriemagnaten. Glaub mir, Gras ist doch viel harmloser als Schnaps, und es ist nur noch eine Frage von vier, fünf Jahren, dann ist der Joint legalisiert", sagte er grinsend und drehte sich dabei einen, zündete ihn, sog ihn an und reichte ihn mir, in der Innenhand professionell abgedeckt rüber.

Ich inhalierte den Glimmstängel ganz normal auf Lunge, musste aber bis zur Hälfte dauernd gemein husten, was mir peinlich war, denn dieser Joint war der zweite meines Lebens.

Da kam Aki zu uns an den Tisch und ich drückte dem überraschten Kerl die Zigarette in die Pfote, was er dankbar grinsend akzeptierte.

„Dein Laden heißt also „Poppy". Welch irrer Zufall: Mohn ... blümchen."

Von Popenburg lachte schallend und bewies Humor:

„Besser als Popel, was. Meine ganze Schulzeit hieß ich für die anderen Schüler „Popelburg". Als kleiner Kerl hab ich darunter richtig gelitten."

Ich nickte lächelnd und war ehrlich beeindruckt. Von dem „auf den Putz Hauer" konnte man was lernen. Aber Geld mit Drogen? Ich fands pervers abwegig, gab mich aber cool.

Ich war ständig pleite. Über den Winter kam ich nur noch durch einen Kredit von Erna, mit der ich mich wieder traf und sie ein bisschen dafür verwöhnte. So konnte ich die am 3. des Monats fällige Januarmiete gerade noch einen Tag vor Monatsende auf den Tisch legen. Nach der zweiten Kündigungsmahnung. Irgendwie schaffte ich es sogar zu verdrängen, dass ich die nette Erna bereits „missbrauchte".

Nach einem Dreivierteljahr gings aber dann durch Zuverlässigkeit etwas aufwärts. Ich schaffte es, meine Stellung durch gute Arbeit zu festigen und bekam eine bescheidene Gehaltserhöhung. Aber nicht als Grafiker, sondern leider nur als „nichtkreativer" Retuscheur. Als ich eines Tages als Ersatzmann für einen ausscheidenden Kollegen einspringen musste, machte ich nämlich seine Arbeit so gut, dass ich gleich auf dem Langweilerjob weitermachen durfte. Von morgens bis abends musste ich nichts anderes machen, als mit Filmretuschen Schäden flicken. Hing die ganze Woche von früh bis spät über dem Leuchttisch gebeugt, um Löcher abzudecken oder Ränder zu säubern. Mit der Lupe der linken und dem tropfenden Pinsel in der rechten Hand.

Ich war zwar der nervigen Rothaarigen entkommen, aber gehörte nun endgültig zum untersten Bodensatz der von allen verachteten Nichtkreativen. Durch gute, harte Arbeit wurde ich zu einem richtig brauchbaren Retuscheur, der allmählich den Ruf erwarb, auch unter Zeitdruck durch Schnellschuss Termine zu retten. Durch die kleine Gehaltserhöhung kriegte ich meine Finanzen mehr und mehr in den Griff und zahlte erste Teilschulden an meine Gläubiger zurück. Als 67 der Abteilungschef ausschied, wurde ich tatsächlich zu seinem Nachfolger ernannt, dem nun zwei Leute unterstanden: eine junge Anfängerretuscheurin, die meinen alten Platz übernahm, und der neue Jahrgangslehrling der Abteilung Grafik. Das brachte eine weitere Gehaltsverbesserung. Zum Glück kam ich dann in der Freizeit aus Freude an meinen Interessen an Geschichte, Kunst und gestalterischem Handwerk an ein fruchtbares, irrsinnig spannendes, „vereinigtes“ Hobby: englische Antiquitäten. Sie waren in Deutschland Ende der Sechziger zur richtig heißen Einrichtungswelle für Betuchte geworden. Überall in RheinMain schossen Importläden wie die Pilze aus dem Boden, die echte Great-Britain-Antiquitäten und gut gemachte Imitationen, kombiniert mit dekorativem Trödel aus England, anboten. Deutsche Antiquitäten, Reste Tausender Bombennächte, waren teuer. England versorgte als führende Seemacht jahrhundertelang seine Oberschicht mit exotischen Kunstschätzen, erlesensten Kunstgegenständen und war knüppelvoll mit Luxusträdel und Artwork.

Ich verkehrte in dieser Zeit fast jeden Tag auf ein oder zwei Bier im Jazzhaus und erfuhr dadurch eine interessante Karriereentwicklung. Überraschend schwätzte der verspinnerte Aki nicht mehr herum, sondern realisierte seine ersten Träume. Im Frühjahr schaffte er sich einen alten VW-Bus an, den er mit ein paar Hundert Mark flott machte. Er baute sich sein eigenes Wohnmobil, und durch Zufall kam er dadurch an ein abenteuerliches, lohnendes Geschäft: Er verkleidete die Innenblechwände der Karosserie mit einer Dachlatten-Dämmstoffisolation und baute sich in den ehemaligen Metzgertransporter, der immer noch ein bisschen nach ranzigem, vergammelten Fleisch stank, eine komfortable Liege ein. Dazu eine richtige Küchenkombi aus einem verunglückten Campingbus: mit Gasherd, Gaskühlschrank und Spüle mit Wassertank. Also ein richtig komfortables Sparmobil für die große lange Reise. Zwar ohne Klo und Dusche, aber mit Dieselstandheizung. Im Mai sollte dann sein erster Trip nach England gehen. Den halben Sommer, für „ewige Ferien" an den Küsten von Nordsee und Atlantik.

Er parkte den Bus mehrmals vor unserem Nachbarschaftscafé, sodass der Möbelhändler Schreiber im Laden daneben Wind von seiner Englandtour kriegte und mit ihm ins Gespräch kam. Schreiber handelte bisher mit reinen englischen Möbelkopien: Edwardian Tischchen, Victorian Lederohrensessel, Chesterfieldsofas und Mahagony-Esszimmernachbauten aus zwei Jahrhunderten.

„Dazu bräuchte ich dringend ab und zu typisch englische Dekorationsklamotten: Ich denke da so an alte Schiffs- oder Pferdebilder, Messingfernrohre, Waffen, China-Importporzellan, englische Blechdosen. Keine großartigen antiken Kostbarkeiten, du verstehst, eher richtig zünftige, etwas veraltete ‚Englischklamotten'. Nichts Überladendes. Stilistisch schlichte, minimalisierte, aber geschmackvolle Dekoobjekte zum Niedrigpreis."

Und der erfolgsgeile Aki kapierte sofort, wie der Hase lief. Gemeinsam besuchten sie zwei gerade eröffnete „English-Antik-Shops", und Schreiber zeigte und erklärte ihm, unauffällig anhand von Warenbeispielen und Preisen, das Nötigste über England-Trödelware. Begeistert schmiedeten sie sich dann ihre zukünftige Einkaufspartnerschaft. Kurz bevor Aki losfuhr, erhielt er von seinem neuen Partner eine Art Einkaufsliste mit Preisvorschlägen.

„Wenn'de dir nicht sicher bist, kauf ihn nicht, den Scheiß! You understand, Mr. German Tourist?", denglischte Händler Schreiber. Aki nickte mit heißem Herzen, weil er seine Lebenschance witterte, denn dazu erhielt er auch dessen Einkaufskohle von dreihundert englischen Pfund. Schreiber ergänzte:

„Und merk dir Aki: Ein Pfund hat zwanzig Shilling und ein Shilling hat 12 Pence. Kein Dezimalsystem bei den verstaubten Tommys. Das Pfund steht zurzeit bei über elf Mark."

Dazu steckte sich Aki ein schönes Bündel Bares eigener Ersparnisse in seinen Brustbeutel, gab am Abend vor der Abfahrt eine feuchtfröhliche Abschiedsparty für unseren Freundeskreis und fuhr tatsächlich los. Ich wünschte ihm neidisch viel Erfolg und wäre am liebsten mitgefahren. Denn Antiquitäten waren inzwischen zur großen Leidenschaft von mir geworden. Ihre Kombination als interessante Zeitzeugen vergangener Welten, stilistisch gelungener Kunstschöpfung, Wertobjekte, die der Kenner wie ein Schatzjäger auf Dachböden, in Kellerverschlägen und Garagen bei „Unwissenden" für wenig Geld finden konnte, fesselte mich.

Das fing mit einem alten, englischen Silberleuchter an. Eines Tages sah ich ihn im Schaufenster des Antikhändlers in der Neugasse thronen, mittendrin in einem Wirrwarr von Münzen, Büchern, Stichen, Zinnsoldaten, Taschenuhren, Ikonen, Waffen und tausend anderer alter Gegenstände. Kostbar sah er aus und funkelte, weil er frisch poliert war. Fasziniert von seiner Schönheit, beschloss ich, obwohl er für mich eigentlich zu teuer war, ihn zu erwerben.

Ich ging rein und feilschte wie ein Pferdehändler um ihn. Hartnäckig, mit einer überzeugend, gelogenen Fantasiestory, Geschenk für eine verlorene Liebe ..., um den Händler weich zu quatschen. Er war ein wunderschöner, massiver Leuchter, mit schwerem runden Fuß und einer Krone oben drauf. Sowie einer Eichel und zwei brezelförmigen Armen, in deren reich verzierten Kelchen je eine weiße Kerze steckte. Selbstverständlich war er auf der Unterseite mit den wichtigen Silbermarkierungen versehen: Buchstaben, Anker und Löwe. Der Händler wollte 400. Und ich drückte den Preis hartnäckig mit meiner Rührstory auf 220 Mark runter. Immer noch ein Wahnsinnsgeld für mich: Einen halben Monat musste ich damals dafür arbeiten, hart arbeiten!

Der Händler war regelrecht verärgert, als er ihn mir einpackte und raschelnd die Geldscheine durchzählte.

„Ich bin ein schwacher Idiot, weil ich ihn verschenkt habe. Ich glaub, ich tauge nicht zum Antiquitätenhändler", maulte er sauer und schien froh, als ich ihn endlich verließ. Freudig erregt lief ich nach Hause in meine kleine ärmliche Bude und stellte ihn entrückt auf den Tisch. Zündete feierlich seine beiden Kerzen an und genoss die glitzernden Reflexionen seiner Formen und Ornamente. Jubelte sprachlos und mein Herz klopfte mir dabei bis zum Hals. In dieser Nacht wachte ich noch zweimal auf. Zündete erneut die halb heruntergebrannten Kerzen und sah mich an seinem kostbaren Anblick satt. Oh, war der alte Leuchter schön, wunderschön. Und er gehörte mir, mir ganz allein. Bevor ich in der Frühe zur Arbeit fuhr, versteckte ich meinen kostbaren Schatz im Hohlraum unter dem Waschbecken.

Für nur 80 Mark erwarb ich kurz darauf bei einem Trödler ein leicht beschädigtes, frühbarockes, rahmenloses Reiterbild. Eine gute, auf Holz gemalte wertvolle Reiterszene. Und für den Witz von einem Fünfziger, eine kostbare, geschnitzte chinesische Elfenbeinkugel mit der beweglichen Kugel in einer Kugel. Von einem ahnungslosen Haushaltsauflöser, der dachte, sie wäre aus billigem Kunststoff. Ja, süchtig wurde ich, regelrecht süchtig. Abende und Samstage verbrachte ich in Frankfurter Antiquitätengeschäften, beim Lesen informierender Nachschlagewerke, auf Haushaltsauflösungen und ersten Auktionen. Dadurch eignete ich mir immer mehr Kenntnisse an. Die zählen genau so beim Entdecken alter Werte, wie die richtige Nase zu haben. Das Wichtigste am Aufschnüffeln von antiken Kostbarkeiten ist aber dieser „Anmutungsinstinkt", das Gefühl, das man hat, wenn man einen antiken Gegenstand zum ersten Mal sieht. Der Gegenstand „stimmt" dann, oder er stimmt nicht. Auch sein Preis. Eine Kombination aus Erfahrung und Instinkt muss „positiv!" melden, dann hat man meist schon einen Haufen Geld verdient, weil man einen richtigen Fund gemacht hat, weit unter Wert angeboten. Dann beginnen das raffiniert inszenierte Feilschen und das Aufspüren des endgültigen Verkaufspreises. Eine Kunst, zur der viel Frechheit und Schauspielertalent gehört. Und dabei untersucht man dann gewissenhaft das Kaufobjekt, ob es auch wirklich alt, aus dem richtigen Material und von Meisterhand gefertigt ist. Hier zählt dann das bereits erlernte Fachwissen, dessen Fundament jahrelanges Schauen, Prüfen, Vergleichen und das Speichern fachmännischer Argumente ist. Das Kaufen von Antiquitäten bietet dem Sammler eine Vielfalt von Genüssen: angefangen von der spannenden „Schatzsuche" bis zum erfolgten lukrativen Fund. Vom Kribbeln beim finanziellen Einstieg in die Zugewinnspekulation bis zum befriedigenden fetten Profit. Und dem endlosen Genuss als neuer Besitzer am edlen, bereichernden Kunstgegenstand, der zum täglichen Umfeld deines Lebens geworden ist. Und wenn man so richtig drin ist, schon ein abhängiger, süchtiger Sammler, dann gibt es nur noch ein Problem: Nie reicht das Geld, weil man ständig günstige Gelegenheiten entdeckt, die man sich nicht entgehen lassen möchte. Das ist dann leider der Punkt, an dem oft aus einem idealistischen Sammler ein Spekulant und Raffer wird. Er verkauft dann zum ersten

Mal ein paar seiner einstmals geliebten Antiquitäten, um mit dem Gewinn noch hochwertigere „Lustobjekte“ zu angeln und höheren Profit herausschlagen zu können.

Tag für Tag studierte ich gewissenhaft den Kleinanzeigenteil der Tageszeitungen, durchforschte Antik- und Trödlerläden und bot auf Auktionen. Da das Aufspüren von günstigen Gelegenheiten daheim so schwierig war, machten es sich jetzt viele professionelle Händler, wie nun auch Aki, die Sache einfacher: Sie fuhren damals ins Ausland und kauften dort gute Ware weit unter Preis ein. Zuerst in Frankreich und Österreich in den frühen 60er-Jahren. Danach in Spanien und im Ostblock. Und als es dort nicht mehr viel zu holen gab, Anfang der Siebziger, wurde England von ihnen aufgerollt. Eine interessante Nachricht damals in den Medien: Dass, wohl kopiert von Paris, der erste deutsche Flohmarkt in Hamburg aufmachte. Ich wünschte mir so was auch für Frankfurt.

Aki gehörte sofort zu den Gewinnern, die richtig viel Geld verdienten, denn England war damals ein gigantisches, unerschöpfliches Antiquitätenlager. Leider war ich zu diesem Zeitpunkt fest an meinen Arbeitsplatz gebunden und suchte nur mühsam zu Hause. Nach allen Kosten am Monatsende kriegte ich kaum finanziell „den Hintern hoch“. Da musste schnellstens etwas passieren.

Jede freie Minute war ich auf der Pirsch, und selbst mein erster Auslandsurlaub ein Jahr später sollte meiner Leidenschaft zum Opfer fallen. Am Tage galt ich damals als „graue Maus“. Für viele ein armer Teufel. Der allerletzte bei uns in der Firma. Aber nach Feierabend, in meiner Wohnung, bewegte ich mich bereits Schritt für Schritt hinein in das stilvolle Leben eines Besitzers, eines Genießers. Ich aß von silbernen Tellern und trank aus silbernen Bechern. Auf dem Fußboden lag eine alte persische, handgeknüpfte Brücke, und an den Wänden hingen erste kostbare Gemälde, antike Waffen und Miniaturen. Ich kaufte und verkaufte, und meine Sammlung wuchs und wurde wertvoller. Und aller Zugewinn war natürlich steuerfrei.

Gerade an den langweiligen Wochenenden, und wenn das Wetter schlecht war, kamen Fleißberg und ich uns näher: Da hingen wir gelangweilt in unseren Zimmern herum, weil wir generell pleite waren und uns oft nicht mal das Glas Bier in der Jazzgasse leisten konnten. So tranken wir Tee, hörten Jazz oder pokerten uns gegenseitig unsere letzten drei Groschen ab. Oft gesellten sich die weiblichen Nachbarn dazu, die wie typisch bei den Weibern immer etwas Geld im Handtäschchen hatten. Nachdem ich wegen nichtbezahlter Schulden mit ihr mehrmals Ärger bekam, brach ich endgültig mit Erna. Zahlte ihr aber fair, wann immer ich konnte, monatlich etwas Geld zurück. So war ich hinter jeder neuen Nachbarin des Hauses hinterher, wann immer sie mir gefiel. Eine brandneue kleine Französin war dann eine Weile ganz nett zu mir, bis sie einen Kapitalistensack von Augenoptiker mit Opel-Rekord kennenlernte. Mit meinen paar Groschen konnte ich ihr ja nichts bieten. Und dann saßen wir wieder mal am Sonntag alleine zusammen, Fleißberg und ich, und jammerten uns gegenseitig die Ohren voll:

„In der Artszene hat ja doch ein armer Künstler ohne irgendwelche Beziehungen keine Chance. So sehr ich mich auch bemühe, keine der Handvoll Galerien von Becker vom Rath bis zu Vonderbank geben mir 'ne helfende Hand. Aber einen wie mich kriegt das Untermenschenschicksal nicht klein: Ich bin jetzt in die SPD eingetreten und küsse denen Tag für Tag den Arsch. Wenn'de dich da an die richtigen Leute schmeißt, fällt für den kleinen Künstlergenossen schnell mal was ab: ein kleiner Springbrunnen am Bahnhof, eine geile Skulptur im Flughafen oder ein Hammer von Gemälde für das Arbeitsamt. Geld spielt da keine Rolle, sag ich dir, die Parteibonzen habens dicke. Da helfe ich jetzt ganz unten aus: klebe Plakate, arbeite beim Podiumbau oder verteile Flugblätter auf der Fressgasse. All die lausigen Jobs, um die sich die Genossen, die schon am Drücker sind, drücken. Drücker und drücken, ha, ha ... Also nächste Woche krieg ich mein Parteibuch", erzählte mir der Künstler.

„Verrate mir, woher nimmst du immer diese heißen Ideen? Ich bewundere dich. Du musst einfach irgendwann Erfolg haben. Denn du bist doch DIE geniale Ideenmaschine. Das muss man dir lassen."

Fleißberg schmunzelte befriedigt und seufzte:

„Zurzeit noch ein verkannter großer Künstler, aber in ein, zwei Jahren wird sich die Welt mit dem Genie Fleißberg auseinandersetzen müssen."

Im Herbst lief dann Akis großer Tag: Er kam mit einem vollgeladenen Bus zurück. So vollgepropft mit English Antiques, dass er die letzten Nächte, eingeklemmt hinter dem Steuer, auf den Vordersitzen schlafen musste. Er lieferte seinem Händler zum Vorzugspreis eine wilde Palette von Mitbringseln: Schiffsmodelle, Kapitänsbilder, Spardosen, Uniformteile, Schwerter und China-Exportporzellan. Der war zufrieden. Dann inserierte Aki am Wochenende im Kleinanzeigenteil der Tageszeitung: *Englische Antiquitäten zu verkaufen!* Und schon am Samstagnachmittag hatte er in seiner Wohnung alles an den Mann gebracht und einen Gesamtreibach von fast dreitausend „steuerfreien" Mark gemacht. Das feierte er mit uns im Jazzhaus und erzählte prahlend seine hundert Abenteuer.

„Ich bin gleich von der Fähre runter Richtung Westküste gefahren. Weil gerade aufgewacht, fuhr ich Blödmann natürlich sofort auf der falschen Straßenseite. Erst das wilde Gehupe der anderen Autofahrer half mir in den blödsinnigen Linksverkehr. Am frühen Vormittag erreichte ich Brighton und machte meinen ersten Einkaufsstopp. Hintereinander entdeckte ich vier Antique Shops und erwarb schon im ersten Laden für nur zehn Pfund ein gut erhaltenes Kastenschiff: Hinter seiner Glasscheibe torkelte im Flutlicht eines Leuchtturms ein auf einer aus blaugrün gefärbter Watte gigantischen Sturmwelle tanzendes dreimastiges Segelschiff. Das verkaufte ich schon hier beim Ausladen fürs Doppelte. Im Nachbarladen entdeckte ich einen kleinen, zerbeulten keksdosengroßen Kompass, auf dessen drehender Richtungsscheibe jemand hinter jeder gedruckten Himmelsrichtung in arabischen Zeichen die Übersetzung gekritzelt hatte. Nur sieben englische Pfund. Mensch Leute, der ist so zünftig gewesen, dass er mir hier 200 Mark, also fast das Dreifache brachte. Danach aß ich erst mal eine zünftige Portion Fish and Chips. Siedend heiß, mit viel Ketchup und natürlich in der bekannten Zeitungstüte."

Ich war hingerissen, verschlang jedes seiner Worte und träumte sofort, es ihm gleichzutun. Als er dann noch rausrückte, dass die Fahrt ihm nicht nur eine abenteuerliche, unterhaltsame, unvergessliche Tour, sondern auch noch einen steuerfreien Gewinn von einigen Tausend Mark bescherte, da wusste ich mit einem Mal, wie es mit mir weitergehen würde. Wie eine wertvolle Perserbrücke rollte sich meine Zukunft vor mir aus.

3

Weil ich noch nie in England war, beschloss ich, eine Woche Urlaub zu nehmen und hinzufahren. Bei einem gemeinsamen Bier im Jazzhaus mit dem sympathischen „Scheißösterreicher" Erhard, der das auch schon lange vorhatte, planten wir bereits beim zweiten Glas gemeinsam diesen Trip zu machen. Da wir kein Auto besaßen, buchten wir eine Fahrt „ins Blaue": mit Bahn und Fähre nach London. Eine Woche später fuhren wir tatsächlich abends mit leichtem Handgepäck durch die Nacht los. Mit einer Flasche Korn und ein paar Buddeln Bier waren wir gleich richtig in Stimmung. Zuerst waren wir noch allein im Abteil, aber kurz vor der holländischen Grenze kamen zwei gut aussehende junge Frauen dazu. Sie schleppten mühsam drei schwere Koffer hinein und warfen sich nass geregnet, schwer atmend in ihre Sitze.

„Inge, ich hab dir gleich gesagt, dass du zu viel Gepäck mitschleppst, und das für nur 14 Tage Herbstferien. Glaub mir, mein Koffer reicht vollkommen aus. Ich habe jedes Stück Kleidung sorgfältig eingeplant. Gott, und jetzt rennen wir wie die Möbelpacker herum, nur weil du wieder auf nichts verzichten willst. Wir machen doch Sprachferien. Das heißt, bis nachmittags um 15 Uhr sind einfache, schlichte Klamotten angesagt."

„Du hast sie doch nicht alle", meckerte die große dunkelhaarige Schönheit mit kurzen geflochtenen Zöpfen zurück.

Die kleine Blonde mit dem Pferdeschwanz machte eine abweisende Geste und meinte:

„Romy, und danach sind wir in der Stadt, um möglichst viel ‚Sprachkontakt' mit der Bevölkerung zu erhalten. Da sind bestimmt auch ein paar nette Jungs dabei, und man sollte doch ein bisschen nett aussehen, um leichter in Kontakt zu kommen. Nicht nur die Sprache, sondern auch die Erfahrung mit Sitten und Gebräuchen ist von Wertigkeit. Nicht wahr, meine Herren?"

„That's absolutely true, madam. Let's start here already the English way of life. Can I offer you a little Schluck of Corn?", bejahte mein Österreicher und hielt ihr todernst unsere glucksende Flasche hin. Beide Mädchen, so um die 18 Jahre alt, kreischten vergnügt los.

„Little Schluck? Mylord. Also besonders englisch klingt das nicht, aber her damit", sagte Inge, griff sich die Buddel, nahm einen großen Schluck und reichte sie ihrer Gefährtin. Die machte es ihr gut gelaunt nach. Also keine Kinder von Traurigkeit, die zwei. Wir beide genehmigten uns auch noch einen und stellten uns dann vor:

„Baron of Frankfurt", sagte ich.

„Erhard of Austria", mein Freund.

Die zwei Grazien hatten inzwischen ihre dicken Regenjacken ausgezogen und legten sich gegenüber von uns, bekleidet mit bequemen Jeans und Pullover lang.

„Also auf diesen Auslandsfahrten muss man auf der Hut sein, da treibt sich ja allerhand Gesindel herum", sagte Romy.

„Verbrecher und vor allen Dingen Hochstapler", ergänzte ihre Kumpanin gehässig.

„Meine Damen, ich bin ehrlich entsetzt. Sieht man uns denn nicht unsere vornehme Herkunft an", flötete Erhard.

Beide schüttelten frech schmunzelnd den Kopf.

„Sie sehen aus wie dieser Asterix aus den Comics, Zwerg mit großer Schnauze", meinte die freche Romy, „also Hochstapler!"

„Was bekomme ich von Ihnen, wenn dieser edle Herr neben mir in seinem Pass den Namen B a r o n stehen hat? Wetten wir doch um einen Kuss, schlagen sie ein?", schlug Erhard vor.

„Okay, wenn wir recht haben, tragen sie dafür unsere Koffer auf die Fähre!"

Erhard nickte, bat mich um meinen Personalausweis und hielt ihnen diesen triumphierend unter ihre süßen Näschen.

„Das ist aber gemein", sagte Inge. „Und hinterlistig", ergänzte ihre Freundin.

Erhard stand auf und küsste die etwas scheu wirkende Romy behutsam auf die rechte Wange. Da er das so brav machte, hielt Inge ihm vertrauensvoll lächelnd ihre linke hin. Da küsste er sie blitzschnell auf den Mund. Inges Stirn gebar eine böse Zornesfalte, und sie knallte ihm eine mitten ins Gesicht. So heftig, dass er beinahe zu Boden ging. Erhard ließ sich erschrocken zurück in seinen Sitz fallen und lachte sich dann halb tot.

„Das tut doch nichts, der Alkohol desinfiziert. Geben sie ihm einfach einen bösen Kuss zurück", lästerte ich.

Dann waren wir wieder alle nett zueinander und leerten gemeinsam unsere Flasche bis zum Fährenstopp. Natürlich schleppten wir „Gentlemen“ den beiden Schönheiten ihre gemein-schweren Koffer auf das Schiff.

Ja, das erste Mal, dass ich im Ausland war: London! Ende der 60er. Da war inzwischen der Teufel los. Der Beat überholte den Rock ’n’ Roll. Selbst ich kippte allmählich um und fand die Stones ganz stark: Satisfaction. Super! Mit Eisenbahn, Fähre und dann wieder Eisenbahn, waren wir angereist. Die netten Begleiterinnen verließen uns leider schon nach der Schiffsankunft, aber brachten uns so richtig in Topstimmung. Wir bestiegen die wartende Londoner Bahn mit ihren vielen Türen, jedes Abteil war von außen betretbar.

Gleich hinter unserem Ankunftsbahnhof, der Victoria-Station, gingen wir auf Zimmersuche. Da gab es Hunderte günstige Pensionen. Wir wurden aufgrund der Nichtsaison sofort fündig und nahmen uns ein besonders billiges, heruntergekommenes Doppelzimmer. Ich glaube, das kostete damals nur 25 Mark pro Nacht. Wir kamen am frühen Nachmittag an, und so hatten wir noch den Rest des Ankunftstages.

„Gehen wir nach Soho, da wird das meiste zum Abend los sein“, meinte Erhard und blätterte in einem Reiseführer.

Ich stimmte ihm zu, und wir erwischten sogar den richtigen Bus. Unsere dürftigen Englischkenntnisse machten sich bezahlt. Und dann bummelten wir neugierig erregt durch die inzwischen dunklen Gassen des Vergnügungsviertels. Gingen in Spielsalons, schauten uns die verführerischen Fotos der Bordelle an und tranken in verschiedenen Pubs schwarzes Ale.

Gar nicht weit von Piccadilly Circus, in der Seitengasse hinter den Goldwarenhändlern, sah ich dann das Schaufenster des Antikhändlers. Angefüllt mit Schätzen aus Jahrhunderten englischer Kolonialgeschichte: Silber, Nautiquitäten, Kuriositäten, Elfenbein, Waffen und Gemälde, hauptsächlich aus dem 19. Jahrhundert. Welch reiches Angebot. Durch die gläserne Eingangstür konnte ich eine besondere Kostbarkeit sehen: eine mächtige, intarsierte Mahagony-Standuhr mit gemaltem Zifferblatt. 18. Jahrhundert. Ihr Gesicht war ein Kunstwerk. In allen vier Ecken sah ich handgemalte Seefahrtminiaturen: Walfang-, Hafen-, Unwetter- und Ladeszenen. Unter den verzierten Messingzeigern prunkte eine Viermastbark in Fahrt mit vollem Tuch. Und im oberen Teil entdeckte ich eine Öffnung mit den Mondphasen.

Die Uhr trug eine Signatur und die Datierung. Ein Meisterwerk. Ich verschlang sie mit meinen Augen. Leider war der Laden geschlossen. Und so nahm ich mir vor, dort noch mal in den folgenden Tagen reinzuschauen. Danach tranken wir noch ein letztes Ale und verließen den Pub um elf, als er geschlossen wurde.

Die nächsten zwei Tage guckten wir uns die bekannten Sehenswürdigkeiten an: Buckingham Palace, Tower, Big Ben, London Bridge und besuchten das Victoria & Albert-Museum. Mich konnte aber nichts mehr groß erfreuen. Meine Gedanken kreisten nur noch um eine Sache: die kostbare Standuhr. Niemals zuvor hatte ich in Deutschland eine Uhr solcher Qualität gesehen. Was würde sie wohl kosten? Am dritten Tag zog es mich schon wieder vormittags zum Circus. Und der Antiquitätenladen war diesmal geöffnet. Erhard wollte unbedingt in einen der Spielsalons gegenüber. Dadurch hatte ich etwas Zeit. Betrat den kleinen, mit Antiquitäten bis zur Decke hoch gestapelten Laden und ging begeistert zur Uhr. Ihr eleganter Stil, die reiche kunstvolle Intarsienarbeit und die gekonnte Qualität ihrer Miniaturen erregten mich: die Uhr meiner Träume.

„That is best English craftsmanship“, sagte jemand hinter mir.

Ich drehte mich um, und vor mir stand der Besitzer des Ladens, ein kleiner, dürrer, alter Mann, mit ungepflegten grauen Haaren und einer Schildplattbrille auf der Nase. Ich nickte und strich liebevoll mit der Hand über ihr poliertes Edelholz.

„Das ist die schönste Standuhr, die ich je gesehen habe. Gerne wäre ich ihr neuer Besitzer. Aber sie wird wohl für mich zu teuer sein“, sagte ich auf Englisch.

Der Alte schüttelte den Kopf und nannte den Preis, der nur bei umgerechnet 500 Mark lag. Verblüffend wenig Geld für diese Rarität. Das warf mich um. Ich rechnete nach und stellte fest, dass Erhard und ich, wir hatten das Hotel ja schon im Voraus bezahlt, zusammen noch fast 600 Mark besaßen. Die Uhr zu kaufen, hieße allerdings, sofort den Urlaub abbrechen und die Rückfahrt antreten.

„Ich glaube, dass das ein sehr fairer Preis ist“, sagte ich nachdenklich. „leider habe ich nur gerade diesen Betrag mit mir und keinen Penny mehr und noch einige geringere Kosten bis zur Heimkehr. Darum muss ich Ihr Angebot um 10 Pfund unterbieten.“

Der Händler schüttelte den Kopf, und die Sache war wohl somit erledigt. Ich guckte mir noch in Ruhe seine eindrucksvollen Auslagen an und verließ dann nach einer Weile enttäuscht den Laden. Als ich den Spielsalon betrat, sah ich Erhard immer noch an den Münzautomaten spielen. Ich erzählte ihm von der Uhr und dass wir sie kaufen könnten. Da feixte er verständnislos Colgatesprüche:

„Mutti, Mutti, er hat tatsächlich gebohrt. Das tut aber weh: Da bin ich das erste Mal in meinem Leben in diesem faszinierenden London und brech doch nicht so einfach meinen schönen Urlaub ab. Mensch Meier, das ist aber allerhand von mir verlangt. Schlag dir die Scheißidee aus dem Kopf", und legte mir dabei seinen Arm versöhnlich auf die Schulter. So lud ich ihn auf einen Kaffee in den nächsten Coffeeshop ein und wir vergaßen die Sache für diesen Tag. Am nächsten Morgen, beim Frühstück in einem kleinen Citycafé, kam mir dann die Idee:

„Erhard, ich schlag dir ein Geschäft vor: Gib mir dein gesamtes Geld. Ich kaufe die Uhr und zahle dir dafür nach der Ankunft in Frankfurt ein Honorar von 500 Mark."

Das haute ihn um. Damit hatte er fast 60 Prozent seiner gesamten Reisekosten raus.

„Meinste das ernst", fragte er mich misstrauisch.

„Natürlich. Allerdings musst du mir außerdem beim Transport helfen."

„Wie willste den Wecker nach Hause kriegen?"

„Ich nehm ihn ganz einfach als Handgepäck mit in die Bahn."

„Junge, du bist verrückt."

„Vielleicht. Aber du wirst schon sehen, das funktioniert."

„Aber die Uhr ist doch gigantisch."

„Ja, aber man kann sie bestimmt auseinandernehmen."

„Na okay. Dein Risiko. Für 500 Möpse: einverstanden."

Er gab mir sein gesamtes Bargeld, und wir gingen zum Händler. Der freute sich, mich zu sehen, und bei einem Nachlass von 8 Pfund wurden wir handelseinig.

Ich schaute mir nun meine Uhr etwas genauer an: Der Kopf mit der Glasklappe ließ sich abschieben und die eigentliche Uhr, Zifferblatt mit Uhrwerk, war mit nur zwei Schrauben befestigt. Der Händler, der wohl schon etliche antike Standuhren verkauft hatte, gab mir einen Karton. Darin brachten wir Uhrwerk mit Zifferblatt, Kette sowie das heraushängende Pendel und das übergestülpte Oberteil unter. Mühelos. Wir stopften ihn sorgfältig mit Zeitungspapier aus, und der

Händler knotete zur Stabilisierung ein dünnes Hanfseil herum. Oben brachte er zusätzlich einen hölzernen Handgriff an.

„Voila", sagte er. Griff den Karton und reichte ihn mir.

Ich war zufrieden.

„Hat kaum Gewicht, ist sicher verpackt und einfach zu transportieren", sagte ich zu Erhard.

„Okay, meine Reisetasche samt Inhalt können wir wohl an deinen Handkoffer knoten. Damit hat jeder von uns ein Gepäckstück. Wie schwer ist der Rest der Uhr?", fragte er und hob das über zwei Meter lange, mit einem Holztürchen versehene, nun leere Möbel an.

„Hat nicht viel Gewicht. Ist aber dafür verdammt sperrig", meinte er dann skeptisch. „Wie kriegen wir aber das Monstrum zum Bahnhof?"

„Mit dem Taxi. Die Londoner Taxis sind hinten extrem geräumig und wenn wir das Unterteil schräg stellen und ein Fenster öffnen, dann ..."

Der Scheißösterreicher lachte.

„Du bist ein Verrückter. Ich wusste das schon immer."

Und dann standen wir am nächsten Morgen sehr früh mit unserer Standuhr auf der Straße und winkten den vorbeifahrenden Taxis zu. Die ersten beiden, die hielten, lehnten den Transport ab. Aber dann stoppte ein junger, indischer Taxifahrer. Er guckte sich unsere Sachen an und sagte:

„Für 'nen Fünfer extra, nehm ich die „Load".

So erreichten wir samt Standuhr Victoria-Station. Der nächste Zug nach Dover ging zwei Stunden später ab. Wir bewachten abwechselnd meine wertvolle Antiquität und das restliche Gepäck. Als wir dann anschließend durch die Sperre gingen, ließ uns der Beamte nicht passieren.

„Mit Fracht dürfen Sie hier nicht durch. Die muss extra aufgegeben werden", meinte er. Mir trat der kalte Schweiß auf die Stirn. Wir hatten nur noch umgerechnet ein paar lausige Pfund. Kein Geld für die Fracht, aber natürlich unsere Rückfahrkarten für Schiff und Bahn. Also gingen wir erst mal wieder hinaus. Versteckten unseren Kram hinter einem Zeitungsstand und diskutierten die neue, schwierige Situation:

„Hab ich von Anfang an gewusst, dass das mit der Standuhr Scheiße ist", sagte Erhard sauer und steckte sich 'ne Zigarette ins Gesicht.

Ich nickte, biss mir auf die Unterlippe und schielte zu den Bahnsteigen hinüber. Es war nicht viel los. Lediglich an unserem Bahnsteig wurde kontrolliert.

„Also, du gehst mit den beiden Gepäckstücken durch und wartest auf der anderen Seite am letzten Bahnsteig. Ganz am Ende, hinter den Großmüllbehältern. Stell dort das Gepäck ab und warte auf mein Zeichen. Wenn das Arschloch von der Kontrolle beschäftig ist, komm ich blitzschnell mit dem Uhrmöbel angerannt und reiche es dir über den Absperrzaun. Du stellst es zum Gepäck hinter die Säule. Dann komm ich nach, und wir bringen den Kram so später so schnell wie möglich in einem Abteil des wartenden Zuges unter."

Und so machten wir es dann. Es klappte auch wie am Schnürchen. Unbemerkt kamen wir mit unserer Uhr in ein leeres Abteil. Schweißgetränkt warfen wir uns in die Sitze. Dabei kam uns zugute, dass die englischen Züge von außen direkte Türen zum Abteil haben. Weil es dadurch keine Gänge gibt, war das Abteil breiter. Breit genug für unsere unendlich lange Uhr.

Kaum hatten wir uns von dem Schreck erholt, kam der Zugkontrolleur. Er schaute sich kurz unsere Karten an, deutete lässig auf das Uhrmöbel und sagte:

„Sie dürfen hier keine Fracht unterbringen. Sie muss separat transportiert werden. Bitte bringen sie den Kram sofort hier raus."

Ich war mordsgeschockt und sah zuerst keinen Ausweg mehr. Hier half nur noch Frechheit. Da die Abteile während der Fahrt nicht erreichbar waren, entschied ich mich sofort:

„Bleib du im Abteil, ich regel das so: Die Uhr muss erst mal wieder hinaus. Ich spring dann einfach beim Moment der Abfahrt wieder rein. Du musst beim Anrucken die Tür aufreißen und die Uhr reinziehen. Ich komme hinterher."

„Der Herr Baron beim Trainjumping-Abenteuer, ha, ha", lästerte Erhard.

Ich arme Sau bereute bereits den Kauf. Wir hoben den Uhrkörper nach draußen und ich stellte mich damit auf den Bahnsteig direkt vor die Tür. Etwas verdeckt von einer Sitzbank. Ganz weit in der Ferne, fast bei der alten Dampflokomotive, sah ich den Kontrolleur herumlaufen. Da wurde das Abfahrtsignal des Zuges gepfiffen. Mit einem kleinen Ruck fuhr er an. Erhard riss die Tür auf und ich reichte ihm das obere Ende der verdammten Uhr, die er hineinzog. Während der

Zug Fahrt aufnahm, schob ich den Rest der Uhr nach, sprang hinterher und griff die Tür. Knallte sie zu. Geschafft! Erhard lachte sich krank und ich erst mal erleichtert mit. Wir machten es uns bequem und ruhten uns von der ersten Strapaze aus. Es war früher Nachmittag, als wir in Dover ankamen. Der Zug hielt nicht weit entfernt von der Fähre, einem alten Dampfer, der schlimm aussah. Rußig, rostig und vergammelt. Es regnete und stürmte dazu.

„Na, das wird aber 'ne beschissene Überfahrt", sagte Erhard erschrocken und deutete zum grauen Himmel, an dem bösartige, dunkle Wolkenfetzen entlangflogen.

„Sieht fast wie Sturm aus. Da braucht so'ne Fähre, wenn man Pech hat, einige Stunden mehr Fahrt. Hoffentlich verpassen wir nicht den letzten Zug."

Ich gab ihm nickend recht und stolperte entsetzt die schwingende, wackelnde Gangway hoch. In der linken Hand hatte ich das Uhrwerk, in der rechten das obere Ende des Möbels. Erhard zuckelte vorsichtig hinterher. Wir schleppten uns sofort in den großen Passagierraum mit den vielen Sesseln. Deponierten unser Gepäck flach auf dem Boden an der Wand und setzten uns in die nächsten zwei freien Sitze.

„Zum Glück machen die auf dem Schiff keinen Terror wegen des großen Gepäcks. Also das Festland haben wir immerhin schon ohne Probleme erreicht", sagte ich bisschen triumphierend.

Erhard grinste zynisch. War dann 'ne schlimme Überfahrt. Ein richtiges Unwetter, mindestens Windstärke sieben. Das Schiff stampfte und tanzte auf den Wellen. Riesige Brecher kamen über und peitschten die Sichtfenster. Überall hingen die Seekranken herum und kotzten wie die Reiher, und es roch nach Erbrochenem. Ich fing sofort mit der verdammten Spuckerei an und war nach einer Stunde bereit zu sterben, so elend fühlte ich mich. Erhard lag in seinem Sitz, sah ebenfalls grün aus und fluchte. Uns ging es bei der Überfahrt sehr, sehr dreckig. Es war das erste Mal, dass ich die Seekrankheit hatte und am Ende war. Mit drei Stunden Verspätung kamen wir in Calais an. Krochen, schwach wie Neugeborene, an Land und schleppten unsere Habe sowie eine zollfreie Flasche „Black & White" mit letzter Kraft zum Abfertigungsgebäude. Am Eingangsschalter gab es keine Probleme, die ließen uns einfach so passieren und sagten, wir sollten uns beeilen, der Zug würde in fünf Minuten abfahren. Wir schleppten uns also mit Tempo zum angegebenen Bahnsteig und waren entsetzt. Am

Zug war ein Schild angebracht: „Paris, Gare du Nord". War das der falsche Zug? Ich blieb beim Gepäck, und Erhard rannte herum, um sich noch mal genau zu informieren. Etliche Leute kamen vorbeigehastet. Meist Franzosen und Holländer. Wenn ich nach „Frankfurt" fragte, schüttelten sie kurz den Kopf und rannten weiter. Auf einmal setzte sich der Pariser Zug in Bewegung, ganz langsam. Erhard kam angerannt und brüllte:

„Der da ist unser Zug. Der Pariser!"

Gerade als der letzte Wagen an mir ganz langsam vorbeibummelte, riss ich geistesgegenwärtig die letzte Tür auf. Warf Koffer und Karton hinein. Schnappte mir das vordere Ende der Standuhr und Erhard das hintere. Dann liefen wir gemeinsam der offenen Tür hinterher. Ich sprang hoch, hinein und zog mit gewaltiger Kraftanstrengung den Rest der Uhr nach. Erhard schob von hinten, sprang auf das Trittbrett und fiel in den Zug. Wieder mal gerettet. Unsere Lungen keuchten vor Anstrengung.

Am nächsten Morgen war Frankfurt erreicht. Erhard und ich waren froh zurück zu sein. Er stöhnte erschöpft:

„Baron, das war der beschissenste Urlaub, den ich je erlebt habe. Ich habe dich und die verdammte Uhr letzte Nacht mehrmals verflucht. Aber ich war letzte Zeit so „stier", dass ich froh bin, dass wir die Kohle wieder rauskriegen. Und wir Kings haben es tatsächlich geschafft!"

Ich boxte ihm dankbar in die Rippen, lächelte und sagte:

„Zum Glück hatten wir genug Whisky dabei. Also ohne besoffenen Kopf hätten wir den Trip nicht durchgehalten. Ich glaub, da hätte ich die verdammte Uhr unterwegs aus dem Fenster geschmissen."

Wir lachten beide schallend los, und jeder freute sich über das gute Geschäft. So trennten wir uns, und ich fuhr mit einem Lasttaxi zur Wohnung. Dann thronte sie eine halbe Stunde später wie ein gigantisches UFO von einem fremden Stern in meiner Wohnung: Die geile Überuhr, eine kostbare Addition zu meinen übrigen Schätzen? Ein paar Tage später kaufte sie ein bekannter Frankfurter Werbefotograf für 4.200 Mark! Ich zahlte Erhard sein Geld und hatte fast 2.500 übrig. Nun hatte ich endgültig Blut gerochen. Vom Großteil des Uhrerlöses kaufte ich mir im Spätherbst ebenfalls einen acht Jahre alten optisch heruntergekommenen VW-Bus-Lieferwagen mit Dieselmotor. Obwohl 250.000 Kilometer auf dem Buckel, war er zwar fahrbereit, aber damit war ich finanziell bereits wieder so knapp, dass ich ihn nicht sofort zu einem bequemen Campingbus umbauen konnte. Und den Job schmeißen, Geld für Ware und die ersten drei Monate Tourkosten? Verpflegung? Benzin? Ich wusste erst mal nicht weiter. Arbeitete mit viel Überstunden und sparte jeden Pfennig, um im Sommer vielleicht den Job schmeißen zu können? Allerdings war immer noch alles finanziell zu eng. So verkaufte ich mit Kleinanzeigen viele meiner antiken Schätze für ein paar Tausend Mark.

Aber alles kam anders als geplant: Überraschend wurden alle Angestellten unserer Firma zu einer Betriebsratssitzung eingeladen. Durch den Verlust von zwei Großkunden sollte es nämlich ab Jahresanfang Kürzungen und sogar Kündigungen geben. Die Frankfurter Filiale unserer Werbeagentur wurde geschlossen, und ungefähr ein Drittel der wichtigsten Mitarbeiter konnte in den Kölner Hauptbetrieb übernommen werden. Da sich dort unser großes Artstudio befand, ebenso eine bereits ausgelastete Retuscheabteilung, saß ich auf der Straße. Arbeitslos zum Quartalsende. Prost Neujahr.

Arbeitsamt. Da hockte ich dann wie der allerletzte Penner auf einer langen hölzernen Bank im Flur. Meine Papiernummer war die 386 und die zuletzt aufgerufene die 380. Auf meiner Bank saßen außer mir noch zwei schwachsinnig anmutende Endfünfziger Opatypen und als einzige Frau, eine abgehärmt wirkende, Magersucht reflektierende Endvierzigerin mit Jeansanzug und ungefärbter, kurzzotteliggrauer Igelfrisur. Als sie aufstand, setzte sich ein junger drahtiger Blondkopf und danach noch ein junger Türke dazu.

„Tagchen, willkommen bei der Loserelite“, sagte ich und grinste beide frech an.

„So seh ich das schon mal gar nicht Alter. Positive Thinking ist angesagt: Von hier ganz, ganz unten kann es ja doch in meinem Leben nur noch aufwärtsgehen. Unsere Zukunft sieht also rosig aus. Kopf hoch“, sagte der Blonde und zeigte mir den Gewinnerdaumen.

Der junge „Gastabstauber“ nickte cool dazu, als wenn ihn einer gefragt hätte.

„Alter? Okay der kräftezehrende Lebenskampf hat schon die ersten Erfahrungsspuren in mein Gesicht gekerbt, aber ich bin höchsten drei Jahre älter“, sagte ich.

„Also dreißig.“

„Nein, ehrliche achtundzwanzig, aber mit der weltmännischen Erfahrung eines fünfzigjährigen Sehers, Durchblickers.“

„Geil. Und was sieht der?“ Er zog dabei eine polierte Bruyèrepfeife samt Wildlederbeutel und Metallstopfer aus der rechten Innentasche hervor. Füllte den Kolben mit Zeigefinger und Stopfernachdruck und entflammte mit einem blitzenden, goldenen Dupont-Gasfeuerzeug schmauchend den Tabakpfropfen.

„Arbeit lohnt sich nicht. Man lässt arbeiten, aber nicht die Kümmeltürken. Die schicken wir alle wieder heim nach Izmir!“, hetzte ich rassistisch doof.

Der Blondkopf lachte, blies dicke Rauchschwaden an die Decke und schielte zum Türken hinüber. Der sagte kein Wort. Aber hielt er nicht seine Fäuste geballt? Ich nahm mir vor, ihn weiterhin im Auge zu behalten. Schon sein scheußlicher Pickel, eher Muttermal auf dem braunen Nasenflügel machte ihn hässlich und störte genauso wie sein ekliger Ziegenbart.

„Und was haste tatsächlich gearbeitet?“, fragte der Blondkopf.

„Werbebranche. Da haben die Leute ’ne große Schnauze, blasen sich auf und wenns knallt und die Luft entweicht, stinkt’s – schöne Scheiße. Und als mich gestern mein dünner Kontostand schockte, habe ich dann doch mal schnell hier angerufen. Und da bin ich nun, und ich bin gespannt, was der Staat mir für mein Angespartes löhnt.“

„Geht mir genauso. Ich war Spezialsetzer in einer Großdruckerei. Habe sehr gut verdient. Edelhandwerk nannte man das früher, 500 Jahre lang. Seit Gutenberg. Und nun? Ersetzt durch eine Maschine: den modernen Fotosatz. Ich such mir einen neuen Job. Vielleicht als Grafiker?“

„Ich hab genau den gestern verloren.“

Die Nummer 386 wurde aufgerufen. Ich wünschte dem hoffnungsvollen Durchstarter alles Gute und stand auf. Da sagte der Gastarbeiter zu mir:

„Ich bin genau wie du in diesem Land Bürger. Ich bin auch ein Mensch. Denkst du etwa, ich bin ein Hund?“

Der Blondschopf lachte laut auf.

„Also Kamerad, du bist aber ein ganz schöner Kanakenhetzer“, sagte er kopfschüttelnd zu mir. Ich nahm es als Kompliment auf, grinste und zeigte dem Türken meinen „bösen Blick“.

Kapierte damals tatsächlich nicht, dass ich ein richtiger Blödmann war. Vater hatte abgefärbt.

Ich suchte weiterhin emsig einen Job. Denn durch die zukünftig geringe Arbeitslosenkohle konnte ich praktisch nichts extra für meine geplante „Geschäftsreise“ ansparen. So zermarterte ich mir Tag und Nacht mein Gehirn. Kam auf keine gescheite Lösung und fand auch keine Arbeit. Also gab es nur einen Weg: Den Einzigen bescheißen, bei dem es in unserem „gerechten Deutschland“ ohne Folgen bleibt, weil keiner dich dafür bestraft – meinen Hausbesitzer! Trat also vorsätzlich, neidisch meinen stinkreichen Vermieter Akter in den Hintern: Einen arroganten Multimillionär und Porschefahrer, dem drei große Frankfurter Mietshäuser gehörten. Ich zahlte also einfach ab sofort keinen Pfennig Miete mehr. Im März nicht. Ebenso im April. Bei mir gab es bald sowieso nichts mehr zum Pfänden. Sie kamen hintereinander, termingerecht drohend in den Briefkasten geflattert: Erste Mahnung, zweite Mahnung, Kündigung zum April-Monatsende. Androhung der Räumungsklage. Ich lachte mich schief und wusste gar nicht, dass ich für eine Generation später in Deutschland der geile Trendsetter der betrügerischen Habenichtse und Mietnomaden wurde: Mieterbetrüger, der Hausbesitzer um ihr Geld bringt! Weil sich keine Polizei darum kümmert und ein Verklagen sowie Räumen per Gerichtsvollzieher nur noch mehr Verlust für ihn bedeuten! Es machte mir so richtig Spaß, diesem Blutsauger eins auszuwischen, so rief ich cool im Akter-Büro an:

„Ich bin pleite und ziehe am Wochenende freiwillig aus, wenn sie schriftlich auf die Mieten verzichten und mich in Ruhe lassen.“

Akters Buchhalterin akzeptierte nach kurzer Rückfrage:

„Der Chef lässt sie gehen. Okay, aber da haben sie aber ganz schön bei ihm verschissen. So was vergisst er ihnen nie! Er kennt hier in Frankfurt Gott und die Welt. Da haben sie sich für die Zukunft einiges verbaut!“

„Sagen sie dem alten Abstauber, dass er garantiert zu seinem Geld kommt, wenn ich so’n reicher Abstauberspekulant wie er bin“, zischte ich höhnisch und knallte den Hörer auf. Mensch, tat das gut.

Da ich immer noch Geld für den Warenankauf brauchte und nicht wusste woher, kam mir dann die Idee: Ich suchte eines Abends meinen guten alten Freund von Popenburg und fand ihn gut gelaunt und bereits angetörnt im Club Voltaire. Natürlich lieh er mir großzügig 1.500 Mark zu 30 Prozent Zinsen, zahlbar im Herbst bei meiner Rückkehr. 30 Prozent? Obwohl er als Sicherheit den Kfz-Brief verlangte!

Ein paar Tage danach legte ich meine Matratze und die restliche bewegliche Habe in den Bus und deponierte einige von Poppys Geldscheinen als absolut eiserne Reserve in einem klugen Versteck: mit Klebeband um das Steuerradgestänge gerollt, hinter dem Armaturenbrett. Amüsierte mich noch in der Jazzgasse und schlief danach im Auto. Mit Stil: direkt am Sachsenhäuser Mainufer. Mit „unverbaubarem Flussblick“ auf Dom, Palais, Eisernen Steg und mit einigen fetten Scheinen im Brustbeutel. Ich blieb noch ein paar Tage in der Stadt, erledigte Abmeldepflichten bei den Stadtwerken, der Post und kaufte mir ein paar wichtige Campingklamotten: eine Taschenlampe mit Batterien, zwei Thermosflaschen, ein Wasserkanister mit Schlauch, Kartenmaterial und einen Campingkocher. An einem späten Vormittag im Juni 1969 startete ich endlich den Motor zur Abfahrt. Das große Abenteuer, das mein Leben auf den Kopf stellte, lief an. War leider ein Sauwetter. Es regnete schon zwei Tage lang Bindfäden. Im Autoradio lief die AFN-Hitparade. Dazu summten die Scheibenwischer, und der Motor brummte. Ich fuhr auf der Autobahn Richtung Nordwest. Mensch, hatte ich trotzdem eine Topstimmung drauf: Es war erst Frühjahr, der ganze Sommer lag noch vor mir und ich war endlich ein freier Mann. Hinten im VW-Bus lagen ein paar Wolldecken, ein alter Leinen-Klappstuhl, meine rohe Schaumgummimatratze auf einer selbst gebastelten Holzpritsche, ein Koffer mit den wichtigsten Klamotten, eine Thermostasche mit bisschen Verpflegung. Auf dem Boden des Beifahrersitzes stand mein kleiner tragbarer Schwarz-Weiß-Fernseher mit 12-Volt-Zigarettenanzünderstecker. Ich war schon länger fernsehsüchtig. Es war der reine Wahnsinn, ich befand mich nun tatsächlich auf meiner ersten Fahrt nach England, um Antiquitäten einzukaufen. Wie erfolgreich würde ich sein? Alle Welt kaufte nun hier Antiquitäten. Ein richtiger Run. War ja auch ein ganz simples Geschäft: Du fuhrst rüber, beludst deine Karre bis zum Rand mit preiswertem alten Ramsch, kamst zurück, und der Krimskrams wurde dir zum dreifachen Preis aus den Händen gerissen. Ganz einfach. Hundertschaften von deutschen Aufkäufern pendelten damals zwischen England und Deutschland hin und her.

Ich hatte noch keinerlei Erfahrung. War ja auch schwer zu bekommen, weil jeder der erfolgreichen Händler seine, die ja bares Geld wert war, für sich behielt. Die Fahrt war die Erfüllung meiner kühnsten Träume. Da konnte das Wetter noch so schlecht sein, nichts in der

Welt hatte ’ne Chance, mir meine gute Laune zu verderben. Im Radio lief der Song „Good Day, Sunshine“, von den Beatles, und ich fühlte mich schon fast wie ein alter Abenteurer, ein Mann der Straße, der unterwegs war, um die Welt zu erobern. Ich wollte mich in Zukunft keinen großen Zwängen mehr unterwerfen. Schlicht glücklich sein und einfach so treiben lassen, das war meine Devise.

Der Regen ließ nach, und da es langsam dunkel wurde, fuhr ich nur noch bis zum nächsten Autobahn-Rastplatz eine halbe Stunde vor der holländischen Grenze. Suchte mir einen Parkplatz, der möglichst weit vom Verkehrslärm lag. Öffnete die seitliche Schiebetür, stellte den kleinen Gaskocher neben der geöffneten Fahrertür auf den Asphalt, zündete ihn an und stellte den Leinenstuhl daneben. Auf die bläulich gelbe Flamme platzierte ich eine kleine Bratpfanne, die ich mit Butter einfettete. Dann nahm ich mir ein Kotelett, ein Brötchen und eine spanische Rotweinflasche aus der Kühltasche und briet das Fleisch. Steckte das Fernsehkabel in den Zigarettenanzünder, schaltete das Gerät ein und suchte mir einen guten Kanal.

„Sieht wirklich appetitlich aus. Da bin ich ja richtig neidisch“, hörte ich eine Mädchenstimme sagen.

Ich guckte hoch. Ein paar Meter von mir entfernt saß ein etwas 20 Jahre altes Girl mit Jeans und olivgrünem Parka auf ihrem Koffer und verspeiste eine Stulle. Eine Anhalterin. Sie hatte ein Schild dabei: „Antwerpen!“ stand darauf.

„Setzen sie sich dazu. Ein freies, gutes Glas Rotwein ist immer für nette Globetrotter drin“, sagte ich mit einer einladenden Geste und guckte sie mir etwas genauer an. Sie war dunkelblond, schlank und kleinbusig. Hatte ein hübsches Gesicht mit Stupsnäschen, wirkte gepflegt, und ein bisschen Gesellschaft war mir eigentlich ganz willkommen.

Sie kam sofort rüber und erzählte:

„Ich wollte heute eigentlich Antwerpen erreichen. Leiste ihnen aber gern noch etwas Gesellschaft. Wohin fahren Sie?“

„Nach England. Kein so großer Umweg für mich. Ich würde sie mitnehmen. Allerdings will ich erst morgen früh weiter.“

Kurz vor Maastricht. Ich war ziemlich kaputt von dem Stress der letzten Tage und wollte daher erst am nächsten Vormittag so richtig gemütlich über die Landstraßen durch Belgien, nach Nordfrankreich schaukeln. Leider war ich erst sehr spät in Frankfurt weggekommen.

Leider? Unsinn, ich war doch jetzt Millionär: Zeitmillionär!

Ihren Koffer hinter sich ziehend, setzte sie sich kopfschüttelnd zu mir.

„Ich trampe aber noch heute weiter“, sagte sie und guckte hoch in plötzlich schnell herannahende, finstere Regenwolken. Nahm dankbar einen Schluck aus der Flasche und erzählte mir noch was von ’nem Onkel, den sie besuchen wollte. Verabschiedete sich dann eine halbe Stunde später von mir. Von Weitem sah ich sie dann auf der Straße, wie sie mit dem Daumen nach oben Autos stoppen wollte. Ab und zu hielt ein Fahrzeug, aber sie stieg nicht ein.

Nachdem ich gegessen hatte, fing es an, leicht zu regnen. Ich reinigte mein Geschirr und räumte es weg. Dann schob ich den kleinen Fernseher hinter das Steuerrad und machte es mir auf dem Fahrersitz bequem. Da klopfte es am Fenster. Draußen stand sie, inzwischen ganz schön vom Regen durchgeweicht.

„Kann ich bei Ihnen ’ne Weile unterkriechen, bis der Regen nachlässt?“

Ich nickte, öffnete die Beifahrertür, nahm ihr den kleinen Koffer ab, und sie stieg ein.

„Furchtbares Mistwetter“, seufzte sie und zog ihren nassen Parka mit der Kapuze aus. Der war ziemlich durchnässt. Ich hing ihn zum Trocknen hinten an die Schiebetür.

„Heute Nacht noch nach Antwerpen trampen, das sollten sie vergessen“, sagte ich, kritisch nach draußen schauend und reichte ihr die entkorkte Rotweinflasche. Der Regen peitschte nun heftiger und allmählich beschlugen die Fenster.

„Ich kann doch nicht bei ’nem wildfremden Mann im Bus übernachten“, sagte sie.

Ich grinste.

„Was kann Ihnen schon groß passieren?“

Misstrauisch guckte sie mich von der Seite an.

„Also, wie ein Verbrecher sehen sie ja nicht gerade aus.“

„Danke, soll das ein Kompliment sein?“

Wir mussten lachen. Es wurde ein schöner Abend im Dunkel der Autobahnraststätte. Wir waren zwei blutjunge, unerfahrene Leute, mit wer weiß was für Illusionen, und wir waren Mann und Frau. Bis spät in die Nacht hinein erzählten wir uns gegenseitig unser Leben mit all den ersten „wichtigen“ Irrtümern und Träumen.

Ingrid heiratete mit 19, aufgrund einer Schwangerschaft, einen sehr eifersüchtigen marokkanischen Studenten. Fehlgeburt. Danach stellte sie fest, dass er ein lebensuntüchtiger Choleriker war, der sie dauernd schlug. Nun war sie auf der Flucht vor ihm. In Antwerpen wohnte ein entfernter Onkel. Bei dem wollte sie eine Weile untertauchen.

Sehr spät in der Nacht, als die zweite Flasche leer war und wir uns bereits duzten, reichte ich ihr meine zweite Wolldecke. Wir krochen beide auf die Matratze und schliefen sofort ein.

Am nächsten Morgen, spät nach zehn, machten wir uns im Raststättenklo frisch. Ich schmierte zwei Wurststullen und kochte Pulverkaffee. Ließ eine Weile den Motor laufen, bis Warmluft reinblies. Im Radio lärmte diese neue „primitive" Beatmusik, und wir hörten Nachrichten. Saßen mollig eingemummt in unseren Wolldecken auf den Vordersitzen und beäugten das bunte Geschehen des Raststättenbetriebs. Draußen machte sich das Wetter inzwischen besser, sodass wir vom wohlschmeckenden Frühstück und Schluck für Schluck belebenden Kaffee richtig gut drauf waren.

„Was machste eigentlich in England?", fragte mich Ingrid.

„Ich kaufe Trödel und antike Klamotten für englische Möbel- und Antikläden in Deutschland. Da fahr ich erst mal ein paar Wochen lang die Westküstenstädte ab. Immer am Meer entlang: Starte in Dover und dann geht's weiter: Hastings, Brighton, Southampton, Bristol und hinein ins Innere von Wales. Weiß noch nicht, wie lange es dauern wird. Na ja, eigentlich ganz logisch: Wenn der Wagen richtig vollgepackt ist, kehr ich um und fahr zurück zur Fähre. Ich freue mich darauf, die an sich schon unterhaltsame „Schatzjägerei" mit viel Ferienspaß zu mischen. Das heißt Schlösser, Museen und uralte farbige Hafenstädtchen ansehen. Pubs besuchen, Plumpudding und Haggis essen. Viel Fish & Chips, dazu Fässer köstliches dunkelbraunes Ale saufen.

„Das klingt wirklich wie eine spannende, abenteuerliche Reise. Da bin ich neidisch, würde am liebsten mitmachen. Ich hätte auch noch etwas Geld für die Reisekasse", seufzte sie und dachte wohl dabei wieder an ihre Misere. Ich musterte sie unauffällig von der Seite. Fühlte dabei mein Blut in den Schläfen pochen und traute mich:

„Wenn du Lust hast, dann komm doch einfach mit. Der Bus bietet uns ein kostenloses Dach überm Kopf. Die Benzinrechnung ist die gleiche und das bisschen Geld für die Mehrverpflegung? Kein Problem!"

„Meinst du das tatsächlich ernst? Störe ich dich auch nicht bei deiner Arbeit? Ein paar Wochen Abenteuerabstand von meinen Sorgen tun mir bestimmt gut."

Ich schüttelte den Kopf und machte es ihr leicht:

„Nein. Zu zweit machts doch bestimmt mehr Spaß, glaub ich. Okay, du kommst mit. Schlag ein!"

Sie klatschte ihre ausgestreckte Rechte in meine Hand, und wir starteten eine halbe Stunde später die Maschine. Mensch war ich gut drauf. Sogar die Sonne machte mit, und als wir Holland durchquerten und Richtung Brüssel düsten, befand ich mich auf einmal im Urlaub. Ewiger spannender Abenteuerurlaub. Die kurze Grenzkontrolle, das andere Land, das wars, und dann waren wir auch schon durch Holland durch. Belgisches Geld tauschten wir erst gar nicht ein. Erst in Dünkirchen wechselte ich einen Zehner in französische Franc. Damit erlaubten wir uns dann direkt hinter der Grenze je ein Hotdogbrötchen mit wohlschmeckenden dünnen Frites.

Es war früher Abend, als unsere Fähre ablegte. Im Bauch des Schiffes war der VW geparkt. Wir standen warm eingepackt, fasziniert von der Ausfahrt, an der Heckreling. Prosteten uns mit schäumenden Biergläsern zu und ließen die Häuser und Hafenanlagen von Calais schrumpfen.

„Das erste Mal, dass ich nach England fahre. Zum Glück spreche ich ganz gutes Englisch", sagte Ingrid. „Meine zweite Fahrt. Und das mit meinem Traumbus. Du glaubst gar nicht, wie viele Tage und Nächte ich in Frankfurt von dieser Fahrt träumte und jede vom Munde abgesparte Mark festhielt. Hoffentlich wird sie auch finanziell erfolgreich. Hab doch alles auf eine Karte gesetzt. Bin das erste Mal in meinem Leben mein eigener Boss. Vielleicht läuft es so profitabel, dass ich mir damit meinen eigenen Antikhandel aufbauen kann?"

Wir sahen die Kreidefelsen in der untergehenden Sonne und erreichten Dover. Verließen vorsichtig das Schiff. Ich hämmerte mir das mit dem Linksfahren ein und bog vorsichtig auf der Küstenstraße Richtung Westen. Es lief nicht viel Verkehr, und ich gewöhnte mich ein bisschen an das spiegelverkehrte Fahren. Ängstlich überholte ich niemand, und beim ersten Kreisel wurden mir natürlich die Knie weich. Ich fuhr links hinein und schaffte es im Tross von rund vier Autos tatsächlich korrekt herauszukommen. Einer hupte wie verrückt. Sah der Kerl denn nicht, dass ich Festlandeuropäer war, mit dem Steuerrad auf der falschen Seite? Ich glaubte immer noch an die legendäre englische Höflichkeit. Als wir Hastings erreichten, war es dunkel. Ich verlangsamte das Tempo und sah mich nach einem Übernachtungsplatz um. Ich fand einen guten, ruhigen Parkplatz unter einem tief belaubten Baum neben einer Friedhofskirche, verschloss beide Türen und krabbelte ins Bett, wo Ingrid bereits unter ihre warme Decke gekrochen war. „Schlaf gut“, hörte ich mich sagen. Und wir schliefen gut und fest.

Als wir aufwachten, konnten wir das Meer sehen. Den aufgewühlten graugrünen English Channel, in dessen Hafeneck einige Fischerboote im Hochwasser schaukelten. An der Ecke war sogar ein typischer englischer Antikladen, und wir bauten unser bescheidenes Frühstück. Es war kurz nach neun. Der Laden war laut Öffnungsplan ab zehn Uhr geöffnet. Antiquitätenhändler: ein Berufszweig der schillerndsten Individualisten. Die meisten ganz schön geschäftstüchtig, aber sonst oft furchtbare „Mañana-Typen“ die sich nicht an feste Öffnungszeiten, abgemachte Termine, Preise und Lieferzeiten hielten. Viele von ihnen, Freigeister, Außenseiter, die sehr eigenwillig ihr Leben lebten. Ob er heute überhaupt öffnen würde? Wir waren gut drauf. Wir räumten unseren Wagen auf, zogen uns Pullover über, verschlossen das Auto und gingen gierig wie die Geier zum Laden hinüber. Das Schaufenster von BRIGGS ANTIQUES präsentierte altes Kinderspielzeug, Kinderbücher, Sextanten und verschiedene Buddelschiffe, einige alte Säbel und einen wohl asiatischen Helm mit einer fratzenartigen Blechmaske, Silbersachen, Porzellan, knallbunte gläserne Briefbeschwerer und bündelweise alte, abgegriffene Postkarten. Durch Fenster und Glastür sahen wir viele reich verzierte Edelholzmöbel und Hunderte andere skurrile, fremdartige, exotische Hausratsachen, Auslandsmitbringsel und unzählige Nautiquitäten. Die Engländer waren ja jahrhundertelang die führende Seefahrernation mit Kolonien überall in der Welt.

„Teufel, hat der buntes, interessantes Zeug. Gehen wir hinein“, sagte ich, öffnete die Tür mit einem freundlichen „Good Morning“ und gab dabei meiner Mitfahrerin den Vortritt. Und dann sahen wir uns an den Hunderten, faszinierenden alten Sachen satt.

Als ich nach Preisen von verschiedenen Objekten fragte, waren sie recht niedrig. So nahm ich mir ein kleines Glaskastenschiff mit Dreimastbark und blau gepinselten Wattewellen, ein Messingfernrohr, eine mittlere chinesische Kantonschale mit Hunderten kleinen handgemalten Chinafiguren, einen Edwardian-Elfenbeinbrieföffner und ein Ölbild aus dem 19. Jahrhundert mit zwei ankernden Fregatten, das nicht signiert war. Die von mir notierten Preise ergaben 60 Pfund. Ich bot 40 und wir einigten uns auf 50. Dann fand ich etwas sehr Aufregendes: einen kleinen kreisrunden Messingkäfig, zirka 20 Zentimeter Durchmesser, mit vielen Gebrauchsspuren und Patina. Darin saß ein buntes Metallvögelchen, mit echten Federn besetzt, auf einem Ast. Wenn man einen Seitenhaken herunterdrückte, sang es die tollsten Zwitschertöne. Die Energie erhielt es von einem integrierten Uhrwerk mit einer unten angebrachten Aufziehschraube. So was hatte ich mal bei einer Schlossbesichtigung in Schleswig-Holstein gesehen. Ich wusste, diese seltenen alten Spieluhren wurden extrem hoch gehandelt.

„Wie alt ist das Vögelchen? Ist er sehr hoch im Preis?“, fragte ich den amüsiert lächelnden Mr. Brigg.

„Sorry, ich habe keine Ahnung, also 19. Jahrhundert ist es ja wohl hoffentlich. Für sie junger Freund winzige ... 70 Pfund?“

Ich nickte zustimmend. Guckte es entzückt von allen Seiten an und ließ ihn erfreut noch mal so richtig loszwitschern. Dann stellte ich es zu den anderen zum Einkauf ausgewählten Sachen. Ging zusammen mit dem Inhaber weiter die Gänge durch und fragte hier und da. Schaute mir noch sehr sorgfältig hundert andere Gegenstände an: die Qual der Wahl! Durchdachte umständlich ihre Preiswürdigkeit und Verkaufschancen und kehrte zur Einkaufsauswahl zurück. Ingrid war die ganze Zeit beim Vogelkäfig geblieben, hatte inzwischen mit einer Nagelfeile das Käfigpodest aufgeschraubt und zeigte mir den graugrünen Bodenfilz, der von unten funkelnagelneu aussah. Triumphierend deutete sie auf die frische Fälscherpanne: Jemandem, der den grünen Filzboden des Käfigs mit graubrauner Farbsoße auf alt und vergammelt „frisierte“, war diese im Podest danebengelaufen und hatte statt den neuen grünen Filz die frisch gefräste Messingwand eingeschmiert.

„Wie bist du auf den Betrug gekommen?“, fragte ich sie erschüttert und guckte dabei in das verschmitzt grinsende Gesicht des „Betrügers“.

„Er hat unsauber gefälscht: ein winziges knallgrünes Stück Tuch schimmerte aus dem Bodenspalt.“

Leicht entrüstet stellte ich den gemeinen Vogel wieder an seinen alten Platz im Regal zurück.

„Sorry young friend, auch ich bin hier betrogen worden", stammelte der Händler entsetzt.

Okay, hier heißt es: „Vorsicht ist die Mutter der Porzellankiste", dachte ich und schaute dankbar zur Detektivin hinüber. Beim Heraustragen fragte ich den Inhaber nach dem eigenartigen Helm mit Halsschutz und Blechfratze.

„Das ist ein japanischer Samuraihelm mit Abschreckmaske, leider fehlt der Rest der Rüstung. Stopp, ich glaub, ich hab noch hinten im Lager den rechten Metallarm. Zusammen 50 Pfund. Wenn die Rüstung komplett wäre, dann würde sie über 200 Pfund kosten. Wollen sie den Arm sehen", sagte er und verpackte sorgfältig meine Kantonschale in Zeitungspapier und danach in einen festen Schuhkarton ohne Deckel. Den er uns nach dem Bezahlen sogar zum Wagen trug. Ich verneinte dankend und sagte ihm, dass wir „professional dealers" sind und ab sofort wieder auf jeder Englandtour bei ihm vorbeikommen würden, wenn wir „ehrliche Ware" und gute Großhandelspreise kriegen würden. Befriedigt verstauten wir unsere Funde, verabschiedeten uns und fuhren Richtung Meer. Direkt am kleinen Fischereihafen fanden wir einen Parkplatz und eine zünftige Gaststätte.

„Na Jörg, bist du glücklich mit deinem Wareneinkauf? Läufts so an, wie du es dir gedacht hast? Auf jeden Fall macht dir deine Schatzsuche Spaß", meinte Ingrid.

„Also Mädchen, der Antikhandel hat drei gemeine Haken: Um Erfolg zu haben, musst du erst mal gute günstige Ware finden. Zweitens: Dann steckt leider dein gutes Geld in den alten Klamotten. Solange, bis du verkaufst. Manchmal liegt der Kram wie Blei im Laden und dein investiertes Geld bringt ewig keine Rendite. Und zuletzt musst du dann auch noch einen Kunden finden, der bereit ist, dir einen ordentlichen Kaufpreis, der alles trägt und sogar noch einen Gewinn nach den vielen Kosten abwirft, zu zahlen. Ein mühsames, schwieriges Geschäft. Du kannst schon beim Einkauf einen Fehler machen: durch Unkenntnis, Überzahlung oder Fälschungen. Die durch den Bombenkrieg rare und teure gute Kontinentware ist immer schwieriger zu finden. Das Englandgeschäft macht jetzt alles einfacher: Schneller Einkauf, niedrige Erwerbspreise und wenn du Glück hast, wird dir die Ware bei der Rückkehr in Deutschland mit gutem Profit aus den Händen gerissen. Und weil du das im Moment noch schwarz, also ohne kontrollierbare Papiere und Finanzamt durchziehst, ist es steuerfrei."

„Klingt großartig. Vielleicht kauf ich mir auch einen Transporter und steige in dieses Goldgräbergeschäft ein?", meinte Ingrid und grinste hinterlistig.

„Diese Schlange, diese Spionin. Und ich bin auf sie hereingefallen und zeige, verrate ihr mein tolles Geschäft. Furchtbar."

„Du Anfänger, spiel dich bloß nicht auf! Wer hat dich gerade eben vor großem Schaden bewahrt. Na, wer wohl?"

Dafür bekam sie dann auch einen richtigen geilen Zungenkuss.

Als es dämmerte, blieben wir in der Vorstadt von Eastbourne kleben. Da fanden wir nämlich in einer Seitenstraße ein Mietshaus mit großem Parkplatz für alle Bewohner. Auf unserem Nachtlager flüsterten und neckten wir uns. Dazu der Alkohol, und dann kam, was kommen musste: Wir liebten uns auf dem Matratzenlager. Ingrid schlief sofort ein. Ich trank noch ein Bier und rauchte entspannt und betrunken zwei weitere Zigaretten. Dann folgte ich ihr.

Am nächsten Tag fuhren wir oberhalb der berühmten Kreidefelsen weiter gen Westen. Unterwegs nach Brighton, dem berühmten Seebad, zog ich meinen Brustbeutel aus dem Hemd heraus und entnahm ihm einige Zwanzigpfundscheine für die nächsten Tage. Ingrid guckte erstaunt, dass ich so mein Geld aufbewahrte, hatte sie bestimmt nicht vermutet, weil ich bisher mit Banknoten meiner Geldscheinrolle in der rechten Hosentasche zahlte. Die bestand jetzt nur noch aus einem letzten rotbraunen Queenzwanziger. Ich verschloss den Beutel, stopfte ihn mir wieder ins Hemd zurück und reichte ihr einen Schein. Dann hielten wir in Chichester an einem Schnellimbiss und aßen Fish & Chips in der legendären Tageszeitungstüte.

„Schmeckt richtig gut und kostet nur ein paar Shilling. Ach, diese abenteuerliche Fahrt, ich wünschte, sie würde nie enden", flüsterte Ingrid und streichelte mir zärtlich die rechte Wange.

„Ich plane, noch mindestens drei Monate zu touren. Hoch bis Liverpool und dann quer durchs Innenland, über Sheffield bis an die Nordseeküste bei Grimbsby. Von dort wieder Richtung Süden an der Küste entlang, der Sonne entgegen. Die Tage werden jetzt schöner und wärmer. Dort haben wir den Wagen mindestens halb voll mit Ware, kaufen nur noch selten und können die Hälfte der Zeit so richtig Badeurlaub machen, weil wir jeden Tag am Meer leben."

Sie lächelte zufrieden.

„Jörg, wie lange planst du, in dem Geschäft zu arbeiten? Wie du erzählst, läuft es in Deutschland zurzeit recht gut, dein Goldadergeschäft?"

„Immer mehr Geschäftemacher entdecken nun das schnelle Geld, das man mit den englischen Antiquitäten machte. Du siehst ja selber mit eigenen Augen die Masse antiker Zeugen: Mitbringsel aus aller Welt in ihren Läden bis an die Decke gestapelt. Der Adel hatte genug Geld für die edlen Dinge des Lebens: prächtige Anwesen, Reitpferde, Jachten und einen einmalig hohen Level an Einrichtungskultur, edle geschnitzte Möbel, Silberbesteck, Marmorböden, Seidentapeten und -vorhänge, kostbares Porzellan, Elfenbeinschnitzereien. Unglaublicher gediegener, erlesener Einrichtungsluxus. Das große Geld kam hier aus der Ausbeutung der Kohlengruben durch ihre erbärmlich unterbezahlten Arbeiter, der Seeschifffahrt samt Handel und den sagenhaften Erlösen des furchtbaren Sklavenhandels. All diese alten Kostbarkeiten werden jetzt LKW-weise über die Fähren auf das europäische Festland transportiert. Gigantische Mengen ihrer ‚Geschichte' versilbern sie jetzt in alle Herren Länder. Immer teurer und immer schneller. In zwei, drei Jahren wird nicht mehr viel Echtes, Gutes zum günstigen Preis da sein. Selbst einfache Möbel werden bereits gefälscht, auch diverse Kleinantiquitäten, siehe unseren „Singvogel". Irgendwann werden massig kopierte Gemälde folgen. Also, so in drei Jahren höre ich auf und investiere mein Kapital in heruntergekommene Altimmobilien. Die sind in Deutschland immer noch total unterbewertet. Damit mach ich dann das richtig große Geld."

„Und dann bist du reich und sehr, sehr glücklich?", kritisierte sie mich.

„Hab ich noch nicht drüber nachgedacht, weil mein geschäftlicher Werdegang positiv oder negativ meine Zukunft bestimmt."

Wir übernachteten in Southampton, kauften ein paar Nautiquitäten und Waffen. Das Gleiche in Bournmouth. Poole und Cardiff gaben uns viel Kleintrödel. Im Bus wurde es enger. Drei Monate hatte ich für die erste Fahrt eingeplant und davon waren erst zwei Wochen herum. Nach Cardiff liefen immer mehr wunderschöne irische Songs im Radio, weil ja gegenüber Irland lag. Wir liebten sie so richtig. Konnten nicht genug davon hören.

Bei der nächsten Parkplatzsuche fuhren wir zufällig in der Beringstreet an der lang gesuchten Wäscherei vorbei: die Gelegenheit für Ingrid, endlich an unsere Wäsche zu gehen. So parkten wir in einer nahen Seitenstraße, und ich machte mich für mehr als zwei Stunden davon mit der Idee, mich nach weiterer Ware umzuschauen. Es war ein schöner, milder Frühsommertag. Viel Sonne und nur ein paar Wolken. Zum ersten Mal zog ich meine schwarze Lederjacke aus und legte sie mir über die Schultern. Ich erreichte die Zoo Gardens, dachte über die bisherige Kaufreise nach und ertappte mich, dass ich ständig ausrechnete, wie hoch mein zukünftiger Gewinn aussehen könnte. Ich schätzte ihn auf mindestens 4.000 Mark, wenn ich weiter so klug und vorsichtig kaufen würde. In bar steckten immer noch rund 300 Pfund in meinem Brustbeutel. Um die Geldrolle aufzufüllen, zog ich ihn heraus. Lugte von oben herein und kriegte den Schreck fürs Leben: Vorne steckten einige Zwanziger. Dahinter ein dickes Bündel gleich groß geschnittenes Zeitungspapier. Oh Gott, Ingrid? Ich stopfte den Geldbeutel hastig zurück ins Hemd und raste, gemartert von Panik, zurück Richtung Beringstreet zur Wäscherei. Dort hatten sie eine junge Frau nach meiner Beschreibung gesehen:

„Sie war mit mir zusammen hereingekommen. Vor mir. Guckte aus dem Fenster, überlegte es sich dann und ließ mich vor. Dann war sie auf einmal verschwunden. Ihr Wäschekorb steht noch an der Tür."

Den schnappte ich fassungslos und lief gehetzt zum Bus. Der war nicht mal abgeschlossen. Ingrid war abgehauen. Hatte all ihre Sachen mitgenommen. Und mir in der letzten Nacht fast mein ganzes restliches Geld geklaut. Nicht aber Poppys Scheine unter dem Armaturenbrett. Ich Idiot, wie konnte ich mich bloß an diesen unbekannten weiblichen Tramp werfen? Sie hatte es mir ja auch sehr einfach gemacht. Warum war ich so blind und vertrauensselig? Stundenlang war ich wie benommen. Soff mir zur Nacht richtig einen an und schlief ein.

220 Pfund hatte sie mir geklaut. Mein restliches Geld im Brustbeutel, das in der Hosentasche und Poppys Scheine, ergaben aber immer noch rund dreihundertfünfzig.

Ich setzte am nächsten Morgen schlecht gelaunt, weil entsetzlich gedemütigt, meine Fahrt fort und gab richtig Gas, um zu vergessen. Nun kam mir die Idee, eine Großstadt würde es bringen, und fuhr auf dem Highway gen Birmingham. Dort bummelte ich durch verschiedene Läden und Kaufhäuser. Fast 6.000 Häuser waren hier im Bombenhagel der Nazis zerstört worden. Ebenso viele Menschen starben bei deutschen Luftangriffen. Erst jetzt, Ende der Sechziger, begann man systematisch heruntergekommene Stadtteile abzureißen und samt der zerstörten Citybereiche neu aufzubauen. Dadurch kamen gerade hier gigantische Kleintrödelmassen auf den Markt. Natürlich auch hochwertige Antiquitäten, denn in den letzten 150 Jahren hatte die Oberschicht durch den kapitalbringenden Erfolgskurs der Stadt große Reichtümer erworben, die wieder durch Vererbung an die nächsten Generationen auf den Markt flossen.

In einer Straße mit einigen übrig gebliebenen Althäusern riss ich zwei Antikläden auf. Der erste war ein richtiger stinkfeiner Händler mit hochwertiger Ware und abgehobenen Preisen. Nichts für mich. Drei Häuser weiter aber fand ich einen fast schäbig wirkenden alten Händler mit mittlerer Ware und Bergen von Silbergeschirr und -besteck. Seine Preise waren sagenhaft niedrig, und seine Regale bogen sich nur so unter der Last ihrer Silbermasse. Die Stücke waren meist pechschwarz, seit einer Ewigkeit nicht mehr geputzt.

„Ich habe bisher nur mit Möbeln und Gemälden gehandelt. Das hier, Sir, ist der Restbestand aus dem Silberladen meiner Tante. Die Arme verstarb vor drei Monaten. Das sind keine großen, alten Kostbarkeiten, Sir. Meist nicht älter als Edwardian, 30er-Jahre und viele Kopien älterer Stile. Aber gutes, echtes, gestempeltes englisches Silber. Kaufen sie viel, dann geb ich ihnen einen Superpreis."

Ich sah mir die gigantische Sammlung gebrauchter Ware an, und der ehrliche Spruch von dem Alten imponierte mir. So nickte ich dankend und stellte mir sorgfältig wählend auf seinem Verkaufstresen einige frisch ausgepreiste Gruppen zusammen: Konfektschalen, vier dreiteilige Tee/Kaffee-Service, eine Besteckgruppe, sechs Kerzenleuchter, einen silbernen Aschenbecher. Bis fast 300 Pfund zusammen waren.

„Und ihr guter Preis für einen jungen Händler aus Germany, Sir?"

„200?"

„Okay!"

Ohne ein Wort, aber dankbar nickend, zahlte ich ihm die zehn Queenzwanziger auf die Theke. Dann verpackten wir die einzelnen Stücke gemeinsam in Zeitungspapier und verstauten sie in einem Pappkarton. Ich bedankte mich noch mal für den guten Preis und sagte, dass ich bei meiner nächsten Englandtour wieder vorbeikommen werde. Die nächste Tour? Mit meinem restlichen Geld konnte ich jetzt nur noch Richtung Fähre fahren. Und ich fühlte mich wohl, weil ich wusste, dass ich trotz der diebischen Ingrid ganz schön verdienen würde.

Also fuhr ich die nächsten zwei Tage direkt, ohne Umwege gemütlich über Oxford Richtung Südlondon. Der Wagen war ganz schön mit wertvoller Habe angefüllt, und ich bewachte ihn fortan wie meinen Augapfel. Entfernte mich nur noch Schritte und parkte ihn nur länger vor Gaststätten und Imbissbuden, wenn ich ihn im Auge hatte. In Hastings plante ich dann noch zwei richtige Tage Urlaub. Am zweiten Tag, morgens, schlug jemand mit der Faust auf die Seitenwand. Scheiße, schon wieder die Polypen? Ich guckte aus dem Fenster, und wen sah ich? Unglaublich, Deutschlands neuen Antikhandel-Superstar: Aki. Er erkannte, aufgrund der Frankfurter Nummer, im Vorbeifahren meinen Bus und stoppte sofort, um mich zu begrüßen? Das war, leider, nicht der eigentliche Grund.

„Na, alter Abkupferer haste gute Ware an Land gezogen?"

„Warte, warte, ich zieh mir nur eben was über. Geh schon ins Eckcafé gegenüber. Ich komme gleich nach. Trinken wir ihn gemeinsam, unseren ersten Kaffee?"

Er strahlte, und zehn Minuten später quatschten wir beide erregt über unsere abenteuerlichen Händlererlebnisse.

„Haste die Kiste voll, und machst bereits die Mücke zur Fähre? Wie willste das mit dem Zoll machen?", fragte mich Aki.

Ich guckte bestimmt ganz schön blöd, nickte und dachte nach:

„Na, ich packe die Kleinware und das wertvolle auf den Boden. Decke die Matratze darüber. Darauf pack ich die Möbel, ein, zwei Bilder, Silbergeschirr, Porzellan. Wenn ich kontrolliert werden sollte, erzähle ich denen, dass die Klamotten mein Umzugsgut sind und ich wollte nach London zur Freundin ziehen, aber wir haben uns dann verkracht und getrennt?"

„Nicht schlecht das Märchen, wenn du die Nerven behältst. Hast bestimmt deine ganze Kohle investiert, aber dein Bus geht von der Ladung nicht gerade in die Knie?"

Warum erwähnte der clevere Aufreißer das mit der „ganzen investierten Kohle"? Ich antwortete also sehr zurückhaltend:

„Ja, es wär noch ein bisschen Platz im Wagen. Hab leider, bis auf 40 Pfund, alles ausgegeben. Schade, aber nach dem Verkauf meiner ersten Fahrt erwarte ich, bei der nächsten viel flüssiger zu sein. Was ist los Aki, du bist doch gerade angekommen. Haste nicht genug Geld eingesteckt?"

„Hab in Frankreich einen Vorderachsschaden reparieren müssen.

Scheiße, kaum Cash. Erst in London kann ich bei der Bank an Kohle kommen. Wäre schön gewesen, wenn du mir hättest aushelfen können. Verdammt: Ich hab bei der Fähre die Gelegenheit des Jahres gefunden: einen ganz seltenen Samuraihelm über dreihundert Jahre alt mit Teufelsmaske und einen vollständig erhaltenen Kettenarm. Für 120 Pfund. Peanuts für den wertvollen Schatz sag ich dir. Vielleicht kauf ich ihn bei der Rückfahrt. Wenn er noch da ist. Unser Geschäft läuft nun mal leider in Barkohle."

„Also, solch extreme Nischenantiquitäten wie Samurairüstungen, da würd ich mich nicht so schnell ranwagen. Da muss man sich doch auskennen. Sonst wird man leicht zum Loser."

„Du sagst es Kamerad." Er guckte auf seine Uhr. „Na, heute kriegste noch zwei günstige Fähren und das Wetter ist gut."

„Richtig, und du?"

„Fahre heute noch nach London rein. Morgen ist Portobello-Fleamarket, da will ich mich mal umschauen. Wir sehen uns in drei Monaten in Frankfurt?"

„Klaro Kumpel."

Ich übernahm sein Getränk, und er ging zu seinem Bus. Startete und fuhr nach rechts Richtung Westen. Mein Herz klopfte mir inzwischen bis zum Hals. Was war ich aber auch gemein: Ich besaß die Rückfahrkarte für die Fähre, war vollgetankt, hätte ihm bequem die 120 Mäuse leihen können. Schietekuchen. Gerne vergaß ich heute alle meine wichtigen Lebensgrundsätze: Fairness, Ehrlichkeit, Freundschaft. Kaum war er verschwunden, zahlte ich und rannte zum Auto. Startete überhastet und fuhr zum Hafen hinunter. Briggs Laden war geöffnet und im Fenster entdeckte ich meinen wertvollen Helm. Brigg verkaufte ihn mir, samt Kettenarm, für nur 80 Pfund. Ich fühlte mich fast wie das allerletzte Schwein. Zugleich aber auch wie ein ausgekochter Sieger: Als cleverer, berechnender Geschäftsmann, der die „Gunst der Stunde" einzuschätzen wusste, und Geschäft ist doch Geschäft.

Die Grenzkontrolle schielte in meinen leicht heruntergekommenen Bus, der ärmlich wirkte, und ließ mich durch. Das Gleiche passierte in Frankreich wegen der deutschen Autonummer. Kurz vor Frankfurt pennte ich eine Nacht auf einem Raststättenpark und war am nächsten Mittag zurück. Das war ein Mittwoch, und so fuhr ich direkt in die Innenstadt an die Hauptwache zum Anzeigenbüro der Frankfurter. Ich gab für die Samstagausgabe eine Kleinanzeige auf:

Aus England zurück: Verkaufe aus Kleinbusladung Antiquitäten, Nautiquitäten sowie interessanten Great Britain-Trödel und Kleinmöbel zu Niedrigpreisen! Samstag ab 10 Uhr vormittags, vor der Dreikönigskirche, Sachsenhausen, Färberstraße

Und am Samstag stand ich dann dort, und es kamen, kaum zu glauben, jede Menge Interessenten, die mir die Sachen praktisch aus den Händen rissen. Die beiden Schiffsgemälde gingen für 1.800 Mark an einen Kinderarzt. Ein Pferdebild brachte stolze 900 und ein anderes 1.600. Die Möbel 1.150. Ich konnte es kaum fassen. Ein Silberhändler kriegte den kompletten Metallschatz für 2.670. Die vielen Kleinteile brachten bündelweise weiteres Bares. Als ich um 15 Uhr über die Hälfte meiner Antiquitäten verkauft hatte, bot mir ein Händler für den gesamten Rest 3.500.

Ich sagte:

„Okay, aber ohne die wertvollen Samuraiteile, die alleine sind das wohl schon wert."

Er nickte freundlich, zog eine kleine Lupe aus seinem Sakko und untersuchte sorgfältig die „Teufelsfratze" samt Kettenarm und Helm. Hier bog er vorsichtig das Innenleder heraus und guckte sich dann eine Signatur an. Lachte kurz auf und ließ mich gucken: Im Helmrand war ein eingeprägtes japanisches Schriftzeichen verborgen und darunter ein ziemlich modernes TOKIO, Made in Japan. Scheiße, höchstens dreißig Jahre alt. Gelinkt! Dieser Brigg!

„Okay, ohne die Theaterrüstung. 2.000?", bot er.

Wir einigten uns auf 2.500 Mark und luden sorgfältig alle restlichen Stücke in seinen Mercedes. Ich wünschte ihm alles Gute, warf wütend die Betrügerrüstung ins Wageninnere. Schloss die Tür und machte eine halbe Stunde später Kasse: Nach Abzug des investierten Geldes und der Kosten waren rund 5.000 Eier Gewinn übrig und das in nur sieben Wochen Abenteuerurlaub. Klasse.

Bei meiner Bank mietete ich mir den kleinen Minisafe für 110 Mark im Jahr, wo ich 4.000 für die nächste Tour bunkerte. Dann lebte ich fast wieder mein altes Leben: Statt zu arbeiten, studierte ich jeden Vormittag in der Volksbücherei über zwei Stunden in alten Kunst- und Antiquitätenbüchern. Aß preiswert an Metzgerstehtischen und in

Kaufhausrestaurants und ging jeden Abend in meine geliebte Stammkneipe, das Jazzhaus.

Sonst lebte und schlief ich in meinem Bus. Der erlaubte mir nur eine Katzenwäsche, sodass ich dreimal die Woche zum Duschen in das Sachsenhäuser Hallenbad ging. Die nächste Englandtour plante ich erst fürs Frühjahr. Die kalten Monate Januar und Februar hoffte ich in Südfrankreich unter Palmen zu genießen. Und in Frankfurt in Zukunft den Rest des Jahres leben, am liebsten als Antikhändler mit eigenem Laden.

Weil ich ständig die Antik-Verkaufsanzeigen und Haushaltsauflösungen in der Frankfurter studierte, kaufte ich ab und zu ein paar alte Gegenstände, die ich wieder mit geringem Profit verkaufte. Aus Platzgründen nur Kleinigkeiten. So mietete ich mir im preiswerten Nordend eine billige Garage als Lagerraum, weil das größere Geld, außer mit Gemälden, nur mit antiken Möbeln drin war. Eine Wohnung war mir noch zu teuer, weil ich sie die folgenden Monate kaum nutzen würde.

Als ich eines Tages einem wohlhabenden Arzt zwei alte Bauernstühle auslieferte, zeigte dieser mir begeistert seine neueste Errungenschaft: eine antike Ofenplatte aus schwarzem Gusseisen, 17. Jahrhundert, Motiv Hochzeit zu Kanaan. Eine Spitzenplatte, kaum was kaputtgerostet, und ihre gotischen Buchstaben noch gut lesbar.

„Sie stammt von einem alten Bauernhof im Vogelsberg. Da liegen sie manchmal seit einer Ewigkeit mit dem Gesicht nach unten, auf Abflussschächten der Stallungen, und stammen von alten Gusseisenöfen. Die meist Ende des letzten Jahrhunderts, als sie „altmodisch“ wurden, auseinandergeschlagen und dann für die unmöglichsten Zwecke Verwendung fanden. Auf manchen Bauernhöfen liegen meist noch alle vier Seiten. Im Handel kostet eine gut erhaltene heutzutage immer ihren Tausender und mehr“, sagte er.

Da spitzte ich aber die Ohren.

Am nächsten Morgen fuhr ich dann natürlich Richtung Vogelsberg. Kurz vor Schlüchtern machte ich meine ersten Testbesuche bei alten Bauernhöfen. Fuhr immer mitten auf den Hof und hielt nach alten, verrosteten Gusseisendeckel Ausschau. Schon beim dritten Gehöft wurde ich fündig. Vor dem Schweinestall, direkt über dem Misthaufenabfluss, lag, oh Wunder, doch tatsächlich eine alte Herdplatte. Ich erkannte sie sofort, obwohl umgedreht, weil sie ungewöhnlich dick sind. Weit und breit war kein Mensch zu sehen. Also griff ich in die stinkende Jauche und hob die Platte mit aller Kraft an. Auf der anderen Seite war ein Wappen abgebildet. Da lag doch tatsächlich mitten im Schweinedreck ein Tausender. Ich schnallte ab.

„He, was machen Sie denn da?“, sagte hinter mir eine alte Frau in grauen Arbeitsklamotten, mit Kopftuch und Handschuhen.

„Ich sammle alte Ofenplatten. Das hier ist eine. Ich zahle Ihnen gerne einen Zwanziger dafür.“

„Und was mach ich dann mit dem offenen Schacht? Da bricht sich noch einer den Hals. Nee, daraus wird nichts, mein Lieber. Auf was für bekloppte Ideen die Leute heutzutage aber auch kommen.“ Sie schüttelte entgeistert den Kopf und guckte mich wie einen Spinner an.

„Sie kriegen außerdem 'ne funkelnagelneue, noch nicht mal angerostete Platte dazu.“

„Einverstanden. Wenn Sie die herbringen und mir dreißig Märker für das Altertum bezahlen, dann können sie meinetwegen die Platte haben“, sagte sie bauernschlau.

Zwei Stunden später, im nächsten Dorf, fand ich noch eine. Sie lag in einem Haufen altem Gerümpel und der strahlende Besitzer verkaufte sie mir für fünf Mark. Froh, den alten Kram los zu sein. Sie war 'ne wunderschöne Platte, mit dem Fürstenwappen derer von Isenburg drauf.

Bei der Fahrt am nächsten Wochenende war ich dann schlauer. Ich kaufte mir schon vor der Fahrt drei größere Eisenplatten, um sofort austauschen zu können. Holte meine erste Platte ab und horchte dabei die Bäuerin nach weiteren alten Sachen aus. Mein Traum war natürlich, einen antiken Eichenschrank zu finden, möglichst Barock, vielleicht sogar 'nen echten Frankfurter Wellenschrank. Aber das war kaum noch drin: Aufkaufende Zigeunerscharen hatten schon seit Jahren in dem Gebiet Dachböden und Scheunen leergeräumt. Aber der Bäuerin fiel dann noch eine alte Bauerntruhe auf dem Speicher ein.

„Das ist ein altes, wertvolles Erbstück, von meinem Großvater. Da muss ich Ihnen aber viel, viel Geld für abnehmen“, sagte sie listig und führte mich die Treppe zum Speicher hoch.

Oben angekommen sah ich mich um, und als meine Augen sich an das Halbdunkel gewöhnten hatten, entdeckte ich noch ein altes Butterfass und zwei antike geschnitzte Bauernbarock-Wäschepatscher. Sie schob inzwischen in einer Ecke altes Gerümpel beiseite, und da stand sie dann: eine echte, geschnitzte, handbemalte hessische Deckeltruhe aus Eiche. Ein kostbares Prachtstück mit der Jahreszahl 1802 und den verschnörkelten Initialen des damaligen Brautpaares, das diese Brautgabe besaß: A.A. und C.W. Vorne drin steckte sogar noch der riesige handgeschmiedete Schlüssel. Ich drehte ihn im alten Schnappschloss herum und öffnete sie. Das wertvolle „Erbstück" war mit alten Lumpen angefüllt, die modrig rochen.

„Alles vergammelt und verrottet. Wird schwer sein, den Modergeruch wieder rauszukriegen. Was möchten sie denn dafür haben?", fragte ich sie mit desinteressierter Miene.

Sie kniff ihre Augen zusammen und sah mir prüfend ins Gesicht, wohl überlegend, ob sie mir trauen konnte. So setzte ich ein unschuldiges, entwaffnendes Lächeln auf.

„Also, ein Zigeuner hat mir schon mal 200 dafür geboten. Sie sehen ja, ich habe sie ihm nicht verkauft. Zu wenig. Was bieten sie?"

„Viel Geld, zu viel für die alte Kiste, die bestimmt schon den Holzwurm hat. Haben sie vielleicht eine im besseren Zustand", murmelte ich und drehte mich dabei von der Truhe weg, damit sie annahm, dass ich nicht besonders interessiert wäre.

„Na, dann eben nicht", sagte sie trocken.

Also schien was an dem Zigeunerangebot dran zu sein.

„Na, mit dem Butterfass und den beiden Patschern. 220!"

„Legen Sie noch drei Zehner drauf, und die Sachen gehören ihnen", sagte sie dann entschlossen und reichte mir die geöffnete Hand. Wortlos klaubte ich die Scheine hervor und stopfte sie hinein.

„Alles klar, Chef", sagte sie.

Wir nahmen die alten Textilien heraus und schleppten die leere Truhe bis zur Treppe. Obwohl leer, war sie für die Alte zu schwer. Ein Nachbar von nebenan wurde gerufen und er half mir dann die Truhe, deren Handelswert aufgrund der Schönheit bei rund 1.000 Mark lag, in den Wagen zu hieven. Ich brummte dann gut gelaunt mit den Fundstücken zurück nach Hause. In den ersten zwei Wochen machte ich über 3.000 Mark Gewinn. Fast zwei Monate klapperte ich Tag für Tag hessische Dörfer ab und machte massig Geld. Mit Herdplatten, Truhen, einem Eichenschrank und sogar einer barocken, voll durchschnitzten Haustür. Allmählich wurden aber dann die Funde spärlicher und die Fahrten länger.

Im kalten Winter hörte ich dann fast ganz mit der Suche auf. Die Verkäufe liefen zum Glück vor Weihnachten so gut, dass sich meine Garage leerte. Selbst der Samuraimüll ging an einen Begeisterten für einen Hunderter als „Japantrödel“ weg. Den Bus parkte ich nun wegen der Kälte nachts in der Garage und machte am Heiligabend Kasse. 15.000 Mark besaß ich nun in bar! Da ich ständig davon träumte, im „sonnigen Süden“ zu überwintern, schenkte ich mir abends einige Doppelkorn ein and sagte laut zu mir: „Silvesternacht fahre ich los!“ Ich dachte an Monte Carlo, Nizza, Saint Tropez. Dass ich mit meinen Sommerreifen nicht die Alpen überqueren konnte, war mir klar. So plante ich einfach in Süddeutschland über die Landstraßen zur Autobahn Paris-Marseille zu dampfen und dann würde sich schon das weitere ergeben. Hauptsache Palmen, Sonne, Meer und schönes warmes Wetter. Heiligabend traf ich meinen Freund Erhard im PICNIC, dem preiswerten Hauptwacheschnellimbiss, und ich spendierte uns Gulaschsuppe. Er zwei Flaschen Bier.

„Wohnst du immer noch in deinem Bus? Das ist doch viel zu kalt, da holste dir ja auf Dauer 'ne Schwindsucht“, fragte er mich mit Mitleidsunterton.

„Jein. Der steht in meiner Garage, und die ist im Untergeschoss eines Supermarktes. Das ist eine ganz zivile Temperatur, sag ich dir. Natürlich weiß keiner, dass ich in ihm lebe. Vielleicht miete ich mir im Frühjahr nach meinem Winterurlaub am Mittelmeer eine kleine Einzimmerwohnung, so in der preiswerten Vorstadt: Hoechst, Rüsselsheim, Offenbach. Muss einfach und billig sein. Dein Offenbacher Schwager arbeitet doch bei einem Immobilienvermieter. Vielleicht bohrste den mal für mich an? Bin Anfang März zurück.“

„Bingo, Alter. Ich find dir was. Ruf mich ab und zu von Monaco an.“

Ich boxte ihn kichernd in die Seite.

„Monaco. Spinner. Wohl auch noch aus dem Fürstenpalast. Aber danke, Kamerad, ich melde mich.“

Am zweiten Weihnachtstag ging ich, wie so oft, ins Jazzhaus. Als ich die enge Wendeltreppe hochkrabbelte, empfing man mich oben mit gemeinem Gejohle. Fast die ganze Stammmannschaft schien da zu sein, vom Scheißösterreicher bis zum Aki. Selbst Poppy und mein Malernachbar waren anwesend.

„Da kommt sie hochgekrochen, die alte Antikratte. Verschlagen und geldgierig. Als mir der Händler in Hastings erzählte, dass neuerdings ein zweiter Aufkäufer, so in meinem Alter mit 'nem Frankfurter Bus Schätze sucht, da bat ich um Details. Es konnte also nur der Baron sein. Und dann prüfte ich mit einem kleinen Trick seine Anständigkeit, kollegiale Fairness und demaskierte ihn sofort, den linken Bruder. Er hat tatsächlich versucht, mich gemein auszutricksen", hörte ich Aki sagen. Dabei verzog er schmerzvoll sein Gesicht und rief, tatsächlich ohne dekorative Zahnlücke:

„Na, mein Herr, habe ich dich nicht mit der japanischen Samuraimaske demaskiert? Einen hinterlistigen Gaunerarsch aufs Kreuz gelegt? Sie ist doch keinen Pfifferling wert, hoffentlich hast du niemanden mit ihr betrogen?"

Mir war entsetzlich zumute. Alle sahen mich jetzt wie die letzte Sau an und hatten auch noch recht. Ich roch förmlich ihre Verachtung. Drehte mich um, torkelte angeschlagen die kleine Wendeltreppe hinunter und nahm mir vor, das Scheißjazzhaus mit seinen blöden „Freaks" nie mehr in meinem Leben zu betreten. Am nächsten Vormittag füllte ich den kleinen Campingkühlschrank, eine Neuanschaffung, mit wichtigem Grundproviant und startete kurz nach Mittag Richtung Frankreich. Ich war verzweifelt: Warum um alles in der Welt hatte ich ihm damals nicht das Geld geliehen und versucht, mich auf Kosten seines Geschäfts zu bereichern? Ich wusste keine Antwort und hoffte, es irgendwann mal in Ordnung bringen zu können. Aber wie? Irgendwie hatte ich mich mit dem lausigen Austricksen selber beschmutzt.

4

Ich schaltete das neue Autoradio ein und kurz vor der französischen Grenze kam der erste Sender von drüben rein, provenzalische Volksmusik mit Akkordeonklängen, die mir was gaben: einen gewissen Trost, gepaart mit Selbstmitleid.

Die Grenze überquerte ich bei Mulhouse, um auf der Landstraße gen Besançon zu tuckern. Es war keine besonders kalte Nacht, sie war aber zu kalt, um im Auto zu schlafen. Als ich die Autobahn am frühen Abend erreichte, tankte ich an der nächsten Raststätte und beschloss noch über Lyon hinaus zu fahren, mit der Idee, dass es da ja schon wärmer sein müsste.

Ich war noch nie so weit südlich in Europa gewesen und hatte keine Ahnung, was mich erwartete. Ich erreichte nach Mitternacht Lyon und fuhr dann hundemüde mit letzter Kraft in die City hinein. Da war es noch kälter als an der Grenze, was mir schon egal war. Ich parkte in der nächsten Seitenstraße, rollte mich in voller Bekleidung in meine zwei Decken ein, trank ein paar kräftige Züge aus einer Johnny-Walker-Flasche und schlief ein. Morgens um fünf Uhr wachte ich total durchgefroren auf und zitterte am ganzen Leib. Schüttelfrost. Noch nie in meinem Leben war mir je zuvor so gemein kalt gewesen. So startete ich die Maschine und fuhr weiter. Es schien eine Ewigkeit, bis die Heizung etwas Wärme spendete. Meinen Frühstücksstopp hielt ich bei Orange und kam mit einem deutschen Lastwagenfahrer ins Gespräch.

„Die haben hier eine Kältewelle. Wenn du überhaupt wärmere Temperaturen greifen willst, schlag dir die Riviera aus dem Kopf, fahr gleich weiter nach Spanien durch“, sagte er und trank aus seiner dampfenden Kaffeetasse.

Spanien? Welch furchtbare Idee. Dieses rückständige Land mit dem Hitlerfreund Franco. Meine Träume waren das Casino in Monte Carlo, die Croisette bei Cannes, ein Glas edler Cognac im berühmten Negresco in Nizza. Albert, der Bremer Lastwagenkutscher, fuhr die Strecke zum Mittelmeer regelmäßig und kannte sich wirklich aus.

Ich guckte also auf die Karte und entschied mich dann über Avignon erst mal an das Meer der Camargue zu fahren. Da sollte laut

Boulevardblättern aufgrund der Hippies und Lebenskünstler zurzeit der geile Superausstieg laufen. Fuhr also bei Avignon auf die südliche Landstraße Richtung Meer. Mittags hielt ich am Altstadteingang von Arles, mitten in den Touristenkneipen und bestellte mir ein Steak Frites. Die Sonne knallte inzwischen, es zog aber ein eiskalter Nordostwind um die Ecken. Der „sonnige Süden." Schietekuchen. Da waren sogar richtige Palmen. Kaum zu glauben und höchstens 0 Grad! Warum schreiben diese Zeitungsschmierer nicht, dass man sich auch im Winter am Mittelmeer den Arsch abfrieren kann? Eine Stunde später war ich dann vor Saintes Maries de la Mer. Da gab es zuletzt nur noch einsame, teilweise einspurige leere Sandpisten. Als ich einmal stoppte, um pinkeln zu gehen, kam sogar so ein komischer Reservecowboy vorbei, auf einem aus den Nüstern dampfenden schneeweißen Gaul mit einem schwarzen Angeberhut auf dem Kopf. Hoppalong Cassidy?

Als ich weiterfuhr, sah ich dann das Städtchen mit der unwirklichen riesengroßen Wehrkirche mittendrin: Notre Dame de la Mer. Ich fuhr die westliche Route, an einem kleinen Salzwasserteich mit Flamingos entlang, die nach den ersten Häusern direkt am Strand endete. Rechts im großen Stadtcafé machten trotz der Kälte ein paar heruntergekommene nordwesteuropäische Gestalten im Windschatten auf Sonnenbad. Ich parkte einfach zwischen Citröen-Enten und Landrover-Jeeps vor ihren Kaffeehausstühlen. Setzte mir eine Sonnenbrille auf und zog meine gefütterte Windjacke an. Schleppte einen Stuhl zur Hippiegruppe rüber und setzte mich dazu. Alle tranken Bier und rauchten Hasch. Ich zündete mir eine Juno an und bestellte mir einen Roten. Aus dem Café dröhnte Billie Holiday-Geschluchze in Französisch. Die Gruppe: Vier Typen und drei junge Frauen sprachen Deutsch. Eines der Mädchen, eine stark wettergebräunte, so ungefähr zwanzigjährige Blondine, haute mich um eine Zigarette an.

„He, Frankfurter Würstchen, gib mir mal 'ne Juno." Alle lachten.

Ich hielt ihr die Schachtel hin.

„Aber nur eine. Wenn'de meinen starken Brummer sehen würdest, würd'ste aber staunen."

„Was sehen?"

„Na, mein Frankfurter Würstchen." Alle lachten und sie griff sich gierig zwei Zigaretten.

„Danke, bleibste hier bei der Kälte, oder fährste weiter südlich?"

Ich guckte mir irritiert ihre schmutzigen Füße an, weil sie bei der Kälte barfuß herumlief.

„Südspanien, mon Cher. Valencia, vielleicht weiter, der Sonne entgegen."

„Da kannste mich doch mitnehmen, ich will nach Dénia."

Scheiße, sie erinnerte mich sofort an Ingrid. Das wollte ich nicht noch mal erleben, aber trotzdem sagte ich schwacher Idiot:

„Okay, wie ist eigentlich dein Name? Ich fahr aber schon morgen früh los."

„Monika. Kein Problem. Bin jederzeit abfahrbereit."

In der Kneipe sah ich einen Kamin mit glühenden Holzscheiten. Der Schatten nahm uns bereits die letzten Sonnenstrahlen und so beschloss ich, wegen der Kälte hineinzugehen.

„Komm mit mir ans Feuer, Frollein Eisfuß. Ich spendier dir einen Roten."

Sie schnappte ihren übergroßen Rucksack und kam wortlos mit. Wir setzten uns an den Tisch und ganz nah an den heißen Kamin. Ich bestellte einen Halbliterkrug roten Vin de la Maison mit zwei Gläsern.

„Warum rennste bei der Kälte ohne Socken und Schuhe herum, du holst dir ja den Freitod?"

„Meine Schuhe wurden mir, samt Wäschebeutel, vor drei Tagen geklaut, und ich bin total stier."

„Ohne Geld auf Weltreise, du bist total bescheuert. Jetzt im Winter geht das doch nicht ab."

„Bei mir schon. Ich bin meinen Pflegeeltern abgehauen und mach schon zwei Jahre am Mittelmeer rum. Bisher hatte ich immer Glück. Das ist die absolute große Freiheit. Ich hab sie hier gefunden. Nur diesen Herbst schaffte ich keinen rechtzeitigen Südabsprung. Pech. Aber mit dir geht's ja morgen weiter."

Ich schenkte beide Gläser voll. Hob meins und prostete Monika zu. Dankend schlürfte sie ihren Wein an. Dann orderte ich für uns beide eine große Meeresfrüchte-Paella für zwei Personen, die hier in Kataloniennähe schon so richtig gut gemacht wurde, direkt in der Kupferpfanne serviert, in der sie gebacken wurde. Das schmeckte sagenhaft und wärmte durch. Danach tranken wir die Karaffe leer, zahlten, und ich verstaute ihre Habe im Bus. Wir gingen in die Stadt hinein, vorbei an dem geschlossenen Heimatmuseum Broncelli, das in dem putzig kleinen ehemaligen Rathaus an der Victor Hugo untergebracht ist, bis wir an ein paar Textilläden an der Kathedrale kamen. Ich gab ihr genug Geld für zwei Garnituren Socken, einfache Unterwäsche und ein paar billige Leinenschuhe, kaufte mir einen pechschwarzen Camargue-Filzhut und kam mir fast vor wie so ein geiler Italowesternheld. Danach entdeckten wir eine kleine vergammelte, proppenvolle Hippiekneipe, aus der lärmten Jethro Tull-Fragmente, und es stank nach Haschisch. Ihr loderndes Kaminfeuer und die eng zusammenhockenden Leiber brachten uns gemein zum Schwitzen. Wir blieben länger, weil die Szene stimmte: wilde Freaks, gemischt mit als Hippies verkleidete Jeunesse d'Or-Typen und jede Menge junge Mädchen.

„Es ist nach Mitternacht. Da macht Eddie seinen Laden zu. Hier wird zurzeit geklaut wie nie. Besser, du gehst zurück und holst deinen Bus hierher. Park ihn direkt vor dem Fenster, sodass du ihn immer sehen kannst. Dann wird er nicht aufgebrochen", mahnte Monika.

Obwohl schon total dicht vom Alkohol, tat ich, was mir gesagt wurde, und fuhr ihn vor die Kneipe. Mein Bus war noch okay. Sie meinte, als ich verfroren zurückkam:

„Der Sommer ist schon lange fort. Hier ist jetzt alles finanziell im Arsch. Da beklaut jeder jeden. Papiere und Geld grundsätzlich sicher, direkt am Körper aufbewahren." Nuckelte an einer kreisenden Flasche Billigfusel, reichte sie mir für einen guten Schluck und ich gab sie an den nächsten. Die überlaute Jethro Tull-Flöte stach mir ins Ohr, und ich hielt es beim Solo mit der linken Hand zu, während ich mit der rechten einen mir gereichten Joint griff und ein paar tiefe Züge inhalierte. Dann legte ich meinen Arm um sie, den sie freundlich aber bestimmt herunterschob.

„Ich komme gerne mit dir mit, bezahle aber nicht mit Sex. Okay?"

„Hab schon kapiert. Also eine Jungfrau oder Lesbe?", lästerte ich. Sie schwieg und sah mich misstrauisch an.

Wieder machte ein Joint seine Runde. Ich nahm ihn für zwei tiefe Züge und gab ihn weiter an die „Jungfrau". Plötzlich sah ich mich fliegen, hoch über den Wolken, Ikarus, und war so irrsinnig glücklich, dass ich schrill auflachen musste, und eine sanfte, liebliche Stimme flüsterte mir zu:

„All das Wahre und Gute der Erde musst du herausfordern, entdecken und würdigen, dann wirst auch du den Himmel, das unendliche

Universum einatmen. Alles verstehen, dich mit ihm verschmelzen. Weil du erkennst: Der einzig wahre Wert deiner Existenz ist freudig Liebe ... Glück weiterreichen ... Flowers in the Hair ... going to California ... nia ...“

Ich wachte sehr früh mit einem kaputten, dröhnenden Schädel auf, weil Monika nach draußen ging, und sah durch weiße, grelle, blitzgezackte Ringe. Durchblutungsstörung? Netzhautschaden? Zu viel Alkohol, Drogen? Die tosenden Wellenberge am Strand.

Sie riss sich T-Shirt und Höschen vom Leib und rannte hinaus in die eiskalten Wellen. Tauchte ein, auf und kam zurückgerannt. Schnappte splitternackt, wie sie war, im Laufen ihre Wäsche und sprang in die offene Tür meines Autos zurück. Ich reichte ihr ein fast sauberes Handtuch.

Bibbernd, zitternd, mit viel Gänsehaut und einer laufenden Nase rieb sie sich trocken und zog sich an.

„Hart, aber gesund. Jetzt bist du dran“, sagte sie und grinste amüsiert.

„Eine meiner leichtesten Übungen mein Schatz.“

Ich nahm ein trockenes Handtuch, lief wie ein Wiesel zum Meer. Zog blitzschnell Hemd, Hose und Unterhose aus und tauchte, wie sie, ruckzuck in die Wogen. Gott war das kalt. Eishölle verfluchte! Ich glaubte, ich würde jeden Moment zusammenbrechen und krepieren. Aber ich kam heil zitternd raus, trocknete mich blitzschnell etwas ab, nahm das Tuch über die Schultern, griff meine Klamotten, hängte mir den Brustbeutel um und kam mit blankem Arsch zurück ins Auto. Kroch in Hemd und Hose und startete sofort, vor Kälte bibbernd den Motor, bis er uns circa fünf Minuten später erste Wärme schenkte.

„Toll, welch sportlicher Mann. Aber dein Frankfurter Würstchen, winzig, mickrig.“

Ich stoppte ihre Gemeinheiten, indem ich ihr den Mund zuhielt.

„Llllaasss ddass, ssonnst gggehste zu Fuß nnach DdDénia“, sagte ich mit zitternder Stimme und musste grinsen, und dann fuhren wir Richtung Aigues Mortes, der Festungsstadt. Überquerten mit lauter englischer Rockmusik die Petit Rhonebrücke und kriegten richtig gute Laune, weil es im Auto angenehm warm wurde. Es war eisiger im Inland, Étang de Lairan, der letze große Binnenflachsee, war an den Rändern leicht zugefroren. Klaro, die furchtbare Kälte. Später lernte ich, dass es nur die übliche Salzkruste war.

Wir erreichten die Festungsmauer der Stadt und parkten auf dem fast leeren Parkplatz davor. Als wir durch das offene Stadttor von Aigues Mortes schritten, bemerkten wir einen lockenden, sagenhaft würzigen Speisegeruch. Wir kehrten natürlich zur Pizza ein. Aus dem offenen Fenster über unserem Tisch klangen klassische Klaviermusikfragmente von Vivaldi. Und der Himmel war liebenswert blau, sodass die Sonne uns im Windschatten warmhielt. Die Leute um uns herum hatten alle gute Laune. Und wir guckten uns an: sagenhaft jung und, und, und ...

Ach, kann dieses Leben doch so schön sein. Ich spürte wieder einen Moment die Ikarusflügel, die mich hoch in die Wolken hoben, hoch über all die harte tägliche Lebensmisere. Süßer Vogel Glück, du küsstest mich an diesem Tag.

Wir tuckerten weiter gen Südwesten, die Landstraße entlang. Benutzten nur die langweilige Autobahn, wenn es nicht anders möglich war. Sahen wunderschöne, scheinbar fast unentdeckte Orte: Grau du Roi, Grande Motte, Palavas, Sete, Cap de Agde, Valras, Gruissan, Port Barcares, St. Cyprien-Plage. Kapierten gar nicht richtig, dass auch dort Ende der Sechziger in der Saison furchtbarer Massentourismus regierte. Nur selten war nun noch ein Restaurant oder Café geöffnet. Wir übernachteten gemeinsam mit vielen Flamingos an einsamen Salzseebuchten und ließen uns von der Morgensonne wecken. Es war immer noch verdammt kalt. Wir fuhren über die Autobahn nach Spanien hinein und bei Figueras wieder am Meer lang. Südlich von Empuries startete ich dann, sie anzubaggern. Aber ohne Erfolg:

„Ich bin lesbisch. Steh nicht auf Männer. Du bist ein guter, freundlicher Kumpel. Ich mag dich, aber Sex ist nicht drin."

Ich war sprachlos. Guckte sie wahrscheinlich wie Kleindoofi an. Denn sie lachte sich krumm, was mich ehrlich kränkte.

„Aber deine Storys. Warum willst du nun nach Dénia?"

„Da wohnt Else, mein Schatz und Goldesel. Einsam direkt am Meer. Zehn Kilometer vor der City. Sie ist zwanzig Jahre älter, aber immer noch sehr schön. Von einem reichen Zahnarzt geschieden, wurde ihr der Hangbungalow samt dickem Unterhalt zugesprochen. Ich habe mich Anfang des Jahres im Streit von ihr getrennt, aber nach etlichen Telefongesprächen stellten wir fest, dass wir doch zusammengehören. Man hat es nicht leicht, wenn man als Frau eine Frau liebt. Kannste mir glauben. Else ist eine Perle, erst jetzt nach der langen Trennung weiß ich, was ich an ihr habe."

„Okay, fahren wir nach Dénia."

Am gleichen Tag, nachts um zwölf, waren wir dann da. Else war eine gepflegte, gescheite Frau, die mich zum Übernachten einlud. Ich bedankte mich aber und wünschte beiden alles Gute. In diesem Jahr war Homosexualität für Männer ab 21 in Deutschland straffrei. Galt das auch für Frauen?

Fuhr dann allein weiter, mit laut aufgedrehtem Radio und leicht geöffnetem Fahrerfenster. Es war inzwischen überraschend wärmer geworden, und ich wollte die milde Seeluft einatmen. Am Ende des Kais vom nächsten Fährhafen machte ich halt und schlief sofort ein.

Am nächsten Morgen telefonierte ich vom Telefonamt nach Deutschland. Ich war inzwischen neugierig, was die Typen so über mich klatschten.

„Also, der Aki ist nun mal als alter Räuber und Großmaul bekannt. Alle haben sich krankgelacht, wie du ihn linken wolltest und in deine eigene Grube fielst. Gemein, sehr gemein. Der linke Bruder hätte es doch mit dir genauso gemacht. Mach dir nichts draus. Das wird schnell vergessen. Übrigens, ich hab 'ne Wohnung für dich. Freue dich: eine preisgünstige Souterrainbude, zwei Zimmer funkelnagelneu, klasse Duschbad und gar nicht so schlechte Aussicht auf eine Grünanlage. Da musste aber Anfang nächster Woche zurück sein und unterschreiben. Sonst ist sie weg. Und der geile Knüller: Taritara, nur 150 Mäuse im Monat plus 50 Umlage! Bereits reserviert für dich, Mann!", erzählte Erhard.

Ich sagte erfreut zu und versprach ihm, sofort umzukehren. Jetzt war mir auf einmal klar, wo meine Zukunft lag: Mittelmeer, Südfrankreich oder Spanien. Fehlte nur noch die dicke Brieftasche. Drei Tage später war ich natürlich wieder in Frankfurt.

5

Die Wohnung war ehrlich spitze, und ich bekam sogar meinen eigenen Parkplatz. Mit ein paar restlichen Antiquitäten richtete ich mir die Wohnung notdürftig ein, und als ich den ersten Morgen drin aufwachte und aus dem Wohnzimmerfenster guckte, sah ich nur die Beine der vorbeigehenden Mitmieter. Souterrain! Es waren auch ein paar hübsche junge Frauenfüßchen dabei. Das kam mir auf einmal bekannt vor. Die Erinnerung holte mich ein: ja doch, fast wie damals in meiner Kindheit in Bremen. Den Alten hielt ich für einen Loser. Der Apfel fällt nicht weit vom Stamm. Ich gewöhnte mich schnell ein und kaufte mir Stück für Stück eine meist antike Einrichtung zusammen. Nur das Bett und die Sitzmöbel waren neu. Aber weil ich in dem Haus die billige „Kellerwohnung" bewohnte, spürte ich schnell von den anderen Mietern aufkeimende Verachtung und Ablehnung. Sie waren meist gut verdienende Abteilungsleiter oder Akademiker, die ihre Nase hochhielten. Modisch gekleidete Angeber, die BMW oder Porsche fuhren. Ich „Hippie", so nannten sie mich heimlich, war für sie eine Art Loser, an dem dauernd herumgemeckert wurde. Klar, meine schulterlangen Haare, der oft mehrtägige Bart und das wohl „berufslose Trödlerleben", machten mich schnell „verdächtig". Obwohl immer freundlich und höflich war ich für sie der „Kuli". Nach zwei Monaten entschied der Hausbesitzer aufgrund von Beschwerden, dass ich nicht mehr bei den anderen parken durfte. Ich erhielt im Hinterhof, hinter den Mülltonnen, einen neuen Abstellplatz, weil mein rostiger VW-Bus die „schicken Herrschaften" störte. Dauernd wurden in den nicht billigen, luxuriösen Wohnungen der drei Obergeschosse schicke Partys gefeiert, und als ich einmal zufällig aus meinem Wohnzimmer blickte, beschwerte sich sogar eine Dame von oben, dass ich ihr geil unter den Rock geguckt hätte. Scheiße! So entschied ich mich möglichst bald auszuziehen, weg von diesem Spießerpack.

In Sachsenhausen, dem Frankfurter Apfelweinkneipenviertel, kurz hinter den Affentorhäusern, öffnete 1970 eine neue kleine Stehpizzeria, die in ihrem Holzfeuerofen die köstlichsten, knusprigsten Pizzen buk. An einem kalten Montagmittag, noch vor zwölf, an dem ich allerlei Besorgungen bei Post, Bank und Supermarkt erledigen musste, sah ich von Weitem einen freien Parkplatz, direkt vor diesem beliebten Studenten- und Angestelltenimbiss, und parkte ein. Ich war so richtig spitz auf den Pizzagenuss und, weil etwas durchgefroren, auf die immer überheizte, jetzt angenehme Wärmestube. Es standen nur zwei junge „uniformierte“ Friseusen aus dem benachbarten Salon Pizzaecken knabbernd am Fenster, und ich hörte dem Gespräch der Mädchen zu:

„Und dann stand ich ihm Modell. Ich mag die schönen Künste. Besonders die moderne Malerei. Aber mit einem richtigen schaffenden Gestalter, einem Schöpfer wie ihm zu arbeiten, Wahnsinn sag ich dir, Wahnsinn! Er ist nicht nur kreativ und impulsiv am Arbeiten, sondern auch ein wilder, feuriger Liebhaber, der dir den Liebesakt zum Kunstwerk macht. Da kommt er, sieh draußen: Peter Fleißberg. Ist er nicht ein gut aussehender Mann?“, sagte die aus dem „Salon Chantal“ von nebenan und kontrollierte mit ein paar nervösen Griffen den Sitz ihrer kunstvoll hochtoupierten Frisur.

„Schade, Brigitte, schade, dass er ’ne Glatze kriegt.“

„Ach nein, überhaupt nicht. Anne, für mich hat er eine Denkerstirn.“

Ich musste mich beim Zuhören richtig zusammenreißen um nicht loszulachen, nein -brüllen. Aufgrund dieser brutalen Disziplin stieg mir das Wasser in die Augen. Und dann kam er auch schon mit einem Siegerlächeln hereinstolziert: unser legendärer „Liebesaktkünstler“ Fleißberg. Er nickte mir überrascht zu, begrüßte beide Damen mit Küsschen und sein blondes „Model“ stellte ihm ihre Freundin Anne vor, die richtig beeindruckt war und errötete.

„Also für mein neues Werk ‚Provenzalische Gespielinnen im Pinienhain‘ wären sie die ideale Ergänzung, liebe Anne. Besuchen sie mich doch einfach zusammen mit Britta am Samstagnachmittag. Da mache ich die Skizzenvorarbeit. Ihr Gesicht, Figur, Beine ... sehr, sehr apart“, schmeichelte er und kam zu mir herüber. Ich bekam meine dampfende Pizza gereicht, die ich an der Wand auf dem schmalen Thekenstreifen platzierte. Während ich vorsichtig die ersten drei heißen Pizzadreiecke mit dem Besteck teilte, zum Abkühlen an den Tellerrand schob und den ersten Happen hob, sagte er hocherfreut:

„Freu mich, dich zu sehen. Hab ja mitgekriegt, du machst jetzt richtig professionell in Antiquitäten. Du kennst ja meine Einrichtung und hast bemerkt, dass wir da den gleichen guten Geschmack haben. Aber wie geht's sonst so. Immer noch alleine? Du bist doch ein smarter Aufreißer. Da müssen wir doch was tun. Warte mal. Klar: Komm doch auch am Samstagnachmittag vorbei. 15 Uhr? Da kannste eine von beiden übernehmen. Okay?"

Ich nickte und schielte unauffällig nach den beiden Grazien, die total cool blieben. Er bestätigte wortlos lächelnd mit Schulterschlag, küsste die Mädchen und verschwand.

Am Samstag war ich natürlich da. Ging mit einer Flasche gutem französischen Roten unter dem Arm ins Dachgeschoss meiner ehemaligen Bleibe und klopfte an seine Tür. Dahinter laute hektische Modern Jazz-Posaune von Albert Mangelsdorff. Ich schlug, weil nichts lief, mit beiden Fäusten auf die Tür, die dann von einem todernsten Fleißberg geöffnet wurde. Er sah aus wie ein Karnevalsclown: Trug nur eine tangaähnliche feuerrote Unterhose mit einem gestickten Teufelchen vor dem Schwanz und auf dem Kopf eine goldene Pappkrone.

„Voila Caballero, setze dich", sagte er und schob mir einen Hocker zu, den ich überwältigt einnahm. Denn er hatte seine kleine Bude mit ein paar simplen Tricks in eine Wüste umdekoriert: Hoch vor dem Dachfenster hing eine riesige weiße, circa zwei Meter breite Zeitungspapierbahn herunter, auf dem Boden bis in die Zimmermitte ausgerollt. Auf der war ein blauer Himmel mit vielen goldenen Sternen gemalt bis zum Boden hinunter, der gelb gepinselt war. Mitten auf der Papierbahn stand, von mehreren gelben Kissen umrahmt, in einem goldfarbenen Töpfchen steckend, ein mannshohes goldgespritztes Bäumchen mit vielen toten Ästen, an denen Goldmünzen baumelten. Genauer gesagt Schokotaler in Goldfolie. Dieses wurde von zwei seitlich auf dem Boden stehenden, starken Lampen angestrahlt. Es sah wirklich absurd und fremdartig aus. Davor stand eine Staffelei mit eingespannter Leinwand, verstreuten Farbtuben und Pinseln. Der Meister öffnete meine Flasche, füllte vier Gläser, gab mir eins, klatschte in die Hände, und wer kam aus dem Badezimmer? Die zwei hübschen kichernden Friseusen, leicht alkoholisiert und splitternackt.

„Bitte links und rechts vom Baum aufstellen. Nein, Anne, du links. Bisschen mehr zurück und den linken Arm tänzerisch, ja, nicht schlecht, zum Himmel. Geöffnet zum Himmel strecken und die Partnerin anlächeln. Gut. Brigitte, du von der anderen Seite das gleiche und ... " Der Maler reichte ihr mit einer vornehmen Verbeugung einen goldenen Schokoladentaler.

„Halte ihn so, als hättest du ihn gerade gepflückt. Und Anne, du greifst zum nächsterreichbaren Taler des Baumes. Ja, ja, gut, sehr gut so. Nur so tun, als würdest du greifen. Gut so! Guckt euch einander süß an! Lächeln!“

Die begeisterten Mädchen waren willige Sklavinnen der Kunst. Sie gaben ihr Bestes und wurden weiter dirigiert und gelobt. Dabei machte Fleißberg mit einem Kohlestift wirre skizzenhafte Striche auf seine weiße Leinwand, die wie Silhouetten aussahen.

Dann rief er mit schriller Stimme:

„Pause, künstlerische Pause.“

Die Mädchen kamen neugierig zur Leinwand, um das Ergebnis zu sehen, und schienen entzückt. Fleißberg griff sich die Brigitte, und ich kapierte, stand auf und schnappte die Anne. Maler und Model schmissen sich in die Kissen auf den Boden, und ich tat mit Anne das gleiche. Dann quatschten wir Kumpels die beiden Mädchen flach.

Es war ein schöner, heißschwüler Liebeskampf. Links und rechts. Gruppensex, die große Herausforderung der „Hippiekultur“. Na gut. Seine Brigitte war hart dabei, meine Anne tat nur so.

Anne war ein liebes gut aussehendes Mädchen, das mich anhimmelte. Ich verabredete mich schon zum Dienstagabend mit ihr im Bambikino, in dem ein Humphrey-Bogart-Film lief, und ein paar Mal im Jazzhaus, um mich zu zeigen.

Dann ging er mit einmal los, ohne dass ich es eigentlich merkte: mein Eintritt in den Frankfurter Goldrush! Im Immobilienteil der Frankfurter las ich eine Kleinanzeige:

Frankfurt-Nord: Renovierungsbedürftiges Zweifamilienhaus mit Lagerschuppen, Wohn-/Nutzfläche ca. 280 qm, Grundst.: 310 qm, 120.000 Mark, ORag Immobilien, Tel.: 99 808080

Da ich ja Zeit genug hatte, rief ich das Maklerbüro an, holte mir die Infounterlagen und fuhr sofort hin. Das Haus war zwar gemein heruntergekommen, wirkte aber generell gesund: keine großen Risse, Pilz- oder Wasserschäden. Das Dach war dicht. Gebälk in Ordnung. Aber sämtliche Einbauten, wie Bäder, Küchen, Heizungsanlage, Fenster, Türen und die Fußböden, waren seit den 30-Jahren nie mehr renoviert worden. Im Vorgarten, vor dem Haus, stand ein Vorbau mit billigen, verrosteten Metallschiebefenstern. Eine ehemalige Fahrradwerkstatt mit undichtem Flachdach und Betonboden. Die Fassaden waren hinüber, und das Außengelände ungepflegt und verwahrlost.

Im eigentlichen Haus befanden sich im Erdgeschoss und im ersten Stock je eine kleine Dreizimmerwohnung. Das Dachgeschoss war leer und nicht isoliert. Im Erdgeschoss wohnte eine fast neunzigjährige Dame, die zum Jahresende in ein Altersheim ziehen sollte. Besitzer waren Verwandte von ihr, die im Ruhrgebiet wohnten. Das Objekt wurde tatsächlich vom Makler als Abrissgrundstück angeboten. Zusammen mit ihm schaute ich es mir genau und sehr interessiert an, weil der Preis für mich erschwinglich war. Die etwas lärmreiche Wohn-/Gewerbegegend lag in einer hässlichen Seitenstraße an der Hauptausfahrt Richtung Friedberg.

„Das Haus abzureißen kostet mich, einschließlich Entsorgung, mindestens 25.000 Mäuse. Sagen sie den Besitzern, dass sie den Betrag abziehen sollen. Für 90.000 kauf ich es“, sagte ich dem Makler und war richtig heiß.

Im Telefongespräch mit meinem Bankfilialleiter erhielt ich später die Zusage, dass man mir mit 25.000 Mark Eigenkapital den Rest günstig finanzieren würde. Belastung: monatlich nur rund 600 Mark. Bis zum Jahresende bekam ich von der alten Bewohnerin noch monatlich 250 Mark. Wenn ich oben einziehen würde, plus meine Mietersparnis von 150. Gott, mit einer Zusatzbelastung von nur 200 wär ich in zwölf Jahren schuldenfrei und der erste Hausbesitzer meiner Familie. Ich betete, dass der Kauf klappen würde. Aber am nächsten Tag sagte man mir ab. Pech gehabt.

So plante ich meine nächste Englandtour schon für den folgenden Monat. Als ich am Dienstagabend nach dem Bogart-Film mit Anne nach Hause kam, nahm ich ihr an der Tür Jacke und Mütze ab und führte sie, weil sie es verlangte, zum Badezimmer. Inzwischen drehte ich gut gelaunt das Tonbandgerät auf. Musik von diesen Pilzköpfen, „The Beatles“ aus England, in ihrer Guruphase mit indischen Instrumenten. Scheißkitschig, aber bei der Fleißbergnacht sagte sie mir, dass sie auf diese jungen, wilden Engländer stehe. Okay. Dann schaltete ich meine „Theaterbeleuchtung“ ein: indirektes Licht auf ein englisches Schiffsgemälde, das Gleiche mit einem verborgenen Bodenstrahler auf meinen antiken Eichenbauernschrank. Zwei Kerzen auf den über 100 Jahre alten Flachsbrecher mit angepasster roher Kirschholzplatte. Im Schlafzimmer nur ein Punktstrahler auf das Gemälde „Viktorianische Nackte“.

Dann kam sie ins Wohnzimmer. Lippenstift frisch nachgezogen. Bluse: ein Knopf mehr geöffnet. Und ein Parfum wie in einem bengalischen Freudenhaus. Na ja, Friseuse. Da weiß man Schönheit und Sex-Appeal mit Chemie nachzuhelfen. Sie setzte sich brav auf mein Ledersofa und lobte die Musik, aber dann sah sie sich um und sagte kopfschüttelnd:

„Also, nimms mir nicht krumm, Schatzi. Wie kannst du nur in so ’nem alten Müll leben: Omas schiefer unmoderner Wäscheschrank, dieser komische selbst gebastelte Tisch mit Wurmlöchern und das alte Schiffsbild vom Trödler. Komischer, abwegiger Geschmack. Schenken dir die ausziehenden Nachbarn immer ihren Müll und den alten Krempel vom Speicher? Unglaublich. Na, wenigstens ein modernes Sofa.“

Ich guckte sie bestimmt bescheuert an. War das ein Witz, oder war sie tatsächlich so strohdumm? Ich entschied mich für das zweite und sagte lieb:

„Speicher? Ich bin halt ein armer Loser, aber dafür Superman im Bett.“

Stand auf und holte eine gute Flasche spanischen Torres-Rotwein. Öffnete sie und schenkte uns zwei Gläser voll.

„Prost, mein Schatz. Dein erfolgreicher Altwarenhändler versteht auch was von altem Wein.“

Sie lachte und erzählte mir, dass sie nur für „das Moderne lebe“: Bauhaus und so. Alles ganz schlicht und gediegen mit viel Weiß, viel Chrom und schwarzem Teppichboden. Und dann war sie bei ihrem großen Traum: dem eigenen Frisiersalon mit guter Musik und freiem Kaffee. „London Hairshow“ wird er heißen.

Ich redete ihr gut zu und ruckzuck landeten wir gut gelaunt unter der „Viktorianischen Nackten“. Anne hatte einen viel runderen Po als die alte „Oma“ auf dem Gemälde. Es kam aber, weil sie „ihre Tage“ hatte, nur zu etwas Petting.

Bei einem Spaziergang durch die Frankfurter Altstadt stoppte ich am nächsten Nachmittag bei „OLD LONDON ANTIQUES“, weil ich im Schaufenster ein wunderschönes Walfanggemälde entdeckt hatte. Über hundert Jahre alt, auf Holz gemalt und mit einem gekonnt realisiertem Motiv: kleiner Kahn mit Ruderern und stehendem Harpunier, der auf einen halb aufgetauchten Pottwal zielt. Im Hintergrund das zweimastige englische Mutterschiff. Ein Traumgemälde und echt.

„Wie geht es Ihnen, Baron? Wäre das Bild nichts für ihre Privatsammlung?“, rief der Ladenbesitzer Neumann aus der offenen Tür heraus.

„Wie viel?“

„2.000!“

„Geschenkt, Sie glauben wohl, ich kann Geld scheißen?“

„Ha, ha, also, wenn ich so überlege, was sie mir so früher alles zu Überpreisen angedreht haben. Sie sind inzwischen bestimmt ein vermögender Mann.“

Neugierig guckte ich in das Geschäft und erblickte den dicken Händler, der in meiner Anfangszeit ein paar Stücke von mir kaufte und sich amüsiert lächelnd auf seinen Krückstock stützte.

„Wirklich Klassebild, das eigentlich in ein Museum gehört. Sie sind ein wahrer Gemäldespezi. So was hat man, oder man hat es nicht von Geburt: Solides Fachwissen mit instinktivem Bauchgefühl“, sagte ich ihm anerkennend.

„Fahren sie bald wieder mal nach England? Wenn ja, vielleicht können Sie sich etwas für mich umsehen.“

„Schon in den nächsten Tagen. Was suchen Sie denn?“

„Ein betuchter Kunde von mir, Privatbankier, hat eine gigantische alte Villa im Taunus gekauft und wünscht sich dringend einen guten, alten Orientteppich in Übergröße, Zwölf Mal sechs Meter. Kann auch etwas kleiner oder größer sein, so plusminus ein Meter. Aber nicht größer. Seine Wohnhalle ist über hundert Quadratmeter groß. Der zahlt so ziemlich jeden Preis. Da können wir beide uns eine goldene Nase verdienen. Er ist bereit, fünfstellig auf den Tisch zu blättern.“

„Solche Übergrößen sind selten. Schlossbesitz? Ich werde mich umschauen.“

„Machen sie das. Wenn man einen dieser Größe findet, braucht er gar nicht so teuer zu sein. So was kauft doch keiner. Wer hat schon den Platz für solch einen Riesen.“

Ich gab ihm recht, und wir sprachen noch ein bisschen Branchentratsch und wünschten uns alles Gute.

Ein paar Tage später: April und erste warme Temperaturen. Ich packte einfach morgens den Bus mit den Klamotten voll und gab

Gas. Fuhr gut gelaunt mit lauter Radiomusik Richtung Friedberg und stoppte an der letzten Ampel vor der Autobahn, als neben mir ein neuer dunkelblauer Rolls-Royce Shadow hielt. Am Steuerrad saß ein fetter Zigeunertyp, nein, also ich kannte doch den Mann, da war ich mir sicher. Aber da kam schon das Grün und ich vergaß ihn.

Schon am Abend war ich auf der Fähre und mitten in der Nacht in Hastings beim Parkplatz. Und am nächsten Vormittag klapperte ich bereits die alten Läden und etliche neue ab. Immer die Westküste entlang: Hastings, Brighton, Portsmouth. Aber dann fuhr ich nicht sofort nach Norden, sondern immer weiter am Atlantik entlang bis Cornwall. Erstand jüngere Kleinmöbel, Militärtrödel, viele Nautiquitäten, wie zwei herrliche Kapitänsbilder aus der Mitte des 19. Jahrhunderts. Dazu Reiterklamotten, Golfutensilien, englisches und chinesisches Porzellan. Ich fand die tollsten Sachen, preiswert und leicht verkaufbar. Gut gelaunt, ohne den Anfängerstress, wurde diese fast zur Urlaubsfahrt, bis ich auf die Idee kam, Neumanns Riesenteppich zu finden. Von Antikladen zu Antikladen ertappte ich mich immer mehr dabei, dass ich zuerst auf den Fußboden oder auf an die Wand gesetzte, extrem lange und dicke Teppichrollen guckte. Mein Bus war nach einer Woche halb voll, als ich inzwischen auf Kurs Nordwest den Bristol Channel nach Swansea überquerte. Dort fuhr ich direkt auf der Haupteingangsstraße in die City und stolperte richtig über ein gigantisches Antiquitätenlager, das eine riesige ehemalige Textilfabrikhalle einnahm. „Thompson", war damals wohl der größte an der Westküste, weil Swansea ja auch auf der wichtigsten Verbindungsstraße zum Irland-Abfahrtshafen Fishguard liegt. Für ihn arbeiteten ein halbes Dutzend Aufkäufer, die Tag und Nacht auf Achse waren, um England und Irland leer zu kaufen. Ich parkte auf dem matschigen Vorplatz und lief durch einen Regenschauer halb durchnässt in den größten Antikladen meines Lebens hinein. Zigtausend English Antiques auf über 2.000 Quadratmeter Verkaufsfläche. Fast eine Stunde ging ich durch die einzelnen Angebotsgänge und war beeindruckt. So viel, zum größten Teil wirklich gute Ware, sah ich nie zuvor.

Ganz am Ende des Saals erreichte ich die Teppichabteilung, und da gingen mir die Augen über. Alle handgemachten Teppiche dieser Welt: chinesische mit Vögeln und Blumen, französische Schlosstapisserien, türkische und marokkanische Gebets- und unifarbene Hirtenteppiche. Und natürlich alles aus Persien: Isfahan-, Keshan-, Mohd-,

Kirmanmuster ... Nenn es, und es war da, in allen Größen und Farben. Ich war überwältigt. Vor allen Dingen von dem größten von allen, der halb aufgerollt auf dem Boden lag, einem über 50 Jahre alten Saruk in einem Zustand wie neu: purpurroter Fond, mittig mit Medaillon und fast zwölf mal fünf Meter. Ein fetter, älterer Mann, bestimmt der Chef, stand dabei, als vier Mann ihn vorsichtig zusammenrollten.

„Was kostet der alte Teppich? Ich suche so was für eine Nachtbar", fragte ich ihn.

„Leider schon verkauft, Sir. Der wird übermorgen abgeholt und geht dahin, wo sie herkommen: nach good old Germany."

„Schade. War er teuer?"

„Nein, liegt hier fast ein Jahr wie Blei. Eigentlich ein Vermögen wert, hab ihn für 400 Pfund weggeworfen. Aber wer kann sich schon so einen Giganten ins Wohnzimmer legen."

Mir blieb die Spucke weg: Nur ungefähr 4.000 Mark. Pech gehabt. Trotzdem fragte ich ihn:

„Schon bezahlt oder nur reserviert?"

„Reserviert, aber von einem guten Frankfurter Kunden, der schon ein paarmal hier kaufte. Hat den gleichen Bus wie sie."

„Auch einen blauen?"

„Nein, seiner ist grün. Wieso fragen Sie danach, kennen Sie den Mann? Er ist ungefähr in Ihrem Alter?", meinte er jetzt sichtlich an meinen Fragen interessiert und sah mich listig prüfend mit zu kleinen Schlitzen gepressten Augen an.

Das konnte nur Aki sein. Mir wurde schwindelig. Aki! Und der suchte bestimmt für Neumann das gleiche wie ich.

Mit unschuldigem Lächeln sagte ich:

„Mein Interessent hat im Rotlichtviertel eine Bar. Hübsche, willige Ladys, Sie verstehen. Ich zahle ihnen 500 in bar und jetzt sofort!"

„Jesus Christus, ich bin ein Ehrenmann. Hab ihm mein Wort gegeben. Das kann ich nicht machen. Allerdings kriege ich demnächst noch einen ähnlichen Großteppich rein. Geben sie mir 600, und ich bieg das irgendwie hin. Mein Gott, der wird mir bestimmt Ärger machen."

Wir einigten uns auf 550 Pfund, und sie luden ihn gleich in meinen Wagen. Da war dann kaum noch Platz, und so fuhr ich schon am nächsten Tag zur Fähre.

Eine Woche später verkauften wir, Neumann und ich, dem Bankier den Saruk für 16.000 Mark. Dabei machte ich einen Schnitt von 5.000. Ich schwamm im Geld und hatte Aki schon vergessen.

Und dann passierte der Hammer: Der Makler mit dem Haus rief mich an: Die Erbengemeinschaft hätte mein Angebot akzeptiert. Die Wohn-/Gewerbeliegenschaft könnte also den Besitzer wechseln, wenn ich einsteigen würde. Ich rief den Notar an, und wir unterschrieben. Einen Tag nach dem Notartermin lud ich Anne zum Essen in ein neues argentinisches Steakhaus ein und erzählte ihr stolz, dass ich nun Hausbesitzer sei.

„Und du willst ganz allein in dem Haus leben?", fragte sie beeindruckt.

„Nein, dafür ist es viel zu groß. Es hat im Erdgeschoss eine Dreizimmerwohnung und eine zweite im ersten Stock. Das Dachgeschoss hat eine zwar schmale, aber vorausplanende Treppe, mit dem Treppenhaus verbunden. Das baue ich schnellstens zur Zweizimmerwohnung aus. Vor dem Haus, wie angeklebt, existiert dann noch eine Gewerbeeinheit leer. War früher ein Fahrradgeschäft mit Werkstatt. Vielleicht mach ich da 'ne Kneipe rein. Das Gebäude ist das zweite in einer breiten Seitenstraße und gut von der Hauptstraße sichtbar. Da kann man noch mit einem Brauereinamensschild beim Kundenfang nachhelfen."

„Also leer. Interessant! Wo liegt es? In der City?"

„Nein, aber direkt an einer Hauptausfahrtsstraße von Frankfurt, gegenüber vom Hauptfriedhof."

„Lass uns doch mal hinfahren, das klingt ja so spannend."

Ich dachte nicht weiter darüber nach, warum sie es „spannend" fand, aber wir fuhren nach dem Essen hin. Ein wunderschöner, sonniger Frühlingstag. Sehr warm und in den Anlagen zeigten viele Zwiebelblumen erste Blatt- und Blütenspitzen und einige Bäume Knospen. Wir fuhren die Friedberger hoch, und kurz vor der Warte bogen wir rechts rein: meine Liegenschaft! Stolz hielt ich vor der Handwerkshalle, und wir gingen durch die offene Eisenpforte hindurch. Schlüssel hatte ich noch keine. Die waren erst nach der Übergabe da. So erklärte ich ihr meine Pläne, wir gingen um das Haus herum und in den Garten hinein.

Anne sah und hörte sich alles interessiert an. Drückte ihr Näschen an den vier Werkstattfenstern platt. Dann sah sie mir ernst in die Augen und sagte:

„Die Werkstatt ist ideal für einen Friseursalon geeignet. Was würdest du mir an Miete abnehmen?“

Ich war ehrlich überrascht. Daran hatte ich nun wirklich nicht gedacht. Ich rechnete kurz:

„Also meine Monatsbelastung, zuzüglich Ausbau. Wasser, Toiletten sind schon vorhanden. Ehrlich, Schatz: Durch den Kauf bin ich erst mal pleite. In den ersten Stock zieh ich selber ein, die einzige Garage brauch ich als Lager. Also, dadurch spar ich schon mal zwei Monatsmieten. Die Frau im Erdgeschoss zahlt bereits Miete, aber nach dem Auszug kann ich beim Nachmieter mehr verlangen. 380 … 420? Wie gesagt: Ich hab kein Geld für den Ausbau. Darum plane ich einen Brauereikredit aufzunehmen und damit die Kneipe im Rohbau zu bauen.“

Sie fiel mir ins Wort:

„Nein, halt, Brigitte und ich haben über 30.000 Mark Erspartes. Wir würden den Laden zu zweit aufziehen. Um- und Ausbau übernehmen wir. Handwerkerfamilie! Mein Bruder und Vati können mauern, verputzen, klempnern und Fliesen legen. Du verstehst? Sie stellen mir in Eigenleistung den ganzen Laden hin, weil wir genug Geld für das Material haben. Die zwei Ölpunktstühle kann ich gebraucht kaufen, kein Problem. Und Brigitte arbeitet so lange in ihrem jetzigen Job, bis hier auch ausreichend Arbeit für sie steht. Machen wir doch einen Zehnjahresvertrag: Wir bauen selber auf eigene Kosten und zahlen dafür nur 200 Miete im Monat. Du zahlst also erst mal keinen Pfennig Baukosten, sondern stattdessen diese ab Mietbeginn durch meine Mietkürzung ab. Alles geht automatisch nach zehn Jahren in deinen Besitz über.“

„Wenn deine Leute mir zusätzlich den Rest der Hausfassade reparieren und streichen, können wir darüber reden.“

„Einverstanden, unter einer Bedingung: Soll ja als Gesamtheit gut ausschaun. Du legst dafür einen gepflegten Vordergarten mit Kieseinfahrt und Platz für zwei Autos an und reparierst Pforte und Zaun.“

Wir drei wurden uns tatsächlich einig und machten schon am nächsten Wochenende den Vertrag. Sechs Monate später war ich im ersten Stock eingezogen und bastelte bereits an der Dachwohnung darüber. Kurz nach den letzten Abschlussarbeiten des Frisiersalons feierten die beiden frisch gebackenen Firmeninhaber ihre Eröffnungsparty.

Fleißberg, der durch einen schlechten Frühjahrsumsatz knapp bei

Kasse war, malte den beiden ein lila Firmenschild mit dunkelblauer Schrift, beidseitig beleuchtet:

LONDON HAIR SHOW
Damen- und Herrenfriseure

Es gab Beatmusik, Frankfurter Rippchen mit Kraut und Apfelwein. Die Damen wurden mit jeder Menge Blumengestecke, Minipalmen und Gummibäumen bombardiert. Ein gelungener Spaß und positives Echo für das zukünftige Geschäft.

Ich stand nun finanziell klasse da: Beide Mieten und meine Mieterspanis zahlten das Haus ab, und zwei Monate später war dann auch die dritte, die Dachwohnung, zur Vermietung klar: 220 Mark Miete brachte sie monatlich. In den zwei großen Wohnungen heizten bereits ältere Gasheizkörper mit separaten Zählern. Der Gewerbebetrieb baute sich selber seine ein, und in der obigen Wohnung war sie dann eine Woche später vom örtlichen Klempner fertig eingebaut. Finanziell war alles geregelt. Allerdings war ich durch die Renovierung meiner Räume und den obigen Ausbau wieder einmal fast pleite.

Am Wochenende ging ich dann nach langer Zeit ins Fressgassenviertel. Zuerst in das Jazzhaus, wo ich im Obergeschoss niemanden von der alten Clique antraf. So lief ich hinüber in den Club Voltaire und hatte Glück: Poppy war da und schien bester Laune.

„He, alter Recke, was machen die Geschäfte? In einem neuen Gangsterfilm trug der Koksdealer einen Krückstock mit schickem silbernen Knauf in Form eines Nashornkopfes. Den konnte er runterklappen, und darin steckte eine Röhre, in der sein in Plastiktütchen portioniertes, geheimes Kokslager untergebracht war. Bei deiner nächsten Englandfahrt bringste mir so was mit“, sagte er und lud mich auf einen Gin Tonic ein.

„Das Frankfurter Drogengeschäft soll ja inzwischen aufgrund des großen Profits in die Unterwelt abgeglitten sein. Es wäre klüger, ich besorg dir einen Stock mit eingebautem, geheimen Degen.“

Er lachte und sagte:

„Du kommst doch bestimmt, weil'de wieder Kohle brauchst. Wie viel?“

„Zehntausend Mark?“

„Okay. Gleiche Zinsbedingungen!“

„Einverstanden."

Er fummelte sein, in einer goldenen Klammer gehaltenes Banknotenbündel aus der Hosentasche hervor und zahlte mir die zehn Riesen auf die Hand. Dabei glitzerte an seinem Handgelenk eine goldene Rolex mit Brillantenkranz. Ich bedankte mich und lud uns zu zwei Bier ein. Als wir uns zuprosteten und ich sein gut gelauntes Gesicht sah, kam mir das auf einmal nicht mehr sympathisch und ehrlich vor. In diesem Moment wurde mir klar, dass der Verrückte vor mir, der noch vor einigen Monaten ein junger, lustiger Heißsporn war, sich inzwischen zu einem Verbrecher gewandelt hatte. Seine ersten Drogengeschichten waren von mir damals als eine Art Kavaliersdelikt, nein, Lausbubentrickserei akzeptiert worden. Ich hatte sie gar nicht ernst genommen. Ich begriff nun endlich, dass ich mich von einem kleinen, widerlichen Drogenhändler finanzieren ließ. Entsetzt guckte ich zur Ablenkung auf meine Uhr. Murmelte etwas von „einem Termin" und verabschiedete mich. Als ich draußen war, regnete es und ich drückte mich bis zum Auto an den Hauswänden entlang. Innen zündete ich mir eine Zigarette an und fühlte mich unendlich mies. Ich schwor mir, niemals mehr von ihm Geld zu nehmen.

Große Dinge passierten: Andere flogen zum ersten Mal zum Mond, und ich Wurm überquerte

wieder einmal den Kanal und düste gleich nach Norden hoch, über Coventry, Sheffield nach Middlesbrough an die nordöstliche Nordseeküstenstraße. Dort die E 15 Richtung Edinburgh. Hielt in jeder größeren Stadt und kaufte alles, was sich in Deutschland gut an den Liebhaber bringen ließ: Kleinmöbel, Gemälde, Waffen, alte Haushaltsblechdosen, Kuriositäten. Alles Englische, was dekorativ und typisch wirkte. Es war Frühsommer und seltenes, wunderschönes Sonnenwetter. Ich schlief an einsamen Landstraßen, Seeufern, im Schatten alter Kirchenmauern und in ordentlichen Mittelklassestraßen. Füllte die Kutsche so lange, bis ich nur noch auf den Vordersitzen pennen konnte. Dann drehte ich nach Süden und fuhr zurück zur Fähre. Diese Fahrt brachte mir, nach Abzug aller Kosten, einen steuerfreien Reingewinn von 13.000 Mark.

Zurück in Frankfurt suchte ich, nun heiß geworden, ein weiteres preiswertes Althaus. Tagelang durchforstete ich die Immobilienseiten der Tageszeitungen, und nach zwei Wochen entdeckte ich ein interessantes Maklerangebot an der Zeil. Aber trotz der extrem kurzen Textinfo in der Anzeige wusste ich sofort, um welches Objekt es sich handeln musste: das bereits geschlossene, ehemalige Kaufhaus Heuermann. Ein lange Jahre erfolgreiches, kleines Textilkaufhaus in der dritten Generation. Ich erfuhr von Nachbarn, dass die Inhaber in Königstein wohnten, rief Herrn Heuermann einfach an und erfuhr: Werner und Gisela Heuermann, die Inhaber, steuerten auf die Siebzig zu und hatten keine Kinder, also Erben. Ihre Firma schrieb schon lange rote Zahlen. Den beiden Alten ging es trotzdem noch gut: Außer ihrer kleinen Ferienwohnung in der Schweiz besaßen sie noch eine solide Geldreserve in Wertpapieren und hielten aus Prestigegründen damit ihre Firma über Wasser. Ende der Sechziger wurde Gisela überraschend krank und so beschlossen sie, zum Jahresende ihre marode Firma zu schließen und das Gebäude zu verkaufen. Der fünfstöckige Altbau, durch Zufall vom Bombenkrieg verschont, stammte aus den 20er-Jahren und war vom Keller bis zum Dach total runter und veraltet. Ein sicherer Abrisskandidat für den Bagger. Aufgrund der guten Citylage wollten sie mindestens 800.000 erzielen. Für die Großkonzerne war das kleine Kaufhaus nicht groß genug. Für die mittleren Unternehmen ließ sich der Preis aber nicht rechnen: zu alt und teuer, weil ja noch Renovierungs- oder Neubaukosten anstanden. Ich vereinbarte einen Besichtigungstermin und wusste schon nach ein paar Minuten, dass das nicht meine Kragenweite war. Aufgrund des guten Ertrags meines ersten Hauses hätte ich bereits einen Kredit bis eine halbe Million auf beide Häuser gekriegt. Dennoch zu viel Geld und Risiko für mich. Als ich mich vom Besitzer verabschiedete, kam mir auf der Straße Sawitzki entgegen. Wir begrüßten uns freundlich im Vorübergehen und wünschten uns alles Gute. Sawitzki ging in die geöffnete Kaufhaustür hinein, und ich kriegte mit, dass er und Heuermann ebenfalls einen Schautermin durchzogen. Sawitzki auf einer gewinnträchtigen Blutspur?

Der alte Heuermann bot sein leeres Objekt danach fast ein halbes Jahr an. Obwohl er mit dem Verkaufspreis mehrmals runterging und bei 650.000 Mäusen stehen blieb, gab es wohl immer noch keinen ernsthaften Käufer. Da tauchte unser Trickybusinessmeister Emil Sawitzki erneut bei Heuermann auf. Diesmal mit seinem Saufkumpan, dem Notar Schmitt-Kranz, wie er mir Monate später am Kaffeetisch erzählte. Er hatte sich vorher sehr gewissenhaft „schlaugemacht“ und sich nun als ernsthafter Kaufinteressent vorgestellt. Bearbeitete den müden alten Textilkaufmann und sagte:

„Lieber Geschäftsfreund, ich habe nicht das Geld für einen kostspieligen Neubau und würde renovieren. Und das kostet immens. Ich schätze mindestens so viel wie 50 Prozent des Kaufpreises. Ich hab ungefähr diesen Betrag auf meinem Schweizer Nummernkonto. Da weiß ich einen Weg, wie wir zueinanderfinden könnten. Ich will den größten Teil der Renovierungsarbeiten mit Schwarzarbeitern durchziehen. Sie verstehen, ohne Papierkram. 650.000 Ihr Preis? Einigen wir uns doch auf runde 600.000, und der Verkauf wäre perfekt." Der erbleichte Heuermann zögerte kurz und sagte dann zu.

„Herzlichen Glückwunsch, Herr Sawitzki. Was haben sie mit dem alten Bunker vor?"

Emil grinste mich gemein über beide Backen an.

„Den alten Millionenerben einseifen. Logo. Wer mich bremst, wird aus dem Weg geräumt!"

Ich kapierte nicht wie, aber mir war klar, dass er sich schon seinen Reibach gesichert hatte.

Ich suchte weiter, um meinen Profit von der Englandtour anzulegen, und fand „mein Haus" dann in der Berger Straße. Heruntergekommen, aber solide. Der Preis stimmte, und ich kaufte. Es war sechsstöckig mit je zwei Dreizimmerwohnungen pro Geschoss, also insgesamt zwölf Wohnungen. Es kostete nur 125.000 Mark, weil es eine alte Ofenheizung hatte und keine Bäder. Die Toiletten waren Etagenklos: eins pro Zwischengeschoss für jeweils die nächsten zwei Wohnungen eine Treppe höher. In dem Haus wohnte ein Gemisch aus Altmietern: Rentner über 70 Jahre und junge Leute, wie Studenten, Schüler und Angestellte mit kleinem Gehalt. Die Mietergruppe der Jungen veränderte sich ständig. Immer, wenn einer von ihnen auszog, vermietete ich nicht sofort weiter, sondern sanierte schnell mit zwei billigen Schwarzarbeitern seine leere Wohnung: Baute in die Ecken der großzügigen Jugendstilküchen Toiletten mit Duschen ein und warf die Kohle- und Ölöfen raus. Dann verlängerte ich die Leitungen der Küchengasherde zu den Wohnzimmerschornsteinen und ließ dort von einer Klempnerei Gasöfen montieren. Durch die in hundert Jahre alten Küchenecken mit Leichtbausteinen geklebten, reingepressten neuen Badezimmern, kam endlich Monat für Monat mehr Geld herein. Mit Bad waren meine Altwohnungen nun gefragt, da extrem preiswert. Erste kleine Überschüsse blitzten zum Monatsende auf der Habenseite meines Kontos auf. Nach einem harten „Hungerjahr" und dem überraschenden Tod von zwei Rentnermietern brachte das Gebäude bereits 1972 über 1.400 Mark Monatsüberschuss nach Bankabbuchung. So träumte ich sofort von der Anschaffung eines gebrauchten Oberklasseautos. Technische Details interessierten mich nicht, ich wollte mit dem Dampfer angeben, mir Respekt verschaffen. Für Autos hatte ich mich aus finanziellen Gründen bis dahin kaum interessiert. Den Führerschein machte ich ja bereits beim Bund. Inbegriff für Erfolg war für mich nur der geile Stern aus Stuttgart. So studierte ich zwei Wochen lang den Gebrauchtwagenmarkt und wurde fündig: Eine gebrauchte neun Jahre alte vornehmschwarze 220er D-Limousine mit fein karierten abgeschabten Stoffsitzen wurde von einem kleinen Händler in der Friedberger Landstraße für nur 4.000 Mark angeboten. Der smarte Händler, höchstens zwei Jahre älter als ich, wollte mir, ich war mir sicher, ein Taxi andrehen. Die 110.000 Kilometer waren bestimmt von 300.000 runtergekurbelt. Als ich den jungen Pirat verlassen wollte, kam ein Laster mit geladenem Unfalldaimler durch das offene Tor: einen echten älteren 230er SL mit großem Frontschaden. Außerdem das alte Modell.

„Schade, der wäre mein Traum gewesen", sagte ich und bemerkte, dass nicht nur alle Blechteile vorne Schrott waren. Lediglich die Windschutzscheibe war noch heil. Hinzu kamen diverse Roststellen und Beulen am Wagenrest.

„Mit dem Millionärsschlitten sind sie der King of the Road", meinte der Händler, deutete auf den offen liegenden Motor und ergänzte: „Und der Wagen fährt sogar noch. Für 8.000 kriegen sie ihn von mir fahrbereit restauriert mit neuem TÜV. Den Preis kann ich nur machen, weil ich noch 'ne alte Front aus einer Unfallkiste auf Lager habe. Allerdings müssen sie die Hälfte des Kaufpreises vorher schwarz löhnen."

Ich guckte auf den Tacho und bemerkte angeekelt:

„Die Mühle hat doch schon über 200.000 drauf. Nein danke."

„Mann, das ist ein SL. SLs fahren ohne Probleme weitere 200.000, und ich dreh diese auch noch kostenlos um 100.000 runter. 8.000 Eier, und jede junge Schnalle lechzt danach, auf ihrem Beifahrersitz zu träumen."

„7.000 und er braucht nicht so perfekt sein, dass man von ihm essen kann!"

Er akzeptierte. Ich zahlte ihn wie hypnotisiert mit 4.000 an, borgte mir den Rest von der Bank und zählte angetörnt die Tage. Schon in zwei, drei Wochen war ich doch der geile Star.

Und dann kam der Tag nach der Zulassung. Aufgeregt wie ein Klippschüler vor der Prüfung zur Mittelschule nahm ich die Schlüssel und setzte mich in den Fahrersessel. Der Autohändler hatte bereits das Verdeck nach hinten in die hochgeklappte Verblendung geschoben, die er noch mal zur Sicherheit in die Halterung drückte. Ich tastete mit den Füßen nach Bremse und Kupplung, lockerte die Handbremse, drehte den Schlüssel herum und gab ein bisschen Gas. Die Maschine klang echt kernig. Dann legte ich den Gang ein und fuhr vorsichtig auf die Hamburger Allee, Richtung Innenstadt. Am Hauptbahnhof wollte ich nicht vorbeifahren, weil ich Angst vor dem Verkehr hatte. So bog ich Richtung Norden, um über die Bockenheimer, an der Oper vorbei, in die City zu fahren. Ab und zu bremste ich leicht oder lenkte etwas seitlich, um mehr Gefühl für das Fahrzeug zu bekommen.

Dann schaltete ich das Radio an. Mit schwungvollem „Hello Dolly"-Rhythmus erreichte ich die ruhigere Innenstadt und fühlte mich wie ein Prinz in seiner goldenen Kutsche.

Bei der letzten Ampel vor der Fressgasse musste ich halten und kassierte mein erstes Erfolgserlebnis: Eine ungewöhnlich hübsche, schlanke Blondine mit Minirock lächelte mich nicht nur ewig an, sondern vergaß beinahe, den Zebrastreifen zu überqueren. Noch nie zuvor hatte mich eine Braut ihres Kalibers so stark beachtet. Ich war hin- und hergerissen. Mein „Playboyaufstieg" törnte mich an. Mit der tollen Kutsche war ich endlich wer und wechselte meinen Citystammplatz endgültig vom Jazzhaus zum Terrassencafé, wo sich damals die Businessaufsteiger der City trafen.

Ich schlug mich weiterhin tapfer durch. Der andauernde Spagat zwischen Bau- und Kreditkosten fraß ständig die Einnahmen. Zwei Jahre mauschelte ich mich über die Runden und litt unter dem Dauerstress. Schon eine Ewigkeit war ich nicht mehr in Bremen gewesen. Und nun hatte ich auch noch einen teuren Angeberschlitten, und es war mir klar, dass ein paar Leute ganz schön große Stielaugen kriegen und vor Neid erblassen werden, wenn ich mal wieder durch Bremen-Nord fahren würde. Je mehr ich darüber nachdachte, desto mehr reizte es mich, und so gab ich dann am nächsten Samstag Gas. Trat den Dampfer so richtig durch und war fünf Stunden später auf der Weserbrücke. Zuerst fuhr ich durch die City vom Hauptbahnhof bis zum

Domshof. Interessant: In Frankfurt war ein SL nichts Besonderes, aber hier im Norden mit dem heruntergeklappten Verdeck, starrte mich fast jeder zweite an. Dann parkte ich auf einem freien Parkplatz, direkt vor dem legendären Café Jacobs. Logo, da staunte das Volk, weil ich nicht mit Schlips und Kragen rummachte, sondern in einem wilden T-Shirt mit rausgestreckter Stoneszunge auftrat. Cool steckte ich mir meine teure Lacoste-Sonnenbrille in die vor dem Spiegel eingeübte, frech grinsende Fresse, setzte mich an einen freien Außentisch und entfaltete meine Angeberzeitung für das „niedrige Volk", die FAZ. Damals für die Losertypen das preiswerteste Attribut sich von der Masse abzuheben. Minuten später stoppte tatsächlich ein Vegesacker an meinem Tisch. Ich erkannte meinen ehemaligen Klassenkameraden Scholz. Fett war er geworden.

„Entschuldigen sie, mein Herr, ach Quatsch, du bist es doch, Jörg. Scheint dir inzwischen gut zu gehen mit DEM Schauschlitten."

„Mensch, freue mich, dich zu sehen, altes Haus. Scholly, wie geht es dir. Was macht Swinging Vegesack?"

„Müde Gegend, das halbe Hafenviertel ist abgerissen worden, um noch mehr zu langweilen."

Und dann quatschten wir uns heiß. Gingen all die alten, unvergesslichen Kindheitserlebnisse durch, und ich erfuhr, dass bereits zwei aus unserer Klasse tot waren: Mein Nachbar Werner war ertrunken, und der kleine, schmächtige Ernst, ein immer unauffälliger, netter Wurm, war von einem Laster überrollt worden.

„Jörg, deine alte Flamme, die geile Eva, ist schon wieder geschieden. Hat zwei Kinder und arbeitet als Kassiererin bei der Borchshöher Sparkasse."

Ich guckte betroffen und sah sie für eine Sekunde vor mir: Eva, mein zerronnener Traum. Scheiße, dachte ich.

„Und Faller. Was macht der? Hat bestimmt schon den Metzgerladen übernommen."

Scholz schüttelte den Kopf.

„Das hätte er beinahe, aber sein Alter war Alkoholiker und hat die Firma buchstäblich bankrottgesoffen. Als sie alles verloren hatten, sprang er vom Aumunder Wasserturm. Und dann sind'se inne Sozialwohnung gezogen. Faller arbeitet jetzt in der Fleischabteilung vom Veka-Kaufhaus."

Ich war platt und hielt betroffen für einen Moment meine Schnauze.

Dann fragte ich vorsichtig:

„Und was treibst du so, Scholly?"

„Ich bin bei der Polizei. Hab ich immer gut gefunden: Den Sheriff spielen. Ist spannend, und ich krieg 'ne gute Pension."

„Wo ist deine Uniform. Haste wenigstens 'nen Revolver."

Scholz guckte einmal nach links und nach rechts, dann öffnete er die linke Seite seines Jacketts für zwei Sekunden. Der Kerl trug tatsächlich ein Schulterhalfter mit Dienstpistole.

„Also, eins ist klar, Parkzettel tuste nicht verteilen", sagte ich und staunte ehrlich.

„Seit drei Monaten bin ich jetzt zur Kripo kommandiert. Ein interessanter Job, der mir auch viel gibt."

Wir tranken noch jeder einen Kaffee mit Asbach, und nachdem wir Adressen und Telefonnummern ausgetauscht hatten, verabschiedeten wir uns. Ich zahlte, stand auf und machte noch einen kleinen Rundgang zum wunderschönen Backsteingotik-Rathaus und zurück. Dann fuhr ich neugierig nach Bremen-Nord hoch. Dem Stadtteil meiner Kindheit. Das dauerte nur eine halbe Stunde, und ich parkte am legendären Utkiek mit den zwei gigantischen Walknochen. Hatte sich kaum was verändert. Links wie immer das weiße Hafenhaus mit den Butzenscheiben. Dahinter unser Hafen und die Schiffswerft Lürssen. Vorne rechts die gerade festgemachte Lemwerder-Fähre. Polternd fuhr ihre Ladung Autos an Land. Hinten rechts die schicke Strandlust mit den „feinen Pinkels" auf der Terrasse, die sich das Besondere leisten konnten. Es war inzwischen spät geworden. Ich setzte mich aber noch in den „Vegesacker Jungen" und trank ein schäumendes Becks vom Fass. Sah die Telefonzelle draußen und rief nach der Telefonauskunft Faller an, um ihn zu besuchen. Als ich mich bei einer „Frau Faller", er war wohl inzwischen verheiratet, mit Baron meldete und sie nach ihm rief, hörte ich ihn von Weitem rufen:

„Was sagst du: Ein Herr Baron will mich sprechen? Das ist bestimmt der Blödmann aus meiner Kindheit. Hab gehört, der soll sehr erfolgreich in Frankfurt sein. Der Arsch fehlt mir noch zu meinem Glück. Sag ihm: Ich bin schon weg zur todkranken Oma nach Hamburg. Hab nicht die geringste Lust, irgendwelche alten Gespenster von damals zu sehen."

Ich legte auf. Es tat unglaublich weh. Ich mochte ihn doch immer. Bewunderte ihn als mein Kindheitsheld. Aber jetzt, wo er wohl nicht mehr der „Obermacker" der Gegend war, spuckte er mir aus Pein einfach ins Gesicht. So fuhr ich noch einmal die Lindenstraße rauf und runter, sog das Bild der vertrauten Häuserzeilen in mich auf. Hoffte, vielleicht irgendjemand von früher zu erkennen, eventuell zu sprechen, erkannte aber niemand. Dann spielte ich mit der Idee, zur Borchshöher Sparkasse zu fahren und einfach Eva zum Abendessen einzuladen. Aber kriegte dann Schiss vor einer weiteren unangenehmen Abfuhr. Erschrocken fuhr ich einfach los, hoch nach Cuxhaven.

Zeus war tatsächlich zu Hause und räumte gerade seine Kate leer. Besser gesagt: Er schmiss so ziemlich alles an Einrichtung in eine Bauschuttmulde. Ich parkte mit viel Abstand dahinter, sprang aus dem Wagen und rannte zu ihm, der gerade eine zerfledderte Matratze auf einen Müllberg warf.

„Junge, ewig nicht gesehen. Warum räumst du deine schöne Bude leer?"

„Heiliger Strohsack, du bist es tatsächlich: Jörg Baron, der ewige Spinner, der seinen Träumen immer noch nachjagt. Aber nun in einem teuren Mercedes Sportwagen. Bestimmt für teures Geld geliehen, um hier auf den Putz zu hauen. Haste 'ne reiche Tussi geheiratet und machst nun auf Gigolo?"

Wir umarmten uns, und er erzählte mir, dass er seine Kate tatsächlich verkauft hatte.

„Die holen die Mulde in einer Stunde ab, und die kostet. Bis dahin muss alles drauf sein. Da heißt es schnell handeln. Willste nicht mit anpacken?"

Ich nickte, zog meine Jacke aus und ging mit ihm ins Haus. Und dann schleppten wir gemeinsam alles raus, was er loswerden musste. Während der Schinderei, bei der ich meine gute neue Hose durchschwitzte, fragte ich ihn, was bei ihm läuft und was er vorhat. Keuchend erzählte er mir, dass er damals nicht mehr Lust hatte, in der langweiligen Kasse zu arbeiten.

„Bei unserem Abmelden beim Bund fragte mich unser Kompaniechef, ob ich nicht Lust hätte, zu bleiben. Für die Unteroffizierslaufbahn. Ich habe zugesagt, aber dir nichts davon erzählt. Du warst ja so froh, dem Scheiß-Bund entkommen zu sein. Hättest mich bestimmt ausgelacht. Sechs Wochen nach unserem Abschied stolzierte ich wieder in Uniform herum und habe es dabei weit gebracht: bis zum leitenden Unteroffizier der Presseabteilung. Im Divisionsstab!"

„Divisionsstab? Wie ist das gelaufen?“

„In einem Interview las ich, dass die Nordwestdeutsche Panzergrenadierdivision mehr Öffentlichkeitsarbeit machen will und ihre Presseabteilung vergrößert. Das fand ich interessant, und so hab ich mich einfach für eine Versetzung in die Divisons-PR beworben.“

„Aber du hast doch keine Ahnung und Vorbildung gehabt.“

„Richtig, Alter. Ich war ja nur Gefreiter mit einem kleinen lausigen Streifen und wurde bei der Divisionskompanie als Fahrer eingetragen. Die sind dort aber über jede Eigeninitiative von kleinen Rängen erfreut und fördern das. So konnte ich dann im Nu in der Presseabteilung arbeiten. Fing mit einfachen Sachen an: Täglich BW-Zeitungsartikel für den General raussuchen und ausschneiden, weil der doch nicht die zehn, im Divisionsbereich erscheinenden, lesen kann. Klebte dann alle Berichte, die mit der Bundeswehr irgendwie zu tun hatten in eine Vorlagemappe. Von Erntehilfen unserer Soldaten nach einem Sturm, positiven Einsätzen des Heeresmusikkorps bis hin zu Negativstorys über durch besoffene Soldaten beschädigte Telefonhäuschen oder ihre Diebstähle, Einbrüche und Vergewaltigungen.“

Ich schüttelte beeindruckt den Kopf. Fragte ihn dann:

„Und was biste dann geworden? Hauptmann von Köpenick?“

„Quatsch. Stabsunteroffizier, und es war eine sehr schöne Zeit. Vor zwei Monaten war meine Dienstzeit rum. Jetzt versuche ich, irgendwo als Redaktionsvolontär unterzukommen.“

„Nicht schlecht, mein Freund. Zukünftiger Redakteur, ein ehrenwerter Beruf. Wünsch dir viel Glück für die Zukunft.“

Wir schafften seine Verladung kurz vor dem Abholen und machten uns danach frisch. Die Wohnung war nun, bis auf ein paar Klamotten, leer. Im Schlafzimmer lag noch eine Doppelmatratze auf dem Fußboden. Ich fragte ihn nicht nach ’ner Frau, weil er davon nichts erwähnte. In der Küche stand noch sein halb voller Kühlschrank, den er für den neuen Besitzer ließ. Außer etwas Wurst war nur Bier und Schnaps drin. So setzten wir uns auf die Matratze und sprachen über unsere letzten Jahre. Total besoffen schliefen wir ein und wachten erst sehr spät auf. Er zog an diesem Tag in sein Elternhaus, und wir verabschiedeten uns.

„Ruf mich an, und erzähl mir von deiner Jobsuche. In Bremen gibt’s ja nur zwei Zeitungen, hoffentlich musst du nicht wegziehen“, sagte ich ihm und fuhr endgültig heim.

Peter Paul war der stadtbekannte, erfolgreiche Aufreißmakler. Er fing „ganz unten" im Vermietgeschäft seines wohlhabenden Vaters in Alt-Bornheim an. Als der krank und arbeitsunfähig wurde, demonstrierte Peter nun nach zig Jahren harter Vermittlerarbeit Woche für Woche im Immobilien-Anzeigenteil mit vierspaltigen Verkaufsanzeigen, dass er nun DER wichtigste Repräsentant Frankfurts günstigster Kaufimmobilien war. Jede geldhungrige Erbengemeinschaft, die Masse der nichtflüssigen Neuwitwen und sogar junge gierige Immobilienhasardeure, die mit zu wenig Kapital zu hoch eingestiegen waren und manchmal schnell verkaufen mussten, boten ihre Gelegenheiten über Paul an. Die besten Schnäppchen kaufte Paul natürlich selber, sodass sie erst gar nicht den öffentlichen Markt erreichten. Paul, ehemaliger Boxerchampion von Südhessen, wurde ruckzuck nach der Firmenübernahme zweistelliger Millionär. Seine Frau Erna, ehemalige lippenflinke Verkäuferin, eine kleine, fette emsige Krämerseele und Plaudertasche, schmiss nun sein Büro und praktizierte ihre schleimig-rührselige Aufreiß- und Verkaufsanmache per Telefon oder im vertraulichen Kaffeeklatschgespräch mit hessisch babbelnden Stadtteilkunden. Während er neu akquirierte Gebäude besichtigte, Interessenten vor Ort übertölpelte oder neuen Kunden seinen „endgültigen Makler-Abschlusskaufvorvertrag" unterjubelte. Der zwar ein guter Leim für die Provisionsabsicherung aber sonst wertlos war, weil nur ein Notarvertrag gültig ist und die Maklerprovision wirklich sichert.

Paul fuhr stolz einen hochglanzpolierten Rolls älteren Baujahrs mit der allen bekannten Autonummer F-PP 1 und war stadtbekannter Terrassencafé-Stammgast, mit reserviertem Tischplatz von zehn bis zwölf Uhr direkt am Straßenfenster, gegenüber des legendären Thurn- und Taxis-Torfragments. Dort traf er sich immer mit seinen politisch ziemlich rechts stehenden, konservativen Immobilienzockerkumpeln, die nur eine Wertigkeit kannten, die den Untermensch zum Menschen machten: Grundbesitz! Von uns jungen Neidern wurden sie, solange wir nicht zu ihnen gehörten, auch rassistisch „weiße Juden" genannt, obwohl ein paar von ihnen richtige waren. Meist nach dem Krieg geboren, benutzten wir ziemlich oft diese von den Eltern adoptierten Hasssprüche. Klangen sie doch so schön knallhart macho.

„Man iss nich, was man ist, sondern was man hat", war Pauls Lieblingsspruch, besonders dann, wenn wieder einer von seinen Freunden einen besonders profitablen Verkauf durch das Vorfahren mit einem funkelnagelneuen Luxuswagen bewies. Ich verkehrte gern im Terrassencafé. Grinste, obwohl zuerst ja noch ziemlich „finanziell stier“, über das überhebliche „Fachprotzen“ der schwadronierenden „Verkaufsgenies“, weil auch ich bereits eines kapierte. Im Gebrauchtimmobilienmarkt der City gingen die Preise immer noch höher und höher. Wer nach sorgfältigem Marktstudium grundsätzlich unter Preis kaufte, konnte damals gar nicht verlieren. Gute Gelegenheiten gab es genug, wenn man fleißig Straße für Straße, Haus für Haus die Besitzer bearbeitete. Immer wieder waren, meist ältere Eigentümer bereit zu verkaufen, denn die hohen Kapitalzinsen machten ihr Leben damals einfacher. Die lukrative Umwandlung von Mietshäusern in Eigentumswohnungen fing gerade an. Das Problem der Neueinsteiger war nur: die Anzahlung zusammenzukriegen und einen smarten Bankfilialleiter zu finden, der mitmacht! Noch saß ich bei den „Losern“ an den Hintertischen. Am Fenster war’s tabu für Anfänger, Blender, Habenichtse und Hochstapler. Da wurde man regelrecht weggeekelt. Trotzdem kannte und bewunderte ich sie dort, die anmaßenden Wichtigtuer. Sie waren bei uns hinten ständig Tagesgespräch: die erfolgreichen, bekannten Macher, geldgestopft, sonnengebräunt wie Dauerurlauber und behängt mit blitzenden Rolexuhren. Ihre dicken Bäuche und Ärsche steckten in teuren, viel zu engen Designerklamotten. Sie fuhren die geilsten Angeberschlitten und chauffierten damit die hübschesten Traummädchen der Stadt.

Weil ich eines Tages zufällig am Nebentisch frühstückte, hörte ich, was Paul am Promitisch über seine geplante, tolle Ferienreise an die Côte d’Azur erzählte:

„Jetzt in der Vorsaison residiere ich immer im Negresco-Grandhotel in Nizza. Natürlich Präsidentensuite, Ihr arbeitssüchtigen Armleuchter. Da hab ich ’nen günstigen Vierwochenrabatt ausgehandelt. Da staunt ihr Kerle, was? Ich werde dort wie ein Großfürst leben, mich in prächtigster Umgebung verwöhnen lassen. Natürlich mit meinem Rolls. Autoreisezug bis Frejus“, prahlte er.

„Machste deinen Laden tatsächlich für volle vier Wochen dicht?“, fragte ein Tischnachbar, der mir gleich bekannt vorkam.

Paul schüttelte verächtlich grinsend seinen Kopf:

„Hältste mich für so blöd? Meine Erna muss natürlich hierbleiben und mal die Stellung halten. Bisschen in die Hände spucken und sich ins Zeug legen und nicht immer Shopping machen. Da kann ich klaro, ungefährdet die scharfe blonde Anita, kennst ja die hübsche Delikatess-Plöger-Bedienung, mitnehmen. Sie fährt schon am Monatsende mit dem Nachtzug voraus und macht's mir für die Ankunft bequem. Du verstehst?", säuselte er mit zugekniffenem rechten Auge. „Hab leider am 31. noch 'ne wichtige Protokollierung beim Notar. Aber am nächsten Morgen, da steigt euer Playboy in seinen Rolls und gibt Gas. Richtung Autoreisezug Neu-Isenburg. Vor dem Einschlafen trinkt er noch 'ne Flasche guten Wein im Abteil, und nach dem Wecken geht's dann weiter. Mit geöffnetem Verdeck, immer am Meer entlang. Richtung Nizza! Kann die heiße Anita ja nicht anbrennen lassen."

So erfuhr ich durch Zufall die für mein Leben so wichtige Information, dass Peter im September länger verreist. Als sein Freund die Bedienung rufen wollte, guckte er auch zu mir rüber und ich erkannte Sawitzki. Sawitzki aus Bremen, der inzwischen sehr dick geworden war. Ich nickte ihm freundlich zu, und er sah mich einen Moment stirnrunzelnd prüfend an, erkannte mich aber nicht. Ich war schon drauf und dran aufzustehen, um ihn zu begrüßen, da erkannte ich den Dritten in der Runde: Akter. Den Hausbesitzer, den ich damals als Mieter linkte. So blieb ich erschrocken sitzen. Die Bedienung kam, sie zahlten und verließen das Café. Sawitzki war auch der Mann im Rolls gewesen, den ich ein paar Wochen vorher nicht einreihen konnte. Also immer noch auf der Winnerstreet, der alte Midas.

6

„Oh, Graus, Deutschland, mein armes Deutschland, übernehmen uns nun die Türken?", fragte ich mich immer mehr entsetzt. Auch an dem Neumieterstand registrierte ich einen steilen Anstieg des Ausländeranteils. Immer wieder las ich in der Neuen Presse, FR und FAZ Artikel über die skandalöse Asylantenexplosion, wo deutsche, nicht zu glauben, schamlose deutsche Winkeladvokaten, Asylbetrügern trickreich den Aufenthaltsschwindelweg ebneten. Was sagte mein Alter immer in meiner Kindheit:

„Hätten wir unter dem Führer nicht die vielen miesen Verräterratten gehabt, hätte unser Großdeutschland gesiegt!"

Obwohl ich immer noch meinen Hass auf ihn hatte: Da sah ich ja doch fast eine Parallele!

1945 war Deutschland platt. Millionen hausten in Kellern oder Ruinenverschlägen. Damals herrschte Wohnungsnot: Es fehlten fast 3 Millionen Wohnungen in unserem Land. So gab es ständig Erlasse zur Bewältigung der gewaltigen Invasion, zum Beispiel die Noteinquartierungen in bereits bewohnte Wohnungen und Häuser. Das Wohnungsamt ermittelte mit einem Quadratmeterschlüssel bei allen vorhandenen Heimen einen zusätzlichen Freiraum für Flüchtlinge. Wir bekamen ja für fast zwei Jahre das Ehepaar aus Stettin einquartiert.

Zu den Erlassen formten sich dann die späteren Gesetze zum Mieterschutz. Einmalig einseitig auf diesem Globus, weil sie aus einer Notsituation entstanden und nie mehr für die Vermieterseite fair gelockert wurden. Dadurch können böswillige, betrügerische Mieter dir heutzutage auf dem Kopf herumtanzen und permanent Schaden zufügen. Vermieter werden oft zum ohnmächtigen Freiwild von Mietnomaden oder unkündbaren Wohnraumerpressern. Viele verkaufen heutzutage ihre Immobilien, weil sie im Alter dem Dauerterror der Mietbetrüger nicht mehr gewachsen sind. Metropolen wie der Großraum Frankfurt stören sich dieser Tage an dem geringen Preiswertwohnraum. Logo: Mietspiegeldrangsalierung und einseitige mieterfreundliche Gesetze lassen nur geringen Gewinnspielraum übrig. Wenn man bei den extrem hohen Grunderwerb- und Baukosten oft ein volles Jahr Miete verliert, um einen Mietbetrüger loszuwerden, wie soll man dann noch ermuntert werden, ein Mietobjekt zu bauen oder zu kaufen. Das rechnet sich kaum mehr und macht dir die Nerven kaputt!

Warum aber tun „die da oben" in Berlin nichts? Weil sie keine Wählerstimmen verlieren wollen. Klaro! Der Bau neuer, guter Mietwohnungen wird gebremst. Weil nicht nur das mieterfreundliche Mietrecht, sondern auch die dogmatischen Mietspiegel die Wohnraumerträge per Gesetz extrem mindern. Die freie Marktwirtschaft existiert nicht für deutsche Hausbesitzer. Die Mieterbevorteilung produziert in diesen Tagen mit ihren Betrügern, Abstaubern und Mietnomaden eine neue Wohnungsnot in Ballungsgebieten. Sie nutzen die unfaire Gesetzeslage zu ihren Gunsten aus und sind kaum greifbar, weil der Gesetzgeber dein Wohneigentum schlecht schützt.

Jeder Ladendieb geht für einen Schaden von ein paar Mark vor den Richter. Einem rücksichtslosen Mietnomaden aber, der ohne jegliches Gefühl für Eigenverantwortung aus reiner Boshaftigkeit einen Schaden von über 20.000 Euro anrichtet, aber passiert gar nichts!

Das erste Mal, als ich zum Opfer wurde und nach der Flucht solch eines gekündigten, rachsüchtigen Mieters, der mir aus Rache für die Kündigung mit einer Axt die gesamte Wohnung zertrümmerte, zur nächsten Polizeiwache ging, lehnte der Wachhabende mit gelangweilter Mine meine Anzeige ab.

„Verfolgung von Ex-Mietern mit verbliebenen Schäden an der Mietwohnung? Nicht unser Bier! Da gibt es nur eine Möglichkeit, an sein Geld zu kommen: Nehmen sie sich einen cleveren Rechtsanwalt, und verklagen Sie die doch auf Schadensersatz. Dann können sie mit dem Urteilstitel durch den Gerichtsvollzieher pfänden!"

„Der Mann ist arbeitsloser Sozialhilfeempfänger, Alkoholiker und muss für zwei uneheliche Kinder zahlen. Einer der sich mit gefälschten Arbeitspapieren bei mir einmietete. Bei dem ist nicht mal das Schwarze unter dem Fingernagel zu holen. Er hat bewusst meine Wohnung zertrümmert und wird nicht verfolgt? Der schädigt und betrügt doch in Zukunft jeden weiteren Vermieter, weil ihn keiner in diesem Land zur Rechenschaft zieht. Ein wüster, unkontrollierter Berserker, der hinter Gitter gehört und ein für alle Mal gestoppt werden muss, damit er nicht noch mehr Vermieter ruiniert! Was für ein „Rechtsstaat" ist doch aus unserem schönen Deutschland geworden", maulte ich.

Der Beamte deutete wortlos auf den Ausgang. Ja, das Immobiliengeschäft brachte gute schnelle Kohle und viel gemeinen, oft unlösbar aussehenden Ärger.

Die erste Zeit ging ich damals noch ein paar Mal mit Anne, die richtigen Erfolg mit ihrem Salon hatte und schon im zweiten Jahr ihre Freundin Brigitte mit in den gemeinsamen Laden nahm. In den ersten Monaten lief es auch „beinahe“ mit unserer sexuellen Beziehung. Die ich später als gefakt deutete. Dann hatte sie immer weniger Zeit für mich, weil der Laden sie stresste. So knüpfte ich auch hier und da Frauenkontakte. War aber nichts Ernstes. Hinzu kam, dass ich ungefähr jeden vierten Monat aus finanziellen Gründen nach England fuhr, um Antiquitäten einzukaufen. Da waren wir dann immer mindestens drei Wochen getrennt.

Ich kehrte dann im letzten Spätherbst frühzeitig von meiner Tour zurück. Und das mit nur halb vollem Wagen, weil englischer Trödel inzwischen auch im Mutterland sehr teuer war und die Kälte eines frühen Wintereinbruchs das Übernachten im Bus nicht zum Zuckerschlecken machte. Die müde Fuhre brachte nur magere 2.000 Mark Profit. Es lohnte sich also nicht mehr. Als ich am Abend den Bus abstellte, sah ich noch Licht im Seitenfenster des seit Stunden geschlossenen Salons. Mich störte das, und ich drückte mich zwischen Nachbarhecke und Hauswand, um hineinzuschauen. Da sah ich meine beiden Friseusen auf dem Büroteppich beim Liebesspiel. Unglaublich, Anne und Brigitte ein Liebespaar! Darum also Annes Verhalten, wenn ich ihr, trunken vor Lust, näher auf den Leib rückte. Wie ich sie so als heimlicher Spanner belauschte, sah mir ihr Tun mit einem Mal irgendwie ehrlich und unschuldig aus. Gleichgeschlechtliche Liebe war damals für mich und die meisten anderen eine widerliche Sauerei. Aber hier war es so, dass ich beide mochte, respektierte und schätzte. Wie zwei gute alte Kumpels.

Und dabei blieb es auch. Ich näherte mich Anne danach nur noch als guter alter Freund. Und sie kapierte dann auch, dass ich wohl ihr „Geheimnis“ kannte, und wir blieben uns dadurch respektvoll verbunden.

Darum kam ich auf die lockende Idee, einfach mal Eva in Bremen in der Bank anzurufen. Als man mich mit ihr verband, war sie irre überrascht und stotterte mir ihre private Telefonnummer durch.

„Ruf mich heute am Abend zu Hause an. So ab neun?“

„Ja, ja, freu mich ja so, deine Stimme zu hören.“

Ungeduldig saß ich an diesem Abend vor dem Fernseher. Die Tagesschau dauerte ewig, und selbst der von mir so geliebte Bogart ging mir heute auf den Nerv. Immer wieder guckte ich auf die Uhr. Also, vor neun wollte ich sie ja nun nicht anrufen. Sie würde wohl sonst glauben, sie wäre immer noch heiß von mir begehrt. Ich zwang mich, sie um 21.20 Uhr anzuwählen, und dann war sie wirklich dran.

„Eva Bauer?“

„Natürlich, dein neuer Name, hier Jörg. Wie geht es dir, ich hörte, du hast dich von deinem Mann getrennt? Schade, tut mir leid für dich und die Kinder. Wie ist es dazu gekommen?“

„Den falschen Mann geheiratet. Ganz einfach, Jörg. Hätte bei dir bleiben sollen, damals. Ach, was waren wir jung gewesen, und die Zeit war die schönste meines Lebens. Er hat mich damals einfach übertölpelt. Ich war jung und dumm: Er war älter, erfahrener und hatte mir dann gleich so viel zu bieten: Fuhr ein schickes Cabrio, sein vermögender Vater, Blumenthals größte Baumschule und er der einzige Sohn und Erbe. Ich war mit einmal in einem nie endenden süßen Traum verstrickt und war an seiner Seite über Nacht ‚erfolgreich und wichtig‘. Die ersten vier Jahre lief alles wie im Märchen, aber dann starb sein Vater, und er war doch der ‚großartige Macher‘ im Startloch auf die ‚großen Geschäfte‘ lauernd. Ich fand auch heraus, dass es die ganze Zeit Frauen neben mir gab. Grämte mich furchtbar. Dann kam auf einmal die Stadt und bot uns für unser gesamtes Betriebsgelände eine mehrfache Millionensumme. Werner hatte keine Lust mehr, ‚irgendwelchen Nordbremer Dummheimern von morgens bis abends die dämlichen Bäumchen aufzuschwatzen‘ und verkaufte. Als Erstes gönnte er sich eine 15 Meter große Motorjacht und verkehrte nur noch in der Nobelgastronomie der Bremer City. Um ‚der Größte‘ zu sein, stieg er mit viel Kapital vorsichtig und ‚gut beraten‘ in Devisenspekulationen um den Dollar ein und dann, weil er als Mitglied der Bremer Schickeria viel mit Export- und Importkaufleuten verkehrte, ins Warentermingeschäft. In der gewagten Tabakspekulation verlor er in nur zwei Jahren das Vermögen seiner Familie, für das Großvater und Vater sich über zwei Weltkriege hinweg tot schufteten. Ich erlebte die Hölle. Er war nur noch voll Alkohol. Machte dann als Immobilienmakler herum, schnupfte Kokain. Aber da waren wir schon geschieden. Na, nun weißt du alles. Wie um Gottes willen erging es dir?“

Weil sie so offen war, beschönigte ich nichts. Erzählte ihr ganz realistisch alle meine Aufs und Abs. Sie war beeindruckt. Und dann fielen uns die vielen kostbaren Jugenderinnerungen ein, und wir schwatzten fast bis Mitternacht.

Danach riefen wir uns immer mal an, wenn uns danach war. Uns zu treffen? Den Vorschlag wagte keiner auszusprechen. Da waren ja auch noch die Kinder, seine Kinder. Erst ein Jahr später kapierte ich, dass die ja schon fast erwachsen waren, und ich beschloss, mich ihr zu nähern.

Samstagnacht. In der piekfeinen Schickeriabar hinter dem Hauptwache-Kinocenter. Ich hatte mir extra für diesen Abend einen gestreiften, dunkelgrauen Zweireiher gekauft, um was aufzureißen. Der war teuer und trug einen echten eingenähten „Pierre Cardin“-Sticker. Damals war ich noch ein sehr schlanker Mann und über 1,90 Meter groß. Kein besonders schönes Gesicht: zu große Nase, abstehende Ohren, aber mit dem Gewinnerblick, vom energisch-kantigen Kinn verstärkt, blitzende Augen und spöttisch-lächelnden Lippen. Und diese formten überzeugende kecke Sprüche, Späße und unterhaltsame Anmache. Das kriegte die jungen „Chicks“. Legte sie schnell flach. Darauf sind sie doch aus, in den Zwanzigern. Flimmerndes Partylicht. Der Saal war proppenvoll und ich stand erwartungsvoll an der Bar neben der Tanzfläche, als SIE unsicher mit umherschweifenden Augen herankam. Eigentlich hätte ich die Finger von ihr lassen sollen. Aber Gott, das Abfuhrrisiko machte sie doch dreimal so begehrenswert. Teufel, was war die aber auch damals hübsch: zierlich, schlank, kleine hochstehende Brüste, Apfelpo. Mit langem blonden, glänzenden Haar, das den halben Rücken ihres dunkelroten Kleides bedeckte. Ihr Gesicht. Verdammt, dieses wunderschöne Gesicht mit den Grübchen, der winzigen Stupsnase und den großen dunkelbrauen Augen kriegt mich heute noch in der Erinnerung. Und ich war klasse drauf an diesem Abend, wies auf den letzten freien Barhocker neben mir und rief:

„Nehmen sie Platz, schöne Braut, den hab ich extra für sie reserviert. An den Tischen ist es doch sauteuer, und von hier aus können wir uns sekundenschnell in den Tanz einreihen.“

Sie nickte dankbar, setzte sich überrascht grinsend, knallte ihr Handtäschchen auf die Theke und ließ sich von mir zu einem Glas Sekt einladen. Als ich ihr zuprostete und sie weiter anmachen wollte, schloss sie meine Lippen mit dem rechten Zeigefinger und näherte sich meinen Augen, ganz nah, sodass ihre Stirn fast meine berührte.

„Ich glaube es nicht, dieser Kerl! Hat wohl inzwischen seinen Verstand versoffen? Es mit zu vielen Weibern getrieben, sodass er sie nicht mehr einordnen kann?“, flüsterte sie und auf einmal erkannte ich sie, ließ vor Schreck beinahe mein Glas los.

„Herta? Herta, Mensch, du bist es doch tatsächlich!“

Sie lachte und lachte über mein blödes, erstauntes Gesicht, und dann griff ich sie und küsste sie so leidenschaftlich, gierig, dass ich Gefahr lief, gegen das Jugendschutzgesetz zu verstoßen.

Die Pfiffe und das lästernde Gegröle der Barnachbarn ließen mich zu Vernunft zurückkehren. Ich hatte tatsächlich Herta wieder getroffen. Wahnsinn! Meine Nordseeflamme, hier, im teuren St. Jeans, nach all den Jahren. Sie studierte inzwischen in Frankfurt, wohnte aber in Neu-Isenburg, also nur zehn Kilometer entfernt. Nach den wunderschönen Sommernächten in Duhnens Seejungfrau. Die wohlbehütete, wunderschöne Herta Bracht residierte nun in Neu-Isenburgs besserem Viertel: der Stadtwaldgegend. Ihr Vater war ein betuchter Augenoptiker. Und dann quatschten wir beide wie die Besessenen drauflos und erzählten uns, was in den letzten Jahren inzwischen passiert war. Und wir tranken, tanzten, umarmten und küssten uns um Mitternacht im Glückstaumel.

Aber was macht ein so hübsches Mädchen hier alleine rum? Sie sagte es mir dann fünf Minuten nach zwölf ganz klar:

„Ich bin seit einem Jahr mit einem Sportmedizin-Studenten verlobt, der überraschend seine Familie in München besuchen muss. Sein Vater liegt seit gestern schwer krank im Krankenhaus. Wir wollen im März heiraten. Sonst wären wir heute zu zweit hier.“

Ich war wie von Sinnen. Hatte doch gerade dieses wunderschöne Geschöpf wiedergefunden und schon wieder verloren? Trotzdem akzeptierte ich erst mal cool die Situation und ließ mir nichts anmerken. So feierten wir unser Wiedersehen mit einer weiteren Sektflasche und atemberaubenden Tänzen bis drei Uhr früh. Obwohl etwas zu viel Alkohol im Blut, fuhr ich sie mit meinem schicken Sportwagen nach Hause und kassierte echte Bewunderung:

„Toll. Der Herr ist also ganz schön erfolgreich geworden. Auf dem Weg zum Millionär?", sagte sie und gab mir einen langen Abschiedskuss. Leider nur auf die Wange.

Als ich ein paar Wochen vorher nach der letzten Englandfahrt im Café meinem Finanzier Poppy die Kohle löhnte, legte er das Abendblatt auf den Tisch, deutete auf einen Albrecht-Artikel und erzählte mir, dass er jetzt auch ins Immobiliengeschäft einsteige:

„Dieser Aldi-Besitzer hat sieben Millionen Mark Lösegeld gelöhnt. Das hat der ganz einfach aus seiner Portokasse bezahlt und unsereiner strampelt sich für Kleingeld ab. Das hat mir den Tritt gegeben, endlich mal zwei Nummern größer und seriöser im Frankfurter Business mitzumischen. Ich hab in Alt-Sachsenhausen eine preiswerte Immobilie gekauft, meine erste, und bau da 'ne Kneipe rein. Das wird in Kürze Fußgängerzone. Dein Sawitzki ist auch schon dort mit zwei Projekten engagiert. Die Stadt unterstützt nämlich zurzeit jedes Projekt durch Genehmigungserleichterungen, um den am Boden liegenden Stadtteil zu beleben", erzählt er mir und zeigte mir zwei Fotos.

„Keine Einfahrt. Wie willste ohne ausreichend vorhandene Parkplätze deine Konzession kriegen?"

„Das ist doch das Geile: Die Stadt baut eine Straße weiter ein neues Parkhaus. Wenn'de pro Parkplatz drei Mille an die löhnst, dann lös'de damit die Parkplätze bei der Stadt ab. Für meine Kneipengröße brauch ich drei Plätze. So zahl ich neuntausend Mäuse und das Problem ist geregelt."

Ich war wirklich beeindruckt:

„Steigst du jetzt also von Drugs auf Immobilien um. Sehr vernünftig, Junge. Früher oder später hätte dich nämlich die Schmiere am Arsch gehabt."

„Logo, Amigo. Ich kauf jetzt nur noch für den Eigenbedarf, und vom Koks bin ich fast so gut wie weg. Tag für Tag bau ich den Verbrauch ab. Mach ich doch mit links."

Nach kurzer Zeit kaufte er wirklich schon sein zweites Haus und verkehrte neuerdings, tatsächlich, wie ein erfolgreicher Spekulant im Terrassencafé.

Als ich ihm erzählte, wie lange ich Sawitzki bereits von früher kenne, meinte er beeindruckt:

„Geil, der ist der neue Frankfurter Immobilienmidas. Die Bekanntschaft mit dem alten Judenabkocher hilft dir aber nichts als Goi. Weil'de nicht mit den Machern in der Synagoge verkehrst, wird man so einen wie dich nicht an den Speck ranlassen. Das machen ‚die' nur unter sich."

Ich war etwas verwirrt, über dieses Vorurteil, denn Sawitzki sah ich als einen angehenden Freund, den ich mochte, sein eventuelles Judentum war mir wurscht. Und das alles hörte ich von einem Nachkriegsgeborenen – darum nickte ich nur und ging nicht drauf ein. Meine eigenen Vorurteile gegen „Fremde" waren mir damals überhaupt nicht bewusst. Ich erwiderte dann:

„Ich glaube an seinen sauberen, fairen Stil. Das ist ein starker, getriebener Geschäftsmann mit Mut für Grauzonen. Jahrelang hatte ich Berührungen mit ihm, und niemals, niemals sprach jemand schlecht von Sawitzki."

Poppy lachte, guckte einmal kurz nach links, nach hinten und sagte dann leise hinter vorgehaltener Hand:

„Erinnerst du dich noch an das bekannte Textilhaus Heuermann hinter der Zeil? Das war ein erfolgreicher Familienbetrieb und ist verkauft und dann abgerissen worden?"

„An dem Schuppen war ich selber mal interessiert. 600.000 war der letzte Preis. Hat Sawitzki gekauft."

„Richtig. Der Untergang dieser Familiendynastie hat deinem vergötterten Freund Sawitzki das Startkapital für den Immobiliengroßeinstieg gebracht. Der Emil ist nicht so erfolgreich, weil er ein elegantes, kühl kalkulierendes Raubtier ist, nein! Er ist eine hinterlistige Hyäne und ködert seine Opfer als sympathischer, aktiver Erfolgsmensch, der es seinen Geschäftspartnern leicht macht: Er ebnet und räumt alles aus dem Weg, um den Abschluss eines Geschäfts zu vereinfachen, zu beschleunigen und schnell und gezielt zu sichern. Erst nach erfolgten, rechtskräftigen Unterschriften erkennen seine Vertragspartner, dass er sie reingelegt und massakriert hat. Mit einem brutalen Hai wie mit Emil macht man keine Geschäfte. Ich schätze, dass er, als er damals in Frankfurt als Niemand auftauchte, nicht mal 200.000 Mark Startkapital einstecken hatte."

„Hyäne, Hai ... Poppy nun übertreibe mal nicht. Emil ist doch kein Bandit."

Von Popenburg lachte amüsiert, lehnte sich zurück, trank einen Schluck Espresso und fuhr fort:

„Viel schlimmer, im Grunde genommen ist er nichts weiter als ein perverser Killer. Letzte Woche an der Bar vom St. Jeans Inn hatte Emil schon einiges gekippt und sich mit dem Heuermann-Deal gebrüstet. Damals konstruierte er, wie so oft mit vielen anderen Opfern, einen ganz linken Vertrag. Fragte den Heuermann, wie lange die Immobilie schon in seinem Besitz sei."

„Eine Ewigkeit", antwortete der.

„Haben sie in den letzten acht Jahren Grundbesitz verkauft?"

Heuermann schüttelte den Kopf.

„Dann macht es ihnen ja auch nichts aus, den Verkaufspreis, nur auf dem Papier, etwas höher anzusetzen, sagen wir auf 900.000. Davon sind bereits von mir in der Schweiz 300.000 als Anzahlung bezahlt. Sie bestätigen mir zum Schein kurz vor der Notarunterschrift eine Vorauszahlung von 300.000 in bar. Im Kaufvertrag stehen 900.000. Sie verstehen? Somit bleibt ihr realer Kaufpreis bei den vereinbarten 600.000, denn steuerlich haben sie da kein Problem: Sie zahlen, egal wie hoch der Verkaufspreis ist, nach deutschem Steuergesetz keinen Pfennig Einkommenssteuer! Rufen sie doch einfach ihren Steuerberater an. Ihren sicheren Vertragsbetrag erhalten sie dann, bei den Unterschriften und der Notarübertragung von meiner Frankfurter Hausbank, der SOFI-Bank. Kein Risiko für sie, weil alles unparteiisch vom Notar überprüft wird. Sie verstehen, ihre 600.000 erhalten sie notargesichert von meiner Bank!"

Ich sah Poppy verwirrt an. Mein Gehirn machte immer noch nicht richtig mit. Er ergänzte:

„Heuermann begriff damals wohl nur, dass sein Käufer ein ausgefuchster Steuerjongleur war. Machte aber aus finanzieller Not mit, weil er das Geld brauchte und den immer noch mit fixen Kosten belasteten Altbau unbedingt loswerden wollte. Sawitzki begründete den erhöhten Betrag damit, dass er auf das Objekt sofort höhere Kredite ziehen kann und von der höheren Abschreibung profitiert. Also wurde der Notartermin vereinbart, die Eheleute Heuermann und der glückliche Käufer unterschrieben, und dadurch war festgelegt, dass die Heuermanns bereits vorher in der Schweiz einen Teilverkaufpreis in Höhe von 300.000 Mark bar erhielten."

„Also ist dieser Betrag der Drehpunkt?"

Von Popenburg grinste schadenfroh und fuhr fort:

„Richtig, jetzt hast du es, und der korrupte Notarfreund besiegelte den Vertrag, ohne die Verkäufer auf einen wichtigen Satz, der mitten in den vielen Klauseln und dem Vertragschinesisch stand, hinzuweisen:

‚Die Wirksamkeit dieses Kaufvertrages tritt erst mit einer Finanzierungsbestätigung der Bank des Käufers, der SOFI-Bank Frankfurt, in Kraft. Erst nach Vorlage dieser ist der Notar beauftragt, den Kaufvertrag zur Eintragung einer Auflassungsvormerkung dem Grundbuchamt vorzulegen. Die bis dahin anfallenden Notarkosten werden von Käufer und Verkäufer zu je 50 Prozent getragen. Sollte die SOFI-Bank innerhalb der nächsten vier Wochen die Finanzierung ablehnen, so kann der Verkäufer von dem Vertrag zurücktreten'. Die alten angeschlagenen Heuermanns unterschrieben leider, und Emil Sawitzki war kurz darauf 300.000 Mark reicher."

„Wie lief das Ding genau? Erzähl es mir doch endlich, Pop. Warum um 300.000 reicher?"

Poppy schüttelte den Kopf, aber erklärte:

„Der Emil war der Bank nur für rund 150.000 gut, weil er zu der Zeit keinerlei sonstige Einnahmen vorzeigte. Er wusste durch eine Voranfrage, dass die SOFI aufgrund dieser schwachen Sicherheiten garantiert ablehnen würde. Reichte cool erneut eine schriftliche Kreditanfrage mit der Kaufvertragskopie ein und wartete auf seine schriftliche Absage. Dann stornierte er den Kaufvertrag mit dieser SOFI-Absage beim Notar und verlangte frech von den Heuermanns seine vorher in der Schweiz gezahlte Cash-Anzahlung von 300.000 zurück."

Ich war fassungslos, mein großer Held Sawitzki und der mir bekannte Schmitt-Kranz: Zwei miese Betrüger?

„Hat er das erschwindelte Geld tatsächlich bekommen?"

„Noch nicht, aber er wird. Denn ohne Rückzahlung der 300.000 Mark wird Emil ihm als Käufer doch nicht die Rückauflassung erteilen und das Grundbuch blockieren."

„Dieses Brutalospiel hätte ich Sawitzki nicht zugetraut. Ich bin ehrlich erschüttert."

Poppy zuckte mit seinen Schultern und flüsterte dann, weil sich Leute an den Nebentisch setzten:

„Nächsten Monat klagt Heuermann gegen Itzig Emil, wegen Betrug."

Ich wechselte und beendete das Thema, weil er wieder gegen Minderheiten, Ausländer und andere hetzte. Er ging mir sowieso mit seinen ewigen Judenwarnungen auf den Keks. Meine eigenen damals oft rückkehrenden diskriminierenden Vorurteile waren mir damals noch nicht bewusst.

„Nimm dich in Acht vor ihnen, nimm dich in Acht, Jörg.“

„Quatsch!“

Als Shaul Funkelstein ein paar Tage später mit seinem neuen chromglitzernden Englishgreen-Rolls-Royce vor dem Terrassencafé einparkte, schauten ihm die „Promitisch“-Gäste einerseits neidisch, andererseits anerkennend nickend zu. Einer murmelte:

„Der war noch vor drei Jahren, als er sich mit dem Projekt am Shell-Hochhaus verhob, total stier, und jetzt fährt der alte smarte Aufreißer schon wieder 'ne Kiste für über 100.000. Diese Juden sind doch wie die Katzen: Schon im Fall bereiten sie sich mit ihren Pfoten auf eine günstige Landung vor. Seine Gerda sicherte die neue Maklerfirma, vorher clever durch Gütertrennung ab, parallel zu seiner Spekulation. Damit sie, wenns mal knallen sollte, gleich wieder startbereit sind. Die haben sie einfach in den Genen, die geile Geschäftemacherei.“

„Das ist denen angeboren“, meinte kopfschüttelnd der stadtbekannte Ex-NPD-Mann, Bezirksschornsteinfeger Collins und schlürfte den Schaum seines Cappuccinos.

Da war ich aber anderer Meinung:

„Alles Stuss, Meister! Märchen! Juden sind ganz normale Leute wie du und ich. Die Rassenminderwertigkeitsideologie der Nazis und die Nachkriegsbewunderung der weniger erfolgreichen Neider sind Unsinn. Auswärtige Macher, die es uns zeigen, wurden schon im Mittelalter in Gettos abgeschoben und ganz einfach kaltgestellt. Adel, mafiöse Kaufmannspatrizier und das Machtsystem der Handwerkszünfte haben den Juden schon im Mittelalter ihr Leben schwer gemacht. Schon immer wurden ihre Tätigkeiten durch brutale Gesetze und unfaire Bevormundung beschränkt. Sie durften nur noch Handels- und Geldgeschäfte machen oder wurden in unangenehme Berufe wie Trödler und Hausierer runtergedrängt. Dadurch ist über Jahrhunderte ihr eingeschränkter, traditioneller Berufsweg vorprogrammiert worden: Verleih-, Spekulationsgeschäfte, Handel mit edlen profitträchtigen Waren. Aus den bedrängten Juden wurden logisch Überlebenskünstler, die aufgrund ihrer Zwänge und Schwierigkeiten doppelt so smart und hart, wie ihre Gastgeber arbeiten mussten, um zu überleben. Und wenn der Moshe mit einer neuen Geschäftsidee gute Kohle machte, dann kopierte ihn sofort der Naftali von nebenan und arbeitete Tag und Nacht dreimal so hart, um es sich selbst, ihm und allen anderen Synagogenjungs zu zeigen."

Collins sagte besserwisserisch:

„Ich weiß, was läuft. Als Bezirksschornsteinfegermeister habe ich ja viel mit Frankfurter Juden zu tun, allesamt erfolgreiche Hausbesitzer", berichtete er. Allesamt – die Handvoll Holocaustüberlebender kriegte oft wegen ihrer Naziverluste eine Abfindung. Entschädigung, okay! Und als Frankfurt in den ersten Nachkriegsjahren total unten war, stiegen viele von ihnen mit ihrem ersten frühen Baren ins Gastronomie- und Amüsementgeschäft ein. Das brachte damals gutes schnelles Geld, weil alle Leute nach den Kriegsschrecken einen kaum zu befriedigenden Nachholbedarf an Lebensfreude hatten und die Amisoldaten in unserer amerikanischen Besatzungszone scharf auf deutsches Bier, Schnaps und Fräuleins waren. Die erste große Kohle wurde im Bahnhofsviertel gemacht, und das war auch teilweise in jüdischer Hand. Das wäre nichts Ungewöhnliches gewesen, wenn in Frankfurt einige Zigtausend jüdische Bürger gelebt hätten. Dem war aber nicht so. Damals waren es nur wenige Überlebende, und dadurch war natürlich ihr Anteil am Amüsiergeschäft ungewöhnlich groß. Es entstanden aber nicht nur zweitklassige Kneipen oder Rotlichtläden an der Kaiserstraße. Bereits kurz nach Kriegsende gab es am Frankfurter Bahnhof etliche recht ordentliche, geachtete Läden. Selbst unser reichster jüdischer Bürger, der Buchmann, hatte dort Betriebe. In seinem „Lido" verkehrte das schicke „Tout" der Stadt. Der Buchmann, der wusste Klasse zu kreieren im Frankfurt der Nachkriegszeit. Aber geborenen Geschäftemacher sind'se für mich doch, begabter als andere."

Immer wieder diskutierten wir damals über die Zeit des Wirtschaftswunders. Als unsere Väter wieder aufbauten, indem sie sofort ihr Erlerntes, Altbewährtes in den zerbombten Ruinen rekonstruierten und das deutsche Wirtschaftswunder mit seinen Fress-, Kleidungs-, Einrichtungs- und Reisewellen voll durchstarteten, war eine Handvoll weitblickender jüdischer Geschäftsleute bereits eine Stufe weiter; sie erkannten durch ihre weltoffene, kreative Anpassungserfahrung frühzeitig Bedarfslücken, die es zu decken galt: durch die Wohnungsnot den ungesättigten Bedarf an anständigem Wohnraum und durch den schnellen Start des Wirtschaftswunders den Zuwachs an Gewerberaumbedarf. Einer fing an, und alle anderen folgten ihm. Sie stiegen damals volle Pulle in das todsichere Geschäft mit Haus und Grund ein. Eine Arbeits- und Geldmaschine, bei der es garantiert für Jahrzehnte nur den einen Kurs gab: aufwärts! Und die Stadt Frankfurt ermöglichte sogar mit Sonderregelungen das Monopoly im Gigantischen. Wenn du damals im vornehmen Westend eine bestimmte Anzahl von ein paar Tausend Quadratmetern Grundstücksfläche zusammengekauft hattest, erwarbst du das Recht, diese irrsinnigen Superhochhäuser zu bauen. Viele kapitalstarke Gruppen, auch früh flüssige jüdische Kaufleute, trauten sich und schufen dadurch zum Teil Milliardenvermögen. Generell läuft es immer noch aufwärts, und es helfen dem Herausforderer auch die vorteilhaften deutschen Steuergesetze.

„Wer Grundbesitz zwei Jahre sein Eigen nennt und ihn mit Gewinn verkauft, ist einkommensteuerbefreit. Egal wie hoch!", sagte ich seufzend, weil mir immer noch die Kohle für die nächste Anzahlung fehlte.

Poppy zündelte sich eine teure Zigarre mit Bauchbinde. Sog wie an einem Dauerlutscher, lehnte sich zurück und ergänzte:

„Darfst nur nicht mehr als drei Immobilienbewegungen in acht Jahren machen. Dann bleibt der Reibach steuerfrei. Danach kannste nur mit Schwarzgeld die Steuer leimen oder einfach klug legal bleiben, weil'de doch genug Kohle machst. Und die Masse wird ja doch nicht von den paar Juden gemacht. Gibt genug „weiße Juden", uns und viele zugezogene Ausländer. Vom reichen Iraner bis hin zum frisch gebackenen italienischen Eisdielenmillionär."

Im Anzeigenteil der Frankfurter fand ich dann beim Samstagmorgenkaffee den Hammer:

Fünfgeschossiges Wohn- und Geschäftshaus mit Lkw-Einfahrt zum dazugehörigen 6-Familienhaus im Garten. Stark renovierungsbedürftig.

Und das für nur 240.000 Mark in Mainnähe in Offenbach. Anbieter war Makler Paul. Leider ohne Adressangabe. Samstag war sein Maklerbüro geschlossen, und am Montagmorgen war ein Ansturm von zig Interessenten zu erwarten. Keine Chance für mich. Ich kannte die Pauls durch meine Vermietungen näher. Wusste, dass sie eine wunderschöne Villa in Kronberg besaßen. Und auf einmal war mir schwindelig. Dieses ungewöhnliche Immobilienangebot war wohl nur auf dem Markt, weil Paul ja inzwischen zur Côte d'Azur gereist war. Ich fühlte die Gänsehaut auf meinen Armen und rief sofort Frau Paul privat an. Sie erinnerte sich an mich als „Kunden" und war entgegenkommend.

„Die Liegenschaft ist in der Offenbacher Adalberstraße 18, direkt hinter dem alten Bunker. 2. Weltkrieg. Das Haus ist praktisch eine Abrissbude: keine Bäder und Toiletten in den Wohnungen und ohne Zentralheizung. Altmieter, die wenig bezahlen. Zwei Wohnungen sind aufgrund von Feuchtigkeitsschäden leer. Wollen Sie sich das tatsächlich ans Bein binden? Das kostet durch die Nase!", war ihr Kommentar.

Ich bedankte mich. Rannte in Sprüngen die Treppe hinunter und hinein in meinen Wagen. Raste wie ein Irrer durch die Stadt. Hielt vor der Liegenschaft und schnallte ab: ein Riesengebäude mit Hinterhaus. Mindestens 15, 16 Wohnungen, im Erdgeschoss sogar leere Räume, bereit für schon genehmigtes Gewerbe. Und das alles für nur 240.000 Mäuse! Oh, Götter dort oben: Lasst es wahr werden! Die Lkw-Einfahrt war zugesperrt. Ich drückte auf den Hausmeister-Klingelknopf des Vorderhauses. Frau Wetter antwortete über den Lautsprecher, forsch und deftig:

„Was wollen Sie? Wer sind Sie?"

„Ich komme von der Elektrobau Bayer und will noch schnell mal einen Blick auf die Dächer werfen. Blitzableiterreparatur. Sie verstehen."

„Ha, ha, ha. Verschwinden Sie, Sie Einsteigdieb. Sie lügen ja doch das Blaue vom Himmel herunter. Ich bin die Hausverwalterin. Soll ich die Polizei rufen?"

Ich verzog mich. Schlich sauer um den Block herum, um eventuell eine Sichtmöglichkeit von der Rückseite zu finden. Das Haus stand vor dem letzten übrig gebliebenen Stadtteilbunker. Wo der endete, war eine brüchige, alte Ziegelmauer, fast zwei Meter hoch. Davor standen einige Mülltonnen. Ich schloss zwei Deckel und stieg auf die neueste, nicht so schmutzige. Griff mit beiden Händen in herausragende Ziegel und hangelte mich mühsam hoch. Da kippte der Behälter, und ich flog auf die restlichen drei offenen, die mit mir umstürzten. Ich krabbelte hoch. Mein linkes Knie schmerzte bisschen. Aber außer Marmeladeflecken am rechten Hosenbein hatte ich mir nichts weiter zugezogen. Nun drückte ich die zwei guten, hoffentlich standfesten Tonnen, vorsichtig an die Wand und probierte es ein zweites Mal. Die Tonnen wackelten, aber hielten. Ich klammerte mich mit beiden Händen an den Mauerrand und schaute rüber. Irgendein Drecksack hatte in den Verputz Glasscherben eingemauert. Ich schnitt mich aber nur ein bisschen. Oh, Gott ... Das war der beste und geilste Standort für den generellen Überblick. Sensationell! Die Liegenschaft war gigantisch!

Am Montag zog ich, bevor alle anderen zur Besichtigung fahren konnten, eine Minute nach Büroöffnung den Maklervertrag durch und ging eine Woche später als Sieger zum Notar. Mir war klar, wenn Paul da gewesen wäre, hätte er oder einer seiner Kumpels sich diese Gelegenheit unter den Nagel gerissen.

Kurz nach unserem Wiedersehen rief mich Herta an:

„Wie geht es dir mein Schatz. So ein wunderschöner, warmer Samstagvormittag. Da würde es so richtig Spaß machen, mit deinem schönen Mercedes Cabrio nach Bad Homburg zu kutschieren."

„Und eine kühle Cola auf der Tennisbar-Terrasse zu trinken", ergänzte ich und freute mich.

„Du bist gemein. Willst du mich tatsächlich mit 'ner billigen Brause herumkriegen? Ich bitte dich, das Mindeste wäre doch eine Einladung zum Essen."

„Knackwurst mit Kartoffelsalat?"

„Furchtbar. Dieser Mensch hat wirklich keinen Stil. Wie wäre es mit einem Filet Mignon zu einem guten Glas Rotwein?"

„Okay, wann soll ich dich abholen? Bring aber ja nicht deinen Sportstudenten mit."

„Der ist Hobbyboxer und jähzornig. Ich lass ihn einfach auf meiner Couch liegen. Er ist gerade eingeschlafen."

Ich willigte ein und kam etwas früher. Dann erfuhr ich, dass sie sich schon vor zwei Monaten von ihm getrennt hatte und dass er ein „armer Teufel" war, der „keinen Pfennig drauf hatte". Aha, daher wehte der Wind. Die raffinierte Madame guckte also auf Kohle. Und ich als mehrfacher Hausbesitzer wurde von Haus zu Haus interessanter. Es wurde ein wunderschöner Samstag, und sechs Monate später waren wir tatsächlich verheiratet, und Herta zog bei mir in die Wohnung ein. Natürlich dachte ich auch die ganze Zeit an Eva. Rief sie auch weiterhin an. Verschwieg ihr aber meine Heirat.

Und dann saßen wir wieder einmal an den zwei „Promitischen" vor dem Terrassencafé: In modischen Klamotten und gegenüber vor dem Thurn und Taxis-Tor standen wild geparkt unsere Schauautos: SLs, Carreras, Shadows und Astons. An unseren Handgelenken glitzerten die protzigen Rolexuhren. Wir knabberten an mitgebrachten Hummerschwänzchen vom Plöger. Tranken dazu italienischen Espresso: Finkelstein, Paul, Aki, Popenburg, Collins, nur Sawitzki war noch nicht zu sehen. Auf einmal kam ein silberner 300er SL angedröhnt und parkte ein. Ja, tatsächlich der alte legendäre Überwagen: Silberpfeil 300 SL mit Flügeltüren. Das Gespräch an den Tischen verstummte einen Moment. Der Fahrerflügel klappte hoch, und wer kroch sehr unsportlich und mit fetter Wampe heraus: Frankfurts gemeinster Immobilienhai, Emil Sawitzki. Alle Halbweltfürsten sogen ihn ein, den Duft der großen Überschau: Durchsetzungskraft und finanzieller Erfolg, gepaart mit dem Touch vom Milliardenhintergrund, den Rokokofragmenten des Thurn und Taxis-Palastes.

Sawitzki setzte sich dann – mit der coolen Geste seiner lässig angehobenen, streichelnd wirkenden Hand alle Typen grüßend und Mann für Mann fixierend – an den Nebentisch zwischen Akter und Poppy, der ihn überschwänglich begrüßte:

„Hallo, unser Niedriggeborener, wie ich sehe, geht es dir blendend. Flügeltürer, el Geilo! Und erzähl mal, wie ist eigentlich deine Gerichtsgeschichte gelaufen. Mussten die Alten löhnen?"

„Na logo."

„Die volle Summe?"

„Inklusive aller Anwalts- und Gerichtskosten. Sag mal biste blöd. Natürlich!"

„Musstest du noch Beweise bringen oder ist es einfach so gelaufen?

„Na ja, war ja zwei Wochen vor dem Notartermin in Zürich und präsentierte dem Gericht die aufbewahrten Taxiquittungen und Bahntickets."

„Du alte, schlaue Ratte. Herzlichen Glückwunsch. Poppy merke, wer mich bremsen will, wird aus dem Weg geräumt!"

Ich war der Einzige, der wusste, worum es ging. Mir war speiübel.

Herta war ein hübsches, liebes Mädchen, das mir jeden Wunsch von den Augen ablas.

„Ich liebe dich", hauchte sie mir immer vor ihren heißen Küssen ins Ohr. „Liebe dich fast so wie damals meinen geliebten treuen Hasi."

Da fühlte ich mich immer furchtbar geschmeichelt, denn ihr kurz vor unserer Verlobung von einem Mofa überfahrener Hasi, ein kleiner schwarz-weiß gefleckter, struppiger Miniterrier, besaß fast zwei Jahre lang ihr kleines pochendes Herz. Tag und Nacht erzählte sie mir von jeder Erfahrung mit dem rattengroßen Köter. Von seiner glamourösen Kämpfernatur als erfolgreicher Katzenjäger bis hin zu seinen Verdauungsbeschwerden.

Ich verzieh ihr das alles. Denn sie schien mir eine fleißige Studentin, die sich durch harte Arbeit und Einsernoten ihren Studienplatz sicherte und in drei, vier Jahren bestimmt ihr Berufsziel erreichen würde: Tierärztin.

Immer wollte sie Sex, morgens, abends und nachts, wann immer sich eine Gelegenheit bot: auf dem Teppich, im Gras, auf dem Autorücksitz oder im Schlafwagen der Bundesbahn. Zuerst war mir das recht, weil sie einen jungen, sportlichen, vollkommenen Körper besaß mit ungewöhnlich großen Brüsten. Aber später, als ich mich so manches Mal total im Eimer vom Arbeitsstress mit Mietern, Handwerkern, oder durch Kreditverhandlungen geschwächt, mit ihr traf. Da brachte und konnte ich es oft nicht. Ich kriegte einfach keine anhaltende Erektion.

„Baumelpinsel" nannte sie mich dann verärgert und kippte ein paar von ihren geliebten Gin Tonics. Das konnte und wollte ich ihr nicht verzeihen. Wir waren fast ein Jahr verheiratet, als ich eines Morgens die Tageszeitung las. Da bemerkte ich, dass im letzten Teil die Kleinanzeigenseite fehlte. Das war schade, die studierte ich immer gewissenhaft. Besonders die Immobilienannoncen und Gebrauchtartikelanzeigen. Stattdessen war die ganze Seite weiß. Unbedruckt leer. Wohl ein Rotations- oder Plattenschaden. Herta bemerkte ihn beim Kaffeenachschenken und stieß einen schrillen Schrei aus. Erstaunt senkte ich mein Blatt und sah sie fragend an.

„Kein blöder Druckfehler, Schatz. Das ist bestimmt eine Botschaft der ‚Wissenden' für ihre ‚Followers' mit dem dritten Auge. Ich bin mir da sicher. Sie ist in Alasta gedruckt, nur SIE können diese Botschaften lesen. Ich habe gerade darüber einen wissenschaftlichen Bericht aus den USA gelesen."

„Alasta? Nie gehört. Was um Himmels Willen soll das denn sein?"

„Dummerchen, die geheimnisvolle vierte Farbe doch!"
„Welche vierte Farbe, mein Augensternchen?"
„Na es gibt, wie du weißt, doch eigentlich nur drei, aus denen alle anderen sich mischen lassen. Okay? Gelb, Rot und Blau. In Wirklichkeit existiert aber noch eine vierte, die nur wenige Menschen sehen können: Alasta! Wenige begnadete."
Ich lachte mich schief und fragte dann mit überheblichem Unterton:
„Und Alasta, diese edle Farbe siehst natürlich auch du!"
Traurig schüttelte sie ihren hübschen Kopf und schluchzte:
„Leider hat das Universum mich nicht damit beschenkt. Leider. Aber wäre es nicht wundervoll, diese Gnade erfahren zu haben? Atlantis sehen zu können, deinen persönlichen Schutzengel, den nahenden Sensenmann, Gott?"
„Bist du von Sinnen?"
„Warum bist du der ewige anmaßende Spötter, der glaubt den Stein des Weisen bereits von Geburt an adoptiert zu haben, Liebster? Den muss sich doch der Zweifler erst hart durch positive und negative Erfahrungen erarbeiten?"
Das war mir einfach zu blöd. Ich sagte nichts, griff sie mir und zog sie an meine Lippen. Die liebe, hübsche Bekloppte. Irgendwie liebte ich sie ja auch, weil sie von ihren rührend absurden Ideen gejagt, ständig kindlich-kreative Spannung erzeugte. Aber da kapierte ich noch nicht, dass sich allmählich eine gemeine Entfremdung zwischen uns entwickelte, weil sich Herta immer mehr mit bizarren Welten und Spinnereien beschäftigte, die sie bald vollständig beherrschten.
Inzwischen lief die Welt weiter: 17 Terrortote bei der 1972er Olympiade. Barzel wird bei der Abstimmung betrogen. Louis Armstrong stirbt. „Otto" erscheint zum ersten Mal auf der Bühne. Raumschiff Enterprise auf dem Bildschirm. Baader-Meinhof-Terroristen gefasst. Erste Ölkrise. Muslimangriff auf Israel und das kleine Land wehrt sich erfolgreich. Scharlatane wie der Fettecken von Beuys und Uri Geller verarschen unsere Welt. Seriöse Großunternehmen stolpern, von Neckermann bis zur Herstatt Bank. Und die erste große Spekulanten-Baupleite schreibt Titelseiten: Stieglitzer Kreisel in Berlin. Bei mir lief immer das Gleiche: ständig Reparaturen, Bankendruck und säumige Mieter. Hausbesitzer, ein gemeiner Job, der dich auf lange Sicht zur Flasche greifen lässt, weil es keine Erfolgserlebnisse gibt, die dich aufbau-

en. Gerade so erträglich, wenn mal ein paar Tage nichts passiert und sich alle an ihre Verträge halten. Gemein und gefährlich, wenn Bauschäden dir die finanzielle Luft nehmen oder Mieter dich betrügen.

Ich erstickte immer mehr im banalen täglichen Hausverwaltungsmüll. Im Bermudadreieck – Jazzhaus, Café Schwille und Club Voltaire – hatte ich immer mehr Berührungen mit der mir bisher sympathischen 68er-Meute. Viele der Typen waren mir seit Langem vertraut und ich ihnen. Jahrelang kannten wir uns vom Sehen oder lustigen gemeinsamen Nächten in der City. Die Hausbesetzertypen mit ihren Übernahmeaktionen und Demonstrationen nahm ich nicht ganz für voll, und sie waren mir darum egal. Die hatten als meist „betuchte Söhnchen" der „höheren Klasse" nicht meine „Sorgen" und waren für mich eigentlich nur gelangweilte Bubis, die etwas Spaß haben wollten. Irgendwann machten mich ein paar von ihnen an mit:

„Dich geldgeilen Hausbesitzerarsch nehmen wir uns auch bald vor. Spekulier mal so weiter. Irgendwann übernehmen wir, die aktive Linke, auch deine Buden!"

Da hörte natürlich der Spaß auf.

„Leckt mich doch, Ihr Schwachköpfe", war mein cooler Kommentar, und als wäre nichts gewesen, trank ich gut gelaunt meinen halben Liter.

Als aber '73 der Häuserkampf eskalierte und Ali Selmis 42-stöckiges Hochhaus im Westend lichterloh brannte und Tausende Schaulustige „Heute verbrennen wir dem Selmi sein klein Häuschen" sangen und dazu idiotische Neider „Zugabe! Zugabe!" brüllten, da lief es mir kalt den Rücken hinunter. Ich fuhr damals der gigantischen Rauchsäule nach, parkte am Hauptbahnhof und ließ mich mit der Masse der sensationsgeilen Schaulustigen zur Riesenfackel mitziehen. Ganz nahe mitten in der Menschenmenge sah ich Aki. Der rechtsradikale „Altenkiller" brüllte aber nicht mit den Fanatikern. Im Gegenteil, er schien mir entsetzt und geschockt. In Gesprächen in den folgenden Tagen mit ein, zwei jüdischen Hausbesitzern bemerkte ich, dass diese in ihrer Argumentation sehr, sehr zurückhaltend waren. Das erinnerte sie bestimmt wieder an die furchtbare Kristallnacht! Zum Glück löste sich dieser entsetzliche Spuk bald wieder in nichts auf.

Mit der verdammten Liegenschaft in Offenbach startete sofort Ärger ohne Ende. Wegen des heruntergekommenen Wehrmachtsbunkers neben dem Haus fand ich nur die „Creme de la Creme der Losermieter." Drei der sechs Wohnungen im Vorderhaus waren von alleinstehenden älteren Frauen belegt, die über nur geringe Einkommen aus Rente oder Sozialzuschuss verfügten. Sie waren aber eine gute Einkommensgrundlage, weil sichere Zahler. Außerdem waren sie mir auch als ruhige Menschen angenehm. Im ersten Stock zog dann ein älterer, alleinstehender Pensionär ein. Herr Otto mit seinen zwei Hunden. Die waren aber gut trainiert: Bellten nie, verdreckten nicht Flur und Hof und griffen keine Mieter an. Bingo! Auch ein sicherer Dauermieter, der nur wegen seiner Hundeliebe, die vorherige Wohnung verlor. Daneben befand sich ein kleiner Lagerraum mit Bad, den ich begeistert zu meinem Büro umfunktionierte. Und ich gebar dabei eine neue wertvolle Idee: Das Dachgeschoss, in dem nur zwei Räume vermietet waren, war höher als der Bunker schräg dahinter und darum für einen Luxusausbau als Penthouse topgeeignet. Sofort formte sich in meinem Gehirn die Zukunftsvision einer schicken Dachwohnung mit großer Aussichtsterrasse für meine geliebte Herta und mich. So machte ich mich an die Arbeit und entwarf erste Pläne.

Leider brachten die übrigen sechs Wohnungen nicht nur meinen Blutdruck hoch, sondern ruinierten mir Monat für Monat meine Psyche: Ich war inzwischen auf mindestens 90 Prozent meiner Mieteinnahmen angewiesen, weil allein die Bank mir für Tilgung und Zinsen über 60 Prozent abnahm. Schließlich war ich ja kein reicher Erbe, der sein Vermögen verwaltete, sondern ich erwirtschaftete trotz irrer Bankbelastung Tag für Tag zäh mein Überleben. Immer wieder mieteten sich Leute ein, die nichts anderes vorhatten, als mich zu betrügen. In die rechte obere Wohnung, die nicht nur im guten Zustand, sondern eine der beiden Balkonwohnungen war, nahm ich nach wirklich sorgfältiger Prüfung eine kesse, vollbusige Enddreißigerin auf, obwohl mir ihre große Klappe nicht gefiel. Sonst aber stimmte alles: Frau Mende konnte saubere Arbeits- und Einkunftsunterlagen vorlegen, sah sehr gepflegt aus, und ihr Chef lobte sie als sehr gute Angestellte. Sie arbeitete als Reinigungsspezialistin bei der bekannten Reinigungskette Böfer und verdiente gut.

„Das ist eine zuverlässige Mitarbeiterin, für die ich jederzeit meine Hand ins Feuer lege: Sie arbeitet seit Jahren erfolgreich in unserer Abteilung ‚Specialclean', Sie verstehen? Eine Fachfrau für empfindliche, schwierige, besonders delikate Reinigungsfälle. Da braucht man eine erfahrene, verantwortungsbewusste Spezialistin, damit wir nicht dauernd Ärger mit der Versicherung bekommen. Sie verstehen? Sie zahlt ihnen heute 300 Anzahlung und den Rest der Kaution am Einzugstag. Dafür bürgen wir mit unserem guten Namen: Böfer!"

Ich verstand, bedankte mich und unterschrieb den Mietvertrag, der mir mehr graue Haare und später einen Gesamtverlust eines dreistelligen Betrages bescherte. Sechs Tage vor Mietbeginn gab ich ihr bereits gutmütig die Schlüssel, weil die Wohnung eh leer war. Nach der Unterschrift hauchte sie mir mit gekünstelter „vornehmer Stimme", dass sie aus der Wohnung wegen der zentralen Lage und Nähe zum Arbeitsplatz ein „Luxusheim mit Edelholzdecken und echtem Parkett" machen wollte. Ich Idiot spürte bereits, dass sie aufgeblasene Märchen erzählte. Glaubte ihr leider allzu gerne. Am festgelegten Einzugstag, einem Donnerstag, fragte ich sie telefonisch nach dem Rest der Kaution.

„Die hat der Chef letzte Woche überwiesen. Ist das Geld noch nicht auf Ihrem Konto eingegangen?"

Okay, ich sagte ihr also höflich, dass ich bis Dienstag warte. Da war es dann immer noch nicht angekommen. Auch nicht die am 3. fällige nächste Monatsmiete. Seit diesem Tag konnte ich sie nicht mehr telefonisch erreichen. Da half auch kein Klopfen an der Tür, keine schriftlichen, gesetzlichen Mahnungsserien.

„Sie schläft aber da! Ich höre alle ihre Geräusche, vom Türschließen bis zur Badezimmerbenutzung und am Abend den ewig plärrenden Fernseher", erzählte mir ihre alte, immer mit dem Kopf wackelnde Nachbarin Frau Huber.

„Ich sehe die nie zur Arbeit gehen. Wann verlässt sie morgens das Haus?"

„Immer ganz, ganz früh, vor sieben. Scheint so was wie 'ne Frühschicht zu sein", informierte mich die wachsame alte Wetter mit hasserfülltem Gesicht, weil ich ihr ja den Hausmeisterjob abnahm.

„Danke, verehrte Frau Wetter. Da werde ich mir die Mende im Morgengrauen dann greifen", hauchte ich liebenswürdig.

Eines Morgens holte ich meine Post aus dem Briefkasten. Etwas Werbekram und zwei Briefe. Ich ging zurück in meine Wohnung und las zuerst den unangenehmen blauen Brief von der Bank. Der miese Minuskontostand des Bankauszugs war schockierend. So schenkte ich mir ernüchtert den zweiten Frühstückskaffee ein und öffnete den zweiten, schneeweißen Brief vom Mieterschutzbund „City". Mein Magen drehte sich, signalisierte Schmerz. Der Wisch konnte ja einfach nur bösartig sein. Verärgert überflog ich den Text. Die alte Wetter hatte mich angeschwärzt.

Ich erhöhte, wie im gemeinsamen Gespräch abgemacht, ab Jahresanfang ihre Grundmiete von 100 auf 140 Mark. Bei der Übernahme im Vorjahr verfügte ihre Wohnung über kein Badezimmer. Das mittelalterliche Plumpsklo müffelte im Flur. Wir einigten uns bei einer kurzen Begegnung im Hausflur auf einen Badeinbau in ihre große Küche hinein, gekoppelt an eine 40-Prozent-Mieterhöhung. Clever hielt ich die Abmachung auf einem alten Briefumschlag fest mit unseren beiden Unterschriften. Trotzdem wollte sie mich nun mit dem Mieterverein drangsalieren, weil ich ihre Miete „ungesetzmäßig" um 40 Prozent hochballerte!

Der Hieb schmerzte, denn die mürrische, alte Krähe log aus Rache, weil ich sie zum Jahresende von ihrer heiß geliebten Position entband. Sie war eine ordentliche Frau, aber aufgrund ihres Alters und fehlender handwerklicher Fähigkeiten für den Job nicht geeignet. Ich verstand ihre Reaktion, denn ich degradierte sie, die jahrzehntelange „Herrin des Hauses", über Nacht zur gemeinen Mieterin.

„Blutsaugergauner" nannte sie mich fortan. Nicht nur bei den anderen Mietern und Nachbarn, sie griff mich damit auch direkt an.

„Hitlerleiche", schimpfte ich dann verärgert zurück, weil sie bei den Nazis eine erfolgreiche BDM-Führerin war und immer wieder von ihrer „glamourösen Zeit unter unserem Führer" faselte. In ihrem verstaubten, abgewohnten Wohnzimmer hingen viele Beweise ihrer erfolgreichen „guten Jahre": das Mutterkreuz unter Glas, eine Ernennungsurkunde zur Zugführerin und ein Foto mit ihr und einem fröhlich in die Kamera grinsenden SS-Offizier.

„Die heutige Jugend verliert das Gefühl für die wahren Werte. Schätzt Plagen, wie Negermusik, billig rausgeputzte Dirnen und Geldprotzerei. Und sie Abkocher, der uns arme alte Frauen schamlos ausplündert, sind der schlimmste."

Sauer verfasste ich ein Kündigungsschreiben wegen „übler Nachrede", das zwar lächerlich war, aber ihr erst einmal Kontra gab.

Nun dieser Brief vom Mieterschutzverein. Mit meinem bereits bis ins letzte Detail durchdachten Plan im Kopf steckte ich ihn bösartig grinsend in die Hemdbrusttasche und öffnete leise die Tür zum Hausflur. Nur einen kleinen Spalt, so 10 Zentimeter weit. Ich wusste, die sehr alten, langsamen Frauen würden die nächste Stunde, eine nach der anderen die Treppe runterzuckeln, um zum Briefkasten zu gehen. Als ich vom zweiten Stock das Schlüsselumdrehen vernahm, wusste ich, dass die größte Klatschtüte des Hauses, Frau Huber, kam. Als sie sich langsam in ihren alten Pantoffeln heranschlürfend näherte, trat ich „wie zufällig" mit dem Brief in der Hand auf den Flur hinaus und seufzte laut:

„Oh Gott, oh Gott, oh Gott!"

Die Huber blieb stehen, schaute fragend zu mir hinunter und rief dann neugierig:

„Was ist denn Gruseliges los?"

„Die Wetter kommt noch auf ihre alten Tage in den Knast", flüsterte ich mit bestürzter Miene. „Wegen Meineid. Das überlebt sie nicht!"

„Meineid? Um Gottes willen, wie das?", keuchte sie entsetzt.

Ich erzählte ihr von der schriftlichen Abmachung auf dem Briefumschlag und dass ich gleich Montagvormittag zum Gericht gehen würde.

„Um denen den schriftlichen Beweis ihres Lügengewebes zu liefern. Erzählen Sie bloß niemandem davon."

Die Alte winkte erschüttert ab. Drehte sich abrupt um, schlurfte wieder zurück die Treppe hoch und murmelte:

„Aus solchem Gerichtskram halte ich mich grundsätzlich heraus. Ich habe nichts gehört. Verstehen Sie, nichts gehört!"

Ich konnte mir das Grinsen nicht verkneifen, trat in meine Wohnung zurück und knallte theatralisch die Tür zu, die ich sofort wieder ganz leise zu einem Spalt öffnete. Oben hörte ich nach einer Weile ein leises Türklopfen. Und die flüsternde Stimme der Huber:

„Amalie, mach auf, die Polizei ist hinter dir her."

Ich vernahm ein quietschendes Schlüsseldrehen, ein paar Wortfetzen beider Frauen und einen irren Aufschrei der Wetter. Dann schloss sich oben die Tür. Die alte Petze hatte ihren Job getan. Ich guckte auf die Uhr. Die Wetter war eine nervöse Tüte. Ich gab ihr höchstens zwanzig Minuten. Eine Viertelstunde später klopfte es an meiner Tür. Die Wetter rief draußen:

„Herr Baron, sind Sie zufällig im Büro?

„Sie sind bestimmt die Dame von der Polizei, die Frau Wetter vernehmen will? Ich komme“, rief ich hinterlistig und freute mich diebisch.

Als ich langsam, sehr langsam zur Tür ging, im Schneckentempo den Schlüssel herumdrehte und dann die Tür einen Spalt öffnete, sah ich das weinende alte Weib zitternd an der Tür gelehnt stehen.

„Tun sie mir das nicht an. Um Gottes willen. Ich überleb das nicht“, keuchte sie und sah mich verzweifelt an.

„Sie wissen, dass wir die Mieterhöhung schriftlich vereinbart haben. Hier ist der Beweis“, zischte ich böse und hielt ihr den Briefumschlag mit den Unterschriften unter die Nase.

„Ich zieh die Anzeige beim Mieterschutzverein sofort zurück.“

„Tun Sie das noch heute, und lassen Sie sich das schriftlich bestätigen. Dann widerrufe ich meine Anzeige bei der Polizei.“

Sie nickte schluchzend und humpelte nach oben. Von diesem Tag an war sie zahm.

Mit einem Bierkredit von nicht rückzahlbaren 60.000 Mark, der mir 15 Jahre Bierabnahme einer großen Frankfurter Brauerei aufhalste, veränderte ich die leeren drei Erdgeschosswohnungen in große offene Gewerberäume. Hierzu waren leider viele teure und durch H-Träger abgestützte Wanddurchbrüche notwendig, die nur ein Fachbetrieb nach korrekten statischen Bauunterlagen durchführen durfte. Außerdem machte die Stadt die Schankgenehmigung von einer von mir zu bezahlenden Dachgeschosssanierung abhängig, die zusätzlichen Wohnraum schaffen sollte. So bastelte ich aus finanziellen Gründen ewig zum Schein an der mir durch diesen Kuhhandel aufgezwungenen Dachkammer-Umwandlung herum, um parallel schnellstens die geldbringende Gaststätte hinzukriegen. Das ruinierte mein Nervenkostüm …

Oben waren drei geräumige Zimmer des Dachgeschosses ursprünglich von der alten Frau Mohr bewohnt worden, die aber aufgrund ihrer Pflegebedürftigkeit ein paar Monate später nach dem Hauskauf in ein Heim umgezogen war. Des Weiteren gab es dort oben nochmals eine doppelt so große Fläche unisolierten Dachbodens. Mir war die schnelle Fertigstellung des gastronomischen Betriebs erst einmal wichtiger, weil ich die Kohle dringend brauchte und damals noch sehr hohe Abstände für Gaststättenexistenzen bezahlt wurden. Leider tauchte schon kurz nach der Baugenehmigung der Kontrolleur der Stadt auf und moserte:

„Zügig parallel zum Kneipenbau, erwarte ich auch hier oben sichtbare Fortschritte. Riskieren sie doch nicht das ihnen so generös erteilte Genehmigungspaket des Gesamtprojekts!"

Ich zuckte theatralisch zusammen und bat um Nachsicht. So entschloss ich mich schon während der dreckigen Demontier- und Rohbauarbeit erste Verpachtungsanzeigen in den Frankfurter Zeitungen zu schalten und hatte Glück: Schon die erste Anzeige brachte einen ernsthaften Interessenten: Er hieß Walter Sport, hatte vorher zusammen mit einem Partner einen gut laufenden Pudelsalon in Höchst aufgebaut und sich nun dort auszahlen lassen. Besaß also echtes gutes deutsches Cash! Er sah sehr gut aus, fast zwei Meter groß, hellblondes Haar, blaue Augen und einen sportlich drahtigen Körper. Und er wusste sich zu kleiden: immer blauer Maßanzug mit Weste, grauer Seidenschlips mit passendem Einstecktuch und an den Füßen echte graue Krokoschuhe.

„Steakhäuser sind zurzeit im Kommen. Ich lebe meine Ferien immer im sonnigen San Francisco aus. Da habe ich gelernt, wie gute Steaks gebraten werden und was erfolgreich dazugehört: eine gesunde Salat- und Früchtebar und natürlich gepflegte Barmusik von Sinatra. Wir haben hier nicht das Topfleisch wie die Amis, und bei dem hohen Dollarkurs würde der Importpreis das Fleisch enorm verteuern. Für mich aber no Problem, meine Steaks hole ich mir aus Argentinien. Superfleisch: Statt nach mit Großfarmmais gemästeten Rindern schmeckt der Gast das würzige, wilde Pampafleisch der südamerikanischen Großrancheros! Köstlich und zart diese Lomos und sie schmecken", dozierte er, und ich wusste: Sport war mein Mann! Schon zwei Tage später saßen wir an seinem Sechsjahresvertrag. Natürlich war er verpflichtet, meinen Brauereikredit mit der eingeschlossenen Bierabnahmeverpflichtung zu übernehmen. Dazu zahlte er außerdem 65.000 Mark Abstand und eine Pacht von 2.000 im Monat! Wir unterschrieben und ich kassierte direkt am Tisch 30.000 Mark schwarz. Oh Gott: DREIßIGTAUSEND MARK in richtigen Tausendern und im Vertrag standen nur 35.000, die er am Übergabetag des Rohbaus zahlen musste.

Er bekam laut Vertrag nur einen Rohbau: Allerdings mit allen Elektro- und Wasseranschlüssen in den Wänden, fertigen Fliesenböden und Türzargen. Den Rest musste er laut Vertrag auf eigene Kosten einbauen und einrichten. Er pachtete nur die nackten Räume. Das war das Geschäft meines Lebens. Bemerkte er das Zittern meiner Hände als ich, „lässig“ wie ein erfahrener Pokerspieler, das Geldbündel durchzählte, es zusammenklappte und einfach so, als wäre es gar nichts, in meine Hosentasche stopfte?

„Herzlichen Glückwunsch zum neuen Steakhaus, Herr Sport. Ich wünsche Ihnen viel Erfolg“, sagte ich und griff seine Rechte. Da bemerkte ich, dass diese nass war und Schweißtropfen auf seiner Stirn standen. Der Kerl hatte eine ganz schön große Schnauze und konnte gut auf coolen Macher bluffen. War aber genau so ein armer, nervenschwacher Jungzocker wie ich.

Gemeiner Ärger mit der Mende stand mir bevor: Sie zahlte auch am 3. des zweiten Monats, trotz schriftlicher Mahnungen, keinerlei Miete und schuldete mir inzwischen mit der Restkaution 950 Mark. Jetzt erst durfte ich ihr per Gesetz fristlos zum 18. des Monats kündigen. Als ich am Nachmittag bei der Reinigung Böfer vorbeifuhr, trat ich wütend auf die Bremse und bog auf den Parkplatz. Sprang raus, knallte meine Tür laut zu und betrat wutschnaubend den offenen Laden. Eine junge dickliche Mitarbeiterin hinter dem Annahmetresen fuhr ich lauthals an:

„Ich will sofort Ihren Chef sprechen. Wo ist der Kerl“, drückte sie leicht zur Seite und betrat den beißend nach Chemie stinkenden Arbeitsraum dahinter. Einen älteren Mann im blauen Arbeitskittel und einem extrem pickligen Gesicht fragte ich geärgert, „Sind Sie der Chef?“, und als er entsetzt nickte, brüllte ich dazu:

„Der, der mich mit der ‚verdienten treuen Mitarbeiterin‘ Mende belog?“

„Das war eine Notlüge. Die arme Frau war nach der Trennung von einem Säufer über zwei Monate ohne Wohnung. Da musste ich einfach helfen. Verstehen Sie das doch.“

Ich griff ihn, den einen Kopf kleineren Mann, hart an seinen Schultern und wurde dabei überraschend von zwei kräftigen, ebenfalls blau tragenden Mitarbeitern von hinten gepackt und trotz meines lauten Protests einfach zur Tür hinausgeworfen.

„Irgendwann erwisch ich dich allein, du gemeines Lügenmaul“, brüllte ich und entwarf Rachepläne.

„Das lass lieber, du Kapitalistensau. Wir sind Zeugen deiner Drohung, und dann wird es teuer", schrien die drei zurück.

Okay, ich hatte versucht, es ihm heimzuzahlen. Das Leben hat halt seine Schattenseiten und Grenzen. Weil niemand mehr die Mende sah, kontrollierte ich in den folgenden Tagen heimlich den Posteingang der Mietbetrügerin und stellte fest, dass das ungelesene Bündel Briefe in ihrem Briefkasten täglich wuchs. Als ich aber meine geheime Türkontrolle – ein in ihrer Wohnungstür eingeklemmtes Streichholz – überprüfte, fand ich es auf dem Boden liegend. Jemand war also, ohne sich um die Post zu kümmern, nachts in der Wohnung gewesen. Ich klemmte das Streichholz wieder ein. Am Abend steckte es noch im Türspalt, war aber am folgenden Tag früh um sechs wieder rausgefallen. Der Besucher war also immer nur in den späten Nachtstunden in ihrer Wohnung. Seltsam. Da sich mein damaliges Büro ein Stock tiefer befand, ließ ich eines Abends die Tür eine Handbreit geöffnet, sodass ich die Treppe beobachten konnte. Machte es mir auf zwei Sesseln bequem und klemmte mir die Kopfhörer meines Tonbandgeräts auf die Ohren. Immer die offene Tür im Blick saß ich im Dunkeln und hörte meine Lieblingsmusik. Vor Mitternacht wurde ich wach, weil wieder jemand das Hausflurlicht einschaltete. Der aber kam von oben, nicht von unten. Ich sprang hoch, legte die Hörer beiseite und raste auf den Flur. Dort kam ein junger, ungefähr achtzehn Jahre alter, dunkelhaariger Ausländer die Treppe herunter. In der rechten Hand hielt er eine Plastikschaufel mit Tierkot, die er wohl zum Mülleimer bringen wollte. Jetzt erinnerte ich mich, in der Wohnung der Mende eine Katze gesehen zu haben.

„Sie leben unangemeldet in Frau Mendes ehemaliger Wohnung. Ich rufe jetzt die Polizei!", brüllte ich und stellte mich ihm mit grimmigem Gesicht in den Weg.

„Nein, das ist nicht wahr, ich versorge nur ihre Katze. Frau Mende ist nach Spanien. Jahresurlaub."

„Diese Gaunerin zahlt keinerlei Miete, das geht doch nicht so weiter. Wann kommt sie denn zurück?"

„Ich weiß nicht. Im Herbst, vielleicht gar nicht mehr. Sie ist bei ihrem Vater, der eine Pension besitzt, und der mag keine Katzen."

„Unsinn, verdammter. Wann kommt sie zurück? Ich rufe jetzt die Polizei und lasse sie verhaften!"

Er stand regungslos da, wie ein begossener Pudel und stammelte:

„Frau Mende ist eine geachtete Arbeitskollegin von mir. Ich bin nur ein kleiner Auslieferfahrer. Und sie war seine Geliebte. Sie verstehen? Sie kann doch die Wohnung nicht aufgeben, was soll sonst aus der armen Katze werden. Ich darf sie leider nicht zu Hause bei meinen Eltern unterbringen."

Unfassbar, diese Tiernärrin blockierte tatsächlich eine komplette Wohnung für ihr Tier. Hatte ich meine Wohnung etwa an eine alleinstehende Katze vermietet? Da kam mir die rettende Idee:

„Ich mag Katzen und übernehme sie solange in meine Wohnung, bis die Frau Mende zurückkommt. Sie geben mir jetzt die Schlüssel, und ich räume Frau Mendes Sachen in Ruhe in mein einbruchsicheres Hinterhauslager. Wenn sie zurückkommt, regle ich dann die Übergabe direkt mit ihr."

„Kann ich Ihnen vertrauen? Sind Sie auch gut zu dem Tier?"

Ich schlug ihm eine schriftliche Abmachung vor: Er kündigt im Auftrag von Frau Mende und übergibt mir heute mit Unterschrift die Wohnung. Ich verpflichte mich, bis zur Rückkehr für ihre Katze zu sorgen.

Er schien erleichtert und machte mit. Die Katze gab ich in ein Tierheim, vermietete sofort weiter, hörte nie wieder von der Mieterin, kapierte aber mal wieder: Hausbesitzer sind die ärmsten Schweine unter der Sonne. Sie müssen sich streng an die Gesetze halten, weil bei ihnen etwas zu holen ist. Sie werden zum Spielball von Mietbetrügern, zum rechtlosen Idioten.

Mit meinem guten alten Freund Zeus sprach ich ab und zu am Telefon. Er wurde Redaktionsvolontär beim Vegesacker Tageblatt. Einer Zeitung mit einer täglichen Auflage von unter zehntausend Exemplaren. Danach Lokalredakteur für den Bereich Lemwerder und Umgebung, also der anderen Weserseite. Kurz darauf kaufte er sich ein BMW-Motorrad und fuhr damit in den Spanienurlaub. Dann hörte ich zwei Monate nichts von ihm und rief beim Tagblatt an. Die teilten mir mit, dass er einen Unfall in Südfrankreich hatte und sich in einer Rehaklinik erholt:

„Schwere Kopfverletzung, der arme Mann. Der wird noch ein, zwei Jahre arbeitsunfähig sein."

Seine Mutter teilte mir zum Jahresende tieftraurig mit, dass er vielleicht hirnverletzt sei und nicht mehr als Redakteur arbeiten könne:

„Zum Glück war er nicht schuld und bekommt nun eine lebenslange Rente von 800 Mark im Monat. Das hilft schon mal“, erzählte sie schluchzend.

Erst im Frühsommer 1976 besuchte Zeus mich in Frankfurt mit seinem Freund, und sie mieteten sich eine Einzimmerwohnung in Höchst, weil „sein“ Wilfried beim Theater einen Job als Tänzer bekam. Jetzt war mir klar, dass Zeus schwul war. Das kam mir zwar absurd vor, aber weil ich ihn mochte, war es mir egal. Ich sah seinen Partner allerdings nur selten. Ein Jahr später war Wilfried gestorben.

Zeus schien mir immer fitter zu sein. Sein ewiger „Urlaub“ tat ihm wohl gut. Wir trafen uns ab und zu auf einen Kaffee, den ich bezahlte, weil er generell pleite war. Eines Tages sahen wir uns im Terrassencafé, und ich staunte: Er war glatt rasiert und trug einen gepflegten dunkelblauen Anzug.

„Himmel noch mal, gehst du heute noch zu ’ner Beerdigung?“, flüsterte ich beeindruckt und bestaunte seine blank polierten Schuhe.

„Das ist nicht schwarz, sondern dunkelblau, Mann. Habe zurzeit viel geschäftlich zu tun. Meine Kohle reichte vorn und hinten nicht. Als gelernter Bankkaufmann interessiere ich mich generell für Bank- und Investmentgeschäfte und da bin ich vor drei Monaten, um Neues zu lernen, in einen Warenterminladen gegangen. Das hättste nun nicht gedacht: aufgrund eines Stellengesuchs! Hier in Frankfurt laufen, bedingt durch die hohe Bankenkonzentration, die heißesten Entwicklungen weltweit. Bei dem ungewöhnlich interessanten Interview lernte ich den Boss einer Brokerfirma kennen und wurde sofort als freier Vermögensberater bei SILBER & SILBER angeheuert. Wir investieren gegen Provision für Geldanleger in Warentermingeschäften, Wertpapieren und Fremdwährungen, also alles, was ungewöhnlich hohe Renditen bringen kann. Ich hab sofort losgelegt und bumse per Telefon nach Firmenplan von morgens bis abends gut verdienende Zahnärzte und schwarzgeldstarke Gastronomen an. SILBER ist ein ganz neuer heißer Ofen aus England. Wir kupfern einfach die geilsten Aufreißmethoden vom Londoner und New Yorker Markt ab. Unser Boss, Leonard Silber, ein erfolgreicher Profi, kommt von dort. Er zeigt uns, wie richtig große Investmentrendite gemacht wird.“

Ich war baff. Er sah ja wie ein Wunder aus: Zeus, sein neuer Aufstieg.

Sawitzki, dem ich auch immer mal wieder von Weitem begegnete, galt in Frankfurter Kreisen inzwischen als „der Superspekulant". Er machte echt das ganz große Geld: Zuerst mit Abrisshausverwertung, indem er dazu abgestempelte billig aufriss und sie statt dem Erdboden gleichzumachen, topverwertete, weil er immer Kneipen in die Erdgeschosse einbaute. Dann mit dem lukrativen Aufteilungsgeschäft, bei dem er Mietshäuser, in Eigentumswohnungen aufgeteilt, versilberte und dann – Jahre später – mit betrügerisch überbewerteten Ex-DDR-Gebäuden, die er als Geldanlage an geschäftsunerfahrene Akademiker und Führungsangestellte zur Alterssicherung verscheuerte.

Inzwischen war er durch die ständigen Kontakte mit dem Geldadel daran gewöhnt, mit einer Elite zusammen zu sein, die ihm die Erfahrung brachte, dass es noch etwas mehr gab als Ferrari, Rolex und Saint Tropez. So dachte er zuerst daran, sich eventuell einen Doktortitel zu kaufen oder einen Honorarkonsulsitz zuzulegen. Weil er sich aber schon immer für Malerei und Literatur interessierte, begann er damals aus Freude an den schönen Künsten, seine Liebhaberei zu entwickeln, die ihn bis zum Ende seines Lebens nicht nur beherrschte, sondern auch noch ein bisschen reicher machte: das Sammeln von Moderner Kunst, die anfänglich nur die Wände seiner neuen Lerchenbergvilla schmücken sollte. Er kaufte jede Menge bunte, dekorative Lithografien: von Klee, Dali, Picasso bis zu Bauhausarbeiten. Arbeitete sich über bekannte Nachkriegskünstler wie Fuchs bis Warhol und Lichtenstein durch und kam dann nach Pollack und ähnlichen „Erfahrungen" wie viele betuchte Sammler auf die Idee, sich seinen „eigenen Künstler" aufzubauen.

Durch einen Kulturbericht in der Rundschau erfuhr er von einer Ausstellung von meinem schrillen Fleißberg, der inzwischen „Dreidimensionale Maleruptionen in der Vierten" schuf. Wild vollgeschmierte, grellfarbige Leinwände mit einer knetgummiartigen bemalten Masse beklebt, aus der hölzerne und metallene Gestängekonstruktionen ragten. Man konnte hier nur noch Körperfragmente, mit meist feminin gerundeten Aussagen erkennen, der Rest war ein unidentifizierbares ekliges Durcheinander.

Kurz vor dem Abriss eines öffentlichen WC-Häuschens am Mainufer, „mietete" er es, reinigte es und benutzte es als Vernissageräumlichkeit seiner neuen „vierdimensionalen Raumgeburten". Aufgrund dieser widerlichen Ausstellungsräumlichkeit kam er ganz groß in die Presse: Mein guter alter Fleißberg, nun überregional, und selbst das Fernsehen kündigte sich zur Eröffnung an. Die Frankfurter Artszene erhielt wenige sorgfältig abgezählte Einladungen, weil die Bedürfnisanstalt leider sehr klein war. Ich, als sein alter Kumpel, war natürlich dabei. Vor dem Häuschen spielte eine dreiköpfige Londoner Punkband in schrillen Klamotten mit sehr viel Nieten und Leder Lärm, und im Blitzlichtgewitter der Presse durfte ein dicker Mann mit grauer Melone, der mit einem Rolls-Royce vorfuhr, mit einer goldenen Schere das goldene Band am Eingang durchschneiden. Ich stand nur ein paar Meter dahinter, und als wir Gäste nach dem feierlichen Akt in die Ausstellungsräume einrückten, erkannte ich im Melonenträger meinen guten alten Nachbarn Sawitzki. Ich beschloss, mich ihm zu nähern und drängelte mich langsam nach vorne. Im Vorraum, direkt vor dem ehemaligen Tisch der Klofrau, der unter dem Gewicht der Champagnergläser und -flaschen fast zusammenbrach, hielt ein bekannter Exkünstler der Vereinigung „Gebende Hände“ mit einem schwappenden Glas Möet in der Hand eine feierliche Eröffnungsrede:

„Fleißberg tastet sich erfolgreich auf einer abenteuerlichen Expedition durch die nächsten Gestaltungsdimensionen. Das erreicht er nur durch persönliche geistige Selbstzerstörung und seiner totalen Entmaterialisierung, die ihm hilft, diese durch eine erneute Anpassungsgeburt zu erkunden und meistern“, hörte ich und musste grinsen, weil ich an unseren letzten, gemeinsam mit mir gemeisterten Entmaterialisierungsprozess mit den zwei Friseusen dachte.

Die Rede war kurz, totaler Schwachsinn, aber erntete tosenden Beifall, meist von den bereits vom Champagner besoffenen „Freunden des Meisters“. Am nächsten Tag gabs sagenhaft positive Kritiken in den Medien. Nun kam wieder Bewegung in die Besucherreihe und vor mir standen nun Sawitzki und Fleißberg im gemeinsamen Gespräch. Der Künstler erklärte dem Kunstsammler seine an der Wand hängende Komposition „Mondkuss mit Antenne“ und spie gekonnt ein Wirrwarr absurd klingender Deutungen heraus: von „Depressionsvereinigungen“ bis zur „mongoloiden Verzerrung“. Sawitzki schluckte den Unsinn wie ein bekiffter Zombie. Unfassbar. Er, der große realistische Sawitzki. Mein ehemals großes Vorbild. Lange Jahre verehrter Wegbereiter meiner Lebensgestaltung und -zielsetzung. Der mich lehrte, dass alles auf dieser Welt erreichbar ist, wenn man es mit eiserner Disziplin und harter Arbeit herausfordert. Tatsächlich ein Multimillionär. Und nun ein verblendeter Narr?

Ich war entsetzt. Erkannte auch in diesem Augenblick in dem Kunstwerk das umgebastelte grelle Mondbild mit Liebespaar, das ich beim Kennenlernen vor Jahren in der Wohnung des Künstlers so scheußlich fand. Und dann fragte Sawitzki den wahnsinnigen Fleißberg nach dem Preis des Objektes und der antwortete cool-entrückt vor zig beeindruckten, angetörnten Narren:

„50.000 und ein paar ihrer Schamhaare!" Beide einigten sich absurd mit Handschlag auf diesen aberwitzigen Preis, und Sawitzki war nach dem Scheckausschreiben der befriedigte, glückstrunkene Besitzer. Und ich Idiot glaubte ihnen damals die närrische Schau. Merkte gar nicht, wie beide alle verarschten und gemeinsam mit weiterem Kunstunfug legendäre Kohle und Ruhm ernteten. Eines dieser damaligen Vernissageobjekte soll es, wie Erhard mir später erzählte, sogar ins weltberühmte MOMA, ins Museum of Modern Art, geschafft haben.

Überall meisterten die Leute erfolgreich ihre Lebensjahre: Charlie Chaplin wurde von der Queen zum Ritter geschlagen, Prinz Juan Carlos König von Spanien und „Sylvia" sogar schwedische Königin. Bei mir passierte in diesen Jahren das Übliche, das Banale. Im Hinterhaus leckte Regenwasser in die Dachwohnungen, nicht viel, nur ein paar Tropfen. Als ein vorübergehend eingezogener Student Schadenersatz für seine Stereoanlage verlangte, weil einer der Lautsprecher „nass wurde und nicht mehr funktionierte", gab ich ihm, um meine Ruhe zu haben, freiwillig einen Hunderter und hasste ihn und meine „minderwertige Existenz". Trennte mich schnell von ihm, weil ich genau wusste, dass die feuchte Deckenstelle zwei Meter von der Box entfernt leckte und ich ihn für einen Lügner hielt. Der dachte vielleicht, ich wäre versichert? Dieser Idiot! Ja, ich war versichert, aber nur bis Windstärke 8. Diese war für das regnerische Wochenende aber nicht nachweisbar, und somit galt ein solcher Schaden als normaler Verschleiß. Trotz Schadensersatzschwindel stand aber fest: Das Flachdach war undicht. Zum Glück braucht man für eine Flachdachreparatur kein teures Gerüst, und so entschloss ich mich zur sofortigen Reparatur. Collins, der in Bremen geborene Schornsteinfeger, mit dem ich mich wegen des gleichen Geburtsorts sehr gut verstand und der unter der Hand Dachreparaturen durchzog, bekam den Auftrag. Er bot mir an, das gesamte Dach für 2.000 Mark einschließlich Spezialfolien und sonstigem Material zu sanieren. Weil ich dadurch, so hoffte ich, künftigen Ärger mit Mietern und Folgeschäden vermeiden würde, beauftragte ich danach einen Maler aus der Nachbarschaft mit der Renovierung beider Dachwohnungen: einer einfachen preiswerten Malerarbeit mit Austausch der Fußbodenbeläge. Einer der Helfer, ein junger Jugo, fragte mich nach dem Mietpreis.

„Wollen Sie da einziehen?", fragte ich ihn, weil ich nicht gern an junge Jugos vermietete, weil sie als halbe „Wanderarbeiter" zu oft ihre Wohnung wechselten und mir oftmals schnell frech kamen.

„Nein, Chef. Meine Tante, eine ordentliche ältere Dame, sucht dringend was Ruhiges. Ich würde ihr auf eigene Kosten drei neue Isolierglasfenster einbauen. Sie hats gerne warm."

Nicht schlecht. Ich war gerade nach den Reparaturen ziemlich stier und neue, kostenlose Doppelglasfenster? Nicht schlecht.

„Schicken Sie sie doch bei mir vorbei. Morgen ab 17 Uhr in meinem Büro. Miete 250, Umlage 50 Mark. Kaution nur 500. Guter Mietpreis?"

Er nickte, und ich vergaß die Sache. Als ich am nächsten Tag an meiner Buchführung herummogelte, klingelte es kurz nach fünf. Ich ging an die Sprechanlage, und eine schnarrende fremdländische Stimme rief ins Mikrofon:

„Godden Taach, Herrr Besitzerrr, mein Namme Rosso. Madame Rosso aus Jugoslawien. Komme weggen de Wohnung, iss noch zu habben?"

„Kommen Sie hoch, Verehrteste. In mein Büro im ersten Stock", sagte ich und drückte auf den elektrischen Türöffner.

Fünf Minuten später klopfte es an meiner Tür, und sie trat ein. War ungefähr 65 Jahre alt, etwas gehbehindert und legte sofort das Bare auf den Tisch: Kaution und erste Miete.

„Sibbennhunndertfünffzig, Madame. Da ist ja alles klar."

Sie lächelte so zuckersüß, dass ihre dick mit Lippenstift eingeschmierten dünnen Lippen ein kleines matschigrotes O bildeten. Ich führte sie ins Hinterhaus, und in nur drei Minuten stimmte sie dem Mietvertrag zu. Dann füllte ich ihren Vertrag aus und schrieb hinein, dass sie auf eigene Kosten drei Isofenster in Wohn- und Schlafzimmer einbaut, auf die sie keinen Vergütungsanspruch beim Auszug hat.

Daher nur die kleine Kaution. Wortlos unterschrieb sie, und ich bestätigte.

„Herzlichen Glückwunsch zur neuen Wohnung!“ Ich gab ihr die Schlüssel und brachte sie zur Tür.

„Allless Gotte, Herrr Besitzerrr“, schnarrte sie noch, und dann war sie verschwunden.

Ein paar Tage später zog sie ein, war ruhig, zahlte immer pünktlich ihre Miete und vertrug sich mit den Nachbarn. Ein halbes Jahr später bemerkte ich, dass sie ungewöhnlich viel Besuch hatte. Als ich mich eines Morgens mit dem Otto unterhielt, der gerade seine Hunde Gassi führte, kam ein ungewöhnlich aufgedonnertes, gut aussehendes Weib durch die Toreinfahrt. Als sie an Ottos Hunde vorbeikam, ging sie in die Hocke, streichelte sie und sprach mit „Babysprache“ zu ihnen:

„Ihr kleinen süßen Rackerchen. Ach, was seid Ihr lieb, ach was seid Ihr lieb.“

Ich konnte von oben ihre prächtigen strammen Brüste bewundern:

„Was seid Ihr beiden lieb.“

Sie sprang hoch, fixierte mich mit blitzenden Augen, warf ihren Kopf keck zurück und ging rasch in den Hinterhauseingang.

Otto lachte sich fast kaputt, weil er meine Anspielung und ihre Reaktion verstand. Noch nach Luft ringend meinte er:

„Die schöne Braut ist eine bekannte Theaterschauspielerin. Also, es taucht ja tagtäglich immer mehr Prominenz hier auf.“

Ich guckte irritiert hinter ihr her und dann erstaunt auf meinen Mieter.

„Nix verstehn. Also, warum kommt hier immer mehr Prominenz her?“

„Ja, wissen’se denn nicht? Die Rosso ist doch die berühmteste Wahrsagerin des Rhein-Main-Gebiets. Sie war jahrelang in Sachsenhausen tätig und ist wegen eines Hausabbruchs hierher gezogen. Tout Hessen lässt sich bei ihr die Zukunft voraussagen. Da kommen täglich bis zu zehn Personen, topmodisch gekleidet mit Nobelkarossen: Geschäftsleute vor wichtigen Abschlüssen, Künstlerinnen und Edelprostituierte mit Liebesfragen, Gangster vor dem Überfall und sogar psychisch Kranke mit Depressionen. Die macht da oben das ganz große Geld.“

„Und was für ’nen Zauber macht sie oben mit den Deppen? Kaffeesatzgucken? Handlesen? Kartenlegen?“

Otto grinste und schüttelte den Kopf:

„Viel idiotischer. Sie bringt auf ihrem Frühstücksbrett ein Brotmesser in Drehung und deutet nach dem Stillstand ihr ‚Sehen' aus Brotkrümeln, Marmeladeflecken, Butterresten."

Ich guckte ihn entgeistert an, klopfte ihm leicht auf die Schulter, sagte einfach nur:

„Gute Nacht, mein liebes Deutschland" und ging geschockt in mein Büro hoch.

Ich saß ein paar Tage später wie so oft mittags am linken Terrassencafé-Außentisch zur Straßenecke und freute mich, als ich sein „Hallo Alter, alles in petto?" hörte.

„Sei mir gegrüßt, du Zeus. Was sagt dein Orakel. Regnet es heute noch? Muss ich das Verdeck zuklappen?"

Zeus krallte sich an die Stuhllehne und ließ sehr, sehr langsam, das rechte damals vom Unfall immer noch schmerzende Bein schonend auf die Sitzfläche gleiten. Schlug lässig mit einem Handkantenschlag eine Zigarette aus der Packungsöffnung raus und warf sie, geschickt wie ein Jongleur, Richtung Gesicht. Wo sie durch einen gekonnten Kopfschwung zwischen seinen Lippen landete. Mit dem blitzenden Armeezippo, an dem noch das knallbunte Wappen einer amerikanischen Heeresdivision prangte, zündete er die schwarze stinkende, selbst gedreht aussehende Zigarette, die nach Haschisch roch.

„Wenn der Hahn kräht auf dem Mist, bleibt's Wetter, wie es ist", murmelte er und entfaltete seine Rundschau, deren Leitartikel auf Helmut Kohl eindrosch.

„Diese Zeitung wäre damals eine aggressive Morgenlektüre für unseren Divisionsgeneral gewesen, den schneidigen Herrn von Donner. Hätte ihm den Morgenkaffeekick gespart. Stell dir vor, Alter: Den ersten Job, den ich im Pressebüro der Division kriegte, war der des Zeitungskontrolleurs. Jeden Morgen musste ich die FAZ, Frankfurter Rundschau, die Nordwestzeitung, den Weser Kurier, die Bremer Nachrichten, die Nordsee- und noch fünf andere Zeitungen systematisch durchlesen und alles herausschneiden, was irgendwie mit unserer Nordwestarmee zu tun hatte. Ein guter, interessanter Spitzenjob. So einer bildet, belebt auch die vielen kleinen Gehirnzellen, speichert Wissen und schafft ein Denkergehirn. Aber jetzt lese ich zuerst die wichtigen Tagesnachrichten und gehe dann sofort in den Wirtschaftsteil. Der Markt schläft nie, und du musst ständig am Puls sein, um seine Veränderungen auszuloten", sagte er und deutete auf seine noch immer vom Unfall vernarbte Stirn. Ich guckte ihn mitleidig an. Dabei bemerkte ich an seinem Handgelenk eine brandneue blitzende Weißgold-Omega. Der Herr befand sich ganz klar auf einer „Winningstreet".

„Darf ich dich zu 'nem Kaffee einladen, geliebter Zeus? Geht natürlich auf meine Rechnung."

Da schüttelte er verschämt glücklich seinen Kopf und sagte:

„Lassen wir das Mal. Heute lad ich uns zu 'nem Glas Champagner ein. Ich habe letzte Woche mit Schweinebäuchen 4.000 Mark verdient."

Ja, der gute alte Zeus hob nun endgültig ab. Er war tatsächlich nach dem Bund Lokalredakteur geworden. Schrieb über Vereinsmeierei, Lokalpolitik, Feuersbrünste und Kalbsgeburten mit zwei Köpfen. Kapierte aber bald, dass er es nie schaffen würde, ein Level höher zu kommen: Politik-, Wirtschafts- oder Feuilletonredaktion, unerreichbar für ihn als Nichtakademiker. Dann noch sein Unfall mit Totalabsturz. Doch nun ein auferstandener Phönix mit dem Blutgeruch des schnellen großen Geldes in der Nase und aufflammendem Siegerlächeln in der Fresse. Wahnsinn.

„Gratulation, alter Kumpel, ich glaube an dich und deinen neuen Erfolg!"

Er lehnte sich stolz und entspannt zurück.

„An dem könntest du teilhaben, wenn du nicht an so kleinkarierten Zielen klammern würdest."

„Ich habe aus dem absoluten Nichts drei gut laufende Liegenschaften hingestellt, das nennst du kleinkariert? Mann! Bin mutig als absoluter Habenichts in das kapitalintensive City-Immobiliengeschäft eingestiegen. Mit Erfolg! Das soll mir erst einmal einer nachmachen, ohne einen Pfennig bar und in der kurzen Zeit!"

„Aber die Sorgenfalte auf deiner Stirn wächst, und bei jedem Schritt geht dir die Muffe eins zu hundert, Alter. Jeden Abend besäufste dich und schon beim Frühstück kippste dir den ersten Cognac in den Kaffee. Da sieht ja jeder Außenstehende, dass du das nicht lang durchhältst. Deine Sorgen bringen dich noch um!"

Er hatte recht. Ich konnte aufgrund des finanziellen Drucks schon kaum mehr schlafen. Aber hatte ich mir nicht schon vor der Häuserspekulation täglich die Hucke vollgesoffen? Ich wollte wissen, warum er das Thema so direkt anging.

„Und was würdest du mir raten? Wie könnte ich mein lausiges Zitterlos vom Hals kriegen?"

„Schnelles Cash durch unsere erfolgreichen Warentermingeschäfte! Steig beim nächsten Mal nicht mit dem Angesparten in ein nächstes lahmes Immobilienprojekt. Jörg, du bist doch hinterm Mond: Schaffe, schaffe Häuslebaue ... Kleineleutemief! Heutzutage tut man sich so was nicht mehr an: Highlevelbusiness ist angesagt. Man arbeitet sich nicht mehr kaputt und sorgt sich jahraus, jahrein, sondern lässt sein Geld für sich arbeiten. Ich werde dir mal ein einfaches Einstiegskonzept ausarbeiten. In welcher Größenordnung fängste in der Regel, so überm Daumen, bei deinen Immos mit einer Anzahlung an?"

„Na ja, vierzig, fünfzigtausend!"

„Das ist natürlich verdammt wenig."

„Hör mal zu, du dubioser Millionärsmacher. Vor ein paar Monaten warste noch so stier, da freute es dich, wenn ich dir mal 'nen Kaffee bezahlt habe. Nun haste mal ein paar Mille in der Tasche und machst hier gleich auf den großen Manitu. Wie willst du begründen, dass du jetzt, hoppla hopp, den Stein des Weisen streichelst?"

„Durch die Addition der täglichen Erfolgsbeweise. Seitdem ich in dem Laden jeden Tag Zeuge der wunderbaren Geldvermehrung werde, kann ich nur über jeden, der nicht in die professionelle Investmentspeku einsteigt, müde lächeln."

„Also, du glaubst tatsächlich, dass es in deinem Glücksspielladen nur Gewinner gibt? Wo sind da die Verlierer? Irgendeiner muss doch mal die Zeche bezahlen, wenn andere abkassieren."

Zeus grinste spöttisch und holte aus seiner Aktenmappe einen sakkotaschenschmalen, silberfarbigen Wickelfalz hervor, den er theatralisch wie eine Ziehharmonika auseinanderzog.

Ich las die bombastische Überschrift: „Silber & Silber Futures. Die globale Entwicklung verstehen und realistisch gezielt in die Zukunft investieren!" Darunter waren neun stilisierte Symbole um einen Goldbarren herum angeordnet: Gemüsekorb, Rind, Weizen, Tanksäule, gekreuzte Bergmannshammer, Sonne, Schiff, Lokomotive, Flugzeug.

„Gold ist total im Keller und geht irgendwann wieder wie eine Rakete hoch. Weil Asien, Afrika und Südamerika darin ihr Kapital anlegen oder um den Hals hängen, statt die Dollars in der Matratze zu verstecken. Wenn die mit ihren niedrigen Löhnen an unsere Qualitätsfertigung kommen, werden sie anspruchsvoller leben und teurer essen wollen. Die Preise für Nahrungsmittel werden hochgehen, sie werden mehr Autos fahren und der Transport-, also Warenverkehr zieht ebenfalls irre an. Dieser Schneeballeffekt geht bereits los. Du musst nur noch auf den Zug aufspringen, und wenn der Profit stimmt, als gemachter Mann aussteigen. Lies dir das mal in Ruhe durch."

Ich bedankte mich und nahm höflich sein Blättchen entgegen, denn ich wollte ihn ja nicht kränken.

Herta liebte die geheimnisvollen Rätsel und Prophezeiungen dieser Welt. Wollte vor allen Dingen ihre persönlich erhoffte „positive" Zukunftsentwicklung voraussehen. Sie experimentierte, probierte alles für sie Schrille und Neue aus: Kartenlegen, Pendelbotschaft, Kristallerleuchtung oder Handlesen. Was uns über die Jahre ein kleines Vermögen kostete, weil sie sich aber auch von jedem neu entdeckten durchtriebenen Scharlatan für meine gute Kohle verkohlen ließ. Dann vernachlässigte sie auch immer mehr ihr Studium, nachdem sie in Paukfächern wie Organischer Chemie versagte. Immer seltener besuchte sie Vorlesungen, und nach einem weiteren halben Jahr schmiss sie endgültig ihr Studium:

„Eigentlich studiere ich die blöde Tiermedizin nur für meine Eltern. Die wollen meinen Doktortitel. Waren gegen Philosophie und Psychologie. Hielten meine Lieblingsfächer für Pseudokrams", sagte sie, und ich verstand nun warum: Die kannten bereits ihre Spinnereiansätze.

Natürlich war sie von jeder neuen aufgeputschten, mysteriösen Sensationsstory der Regenbogenpresse fasziniert: Vom immer wieder mal auftauchenden Loch-Ness-Ungeheuer-Märchen bis zur Story über den unsterblichen Jeti-Schneemenschen. Vom geheimnisvollen Bermuda-Dreieck-Quatsch bis zum religiösen Heilungswahnsinn neuartiger, wild-expandierender amerikanischer Sekten. Irgendwann kam sie mir dann bei der zweiten Tasse Morgenkaffee – ich studierte gerade fassungslos die Minuskontostände meiner Bankauszüge und grübelte bereits depressiv über die Aussichtslosigkeit meiner verzweifelten finanziellen Überlebensversuche aufgrund drohender Zahlungsunfähigkeit – mit einem brandneuen, absurden Zeitungsbericht über sogenanntes „lebendiges Wasser". Es handelte sich tatsächlich um „Wasser mit Erinnerungsvermögen".

Total bescheuert, wie von einer Tarantel gestochen, schrie sie:

„Hör zu. Hör zu! So etwas habe ich doch schon immer geahnt: Es gibt tatsächlich gutmütiges, böses, ehrliches oder verlogenes Wasser. Ein amerikanischer Wissenschaftler hat erste Forschungsergebnisse zusammengestellt, die beweisen, dass Wassermoleküle Erfahrungsspeicherung praktizieren und diese später für Entscheidungen berücksichtigen. Je nach ausgeglichener, angespannter, hektischer, heißer oder kalter Erfahrung treten danach schwächere oder stärkere, entspannte oder aggressive Geschmeidigkeitsverhaltensweisen auf. Du kannst also im ehrlichen, ausgeglichenen Wasser Lebenskraft auftanken und im bösartigen oder sogar rachsüchtigen Wasser psychisch und physisch geschwächt werden. Wer weiß, was für geheimnisvolle Kräfte wir Menschen noch entdecken werden."

Ich war ehrlich erschrocken. Wie hatte sich meine lebenslustige, einstmals realistische Lebenspartnerin doch zu ihrem Nachteil verändert und immer weiter von mir entfremdet? Ich unterbrach sie erschüttert:

„Alter Hut, meine Liebe, alter Hut. Schon die weisen Zigeunerseher des frühen 15. Jahrhunderts konnten aus ihrem Kaffeewasser die Zukunft deuten." Dabei blickte ich mit dämlichem Grinsen ganz nah gebeugt in meine fast leere Kaffeetasse.

„Ha, ha, und natürlich gegen entsprechende Bezahlung. Wasser mit Gehirn. Wie kann man sich nur so doof verarschen lassen."

Verärgert klatschte sie ihre Illustrierte auf den Tisch, hievte sich mit empörter Miene vom Sofa hoch und verließ eingeschnappt mit zuschlagender Tür das Esszimmer. Monat für Monat verlor sie mehr und mehr an Realismus. Lullte sich in ihrem versponnenen süßen Irrsinn ein: dem neuen Opium ihrer Lebensbewältigung? Irgendwann war dann Schluss bei mir. Entsetzt las ich einige Tage später einen kritischen Bericht über den Erfolg der rot gekleideten Bhagwananhänger. Dem indischen Guru mit den 200 Rolls-Royces. Hoffentlich erfährt sie nicht so schnell von dem ausgekochten Scharlatan, grämte ich mich bereits, weils teuer werden könnte.

60 Jahre Paul-Immobilien: Peter Paul lud „Tout Rhein-Main" zur Jubiläumsfeier ein, und alle Macher kamen, natürlich nicht die wirklich Vermögenden wie von Metzler, Linsenhoff oder von Opel, deren hart arbeitende Vorfahren bereits die Aufbauarbeit geleistet hatten. Es

kamen erfolgreiche Selfmademen, wie Immobilienspekulanten, Banker, Notare, Gastronomen, Kulturschaffende und Lokalpolitiker. Realistische, erfolgreiche Frankfurter Vorbilder, Supermacher und Meinungsbildner. Auch ich war schriftlich eingeladen, wunderte mich darüber, aber rätselte nicht lange und ging hin. An diesem Tag brachten die Nachrichten den Tod von Elvis Presley. Ich mochte seine Musik nicht, sondern ihn. Er war ein Vorbild für mich, denn er schaffte das Unmögliche: als armer Schlucker von ganz unten gigantischen Weltruhm zu erlangen!

Paul war nicht nur erfolgreicher Multimillionär, sondern auch anerkannter Kunstexperte und -sammler, der nun in seinem neu erworbenen riesigen 30er-Jahre-Palais an der Frankfurter Rennbahn frühe europäische Gemälde hortete: gotische Altäre, Renaissancetafeln, frühbarocke Kirchen- und Adelsaufträge. In seinem Billardsaal hingen nur antike englische Bilder. Ein altes Kapitänsbild aus dem 19. Jahrhundert kam mir irgendwie bekannt vor, aber weil ich schon ein paar Gläser intus hatte, kriegte ich die Suche nicht mehr zu Ende. Die weitere Einrichtung der Villa war minimalisiertes modernes Edelinterieur: schwarze Chromleder-Sofas, Glastische, rohe Holzmöbel. Alles in einem schlichtbombastischen Loftlook, gigantisch aber spartanisch. Dadurch knallten mich die meist farbenfrohen alten Meister wie ein Feuerwerk an. 60 Jahre Paul: dritte Generation. Pauls Großvater hatte die Firma als Mietwohnungsvermittler gegründet, sein Vater stieg dann in die Immobilienmakelei ein, und Peter kaufte selber: Oft ließ er die ihm besonders günstig offerierten Verkaufsangebote nicht mal mehr auf den Markt. Er verkehrte meist vormittags auf eine Kaffeestunde im Terrassencafé, und so hatten wir uns als Stammgäste natürlich bei meinen ersten Besuchen in diesem beliebten Spekulantenfreff kennengelernt.

Aber erst als ich meine ersten drei Hütten besaß und mit meinem Vorzeigemercedes vor dem Halbwelttreff parkte, schaffte ich es, am Promitisch einzukehren. Eines Tages, als die Hintertische ziemlich belegt waren und ich eigentlich schon den Laden verlassen wollte, rief mir Paul zu:

„Kommen Sie doch zu uns an den Tisch, hier ist noch ein Platz frei."

Ich nahm dankend an. Kapierte, ich hatte es endlich geschafft: Die Gruppe der Top 20 nahm mich in ihrer Mitte auf. Paul reichte mir kameradschaftlich die Hand, Sawitzki nickte mir zu, und ein Erkennen erleuchtete sein Antlitz. Der zukünftige Großaufteiler und Boxpromoter Weich zeigte mir seinen Siegerdaumen, der reiche Finkelstein seine funkelnden Goldzähne, und der Rest der Tafelrunde setzte kurz ein zustimmendes Lächeln und Nicken in meine Richtung auf, um dann ihr Gespräch fortzusetzen.

Über unsere Liebe zur alten Malerei kamen Paul und ich dann schnell ins Gespräch. Und ich fand heraus, dass er einmal von mir aus meinem Bus ein englisches Schiffsgemälde gekauft hatte. Das im Billardraum, ein Bild, mit dem er sehr zufrieden war. Das war auch einer der Gründe, warum ich als „junger Geschäftsmann mit Zukunft" gesehen wurde und auf seiner Einladungsliste stand. Als ich einige Wochen später auf dem Pariser Flohmarkt einen in Öl gemalten großen antiken Marienkopf erwarb, brachte ich ihn bei meinem nächsten Kaffeehausbesuch mit. Es war ein regnerischer Frühsommervormittag. Kaum hielt ich meine erste Kaffeetasse in der Hand, da kam ein nasser Rolls Silver Cloud angerast. Hielt kurz, Paul sprang heraus, warf die nasse Tür zu und kam die Wasserpfützen überspringend angerast.

„Der mit dem Rolli war sein alter Freund Hersch Beker. Früher Buchmanns kleiner Rausschmeißer, nun hundertfacher Millionär", flüsterte Sawitzki.

„Seine erste Kohle machte er im Bahnhofsviertel-Nachtmilieu, den Großreibach mit Gastroimmobilien," ergänzte Weich bewundernd, der ihn von Chenu, dem Nachtklubkönig her kannte. Jahre später las ich in der Rundschau, dass sich der schwerreiche Beker vermutlich wegen Steuerfragen und Kriminalermittlungen nach Tel Aviv abgesetzt hatte.

Als Paul hereinkam, winkte ich ihn zu mir rüber und deutete auf meine große C&A-Einkaufstüte, aus der ein Teil des uralten Rahmenfragments lugte. Paul, der Profi, wusste sofort meine einladende Geste zu deuten. Neugierig nahm er Platz.

„Altes Bild, lassen Sie mich mal gucken", sagte er.

Ich freute mich über seine Aufmerksamkeit und hob es vorsichtig mit den Worten heraus:

„Französisch. Ich will es restaurieren lassen. Hoffentlich kann man den alten Rahmen retten."

Er griff es professionell mit beiden Händen und legte es vor sich auf den Tisch.

„Schönes Bild, aber nicht französisch, sondern spanisch. Neuer Rahmen aus einem guten alten gebastelt. War mal Teil eines größeren Gemäldes, das wahrscheinlich im 2. Weltkrieg zerstört wurde. Jemand hat dann dieses Kopffragment herausgeschnitten und neu gerahmt. Frühbarock, um 1600. Hat seinen Wert, weil von ausgezeichneter Qualität. Da müssen sie aber ganz schön die alten spanischen Kirchenmaler studieren. Hunderte von Bildbandseiten vergleichen. Vielleicht haben sie Glück und finden ihn, den Meister. Das ist bestimmt ein großer."

Ich genoss seine positive Beurteilung und lud ihn zu einem Cappuccino ein. Mindestens eine volle Stunde schwärmten wir von unseren antiken Entdeckungen und wurden dann von dem hereinkommenden Akter unterbrochen. Der sah mich zuerst nachdenklich, dann sehr unfreundlich an. Paul verabschiedete sich, und beide verließen gemeinsam laut diskutierend das Lokal. Als die Tür zuklickte, bemerkte ich, dass sie mich beide noch einmal mit ernsten Gesichtern sprechend musterten. Blitzartig war mir klar, sein alter Freund Samuel Akter hatte seinen Mietpreller wiedererkannt, und somit war mein gerade neu aufgebauter Kontakt mit dem Makler den Bach runter.

Ich stand dann leicht verstört auf, zahlte und machte mich auf den Weg zur Kleinmarkthalle, wo ich oftmals im Stehimbiss die legendäre Knoblauchwurscht aß. Als ich in der Schlange stand, sprach mich Erhard an, den ich schon mindestens vier Monate nicht mehr gesehen hatte.

„Alter, hier zwei Mark. Bring mir 'ne Wurscht mit. Ich hole zwei Becher Kaffee und warte auf dich drüben an der Fensterbank."

Ich freute mich, ihn gesund zu sehen, und ein paar Minuten später standen wir gemeinsam am Fenster, tunkten unsere Wurst in den Senfklacks und überschlugen uns beim Erzählen der letzten Erlebnisse in dieser großen Stadt.

„Ich machs nun genau so wie du und arbeite auf eigene Kohle im Antikhandel", sagte mir Erhard mit vollem Mund.

„Immer noch mit der Englandmasche?"

„Ja, seitdem Aki nun auch im Althausgeschäft gelandet ist."

„Hat der alte Spitzbube also auch die Kurve gekriegt und macht auf Vermieter. Alle Achtung!"

„Wenn'de bedenkst, dass du ihm zuerst das Englandgeschäft abgucktest, und nun hat er dein Althauskonzept kopiert."

Ich nickte nachdenklich und dachte an die guten alten abenteuerlichen Englandtouren.

„Haste seinen alten Bus übernommen?"

„Ja, aber nur noch zum Transport in und um Frankfurt. Ich mach jetzt immer mit dem Billigflieger nach England rüber und kaufe dort beim Großhändler ein. Der schickt mir dann meinen Kram als billige Beiladung mit runter. Das dauert dann immer etwas länger, weil sich nur ein voller Truck lohnt, aber es rechnet sich noch."

Das große Mietshaus in der Bergerstraße lief die erste Zeit fast problemlos. Monat für Monat kam gute Rendite rein. Die Frankfurter City sorgte immer wieder mit langen Interessentenschlangen für reichlich Mieternachschub, und ich fühlte mich schon wie ein kleiner Midas, weil mein Geschäft immer besser lief. Das Leben war schön.

Ich war so richtig obenauf und wollte noch eins drauflegen. So rief ich eines Tages meinen guten alten Zeus an und fragte ihn, ob er eine richtig gute, sichere Anlage drauf hätte. Sofort kam der zu mir ins Nordend hochgerast. In einem fast neuen Porsche in Rotmetallic.

„War 'ne echte Gelegenheit: Sieben Jahre alt und sieht aus, als käme er gerade aus der Fabrik."

Ich stimmte ihm zu. Ging einmal beeindruckt drum herum und bestätigte:

„Klasse. Bestimmt ein Garagenwagen. Was haste denn gelöhnt?"

„18.000."

„Geschenkt. Aber du hast sie ja."

„Was?"

„Die dicke Kohle."

„Ich wünschte, ich hätte noch mehr. Da läuft nämlich eine ganz große heiße Sache an: Kenia-Öl. Die bohrten letztes Jahr positiv zwei riesige Öllager an, und jetzt ein Jahr vor der lukrativen Erschließung haben'se plötzlich politische Unruhen. Aber in acht Monaten ist wieder Ruhe bei denen da unten: Wahlen! Da stecken die Kanaken all ihre Energie in den Parteienkampf. Wir alle steigen jetzt billig ein, denn der Ölpreis steigt anschließend steil nach oben. Durch den Autokauf hab ich, verflucht, kaum flüssige Kohle. Alle bisherigen Gewinne von mir stecken bis nächstes Jahr in bolivianischen Zinnminen. Da komm ich vorher nicht raus."

„Mit wie viel ist man denn dabei?"

„Also unter 50.000 läuft gar nichts. Und mehr sollte man nicht riskieren. Wer weiß, wie sicher der Coup wirklich ist. Der Silber ist ein ganz brutaler Zocker. Der nimmt keine Rücksicht auf seine Kunden und Angestellten. Ich kenne ihn nun schon 'ne Weile. Er ist ein Hai! Du darfst in diesem Geschäft nur mit Kohle pokern, die du zur Not auch verschmerzen kannst: oberstes Gebot."

„Wie wäre es, wenn wir beide einsteigen würden? Halbe-halbe: Jeder mit 25 Mille?"

„Würde schon gerne, aber ich bin, wie gesagt, erst im nächsten Jahr wieder flüssig."

„Okay, ich hab noch dreißig Mille Guthaben und überzieh mein Konto, zahl ein paar Rechnungen später. Kann die fünfzig zusammenkriegen. Wie wäre es, wenn ich dir deine 25.000 leihen würde. Bis du dein Geld wieder aus dem Zinndeal raushast?"

„Einverstanden. Nett von dir. Risiko halbiert, und wir beide steigen volle Pulle ein. Mit Erdöl kannste gar nicht eingehen. Da bleibt immer was übrig."

Ich Blödmann war richtig heiß, schrieb ihm den Scheck aus und glaubte zumindest an einen guten Verzinsungserfolg. Nicht im Geringsten an irgendwelchen Beschiss, denn schließlich war der Broker ja mein Freund. Eine Woche später las ich in der Zeitung, dass die blockierte, aber bereits verkaufte Öllieferung aus Kenia sich bereits an den Marktpreisen bemerkbar machte. Der Ölpreis stieg jeden Tag, und ich sah schon die große, fette Gewinnsahne heranrücken.

Auch Zeus, den ich nun bewusst häufiger traf, schwebte auf Wolke sieben. Er hatte so ziemlich jedem Verwandten und Freund „geholfen", gegen dicke Provision versteht sich, in den Öldeal einzusteigen. Und ich erwischte mich, dauernd nachrechnend, wie viel Tage nur noch bis zu den Wahlen, dem Abkassiertermin, abzuhaken sind.

Dann kam der Schreck in der Morgenstunde: ein dicker grauer Brief vom Frankfurter Finanzamt. Die Steuer für das erste Jahr ließ ich, logo, von einem Steuerberater machen, der fette 900 Mark für sein bisschen Arbeit kassierte. Als Privatmann, der bisher nur drei Häuser kaufte, brauchte ich keine Firma und darum auch keine doppelte Buchführung. Lediglich zum Jahresende musste ich die simple Einkommenssteuererklärung mit Mieteinnahmen des Jahres und den Kosten für Erhaltungsaufwendungen, Bankkosten, Abschreibungen und Verwaltungskosten einreichen. Das alles lief auf nicht mal zwanzig Blatt Papier. Weil ich sowieso die Vorarbeit mit allen Zahlen akkurat zusammenstellen musste, war für den Steuerberater praktisch nur ein Schreibaufwand von einem Tag zum Ausfüllen der vorgedruckten Steuerformulare zu machen. Leicht verdientes Geld, das ich mir im folgenden Jahr einsparte. Ich baute mir seitdem meine eigene Steuererklärung, was sich nun rächte!

Der Knock-out-Brief informierte mich, dass ich für das vergangene Jahr über 6.000 Mark nachzahlen musste. Aber das war noch nicht alles, man wünschte mit mir einen Gesprächstermin zur Prüfung der vergangenen zwei Steuerjahre. Hieß dies etwa, dass weitere Nachzahlungsforderungen im Anmarsch waren? Hastig verglich ich die gestrichenen Positionen der letzten Steuer und registrierte: Ich hatte aus Unkenntnis über die Kilometerpauschale auch sämtliche Autokosten zusätzlich mit drin, ebenso Abschreibungen sowie die Zinsen für die Autoanschaffung. Der Kredit zum Wohnungsumbau wurde auch nicht anerkannt und ich fand noch ein paar kleine Additionsfehler. Dann war mir klar, ich hatte tatsächlich rund 6.000 Mark zusätzlich nachzuzahlen.

Mir wurde schwindlig. Diese brutale, an die Substanz gehende Situation zwang mich in die Knie, und mir war übel. Der Termin war erst in zwei Wochen. So hoffte ich, mir würde noch ein Ausweg einfallen. Vielleicht früher aus der Ölspekulation aussteigen?

Ich rief also nervös Zeus an:

„Zeus, ich hab ’ne gruselige, linke Steuernachzahlung bekommen. Über Nacht ist kein Penny mehr auf meinem Konto. Ich bin gezwungen, sofort mein Öl flüssigmachen!“

„Alter, kann dir leider nicht helfen. Ich weiß, es ist blöd, aber bis zur Wahlwoche musste halt durchhalten. Wir haben feste Verträge gezeichnet, da gibt es absolut keine vorzeitige Kündigung. Verkauf doch solange deinen SL, wenn’de dein Ölgeld bunkerst, kannste ja doch wieder einen kaufen. Vielleicht sogar das neue Modell?“

Ich bedankte mich für den „netten Ratschlag“ und legte entnervt auf. Meinen geliebten SL verkaufen? So ein Blödmann. Okay, natürlich tat das weh, aber ich entschied mich trotzdem sofort dafür: Weil ein guter SL fast wie Bargeld ist. Stimmt der Preis, ist der ruckzuck verflüssigt. Es gibt immer jede Menge Interessenten. Er brachte dann auf die Schnelle nur magere 14.000 Mäuse. Aber immerhin schnell! Verdammt, war das Geschäftemachen tückisch. War ich vielleicht bereits auf der Loserstreet?

1978: Anderen Leuten ging es besser: Curd Jürgens heiratete eine 27 Jahre jüngere Schönheit und chauffierte sie in einem Rolls-Royce-Cabrio, John Travoltas Saturday-Night-Fever-Film spielte 350 Millionen Dollar ein. DDR-Boss Honecker bekam von Breschnew öffentlich einen Zungenkuss, und ich war auf dem besten Weg, den „Offenbacher“ zu machen.

So zogen wir leider noch nicht, wie ursprünglich geplant, in unsere schicke Dachwohnung. Ihre gute Miete war zu wichtig für unsere knappe, von jedem eingehenden Pfennig so abhängige Gesamtfinanzierung. Die Bank bekam einfach monatlich zu viel Geld, und da konnte ich mir nicht erlauben, irgendwelche Zahlungen verspätet zu leisten.

Leider zu oft, wenn zu viele offene Rechnungen uns peinigten, schlich ich mich mit hoffentlich tarnender Sonnenbrille in die Frankfurter Leihhäuser mit meiner geliebten goldenen Rolex und Hertas Hochzeitsdiamantring, um die paar Tage bis zum verstärkten Mieteinkommen zu überbrücken. Demütigend! Grausamer Loser-Canossagang mit der Hoffnung, bloß nicht von jemandem erkannt zu werden. Kurz darauf setzte ich zum Wochenende eine Vermietanzeige in die Zeitung, in der ich besonders die Spitzenaussicht unserer schönsten Wohnung lobte. Denn sie überragte mit vollem Geschoss den graugrünen Nazibunker, hinter dem sich eine schöne öffentliche Grünanlage, von vielen hohen Kastanienbäumen eingefasst, zeigte. Und dahinter sah man das nördliche, unbebaute Mainufer, sowie sogar westlich, die Höhen von Taunus und Wetterau. Unsere billige Zweizimmerwohnung über dem Frisiersalon musste also noch eine Weile sparen helfen. Zum Glück kam ja noch in einigen Monaten der Erlös aus dem Öl. Ich hoffte sogar im Stillen auf eine kleine „harmlose“ Bombardierung iranischer oder irakischer Ölquellen. Der Barrelpreis gehörte schnellstens hoch!

Der erste Interessent, mit dem ich mich am Samstagvormittag vor dem Haus traf, war eine mollige, stark geschminkte großbusige Porschefahrerin, die wie eine Rakete angebraust kam und mit quietschenden Reifen einparkte. Sie sprang lässig aufs Trottoir und begrüßte mich mit:

„Ist die Wohnung noch frei?“

Ich nickte gütig und lud sie zur Besichtigung ein. Als wir die Treppe hochgingen und den dritten Stock erreichten, blickte sie zweifelnd keuchend nach oben.

„Kein Fahrstuhl. Geht's noch höher? Dachte ich es mir doch gleich. Immer vier Treppen. Soll ich mir das tatsächlich antun?"

Ich guckte auf ihren runden dicken Po, die enge, fast platzende Lederbluse und sagte:

„Da brauchen sie nie mehr ins Fitnessstudio. Diese Treppe hält sie mühelos auf Ihrem Idealgewicht. Sie können sich ab sofort jeden Nachmittag zum Kaffee zusätzlich ein leckeres Sahnetörtchen leisten."

Ich stellte sie mir nackt vor, ihren gewaltigen runden Hintern kosend, und mein Hammer reagierte bereits. Oben schloss ich stolz die Tür auf und ließ sie eintreten. Sie war natürlich begeistert. Dem Dach entnahmen wir beim Ausbau zwei Wände und schufen so ein riesengroßes Wohnzimmer mit gebrannten Bodenziegeln und mit Fichtenholz sauber verkleideten Decken. Die Dachschräge zum Bunker nahmen wir heraus und bauten dort eine kleine, etwa 15 Quadratmeter große Terrasse ein. Durch das bis zum Boden gehende Glasfenster verlängerte sich nun optisch der Wohnzimmerboden über die Terrasse hinaus bis auf die leere Fläche des Bunkers.

„Ich werde mit der Stadt sprechen. Vielleicht erlauben sie mir Gras auf dem Betondach anzupflanzen", sagte sie und rannte begeistert in die beiden anderen Zimmer.

„Klasse Idee!", lobte ich Sie, und das war ehrlich gemeint.

Dann waren wir uns einig, und Angelika Meyer mietete die teure, schicke Wohnung. Meine Einkommenssituation verbesserte sich dadurch um einen weiteren monatlichen Tausender.

Und ich war ihm gleich verfallen, diesem rubenshaften Wonneproppen mit dem riesigen runden Po und ihren 2.000 Mark „Extraprämie" als Bonus für den sofortigen Mietvertrag, den sie mir schwarz zusteckte. Ohne Quittung und nicht rückzahlbar. Die Madame fuhr teuren Porsche und trug feinsten Schmuck. Schien supersolvent.

„Wissen sie, lieber Baron, ich bin Geschäftsfrau und betreibe einen internationalen Callservice im Psychologiebereich. Depression. Sie wissen schon. Unser erfolgreiches Telefon-Beratungssystem hilft Menschen in seelischer Not, baut Stress ab und gibt ihnen wieder Kraft für die tägliche Lebensbewältigung und Berufsmeisterung", erzählte sie mir und nahm weit zurückgelehnt auf der gemütlichen Terrasseneckbank Platz. Dabei rutschte ihr modischer Minirock ganz weit hoch und ihre schneeweißen, von seidenen Spitzenhöschenrändern umbrämten prallen Oberschenkel knallten mich voll in die höchste Erregungsstufe. Ich war so scharf auf sie, dass ich mir in einem Anfall wildester ausschweifender Fantasie nur noch wünschte, sie ließe sich nach hinten fallen und würde um eine leidenschaftliche Oralliebkosung bitten. Tat sie aber nicht. Sie legte mir stattdessen ihr linkes warmes Händchen mit dem riesigen Zweikaräter aufs linke Knie und streckte mir dabei, wie eine wahnsinnig süße, lockende Schlange, lächelnd das rechte, geöffnete entgegen.

„Her mit dem Mietvertrag", kommandierte sie, und ich gehorchte. Angelika wurde dadurch zu einem topwichtigen Wesen meines zukünftigen Lebens. Dadurch erhöhte sich unser bis dato katastrophales Monatseinkommen, und ich war endlich wieder motorisiert: Mit den schwarzen zwei Mille und ihrer Kaution zahlte ich schon eine Woche später einen frühen und sogar roten gut erhaltenen SL mit Pagodendach an. Fehlte nur noch ein günstiger Terrassencafé-Parkplatz.

Als ich eines Morgens bei meinem Zahnarzt im Wartezimmer saß und in der schon leicht zerfledderten Regenbogenpresse blätterte, fand ich mitten zwischen Kreuzworträtseln einen zweiseitigen Promiartikel über „Deutsche Millionäre" an der Côte d'Azur. Gezeigt wurde der bekannte „Frankfurter Großspekulant Sawitzki", nun schon weit über 50, zusammen mit seiner neuen Verlobten Diana beim Verlassen des Hotel de Paris. Hinter ihnen stand sogar ein gerade eincheckender echter Beatle: Ringo Starr. Sie, gerade über 20 und durch ein paar Werbefilme für Hustenbonbons bekannt geworden, feierte an diesem Tag mit Freunden ihren ersten Rollenvertrag für eine neue Krimiserie. Vor den Stufen des Nobelhotels wartete sein offener, gelbschwarzer Rolls-Royce-Phantom aus den 50er-Jahren. Und wer saß da grinsend hinter dem riesigen Steuerrad? Laut Zeitschriftentext der „berühmte Maler und Aktionskünstler Peter Fleißberg", ein „bekanntes Mitglied des internationalen „Monaco-Jetset", der auch im Fürstenhaus bekannt ist. El geilo. Nicht erwähnt allerdings war sein nobler Mitfahrer auf dem anderen Vordersitz: Unglaublich, ich täuschte mich nicht, Baron Wilhelm von Papenburg. Besser bekannt als Poppy, der Ex-Drogenhändler. Die Welt war klein. Vor allen Dingen die Frankfurter. Diese winzige internationale Großstadt, in der im Vergleich zu München nur eine Handvoll verrückter Macher und Promis leben, hat den Vorteil, dass du dich von der Masse der spießigen Zahnarztlangweiler,

Gebrauchtwarenhändler, kleinkarierten Maklertypen und besonders von den proletenhaften Discobetreibern, die aufgrund ihres hohen Einkommens glauben, interessant und „in" zu sein, nur ein bisschen durch Kreativität und Flexibilität abheben musst, um ruckzuck zum bekannten B-Promi zu werden. Der schrille Fleißberg hatte es, kombiniert mit den unglaublichen Entrepreneurqualitäten Sawitzkis, in nur zwei Jahren geschafft, ein strahlender, aufglühender Komet am deutschen Promihimmel zu werden. Das brachte ihn bestimmt schon an die große Kohle. Donnerwetter, war ich beeindruckt!

Sieben Monate nach dem Einstieg ins Ölgeschäft ließ ich beim Morgenkaffee vor Schreck meine Kaffeetasse fallen. Las gerade noch genussvoll meine Frankfurter, und im Wirtschaftsteil war er dann an diesem Tag abgebildet: unser erfahrener, tüchtiger „Internationaler Vermögensberater Leonard Silber". Als gesuchter, flüchtiger Verbrecher. Auf dem Foto aus besseren Tagen trank Leo mit zwei hübschen jungen Frauen teuren Champagner auf DEM Nr. 1 Münchner Wohltätigkeitsball. Ich überflog hastig den Text und erfuhr, dass er, praktisch bankrott, am Wochenende in ein Nahostland ausgeflogen war, das nicht ausliefert!

Entsetzlich. Mir war klar, dass ich nun um 50.000 ärmer war, denn Zeus war ja durch seine Investments verschuldet, und sein Zinn-Engagement hatte er bestimmt auch bei Silber verspielt. Er war dann auch über vier Wochen lang nicht zu finden, blitzschnell aus seiner Wohnung geflüchtet und untergetaucht.

Aus der Presse erfuhr ich tagelang weitere Einzelheiten über Leonard Silbers kriminelle Aktivitäten. Er legte die Kundengelder nicht, wie vertraglich abgemacht, in Zinn oder Öl an, sondern führte damit das luxuriöse Leben eines Multimillionärs und Lebemanns. Spielsüchtig hing er jahrelang in den bekannten Spielkasinos der Côte d'Azur herum und verzockte die Kundeneinlagen am Roulettetisch. Mit dem Geld seiner Neuanleger beruhigte er ständig nervöse frühere Kunden mit überdurchschnittlichen Zinsen und manchmal auch beschwichtigenden kleineren Rückzahlungen. Ade mein liebes Rücklagengeld. Dann rief mich tatsächlich abends Zeus an und flehte um Vergebung:

„Ich mach alles wieder bei dir gut, Jörg. Alles!"

Na ja, er war auch auf den Typ reingefallen. Ich sagte ihm, dass ich in ein paar Wochen eine Lösung wüsste.

Drei Monate später kam überraschend Erhard zu mir ins Büro hereingehetzt.

„Hab mich heute arbeitslos gemeldet und bin nun finanziell total auf den Hund gekommen. Ab morgen ist buchstäblich nichts mehr zu fressen im Kühlschrank. Hast du in deinen Hütten irgendeinen kleinen Renovierungsjob für mich? Bin doch, logo, die ersten drei Monate beim Arbeitsamt gesperrt, weil ich über ein Jahr selbstständig war."

Ich langte in meine Hosentasche, blätterte einen Hunderter von meiner Geldrolle und drückte ihm den in die Hand.

„Vorschuss! Du kannst mir die vergammelte Hinterhausmauer streichen in meinem Mietshaus in der Bergerstraße. Zwölf Mark die Stunde. Schwarz. Was um Gottes willen ist denn passiert? Setz dich erst mal."

Zweimal faltete er sorgfältig den Schein und steckte ihn in die linke Hemdbrusttasche, die er zuknöpfte. Prüfte noch mal, ob sie auch richtig zu war. Dann setzte er sich seufzend. Fummelte eine angerauchte halbe Zigarette aus der rechten Brusttasche, zündete sie und lehnte sich mit apathischem Gesichtsausdruck zurück:

„Den Englandgroßhändler musste ich immer im Voraus löhnen, und er war jahrelang, auch bei Aki, absolut zuverlässig. Letzte Woche ist der dicke James White nun einfach umgekippt und abgekratzt. Das Herz! Die Geschäfts- und Erbschaftsabwicklung kann Jahre dauern. Es soll aber, Scheiße, verdammte, kaum Masse vorhanden sein. Der alte Vielfraß war ein windiger Wechselakrobat. Geld weg und Ware nicht angekommen. Ich bin pleite."

Von da an zog Erhard über sechs Monate einfache Renovierungen und Ausbauten für mich durch. Baute aber nebenbei langsam wieder seinen Handel auf. Aber irgendwie war er nicht mehr der Alte. Von dem finanziellen Schlag erholte er sich nie mehr richtig. Er lief immer unrasiert und in Schmuddelklamotten herum und hatte schon oft am Vormittag eine Bierkornfahne. Der arme Hund.

Bei der Rosso allerdings liefen die Geschäfte wie geschmiert: Im Frühjahr 1980 zog der Erdgeschossmieter aus meinem Nordgebäude aus, und ich richtete mir dort, weil es praktischer war, mein neues Büro mit Renoviermateriallager ein. Mein kleines Zweizimmerbüro im Offenbacher Vorderhaus baute ich in ein schmuckes Appartement um, und für das Restaurant im Erdgeschoss besorgte ich mir eine Genehmigung für vier Trottoiraußentische. Als die Rosso das Freiwerden mitkriegte, mietete sie sofort diese teurere Wohnung, weil sie dadurch für ihr Klientel einfacher erreichbar war und sie die bessere Aussicht schätzte. Sie war inzwischen stark gehbehindert und stützte ihren mageren, in ein pechschwarzes Kleid gewickelten Restkörper mit einem Krückstock ab. Obwohl sie immer noch geistig wach schien, blieb ich nicht gern in ihrer Nähe, weil sie oft stark nach Urin roch, was mir unangenehm war.

„Die hat 'ne kaputte Blase und pisst überall ihren Teppichboden voll. Alkoholikerin", erzählte mir die Nachbarin Huber und kicherte verächtlich. Eine junge, gutmütige Mitmieterin, Frau Möller und natürlich hörige Anhängerin der „Seherin", versorgte sie, als sie überraschend kränklich wurde, mit Lebensmitteln. Half ihr mit Post- und Bankbesorgungen und entsorgte ab und zu ihren Abfall.

„Die Rosso ist eine begnadete Weise. Gucken sie sich ihre energisch blitzenden Augen an. Unglaublich, wie sie mit Überintelligenz sofort alles durchschaut. Denn sie hat ja das unsichtbare dritte Auge, mit dem sie nicht nur alles analysiert und speichert, sondern sich, wie mit einem gekoppelten gigantischen Großcomputer, blitzschnell mit der Globalerkenntnis verbindet. ‚Du, das All und Gott sind eine Einheit!'", laberte sie.

Die Rosso galt tatsächlich als DIE erfolgreiche Wahrsagerin. Nun begriff ich auch, warum immer mehr junge Schickeriaweiber ihre teuren Luxusautos um unser Haus herum parkten. Blitzschnell, gebeugt, ohne sich groß umzusehen, in unseren weit geöffneten Hauseingang flitzten und mit schnell klickenden Absätzen die Treppe hinaufeilten, um nicht erkannt zu werden.

„Die alte Rosso ist RheinMains Starseherin geworden. Sie muss inzwischen sehr reich sein. Fragt sich nur, wo sie ihre viele Kohle verbirgt. Dem Finanzamt wird die smarte Durchblickerin doch das viele Geld verschweigen", flüsterte die Möller mir einmal beim Treppenfegen zu. Wir drückten uns dabei an die Wand, um nicht von einer nerzverbrämten, bildschönen Kundin überrannt zu werden.

„Die reiche Ferrarifahrerin aus Bad Homburg", sagte ich und hörte nur drei Minuten später ihren vor dem Haus vorher bewunderten feuerroten Testarossa wegdröhnen.

Ich fand den Schwachsinn mit den blöden „Opfern" der Scharlatanin eigentlich gar nicht so schlecht, weil die alte Hexe ja nur Betuchte ausräumte. Bis ich eines Tages an einem Feiertag nach einer Notreparatur aus dem Flurfenster blickte.

Es war ein wunderschöner, warmer Junimorgen. Unser Gastwirt hievte gerade seine Außentische auf den Bürgersteig, da hängte eine kleine welke Hand an einem Strick einen geflochtenen Henkelkorb aus dem Fenster heraus, den sie dann ganz langsam und behutsam auf die Tische heruntertaumeln ließ. Ich hörte die schrille Stimme der Rosso rufen:

„Herrr Wirrt, wie immer. Im Korb liegt der Zehnner!"

Einen Moment blickte Gastwirt Sport nach oben, dann in den Korb und brüllte:

„Okay, Madame!"

Ich sah, wie er zwei Halbliterflaschen Bier und Wechselgeld in den Korb legte und wie danach zwei verschrumpelte Hände, an schneeweißen, dünnen Unterarmen, den Korb rhythmisch, ruckartig zum Fenster des ersten Stocks hochzogen und entleerten.

In diesem Moment hielt vor dem Haus der blaue VW-Karmann meiner Frau, die mich zu dieser Zeit in der City wähnte. Sie stieg aus und der mit spärlichem zotteligen Haar bedeckte Hinterkopf der Wahrsagerin ragte mit einmal erneut aus dem Fenster und brüllte:

„Gudden Taaag, Frau Besitzer. Schön Sie wiedder bei mir zu sehen. Kommen Sie rauf, liebe Herta!"

Ich dachte, mich trifft der Schlag. Diese blöde Kuh machte mich doch tatsächlich bei all meinen Mietern zum Dämelack! Wie konnte sie mir das bloß antun. Mich, der sich über Jahre übler Schinderei, verbunden mit tausend schlaflosen Nächten zur geachteten und gefürchteten Respektperson aufgebaut hatte, so gemein mit ihrem Esoterikquatsch zu schwächen?

Das war dann der Auslöser. Ich gab mir einen Ruck und schlich endlich in das Penthouse hoch. Die Meyer war zu Hause, denn ihr Porsche stand im Hof geparkt. Meine Erregung nicht verbergend klingelte ich an ihrer Aluminiumgittertür und hörte einen lauten, schrillen Ruf:

„Habe wichtiges Telefongespräch, fünf Minuten, nur fünf, und dann hab ich alle Zeit der Welt!"

So zog ich den Schornsteinfegerschlüssel aus dem Schlüsselbund und öffnete die Dachtür zur umgitterten Leiterplattform. Es war ein warmer Tag: Kaum Wind, und die Sonne knallte mich richtig heiß an. Ich blickte Richtung Mühlheim und sah die endlose Kette der herandröhnenden landenden Flugzeuge, die den Frankfurter Airport ansteuerten, und die schnellen Lastkähne auf dem Main mit ihren hohen, weißschäumenden Bugwellen, und dabei trieben mir die Sexualträume den Schweiß auf die Stirn. Auf dem Betonflachdach des Bunkers schnäbelten zwei kreischende Möwen. Paarungsschreie?

„Ach Gottchen, haben Sie lange gewartet?“, flüsterte eine zärtliche Stimme mir ins rechte Ohr und eine Strähne kitzelte meine Wange. Sie stand hinter mir und zog mich in ihr Apartment hinein. Ich war wie hypnotisiert. Denn sie trug nur einen weit geöffneten, locker geknoteten seidenen Bademantel, und ich sah für eine Sekunde ihren prächtigen blondhaarigen Venushügel.

„Nein, nein ich freu ... freue mich meiner hübschesten Mieterin behilflich zu sein. Ist bei Ihnen alles in Ordnung? Monatlicher Routinebesuch.“

„Warum verdiene ich arme, alleinstehende Frau so viel Verständnis?“

„Eine meiner leichtesten Übungen. Sehr nett haben Sie es sich eingerichtet und diese wertvollen alten Orientteppiche, wunderschön“, sagte ich, um das Thema zu wechseln. Sie deutete auf einen prächtigen roten Achtmeter-Bidjar mit eingeknüpfter persischer Signatur.

„Auf diesem kostbaren Teppich zelebriere ich immer meine Nachmittags-Teatime, trinken wir beide ein Tässchen? Setzen sie sich einfach zu mir auf den Boden.“ Ich nickte dankend, und sie warf mir beim Gang zur Küche zwei orientalische Seidenkissen zu. Auf dem Boden war es mir gemein unbequem, und ich stopfte mir eines davon sofort stützend ins Kreuz.

„Das ist der berühmte Ceylon-Assam-Tee, er vereinigt Körper und Seele zum absoluten Wohlgefühl der totalen Entspannung. Milch und Zucker?“, flüsterte sie und stellte mir kurz darauf ein kleines Betttischchen vor die Nase, auf dem ein antikes japanisches Kanton-Export-Teekännchen mit zwei Tässchen und einem Zuckernapf mit Löffeln und Servietten thronten.

„Danke, aber keine Milch.“

Ich kapierte zwar das „Wohlgefühl“, aber nicht, wie sie das mit der Entspannung meinte. Sie hockte sich dann ganz nah zu mir hin und schenkte wortlos, süß lächelnd den dampfenden Tee in unsere Tassen. Als ich meine mit Zucker füllte und den ersten Schluck wagte, spürte ich, dass sie mich am Unterleib berührte.

Okay, und es kam alles wie erhofft: Sie war eine Liebeszauberin. Verwöhnte mich so gekonnt professionell, wie ich es noch nie zuvor erlebte hatte. Ruckzuck war ich ihr fast hörig. Leider blieb das nicht unbemerkt.

Eines Morgens traf ich den guten alten Erhard im Terrassencafé, der mich zur einer Tasse Kaffee einlud. Zum Frühstück brachte ich mir von Feinkost-Plöger im Pappschälchen einen gekochten kleinen Hummerschwanz mit Cocktailsoßenklacks mit, den ich neben meine Tasse legte.

„Da sieht man, wo die große Kohle gebunkert ist“, stänkerte Erhard, als ich vorsichtig den Pappdeckel öffnete und mit dem Kaffeelöffel im weißen, saftigen Fleisch herumstocherte.

„Hauptsache, noch wie'n Fürst geprasst, bevor die Schuldenfalle endgültig zuschnappt“, seufzte ich theatralisch und ließ trotzig den ersten Bissen genussvoll im Mund verschwinden.

„Wusstest du, dass Hummer Aasfresser sind“, begann er. Stoppte aber, weil ich nach ihm trat.

Der bisher verschlossene graue Wolkenhimmel brach auf, und die Sonne blendete durch. Die Tür der Dresdner-Bankfiliale auf der anderen Straßenseite öffnete sich und eine hübsche, junge Blondine mit großen festen Brüsten kam heraus.

„Meine Fresse!“, röchelte Erhard und zeigte mir mit der rechten Hand das Bumssymbol. „Absolut mein Typ. Wie kommt man bloß an so was Hübsches ran?“ und hustete sich frei.

„Wenn'de zum Friseur gehen und mal die Dusche benutzten würdest, hätts'te durchaus 'ne Chance, so was einzufangen. Aber leider nicht mit deiner Penner-Mitleidsmasche“, hetzte ich und reichte ihm cool ein Tempo-Taschentuch.

„Sehe ich wirklich aus wie ein Loser?“

„Ja, wie ein schmuddeliger Trödler halt. Keine Klasse und zu kurzer Pinsel. Dabei könntest du dich zusammenreißen und eine Stufe höher rummachen: Mit einer coolen ‚Erfolgreicher Antiquitätenhändler‘-Schau! Willste wirklich ewig auf schmuddeligen Flohmärkten rumwurschteln? Deine Geschäfte liefen doch die letzte Zeit gar nicht so schlecht. Warum mietest du dir nicht in Sachsenhausen einen kleinen Laden, wo du bessere Ware anbietest. In Stil, mit bisschen Flair.“

„Weil mich dann das Finanzamt zur Ader lässt. Ich komme zurzeit nur über die Runden, weil ich volle Pulle schwarz deale."

„Aber wie willste an 'ne flotte Braut rankommen, wenn du ständig auf armen Berber mimst?"

Er nahm das Tuch, schnäuzte sich, blickte traurig der üppigen Blondine nach und zischte:

„Seitdem du mit deiner Alten ständig Zoff hast, machst du's dir ja nun leider frustriert selbst und nervst andere. Das versteh ich nicht, wo du doch alle Möglichkeiten der Welt hast."

„Ich? Ich alle Chancen? Quatsch! Dicke Wampe und sehe aus wie über 50."

Er tippte sich kopfschüttelnd an seine Stirn.

„Hausbesitzer. Ein satter Hausbesitzer in der Frankfurter City. Bingo! Der hat doch das große Los gezogen. Vermietet immer ein bis zwei Wohnungen an frischzugezogene Bräute die, weil noch fremd in der Stadt, eine helfende Hand, 'ne starke Schulter suchen, an die sie sich lehnen können. Das würde ich aber doch voll nutzen. Kapiert? Immer ab und zu an eine abschussreife, einsame Neubürgerin vermieten. Geh aber erst mal zum Friseur, friss weniger Delikatessen und kauf dir mal ein paar neue Klamotten, damit du wie der Besitzer aussiehst, nicht wie der Hausmeister."

Er hatte recht. Ich hätte am liebsten losgebrüllt und ihm meine neue Affäre ausgeplaudert. Aber hielt eisern, cool die Schnauze, und er nahm mir mein kümmerliches, unbefriedigtes Dasein ab! Und sein Spruch mit dem Hausmeister? Wie ich von den anderen Hausbesitzern lernte, zahlen ihn die Mieter anteilmäßig über ihre Umlage. Ich gab mir einen Ruck und inserierte zum Monatsende das Stellenangebot für meinen zukünftigen Hausmeister.

Im Herbstregen stand ich dann eines Tages in Offenbachs City, mit dem Rücken schutzsuchend an die Karstadtwand gelehnt, und wartete auf die Straßenbahn, weil mein Auto zur Inspektion war. Mitten in der Stadt. Als ich es alles kapierte und auf einmal ganz klar sah: In diesem Moment war ich in der Innenstadt der Einzige, nein, wohl der letzte echte Deutsche? Um mich herum liefen nur Ausländer: Türken, Spanier, Polen, Italiener und sogar Afrikaner. Was war aus unserem schönen Land geworden? Wir Blödmänner haben es doch bereits an die nächste Generation der Kanaken verschenkt, weil wir so dumm sind, keine Dreckarbeit machen wollen und aus Wohlstandsgier wenig Kinder produzieren. Unsere Leute heiraten erst gar nicht und bleiben kinderlos. Die Familie ist bald tot. Sie aber wissen um die wahren Werte und produzieren Tag für Tag Millionen neue „deutsche Staatsbürger", die uns die durch Kinderlosigkeit ruinierte Altersrente retten.

Sie verändern radikal unsere heile Welt und stellen sie auf den Kopf: Das fängt bei dem Fahrverhalten an, wo sie sich nicht nach unserer soliden deutschen Fahrschullehre richten und ohne zu blinken abbiegen oder von rechts überholen. Sie rotzen auf die Straße, und beim Husten halten sie sich nicht mal die Hand vor die Fresse. Es wird Zeit, dass wir die Experimentierbrille wegwerfen. Der Wohlstand der westlichen Zivilisation wird in nur ein paar Jahren sowieso den Bach runtergehen, weil das Öl versiegt, die Überwertschöpfung daran hängt und somit den Überfluss kappt. Unser technisches Know-how transportieren wir aus schneller Profitgier in Drittländer, und dort wird es einfach kopiert und später zum billigen Konkurrenten. Alles wird zwangsläufig bei uns wieder vereinfachen: von der komplizierten Technik bis hin zu den wichtigsten Bedürfnissen mit ihrer brutalen Rangordnung, Fressen, Klamotten, Dach über dem Kopf … Und danach ist nichts mehr übrig für ein klein bisschen Luxus, Kultur, soziales Engagement. Der versiegte Überfluss mangels preiswerter Energie wird höchstens ein paar alte Werte zurückbringen: Kinder werden wieder unsere Alterssicherung, die Familie zwangsläufig zur wichtigsten Lebensfestung, und darum gehören sie, die Abstauberasylanten und Kleinkriminellen aus dem Osten, allmählich konzentriert zurückgeschickt in ihre geliebten Heimatländer. Ja, ich vergaß ihn schon wieder, meinen bereits aufgebauten dünnen Ausländerrespekt und Abbau des zerstörerischen Fremdenhasses.

Noch einmal drehte ich mich von links nach rechts, und es war klar: Ich war tatsächlich der einzige Deutsche. Fühlte mich dann irgendwie angegruselt: fast als letzter Überlebender einer außerirdischen Epidemie. Da kam endlich die Straßenbahn angerattert. Hielt nur einen kurzen Augenblick. Erschüttert stieg ich ein und stellte fest, das alle meine Mitfahrer Fremde waren. Nun war ich total entsetzt. Panik kam auf. War das noch Wirklichkeit, oder durchlebte ich einen scheußlichen Traum in einer fremden, furchtbaren Horror-Welt? Aus dem ich zum Glück erwachte: In Sachsenhausen sprang ich an der Wienerwald-Ampel raus.

„Chef, haste vielleicht zwanzig Pfennig für mich?", bettelte mich ein nach Schnaps stinkender Penner an. Ein richtiger deutscher Penner! Die Welt war wieder die richtige. Meine! Erfreut schenkte ich ihm zwei Groschen, alles war wieder okay. Es läuft wie die Story mit der Experimentierbrille, die alles optisch auf den Kopf stellt: Es dauert eine ganze Weile, in ihrer Hölle zu leben. Irgendwann aber korrigiert dein Gehirn den Zustand, und alles scheint schnell wieder normal: Oben ist oben, und unten ist unten. Aber wehe, wenn du die Brille abnimmst, dann unglaublich, steht deine Welt auf dem Kopf und flößt dir einen furchtbaren Schreck ein: Korrigiert sich das tatsächlich auch wieder von allein?

Ich hielt mich generell schon länger für einen Menschenfreund, dem eigentlich Rasse, Hautfarbe, Stand und Religion eines Menschen scheißegal waren, vorausgesetzt Fremde ordneten sich „unseren" Gesetzen und Lebenseinstellungen unter und waren ganz einfach nette Leute, die bereit waren, für unsere Leistung durch ehrliche Arbeit zu bezahlen. Trotzdem ertappte ich mich immer wieder bei Vorurteilen, wenn ich mit fremdartigen Berührungen kämpfen musste: Wie später beim „Affen", bei dem ich bereits die Vermietung bereute, weil er in Sperrmüllmöbeln hauste und wie ein dürrer Hungerleider aussah. Schrecklich! Unglaublich! Ein abschreckender Nachbar für wohlsituierte, zukünftige Bewerber zur Anhebung der Mieterqualität.

Die in der Nachkriegszeit gemachten strengen Wohngesetze zur Bewältigung der gigantischen obdachlosen Flüchtlingsflut waren notwendig und gerecht. Aber dieser extrem einseitige Mieterschutz hätte längst für beide Vertragspartner, Mieter und Vermieter, gerecht reformiert werden müssen. Überholte, starre Gesetze mit ihrer Mietspiegelgängelei und Mieterbevorzugung schädigen unsere Volkswirtschaft. Schlechte unverantwortliche Mieter, die oft bereits von der Sozialbehörde unterstützt werden, kümmern sich einen Scheißdreck um Gesetze und Anstand, weil sie ja indirekt die Wohnung „geschenkt" kriegen: Was nichts kostet, ist halt auch nichts wert! Eigenverantwortung ist für Abstauber ein Fremdwort. Sie verhalten sich wie Gesetzlose, schädigen dich, oft aus Missgunst, denn schließlich hast du ja „Glück" in diesem Leben gehabt: Bist satter selbstgefälliger Hausbesitzausbeuter. Er aber, ein vom Schicksal Gebeutelter, vom Pech Verfolgter. Bei Ärger zahlst du ihm seine Anwalts- und Prozesskosten mit deinen Steuern. Wenn du dich immer absolut streng an die Regeln hältst, gehst du aber leider ruckzuck den Bach runter, weil Zeitaufwand, Kosten und Nerven dich schnell kaputtmachen. Smart und ausgekocht musst du dich nahe am Gesetz vorbeischummeln, sogar in Grauzonen hineinwagen, um zu überleben. Immer den kostengünstigsten Weg ausknobeln, damit genug Luft auf dem Konto ist. Denn Banken sind gnadenlose Roboter, sie massakrieren dich, wenn du nicht pünktlich ihre Hypotheken löhnst. Drei Gruppen von Mieter schädigten mich brutal-permanent:

A. Knallharte Mietnomaden-Abkocher, die, mit dem Mietgesetz genaustens vertraut, jede Schwachstelle als Falle für mich nutzen: Vom Schimmelpilzschwindel bis zur ausreichenden Teilmietezahlung, nur Stunden vor dem Räumungsprozess, um vom Richter mit der Mitleidsmasche mit mehr Mietzeit „belohnt" zu werden, obwohl sie laut Mietgesetz bereits kündbar waren.

B. Arbeitsscheue Chaoten, deren ganzes Leben unkontrolliert explodierte, gefördert durch Alkoholprobleme oder ganz einfach durch süßes Nichtstun aufgrund der freigebigen Sozialzahlungen. Jeden Morgen lange pennen, mittags Stadtbummel, nachmittags Sonnenbad auf der Mainwiese auf Kosten der Allgemeinheit. Diese Leute erkennst du schnell am übervollen, fast platzenden Briefkasten. Post wird einmal die Woche ungelesen direkt in den Mülleimer entsorgt. Ihre Devise: Bloß nicht mit Mahnungen und Rechnungen belasten. Sie könnten ihnen ja den schönen, sonnigen Tag versauen. Jeder Dritte von ihnen malocht schwarz, obwohl von uns Steuerzahlern finanziert.

C. Gehirnamputierte, meist linke Spinner, die einst viel im Leben vorhatten, aber nicht die Kurve kriegten, weil Erfolg nicht nur mit Glück, sondern auch mit Fleiß, Durchhalten und Kräfteverschleiß zu tun hat. Wenn Dinge mal nicht klappen, lässt man schnell alles gehen. Es haben immer die anderen Schuld an der eigenen Misere: Chefs, Freunde, Familie und natürlich „die da oben": reiche, verlogene Politiker oder ganz einfach und bequem der immer leicht erreichbare gute alte „Geldsack", sein Hausbesitzer!

Sagt mir ja nicht, ich soll vorher jeden Neumieter sorgfältig durchchecken. Ja nicht!

Das beste Beispiel war ja damals die Mende gewesen: Ihr Arbeitgeber lobte ihre „gute, anständige Arbeitskraft" mit Lügen hoch, und ich wurde zum Betrugsopfer, das die Zeche zahlte.

Süße Wohnungsnot mit ihren demütigen, unterwürfigen Wohnungssuchenden – wo bist du bloß geblieben? Das Vermieten wurde immer schwieriger. Die schlechten Mieter betrogen immer mehr und die Guten begehrten auf und kamen ständig mit neuen „Schikanen“, von Umlagemäkeleien bis zu Mietminderungsversuchen. Dauernd klingelte das Telefon, weil mich die Mieter Tag und Nacht aber auch wegen jedes Furzes anriefen:

„Mein Abfluss ist verstopft. Da sind Schimmelpilze an der Badezimmerdecke“ oder „Die jungen Studenten nebenan lassen bis drei Uhr morgens den Fernseher brüllen.“

Dauernd flitzte ich hin und her, sorgte mich um Reparaturen und um die Befriedigung nörgelnder Mieter. Ich brauchte ihn allmählich, meinen starken Hausmeister, als Pufferzone und technischen Allroundflicker. Ich habe von Geburt zwei linke Hände. So suchte ich einen richtigen, erfahrenen Handwerker, oder besser gesagt, handwerklich begabten Bastlertyp, der mit wenig Aufwand und Kosten Einfachreparaturen hinkriegt. Es meldeten sich Rentnertypen mit wenig Durchsetzungsvermögen, arbeitslose Pennertypen mit Schnapsfahne, junge unerfahrene Pleitegeier, die noch nie einen Schraubenzieher in der Hand gehalten haben, und sprachunkundige Südländer. Schwierig!

Erst nach drei Wochen kam einer, der keinen schlechten Eindruck machte: Gerd, ein ehemaliger Tischlergeselle mit seinem bösartig wirkenden, ausgewachsenen Schäferhund, der die letzten Jahre erfolglos als Leiharbeiter herummauschelte und total pleite war.

„Chef, ich halte Ihnen Ihre Mieter vom Leib und kenn mich in der Wohnungssanierung aus, vom Tapeziererjob bis zur einfachen Klempnerarbeit. Wenn Sie mir eine kostenlose Wohnung, nur zwei Zimmer, geben, mach ich Ihnen einen guten Halbtagsjob auf 20-Wochenstunden-Basis. Darüber kassiere ich cash, einen Heiermann pro Stunde?“

Er war ein stimmgewaltiger 1,60-Meter-Zwerg, der sehr drahtig wirkte und professionell an seinem Schlüsselbund ein stählernes Bandmaß trug. Er überzeugte mich, und weil im folgenden Monat eine Wohnung durch den Auszug der letzten Alten ins Pflegeheim frei wurde, unterzeichneten wir den Vertrag.

„Drei Monate Probezeit und danach jederzeit unbegründete Kündigungsmöglichkeit zum Quartalsende. Von beiden Seiten?“

Er nickte und reichte mir die Hand. Dann unterschrieben wir den Anstellungsvertrag als Halbtagskraft, und er zog zum Monatsende ein.

Mit Herta gab es nur noch Krach. Ich konnte sie einfach nicht mehr sehen. So blieb ich immer morgens länger im Bett und kümmerte mich verstärkt bis in die späten Abendstunden um meine Immobilien: Besuchte fast jede Woche ein-, zwei Mal die Meyer und soff abends immer mal hier und da in der Frankfurter Nachtszene meinen Whisky Sour. Als ich in einer heißen Sommernacht auf der Jazzgasse einen kühlen halben Liter trank, traf ich dort meinen Hausmeister und lud ihn auf ein Glas ein. Fern von meinen Hütten kamen wir beide gut gelaunt auf die verschiedenen Mieter zu sprechen. Zuerst auf die alte Rosso und dann auf die Meyer.

„Die macht mindestens so gute Kohle wie die Rosso, wenn nicht sogar mehr", laberte Gerd.

„Wie das? Wirft der Psychologiekram tatsächlich so viel ab?"

„Psychologie? Da hat sie Ihnen aber einen Bären aufgebunden?" Er lachte mich schallend aus.

Betroffen nahm ich erst mal einen großen Schluck.

„Na ja, sie berät ja doch irgendwelche Leute."

Er unterbrach mich:

„Die macht nichts weiter als den neuesten geilen Moneymaker: Telefonsex!"

„Telefonsex? Sie meinen, sie ist eine Nutte, die über Kontaktanzeigen per Telefon Freier ködert und mein Penthouse zur Absteige umfunktioniert hat. Scheiße, das hätte ich nicht von der gedacht."

„Nein, ganz so schlimm ist es auch wieder nicht. Beim Telefonsex rufen irgendwelche armen Schweine ‚mit Druck' an, die es nicht mehr aushalten und nicht genug Kohle für 'ne Nutte haben. Sie zahlen dann über eine überhöhte Telefongebühr dafür, dass die Meyer es ihnen dreidimensional übers Telefon bringt. Sie erzählt ihnen superdramatisch bis ins letzte Detail, dass sie nackt ist oder so und an sich herumfummelt. Fordert sie auf, es ebenfalls zu machen, und so tauschen sich beide gegenseitig ihre Gelüste aus. Sie verstehen? Bis der Typ dann befriedigt ist und auflegt. Das gute solide Einkommen bringen dann die Stammkunden. Monat für Monat wie 'ne sichere Pension."

Ich war baff und sah ihn bestimmt blöd staunend an. Denn er lachte über mein doofes Gesicht.

„Und die zahlen tatsächlich gutes ehrliches Geld für ’ne Porno-Märchentante, die nicht mal ihr Hemd öffnet, sie überhaupt nicht ranlässt und nur übers Telefon? Unglaublich, dass es solch arme Wichser gibt. Mir hat sie damals etwas von psychologischer Entspannung zur besseren Lebensbewältigung und Berufsmeisterung erzählt.“

„Also mit der Entspannung hat’se nicht gelogen“, meinte Gerd.

Die Meyer als Telefonpornotante. Na toll. Ich musste lachen. Kapierte aber immer noch nicht, warum sie mich bei meinen letzten zwei Besuchen überraschend „abwimmelte“. Vielleicht lief das Geschäft inzwischen super? Oder kapierte sie, dass ich nicht der ersehnte „Sugardaddy“ war, den sie sich aufbauen konnte?

Der neue Wohnungsbewerber Affrendi sah für mich wie ein rückständiger „Kameltreiber“ aus: Dunkler Teint, scheußlicher Ziegenbart und dazu noch eine hässliche Warze auf dem rechten Nasenflügel. Irgendwie kam er mir bekannt vor, aber ich täuschte mich wohl. Bei ihm roch es auch ständig nach Knoblauch und Hammelfett, und ich hätte ihm bestimmt nicht ab Januar ’81 die freie linke Dachwohnung im Hinterhaus vermietet, wenn er nicht seine kleine hübsche Tochter dabei gehabt hätte. Freundlich auf den Boden blickend, dabei verlegen seine braunspeckige türkische Wollschirmmütze drehend, bewarb er sich als Mieter und zeigte ordentliche Arbeitspapiere von der städtischen Müllabfuhr. Die kleine, etwa fünf Jahre alte Tochter hatte einen putzigen Kraushaarkopf und dazu ein nettes, hübsches Gesicht, mit dem sie mich süß anlächelte. Das kriegte mich dann, und ich sagte mir, wer Vater eines solch lieblichen Geschöpfes ist, der muss einfach sauber sein, und so gab ich ihm die Wohnung. Hinzu kam, dass diese schon zwei Monate kein Geld brachte. Die Kleine hatte er sich clever von einem Arbeitskumpel ausgeliehen, der alte Teppichschwindler. Stattdessen zogen zwei freche, immer herumtobende Schuljungen mit ihm ein: seine Söhne Ali und Selim und dazu noch ein kleines, immer herumkläffendes Minihündchen. Seine Miete zahlte er zwar pünktlich per Dauerauftrag, aber sonst gab er mir dauernd Anlass mich zu ärgern: Ständig hing seine fette Ehefrau Sumi die verdreckten Teppiche über die Fensterbänke zum Lüften heraus und kochte nur bei geöffneter Wohnungstür, sodass der ganze Hausflur nach Knoblauch, Hammel und irgendwelchen Kräutern aus „Tausend und einer Nacht“ stank. Bei schönem Wetter ließ er die Mitbewohner an seinem Radio mit dauereingeschaltetem Ali-Baba-Programm mit schriller orientalischer Dudelmusik und unverständlichem Singsang teilhaben.

Ich kriegte dauernd Beschwerden von den Nachbarn und überlegte bald, wie ich ihn loswerden könnte. Er wurde dann automatisch zum Sündenbock für alles, was mir widerfuhr: ein islamischer Generalschuldiger, den ich dauernd, ohne dass es mir bewusst war, anpöbelte, obwohl er grundsätzlich bereit war, alles in Ordnung zu bringen.

Als Kinder in der Silvesternacht die Briefkästen mit Schweizer Kracher sprengten, schimpfte ich, es wären seine gewesen. Waren Wände am Haus beschmiert, dann sagte ich ihm, dass seine Leute das sauber machen sollen. Als eines Tages ein pfundschwerer Hundehaufen im Eingang stank, rief ich ihn und brüllte:

„Dein Köter scheißt hier das Haus voll. Verdammt, hau doch ab, zurück in dein schönes Wüstenparadies."

Er guckte mich verbittert an und schüttelte verzweifelt seinen Kopf. Denn ich wollte nicht kapieren, dass der Riesenhaufen höchstens durch einen riesigen Schäferhund oder Bernhardiner verursacht wurde, denn der Haufen war beinahe größer als sein Schoßhündchen. All meine Belastungsängste und schlechten Launen ließ ich an ihm und seiner Familie aus. Mein Leben war ja auch nicht mehr in Ordnung: Ehe kaputt, Geldsorgen, Mieterärger. Irgendwie schien mir mit einmal alles so sinnlos. Da halfen nur abends der Schnaps und ein paar Flaschen Bier. Der Hausmeister kümmerte sich eigentlich immer sofort um diese Kleinigkeiten und sagte mir mehrmals:

„Chef, ich regle das schon. Regen Sie sich doch nicht auf. Nicht gut fürs Herz!"

Er hatte ja recht. Dann rief der „Affe" ihn an und informierte ihn, dass sein großes Wohnzimmerfenster kaputt war: Jemand hätte es von außen eingeworfen. Das war Hausmeisterarbeit, und trotzdem trat ich dem Affrendi fast vor Wut die Tür ein. Gerd, der mir folgte, deutete auf den Fußboden, und obwohl ich dort die Glassplitter innen – der Beweis seiner Unschuld – sah, schrie ich:

„Macht euch verdammtes Pack fort. Geht zurück in euer lausiges Hammeldorf ins Kurdenland. Ich hab endgültig die Schnauze voll!"

Da deutete auch der Affe mit Tränen in den Augen auf den Boden und sagte traurig:

„Du glaubst wohl, weil ich ein kleiner Muslimmann, ich wär ein Hund! Warum tust du das? Wenn wir das zerbrochen, wäre Glas doch nach außen gefallen. Aber hier, Glas is innen. Denkst du, nur weil du reicher Hausbesitzer, wir sind Scheiße?"

Mein Hausmeister drückte mich sanft, wortlos in Richtung Eingangstür.

„Chef, Affrendi kann es nicht gewesen sein. Er hat recht."

Und dann half mir verblendetem „Glückspilz" das Schicksal: Ein Sturm riss den morschen Schornstein des Gebäudes in einer Unwetternacht um, und er krachte auf das Flachdach vom „Affen", so nannte ich ihn nun immer verächtlich, sodass stundenlang das ganze Regenwasser in sein Wohnzimmer hineinlief. Der Schaden ging in die 30.000! Aber ich war ja spitze versichert, und so deckte ich das Dach erst mal notdürftig ab. Ließ mir viel, viel Zeit für Gutachter, Architekten, Baufirmenbesuche und -inspektionen. Affrendi konnte nicht bleiben. Wir lagerten einen Großteil seiner Klamotten in meinem Lager im Nordend ein und trennten notdürftig das auszutrocknende und zu reparierende Wohnzimmer mit einer provisorischen Sperrholzwand ab. Den Affrendis bot ich 1.500 Mark zusätzlich zu Kaution und Zinsen, wenn sie ausziehen würden. Zwei Wochen später akzeptierten sie, zogen aus, und alles kostete mich keinen Pfennig. Als er mir die Schlüssel übergab, guckte er mich grübelnd an, dann sagte er:

„Du glaubst ja immer noch, ich bin ein Hund", drehte sich um und stieg in seinen Leihtransporter. Als er startete, kapierte ich, wer er war: der junge Türke von damals beim Arbeitsamt. Wie das Leben so spielt.

Ich war mit meiner Wohngebäudeversicherung mit integriertem Mietausfallschutz sehr gut versichert. Affrendi vergaß ich.

Die Möller erzählte mir kurz danach, dass die Meyer sehr viel „männlichen Kundenbesuch" im Penthouse hätte und dass „da oben" so „einiges läuft". Eine Woche später informierte mich der Hausmeister über „negative Meyer-Gerüchte" aus der Nachbarschaft. Das waren Tiefschläge, denn einen Bordellbetrieb wollte ich mir nicht erlauben. Sehr heikle Sache. Ich zermarterte mir tagelang mein Gehirn mit der Lösung des Problems. Mir war klar, ich musste die Pornotüte unbedingt loswerden. Und dann, oh Glück, zahlte sie auf einmal im Februar keine Miete. Ich schickte am 20. die erste Mahnung. Die Spannung stieg: Schlechte Mieter wird man in Deutschland nur auf einem Weg los: ab zweiter Mietschuld, am 3. des nächsten Monats! Am dritten März schickte ich ihr dann per Einschreiben-Rückschein die fristlose Kündigung zum 17. des Monats. Drei Tage später rief aber ein Mann, ohne seinen Namen zu nennen, an.

„Ich bin ein Cousin von Frau Meyer, die aufgrund betrügerischer Lieferanten zurzeit etwas knapp bei Kasse ist. Ich möchte Ihnen Ihre rückständige Miete bezahlen. Wo kann ich das in bar erledigen?"

„Bei mir im Büro im Nordend", sagte ich und gab ihm meine Adresse durch. Eine Stunde später hielt ein grauer Mercedes S-Klasse vor meinem Haus. Es war inzwischen dunkel geworden, und ich ging mit dem Quittungsblock zur Tür. Mir kam der Mann mit dem durch leichten Verwuchs geschädigtem Gesicht bekannt vor, aber ich konnte ihn nicht sofort einordnen. Er sah mich irgendwie überrascht-gehetzt an, wollte gar nicht hereinkommen. Drückte mir für die Quittung eine Monatsmiete in bar in die Hand und drehte sich mit einem „Danke" weg, um zu gehen. Überrascht informierte ich ihn, dass die Meyer mir inzwischen „zwei" schulden würde.

„Entschuldigung, ich schicke Ihnen die zweite per Scheck nach, sollte noch ein Problem auftauchen, so rufen Sie mich einfach an", stotterte er, reichte mir seine Visitenkarte und drehte sich gehend zur Treppe.

Ich rief ihm nach, dass ich einverstanden wäre. Als er verschwand, wusste ich dann, wer er war: der Reinigungsmanager Böfer. Aus der Visitenkarte erfuhr ich, dass er nun Vertreter bei der EUROLION-Versicherungs AG war. Der Kerl kam anscheinend nur über „Gefälligkeiten" an irgendwelche Bräute ran. Wie damals mit der Mende. Jetzt griff er anscheinend nach der Meyer. War er ihr ersehnter, ewig löhnender Sugardaddy?

Als die ersten meiner alten Kumpels Sozialhilfeempfänger wurden – zuerst Erhard, später Zeus –, lud ich sie ab und zu bei mir zum Grillen ein, damit sie mal'n anständiges Stück Fleisch zwischen die Zähne kriegten. Unbemerkt fing aber auch langsam mein Abstieg an: Monat für Monat sanken sie gnadenlos, meine Mieteinnahmen. Aber die Kosten stiegen.

„Für deine Säufer und Arbeitsscheuen werden keine teuren Filetsteaks gekauft. Wir müssen selber sehen, wo wir bleiben", kreischte Herta und kramte mit zusammengekniffenen Lippen drei tiefgefrorene Koteletts und einen Billigpack Bratwürste aus dem Tiefkühlfach hervor.

„Du sagst es, Stänker“, raunzte ich achselzuckend und überdachte den Bierflaschenbestand, denn mein „Freundschaftsabend“ war schon am nächsten Tag. Recht hatte sie ja, die Kohle kam jetzt dünner, so war – traurig aber wahr –, Sparflamme angesagt!

Erhard war mal ein guter Mann gewesen, der über die Jahre immer mehr stolperte, und vor Zeus hatte ich richtig Respekt: Ein heller Kopf war er und hätte leicht das Abitur gemacht, aber seine Leute, seit jeher Nebenerwerbsbauern und Fließbandarbeiter bei Borgward, strebten nicht nach Höherem. Weil er richtig gute Noten in Rechnen und Deutsch brachte, bewarb er sich auf ihren Rat hin als Lehrling bei der mir stinklangweilig wirkenden genossenschaftlichen Raiffeisenkasse. Er ging in diese ungeliebte Lehre, aber träumte seinen Traum vom Redakteur in einer Lokalredaktion. Dann kam zum Glück der Bund, und die Presseabteilung bescherte ihm seine Einstiegschance: Er wurde später Redakteur, und dann passierte natürlich sein Unglück mit dem Motorrad, das ihn aus der Bahn warf.

Ich fand es vom Schicksal unfair, dass aus ihm im Endeffekt nichts geworden war. Gerne hätte ich ihn als großen erfolgreichen Helden gesehen und ihm zugejubelt. Als erfolgreicher Geschäftsmann war mir bewusst, wie wichtig der Faktor Glück im Leben ist. Darum hielt ich zu meinen guten alten Losern, weil ich kapierte, dass von allen erfolgreichen Machern die ich im Laufe der Jahre kennenlernte, nicht mal vier Prozent es aus dem Nichts geschafft hatten, oben zu sein. 96 Prozent kriegten nur durch ihr Highlevel-Elternhaus, Erbschaften und Verwandtschafts-Beziehungen ihre Brücke zum Erfolg. Lohnt es sich dann noch, als Nobody dem Glück nachzujagen, alles zu opfern bis zur Selbstaufgabe? Bei der beschissen kleinen Chance? Ja. Ja! Lebe deine Träume trotzdem aus. Bis zum Exzess und versuche, diese Welt zu verändern, zu bereichern. Gehöre zu den ewigen Suchern, die produktive Impulse gebären und sich und andere zum Aufbruch, Griff nach den Sternen beispielhaft ermuntern. Das hilft uns allen weiter. Auch ich war bereit „loszufliegen“. Aber smarter als Ikarus, nicht zu schnell, nicht zu hoch.

Ich zockte, weil ich arme Sau ja mit nichts anfing, schon vom ersten Kauf an mit billigen Schrottimmobilien. Okay. Allerdings immer instinktiv mindestens in 2a-Lage: nahe zur teuren Fußgängerzone oder Richtung Mainufer. Da fand ich schnell willige Mieter, die es nicht so genau nahmen, mit der bröckelnden Fassade, dem vergammelten Hausflur oder einer miesen Ausstattung. Die Wohnungen waren innen zwar abgewohnt, aber schnell technisch auf neuem Stand und, was zählte, nur Minuten von Frankfurts Glitzerwelt entfernt: den Wolkenkratzern, Nobelstraßen, Vergnügungsvierteln, Kaufhäusern und natürlich den Arbeitsplätzen. Noch fünf bis sechs Jahre vorher waren fast 90 Prozent der Mieter Deutsche, und es kündigte nur im Schnitt alle sechs Monate jemand. Nun, nach nur einem halben Jahrzehnt gab es eine Kündigung jeden Monat mit einem Ausländeranteil von fast 70 Prozent.

Ach, wo waren sie denn geblieben, die guten alten süßen Tage der Wohnungsnot? Wo die Mieterschlangen geduldig für den eventuellen Zuschlag anstanden, um die Wohnung förmlich bettelten und dem Hauswirt die Füße küssten? Die Mieten pünktlich in der ersten Monatswoche bezahlt wurden und gute Mieter wohnen blieben und mit eigener Kohle ihre Buden in Schuss hielten? Dass ich selber vor nur ein paar Jahren in der gleichen beschissenen Lage war, fehlte bereits in meinem Erinnerungsvermögen. War ich bereits in eine „bessere Menschenklasse“ hochgerückt?

Den Erwerb meines nächsten Gebäudes, ein interessantes Maklerangebot am Sachsenhäuser Apfelweinviertel – dreistöckig, pro Stockwerk eine 70-Quadratmeter-Wohnung und im Erdgeschoss eine ehemalige Töpferwerkstatt – hätte ich aufgrund meiner finanziellen Schieflage gar nicht realisieren sollen. Doch aufgrund der einmaligen Superschnäppchensituation griff ich vorschnell zu. So übersah ich: Gefährliche Dachschäden, von Druggies vermüllte und demolierte Räume und auch die fehlenden Stromkabel und Bleileitungen, die Einbrecher geklauten hatten, weil das Haus vor einem Jahr im Hof aufgebrochen worden war. Weil es billig war, spottbillig: Nur 148.000 Mark! Allerdings kam dazu noch die Maklerprovision mit Mehrwertsteuer. Der Grund für den Niedrigpreis war auch die schwierige, negative Nachbarschaftssituation: ein daneben bis spät in den Abend geöffneter Kiosk, Treffpunkt der Alkoholiker des Viertels und links davon, im ersten Stock über einem ausländischen Arbeiterverein, die neue Drogenberatung für den Stadtteil mit ihren herumhängenden, armseligen geldhungrigen Klienten. Trotz aller furchtbaren Nachteile machte ich wagemutig wie immer den neuen Besitzer. Die Finanzierungszusage gab mir meine Bank innerhalb von einem Tag bei 10

Prozent Eigenkapital. Weil ich meine eigene Schätzung mit sehr guter Ertragsrechnung hochfrisierte und Kredit aufgrund meines erstklassigen Leumunds und des niedrigen Kaufpreises kein Thema war. Nun konnte ich endlich Zeus einschalten, der noch eine große Rechnung bei mir offen hatte: Er musste hier den Maklerkiller machen! Denn als ich in dem Hausbesitzerkreis im Terrassencafé einmal über die hohen Maklergebühren meckerte, lachten sich die Immobilienhaie am Tisch schief.

„Maklerprovision zahlen nur unerfahrene Weicheier, Mann“, unterbrach mich Poppy, dem bereits drei große Mietshütten in Frankfurt gehörten. „Halt also die Schnauze, sonst wirste in diesem Profikreis nicht mehr für voll genommen“, flüsterte er und erzählte mir später, dass man bei einem interessanten Maklerangebot 'nen Maklerkiller einschaltet: einen guten Freund, der sich als Strohmann mit dem Objekt vertraut macht und über die Mieter den Hausverkäufer ausspioniert:

„Dann kannst du direkt mit dem verhandeln und sparst dir die Maklerprovision. Capito?“

Gott, was war ich damals von ihren knallharten Geschäftsmethoden beeindruckt. Mir war endgültig klar: Der totale Geschäftserfolg forderte leider beim Hobeln seine Späne.

Also heuerte ich meinen Zeus an, in Zukunft als Maklerkiller für mich zu arbeiten. Schließlich hatte er ja noch den Spekulationsverlust bei mir gutzumachen. Und er, ein cleverer Kopf, lieferte mir innerhalb von zwei Tagen den Sprecher der Darmstädter Erbengemeinschaft, die mir die Bruchbude am Makler vorbei ohne dessen Provisionsaufschlag verkaufte.

Ich hörte einige Male im Cafétreff, dass die Stadt bei der Unterbringung von Sinti- und Romasippen sehr großzügig mit Zuschüssen und Mietspiegelüberhöhungen half, und ein paar andere Hausbesitzer schwärmten mir bereits vor, dass die Vermietung an Zigeuner ein „gutes, gerades Geschäft“ wäre:

„Die Kanaken kannste in Bergwerkstollen unterbringen und kriegst trotzdem todsicher die Kohle, weil die Stadt froh ist, wenn sie überhaupt jemand nimmt.“

Ich fand das schlimm. So was wollte ich mir eigentlich nicht antun. Ich zog also in dem Bau, je nach Kontostand, mit Schwarzarbeitern und Fachfirmen ohne Rechnungspapiere Monat für Monat eine Einfachrenovierung durch, die mich nicht finanziell gefährden durfte. Das funktionierte wie vorher auch, war aber mühsam. Oft ertappte ich mich dabei, dass mir die preiswerte „Wurscht“ am Imbiss der Frankfurter Kleinmarkthalle besser schmeckte als ein saftiges teures Steak bei Maredo, weil die täglichen Honorar- und Materialgelder meine Brieftasche leerten.

Vier Monate später hing die Meyer schon wieder im Mietrückstand. Als sie am 20. immer noch nicht bezahlt hatte, machte ich kurzen Prozess: erste Mahnung am 20. April. Und die zweite am 27. des Monats. Am 3. Mai erhielt sie dann die fristlose Kündigung zum 17. des Monats. Da musste sie dann raus oder die Räumungsklage würde eingereicht.

Zwei Tage nach der zweiten Kündigung erhielt ich dann ein bösartiges Einschreiben von ihr:

„In der gesamten feuchten Altbauwohnung bildet sich Schimmelpilz an den Wänden. Ich war schon mehrmals beim Arzt, der mir, siehe Anlage, schriftlich Atemprobleme attestiert. Mit meiner Gesundheit geht es rapide abwärts, und ich bin schon seit Wochen arbeitsunfähig. Das hat zu hohen finanziellen Verlusten und astronomischen Arztkosten geführt. Ich weigere mich hiermit noch irgendwelche Miete zu bezahlen und bitte um sofortige Unterbringung in einem guten Hotel. In dieser Zeit haben Sie dann die Möglichkeit, das Haus zu sanieren“, schrieb sie, und mir schwamm es vor den Augen.

Es war schon dunkel. Ich war angeschlagen, weil ich wusste, ich hatte die nächsten Monate die Pest am Hals: eine Betrügerin die, weil sie pleite war, mich finanziell massakrieren wollte.

Oh Graus! Ich nahm meinen kleinen Zeiss-Feldstecher und raste nach Offenbach rüber. Parkte in der Uferstraße, seitlich hinter dem Bunker. Zog die Linsenschoner von den Gläsern und zielte auf ihr großes, beleuchtetes Wohnzimmerfenster. Was ich sah, verschlug mir den Atem: Überall in ihrer Wohnung hatte sie Leinen gespannt, und an denen hingen große, wohl nasse Bettlaken zum Trocknen. Obwohl ein durchaus warmer Abend waren alle Fenster geschlossen. Nein! Es war klar: zum Nässen! Verdammt noch mal. Die Wahnsinnige wollte die gesamte Wohnung nass und schimmelig feuchten, nur um finanziell zu überleben. Ich rief Gerd an und beauftragte ihn, für den nächsten Tag eine gute Kamera zu besorgen, mit dem richtigen Filmmaterial, um sie mit diesen Fotobeweisen zu nageln.

Alle Fotos waren brauchbar, und ich holte zu den Aufnahmen noch Zeugen, dann schrieb ich ihr die fristlose Kündigung mit den Fotobeweisen zum nächsten Monatsende.

Ich blieb jetzt immer häufiger in der City, um noch einen zu kippen. Allein zu Hause mit der ewig herumnörgelnden, spinnenden Herta. Das hätte mir schnell den Rest gegeben, und spät abends, meist am Wochenende, rief ich verstärkt meine Eva in Bremen an. Wir spürten dann beide, verliebt wie „damals", dass wir nun „nicht mehr allein", sondern zu zweit waren. Das wurde uns immer wichtiger. Dann erzählte ich ihr endlich, dass ich seit Jahren verheiratet war und mich trennen werde. Für mindestens zwei Wochen sprach sie dann nicht mehr mit mir.

Wie konnten wir wieder zusammenkommen?

Wie im Taubenschlag wechselten die Bewohner meiner billigen Hütten, weil sie nichts für die Zukunft waren: klein, einfach, aber billig. Klar zahlten sie zwei Monate Mietkaution. Sonst gabs ja keinen Mietvertrag. Und ein Arbeitsnachweis, Arbeitsvertrag oder Lohnstreifen musste nun auch präsentiert werden. Aber davon war neuerdings jeder dritte gefälscht.

Dann zahlte ein typischer Mietnomade auf einmal keine Miete mehr. Auch nicht bis zum 3. des nächsten Monats, obwohl schon zweimal, zuletzt per Einschreiben, angemahnt. So kriegte dieser neue Betrüger gnadenlos seine Kündigung. Ich klopfte sogar mehrmals vor dem Absenden an seine Tür, weil ich ihn noch Minuten vorher hatte reingehen sehen. Er öffnete natürlich nicht. Kam mir ähnlich wie die Meyer, schriftlich und per Telefon, mit irgendwelchen „Schäden" zum Zwecke der Mietminderung – von zerbrochenen oder zugigen Fenstern, kaputten oder verstopften Zu- und Abflüssen, kaputten Heißwassergeräten bis hin zur zerbrochenen Heizungszündanlage – und zahlte nicht. Was aber ungesetzlich ist, weil der Mieter dem Vermieter Schäden dieser Art sofort melden muss, damit er die Gelegenheit zur schnellstmöglichen Beseitigung hat. Am liebsten hätte ich schon oft diesen Abstaubern die Tür eingetreten. Aber es war ja doch meine Tür. Scheiße! Und dann im dritten Monat, der Mieter war natürlich nicht ausgezogen, wurde ich richtig aktiv. „Dieser Drecksack!", dachte ich nur noch und konnte an nichts anderes mehr denken. Zuerst schrieb ich eine Scheinklage ans Frankfurter Amtsgericht mit einer Kopie an den säumigen Mieter, um ihn zu schocken. Eine echte kostet ja die Vorauszahlung der Prozesskosten. So wartete ich eine Woche, rief ihn dann an oder stellte ihn im Hausflur zur Rede. Natürlich hatte der Halunke „bereits heute Morgen bezahlt" oder log frech von einem „Überweisungsfehler der Bank". Zeigte, wie zig vor ihm, einen gefälschten Überweisungsdurchschlag oder sogar Quittung mit eingezahltem Zehnerbetrag, auf dem er nachträglich die Hunderternull reinfälschte. Doch nicht mit mir, du Anfängergangster.

„Wenn sie ausziehen, verrechnen wir Ihre offene Miete mit der Kaution auf null und ich schenke Ihnen noch 500 Mäuse als Startkapital für Ihre nächste Wohnung", bot ich dann cool und ergänzte:

„Sie wissen ja, der Räumungsprozess läuft schon seit rund drei Wochen. Macht ihnen keinen Spaß, der gemeine Überraschungsbesuch um sechs Uhr morgens vom Gerichtsvollzieher. Der fackelt nicht lange: Kippt Sie aus dem Bett und schmeißt Ihre Siebensachen aus dem Fenster. Hinein in seinen schrottreifen Möbelwagen. Da sitzen sie ruckzuck im Asozialenbunker im Gallusviertel. Mitten unter Säufern und Pennern. Da gibt es keine Türen in den Zimmern, damit die nicht geklaut werden, und die Wohnungseingangstür ist aus härtestem Stahlblech. Wollen Sie sich das tatsächlich antun?"

Ach, was wäre es schön, wenn mein Märchen stimmen würde. Meist lachte sich der erfahrene, abgebrühte Mietnomade schief, zeigte mir noch hundsdreckig das Ficksymbol, öffnete seine Tür und knallte sie mir vor der Nase zu. Whoopie!

Manchmal hatte ich auch Glück, und er zog Tage später heimlich aus. Hinterließ aber aus „Rache" die Wohnung wie ein Schlachtfeld: zerfetzte Tapeten, versauter Teppichboden, zerkratzte Türen, geklaute Badezimmerarmaturen, zerschlagene Waschbecken, und schon zweimal hatte mir jemand in die Badewanne oder sogar in den Kühlschrank geschissen. Schöne Bescherung. Aber ich war ihn zum Glück los. Happyness hat seinen Preis. Nur die hartnäckigsten der Mietbetrüger ließen sich tatsächlich rausklagen, und das kostete! Je nach Wohnungsmiete zwischen 500 bis 1.000 Mark Prozessvorauszahlung. Die natürlich fast verloren waren: Nach der zweiten Vorauszahlung für Räum-, Transport-, Lager- und Gerichtsvollzieherkosten von rund 2.000 bis 3.000 Mark kriegst du dann Monate später geile 27,50 vom Gerichtsvollzieher mit der Generalabrechnung rücküberwiesen.

Die cleverste Vermieterlösung aber war und blieb: Grundsätzlich alle Rachegefühle unterdrücken, verdrängen und immer nur den geringsten finanziellen Aufwand ausknobeln, um den Betrüger loszuwerden. Meist mit finanziellen Ködern wie: Verzicht auf alle Forderungen, Geldgeschenke oder Umzugsübernahmen. Merke, Neuvermieter: Wenn es nur halb so viel kostet wie die Räumung: man, dann vergiss deinen Hass auf den Dieb! Sieh zu, dass du nur mit 'nem blauen Auge davonkommst. Denn einem nackten Mann kannst du nicht in die Tasche greifen. Das frustriert natürlich und schnell kann dich deine krank werdende Psyche in den Abgrund stoßen.

Ja, Vermieterhölle! Mietverluste ohne Ende. So drei Wochen nach der gewonnenen Klage erhielt ich meist den Räumungstitel für den Gerichtsvollzieher und zahlte seinen Vorschuss. Den Prozess zog ich natürlich immer selber ohne teuren Anwalt durch. Den braucht man nicht, weil man ja wegen der unbezahlten Mieten immer gewinnt. Also diese ausgeuferten Kosten möglichst immer vorher durch im Endeffekt sparende „Geschenke" an den „Mieterräuber" verhindern.

Und so hasste ich sie allmählich immer mehr, meine Mietschuldner, Schimmelpilzschaden-Betrüger, vandalierende Schmutzfinken und bald pauschal jeden Mieter. Vor allen Dingen die Ausländer. In meinen depressiven Träumen erarbeitete ich mir Hunderte von Rachemorden, Vergeltungsakten, befriedigenden Prügelstrafen und perversen Hassorgien. Und weil aufgrund meiner billigen Althausmieten immer mehr Ausländer bei mir wohnten und ich oft depressiv meinte, sie würden meine Existenz bedrohen, wurde ich, logo, trotz guter Vorsätze immer mehr zum Fremdenhasser. Wachte am Morgen mit 'nem schweren Kopf auf und fand das ganze Leben scheiße. Natürlich waren daran die „Kanaken" schuld, ganz einfach!

Brutal vor allen Dingen der ewige finanzielle Druck für den Nichterben, den Selfmademan: Von meiner Monatsmiete krallte sich zuerst meine Bank 40 Prozent für Zinsen und Tilgung. Weitere 30 Prozent zahlte ich für durchschnittliche Instandhaltungskosten und Reparaturen meiner anfälligen Altimmobilien. Musste also von den restlichen 30 Prozent, rund 4.000 im Monat, leben. Wenn sie überhaupt reinkamen. In manchem Monat war kein müder Heiermann übrig. Vermögensmäßig war ich schon DM-Millionär, weil der Wert meiner Immobilien ständig stieg. In der Zeitung las ich dann von einer neuen deutschen Errungenschaft: Das Münchener Restaurant „Aubergine", Gourmettempel der Oberklasse, bekam den dritten Michelin-Stern!

Toll: Ich fuhr elegant im Mercedes-SL vor meinem Fresstempel vor und aß dort wieder häufiger meine preiswerte „Wurscht" für 2,20. Im Stehimbiss der Markthalle.

Ich bot inzwischen der Meyer an, ihre Mietschulden mit der Kaution zu verrechnen und ihr am Tag des Auszugs noch ein Geldgeschenk von 1.000 Mark zu zahlen, wenn sie die Wohnung bis zum Monatsende übergäbe.

Sie akzeptierte und zog aus. Bei der Übergabe kriegte sie ihr Geldgeschenk und zeigte mir trotzdem eine Art Teufelssymbol: eine geballte Faust mit gespreiztem Daumen und kleinem Finger. Dann drehte sie sich aufschreiend weg und rannte runter zum Möbelwagen. Als ich die geräumte Wohnung betrat, sah ich am Kamin ein kleines gehenktes Knoblauchmännchen.

„Das gibt die Rosso immer ihren Kundinnen gegen ihre Feinde. So was wie Voodoo, Chef. Die Weiber tratschen sie voll und erzählen ihr jeden Lebensfurz. Dabei speichert sie wie ein Computer alles für ihren Job Verwertbare für ‚bessere Voraussagen'. Sie verstehen?"

Ich war sprachlos, wusste, meine Herta war auch voll dabei. Riss es böse von der Wand und schmiss es im hohen Bogen durchs offene Fenster hinaus auf die Straße. Die Meyer war ich, Gott sei Dank, los. Zum Glück öffneten in diesem Jahr im Bahnhofsviertel die neuen Peepshows. Ich war ein paar Wochen Stammgast. Frauen nur noch mit der Feuerzange anfassen, das war nun meine Devise.

Dann stellte Sport irgendwann seine Pachtzahlungen ein. Von Nachbarn und Mietern hörte ich schon übers Jahr, dass der Laden nicht richtig lief. Als die Umsätze sanken, wurde der Laden immer mehr zum Sintitreff. Dadurch kamen immer weniger Normalgäste. Dann zogen ganze Sippen nach vielem Ärger mit Behörden und Hausbesitzern in andere Stadtteile oder weiter weg. So kamen auch sie nicht mehr.

Sport war pleite! Er hatte allerhand Geld in dem Laden stecken und kam ein paar Mal mit interessierten „Käufern", die den Vertrag übernehmen wollten. Er vertröstete mich, obwohl er nicht vertraglich untervermieten konnte, weitere zwei Monate ohne einen Pfennig zu bezahlen. Nun startete ich die Räumungsklage, deren Kosten ich im Voraus zahlte und vier Monate später gewann. Den Titel schickte ich an die zuständige Gerichtsvollzieherverteilerstelle. Das alles dauerte weitere zwei Monate, und seine Mietschulden stiegen auf fast zweitausend Mark. Dann kam der Gerichtsvollzieher, dem ich zweitausend im Voraus bezahlte, mit Lastwagen. Das Geld war bei dem armen Teufel für mich verloren. Parallel liefen noch zwei andere Räumungsprozesse und kosteten. Mein Konto rutschte endgültig ins Minus und ich endgültig in die Dauerdepression. Gingen ja auch damals viele Firmen den Bach herunter oder gerieten in Schwierigkeiten: Wienerwald, Magirus Deutz, Neckermannn, AEG und ... ich? Tief betrübt traf ich einmal meinen alten Freund Erhard im Kaufhof, der ein halbes Jahr vorher seinen Antikhandel endgültig schmiss, weil er in die gemeine Zwickmühle dieses Handels geriet. Nicht genug Geld für gute Ware und dadurch immer schlechtere Einnahmen, um ertragsversprechend einkaufen zu können! Er war schon offiziell über ein Jahr arbeitslos, und aufgrund meines Minusstands bekam er nur noch selten einen Job von mir. Als ich ihm mein Leid klagte, zog der inzwischen kugelrunde Fettsack sein olivgrünes Che-Guevara-T-Shirt ein bisschen unter dem Bauch raus, damit er nicht so prall wirkte, drückte nachdenklich seine funkelnagelneue, billige Krankenkassenbrille zur Nasenwurzel hoch und blickte mit grimmig zu Querfalten gequetschten Lippen zu mir hoch.

„Biste gut versichert?", hauchte er leise. Ich nickte irritiert.

„Dann fackel doch einfach eine deiner Scheißbuden ab. Ich bin jetzt so hundsgemein stier, und da mach ich es dir gekonnt für gute alte 20.000 in cash."

Ich kapierte nicht:

„Machst mir was?"

„Zündel dein Mietshaus! Du hast das Haus erst ohne Beweispapiere mit deinen Schwarzarbeitern teilsaniert. Wahrscheinlich mit der unversteuerten Abstandskohle vom letzen Gastwirt. Alte Baupläne, Baugenehmigungen existieren hier nicht. Sind alle in den Bombennächten des 2. Weltkriegs verbrannt. Vieles wurde in den ersten Jahren der Nachkriegszeit ohne Genehmigung aufgebaut. Das kann keiner kontrollieren. Da sanierst du dich zuerst über die Mietausfallversicherung. Ziehst mit deinem Hausmeister aus. Zu Freunden, bei denen du billig wohnst. Die letzten unkündbaren Mieter biste dann auch endlich los, ha, ha. Die leere halb fertige Wohnung vermietest du noch schnell zum Schein rückwirkend an meinen Neffen, der als Student bei der

Schwester wohnt. Machst also die große Asche zuerst mit der Mietausfallversicherung. Hinterher folgt der finanzielle Durchbruch mit der fetten Entschädigung der Feuerversicherung. Einige dich mit denen auf eine Pauschalabfindung. Mit großem Eigenleistungsanteil. Capito? Dann biste auf alle Ewigkeit saniert."

Ich blickte bestimmt bekloppt aus den Augen. Schüttelte entgeistert meinen Kopf.

Er fuhr mit verschränkten Armen und eiskalter Miene fort:

„Und dann verkaufste den Rest der angesengten Hütte für 'nen richtig geilen Preis. Bist doch schön blöd, wenn'de dich in deinem hohen Alter noch weiterhin seelisch so kaputt machst. Die paar Jahre, Mensch, lausigen verbliebenen Lebensjahre, Kumpel. Sich tagtäglich mit dem Mieterpack herumärgern. Kannste doch ‚in Style' besser ausleben: An der Côte d'Azur, Monte Carlo, Cannes, Saint Tropez. Stark, sorgenlos, Champagner schlürfend. Im Foyer des Hôtel de Paris oder auf der Terrasse des Ritz-Carlton. Und bringst in den schicken Wellnessbereichen wieder deine verhunzte Figur in Form. Braun gebrannt mit genug Kohle, brauchste dann auch nicht mehr zu wichsen." Ich nickte. Er hatte wohl mitgekriegt, dass zwischen mir und Herta nichts mehr lief. „Dort laufen genug flotte Miezen herum, die nur darauf lauern, gestopfte Playboys richtig zu verwöhnen!" Danach folgte sein abschließender neidischer Seufzer.

Recht hatte er zwar, aber ich sagte nur cool:

„Märchentante! Glaubste tatsächlich, ich möchte als Versicherungsbetrüger enden?", und schüttelte empört meinen Kopf.

Er war kein Idiot, aber nun durch Schicksalsschläge endgültig zum hoffnungslosen Proletarier geworden: einer, der aus eigener Kraft an nichts mehr ran kommt. Ein armes Schwein, aber mein Freund. Bei dem Gedanken kriegte ich 'ne Gänsehaut.

Ich spielte am Abend trotzdem, obwohl mit mir hadernd, seinen Vorschlag gedanklich durch und kam dann, obwohl schon ziemlich besoffen, zu der Entscheidung sauber zu bleiben. Ich war doch die immer noch ein bisschen erfolgreiche Kämpfernatur, die keine linken Dinger zu drehen brauchte. Einer der nicht so schnell hinwirft, aufgibt. So durchdachte ich zig Wege, um meinen Leidensweg wieder zum Positiven zu wenden. Plante ab sofort eine strengere Neumieterauswahl. Mit extrem sorgfältigem Background-Checkup und Einkommenskontrollen durch Bankunterlagen und Nachbarauskünfte im alten Wohnfeld. Sogar Mietermäßigung für gute zuverlässige Mieter erwog ich und rechnete sie durch, mit der Idee, Mieter damit länger zu binden. Im Radio spielte der neue Eurovisions-Gewinnersong von Nicole: „Ein bisschen Frieden“, und ich schlief ein.

Abend für Abend soff ich zuerst gegen meine Sorgen und Lebensangst eine Flasche Bier. Weil noch der Kick fehlte, folgten zwei doppelte Asbach und noch ein Bier, und dann war ich schon wieder ganz gut drauf. Fühlte mich ein paar Stunden lang klasse: „Top of the Tops!“ Wie damals in den Jahren des erfolgreichen Aufbaus. Aber nachts, immer häufiger, so ab vier Uhr morgens, kam der grinsende Satan zu mir. Der Moment der Nacht, in dem ich verwundbar, ganz unten und schwach war. Als gewaltiger hundsgemeiner Depressionsschub. Geschädigt durch den ständigen übermäßigen Alkohol wurde ich sein schwaches, zitterndes Opfer.

Zuerst das kleine Haus im Nordend, dann das in der Bergerstraße, danach Besitzer der zwei am Bunker und nun das im Apfelweinviertel. Ich wär mir bestimmt schon so richtig reich, erfolgreich vorgekommen, wenn meine Ehe gut gelaufen wäre. Kam dann auf die Idee, durch den Verkauf der Bergerstraße könnte ich Herta vielleicht auszahlen, loswerden, mein Konto in Ordnung bringen und sogar noch einen alten Restkredit von über 60.000 ablösen. Das linderte erst mal den Seelenschmerz, aber die Zeiten waren nicht mehr die besten. Ich inserierte dann mehrmals das Haus.

Okay. Die Kneipe war nun wieder in meinem Besitz! Die neun Monate Pachtverlust holte ich mir über das Abstandsguthaben und die von dem verurteilten Wirt tatsächlich voll bezahlte Einrichtung wieder rein. Runde, polierte Nussbaumtische und -stühle, drei mit herbstlaubfarbiger Kunstseide gesteppte elegante 2-Sitz-Sofas, Tresen, Kühltheke und die wertvolle Kücheneinrichtung mit Profi-Geschirrspüler, Kühlschränke, drei mit echtem weißen Hutschenreuther-Porzellan vollgepackte Schränke. Die zehn Palmen waren aber leider alle bereits vertrocknet, weil sie wochenlang keiner gegossen hatte. Mein fleißiger Hausmeister brauchte für die Superreinigung und das Einpflanzen neuer Palmen nur zwei volle Tage, und der Laden sah wieder top aus. Ich inserierte ihn am folgenden Wochenende in der Presse, und ab Freitagmittag klingelte bereits das Telefon: Viele Interessenten riefen an. Der Erste, mit dem ich mich dann traf, war ein ehemaliger

Kneipenwirt aus Hanau, der zwei Jahre vorher durch Verkauf und Abriss seine geliebte bayerische „Brezelstube“ verlor und sie in meinen Räumen wieder zum Leben erwecken wollte.

„Ich plane zehn verschiedene leckere Biersorten. Mein altes Stammpublikum wird sofort begeistert rüberkommen. Hanau ist doch nur zwanzig Fahrminuten entfernt. Wenn wir dann alle, so ab zehn Uhr zum Brezelbubenmarsch schunkeln, dann läuft bis nachts um zwei der Superumsatz“, quiekte er aufgedreht und war sofort bereit zu pachten.

Angewidert notierte ich seine Adresse und Telefonnummer, bat ihn sehr höflich um Bedenkzeit, und zum Glück klingelte dabei schon wieder das Telefon. Der spießige „Brezelbursche“, in graugrünem, zünftigen Bayernloden gekleidet, knipste sich noch mit seiner flachen silbernen Westentaschenkamera ein paar Fotos und verschwand. Ich hoffte, das mir suggerierte Bild schunkelnder Brezelburschen würde es ebenso tun.

Am Apparat war nun eine Frau Emma von Zachowsky mit einer sachlichen, energischen Stimme, die zusammen mit ihren Eltern ein „echtes Wiener Kaffeehaus“ aufbauen wollte:

„Wir sind österreichische Fachleut, und der Vater ist sogar richtiger Konditormeister. Das garantiert ihnen ein authentisches First-Class-Café mit Qualitätsgarantie“, sagte sie und vereinbarte mit mir für den späten Nachmittag einen Besichtigungstermin.

Ich war sehr interessiert, und so trafen wir uns um fünf. Sie war klein, sehr schlank und hübsch. Dazu kamen ihre wohlproportionierten Rundungen im sehr kurzen Kostüm, vorne, hinten und die seidig glänzenden schwarzen Haare. Ich war hin- und hergerissen. Sie agierte professionell mit einem klugen, vorbereiteten Fragenkatalog, den sie mit ernster Miene, sehr sachlich beim „Besichtigungstrippeln“ mit Zahlen und Angaben fütterte. Ihre zierlichen roten Lackschuhe mit den abnorm hohen, spitzen Metallabsätzen klickten wie Stahlpickel auf dem Fliesenbelag. Als sie genug gesehen hatte, schlug sie theatralisch ihren kleinen, roten Notizblock zu und verstaute ihn zusammen mit dem knallroten, zum Lippenrot abgestimmten Kugelschreiber.

„Setzen wir uns“, hauchte die von Zachowsky und lächelte zum ersten Mal.

Ich deutete auf den Stammtisch direkt am großen Straßenfenster und zog einen Stuhl heran.

„Nehmen Sie Platz“, sagte ich und setzte mich dazu.

„Meine Eltern kommen eine drei viertel Stunde später. Sie haben vor einem Jahr fürchterliches Pech gehabt und in Konstanz durch einen gewissenlosen Betrüger nicht nur ihre Lebensersparnisse, sondern auch ihr gut gehendes Kaffeehaus verloren. Wir haben leider nicht das Geld für Ihren Abstand, sind aber ein topeingespieltes Team, das diesen fertig eingerichteten Betrieb sofort eröffnen und zur Geldmaschine machen wird. Kein Risiko für Sie. Wir zahlen Ihnen den Abstand in zehn Monatsraten mit der Monatspacht! Und ich bin außerdem bereit, alles für die Zukunft meiner geliebten Eltern zu tun“, sagte sie und griff auf einmal mit ihrer rechten meine linke Hand. Zog mich zu sich und berührte – aus Versehen? – mit ihrer Haarsträhne meine Wange

„Und werde mich erkenntlich zeigen, mein Herr, Ihre ewige Dienerin“, flüsterte sie.

„Aha, so weht also der Wind“, dachte ich und nahm mir vor, auf der Hut zu sein.

Zum Glück klopfte es in diesem Moment an der Eingangstür. Ich öffnete, und zwei weit über sechzig Jahre alte, gepflegt gekleidete Herrschaften, sie mit Schleierhütchen und er mit einer richtigen Melone auf dem Kopf, kamen hereingewackelt. Ihre Eltern, klar. Sie schien auf Zack, aber er humpelte.

„Grüß Gott, der Herr Inhabberr“, sagten sie. Ihre Tochter fiel ihnen um den Hals und küsste sie.

„Zeigen und erklären Sie ihnen alles“, sagte ich mit weit ausgeholter Geste, holte mir erschüttert ein Mineralwasser und setzte mich grübelnd an den Tisch zurück. Sie durchforsteten laut in einer mir fremden Sprache diskutierend, mein Kaffeehaus. Ich dachte an den alten, vergangenen kaiserlichen Vielvölkerstaat Österreich und guckte cool, gelangweilt aussehend auf die Straße. Eine Hundenärrin mit drei Schoßhündchen an einer Mehrfachleine kam vorbei, danach ein Penner, der in das hochgewachsene Unkraut des Bunkereingangs pinkelte, und ein Polizeiwagen sauste mit schriller Sirene die total leere Straße entlang. Das Wetter war sehr mild. Ich nahm mir vor, nach dem Abschied dieser – nicht geeigneten? – Interessenten einen Spaziergang am Main zu machen. Mit dem Höhepunkt und der Belohnung einer verdienten giftgrünen, schäumenden Berliner Weiße auf der schwimmenden Pontongaststätte. Mein Freund kam mir auf einmal in den Sinn:

„Als Hausbesitzer haste doch das große Los gezogen. Du vermietest einfach an hübsche, willige Schnallen", sagte er einmal, und ich stellte mir die hübsche Tochter der alten Freaks bereits nackt vor. Dabei berührte mich auf einmal etwas. Sie stand tatsächlich hinter mir und drückte ihren üppigen rechten Busen an meinen Hinterkopf. Das war zu viel, nervös ließ ich mein Glas los. Es fiel auf den Boden und zerschellte. Sie lächelte mich süß von der Seite an, berührte unauffällig mit ihrem Handrücken meinen Oberschenkel und säuselte:

„Möchten Sie unser neuer Verpächter sein?"

Diese unangenehme Anmache. Sie prostituierte sich doch tatsächlich für ihre beiden Alten. War bestimmt bereit, mit ihren Körperreizen für das Wohl ihrer Eltern zu bezahlen. Das wohl erfahrene Konditormeisterpaar war einfach zu alt für die Aufgabe. Gar nicht mehr arbeitsfähig, das war klar. Sie bückte sich tief, sodass ich ihre wohlgeformten Oberschenkel von hinten sehen konnte. Hob den Rest des zerbrochenen Glases auf und sammelte in einer Hälfte die restlichen Glassplitter.

Ich Idiot verlor nun endgültig meinen Verstand: „Okay, arbeiten wir den Pachtvertrag durch", stammelte ich und legte ihn unterschriftsreif auf den Tisch.

Der Hundefreund im ersten Stock zog ins Altersheim. Seine Kinder führten den Auszug durch und übergaben, wie damals noch üblich, eine sauber renovierte, vermietreife Wohnung. Schade, der Otto war ein Topmieter, immer freundlich, pünktlicher Zahler, und kleine Probleme wurden im Nu zur beiderseitigen Zufriedenheit gelöst.

„Diese Klasse von Leuten, Meister. Genau die gleiche will ich wiederhaben! Da gibt es keinen Kompromiss. Ich will eine saubere Auswahl: Keine Afrikaner, keine Muslims, keine Sozialhilfeempfänger, keine Inder, na Sie wissen schon!", befahl ich Hausmeister Gerd, dem meine rassistische Selektion überhaupt nicht gefiel, und fuhr fünf Tage mit einem Reisebus nach Paris.

Prompt übertölpelte an diesem Wochenende eine kleine, fette „Italienerin" den unerfahrenen Hausmeister mit ihrem plump gefälschten „italienischen" Reisepass. Sie war höchstens 1,60 Meter groß, kugelrund und trug ihre gepflegten, glänzend schwarzen langen Haare hinten zu einem perfekt sitzenden Nackenknoten gebunden.

„Eine sympathische italienische Köchin. So vierzig Jahre. Arbeitet seit über drei Jahren im Höchster Hertie-Kasino", informierte er mich bei der Rückkehr und reichte mir ihren von mir im Voraus unterschriebenen Mietvertrag. Dazu die gefälschte Vertragsfotokopie der nicht mehr existierenden Kaufhaus-Filiale. Ich wusste, es gab seit drei Monaten keinen Hertie mehr in Höchst. Studierte angeekelt die stümperhaft gefälschten zwei Seiten und hastete wütend nach oben, um mir die linke Kuh näher anzusehen. Zweimal klatschte ich heftig mit der offenen Hand an ihre Tür, die sofort weit aufgerissen wurde. Vor mir versammelten sich erst sechs, sieben, insgesamt dann acht kleine und große, olivhäutige Clanmitglieder. Sinti. Ich war mir sicher, weil sie auch in der Nachbarschaft Wohnungen bewohnten. Oh Schreck lass nach!

„Was du wollen, Mann?", brüllte die fette falsche „Italienerin", versperrte mir den Eintritt und stieß mir ihren spitzen Zeigefinger in den Bauch.

„Du machen Hausfriedensbruch?" Gleichzeitig rückten ihre grimmig wirkenden Leute eng zusammen und machten mit Fäusten und Grimassen Drohgebärden.

Okay. Ich hatte zwar nicht die Hosen voll, kalkulierte aber bereits Körperverletzung ein, wenn es mir nicht gelänge, die Meute mit ein paar smarten Sprüchen zu warnen und gleichzeitig zu beruhigen.

„Ihr habt euren Mietvertrag mit falschen Papieren erschlichen. Das ist strafbar, comprende! Vertrag ungültig, und Ihr macht bis morgen Abend die Mücke. Gesindel! Wenn nicht, hole ich Polizei!", zischte ich eiskalt, zog einen verachtenden Mund und verschränkte frech meine Arme.

Da lachte der lausige Haufen hämisch auf, johlte und machte in irgendeiner unbekannten Sprache bestimmt blöde Witze über mich, weil danach so richtig Stimmung aufkam.

„Chef, mach dich nicht lächerlich. Wir Landfahrer kennen die deutschen Mietgesetze. Reg dich bloß ab, Mann. Wir sind eine Großfamilie mit vier kleinen Kindern. Da gibt's auch noch 'ne Verschärfung: Kinderschutzgesetz!", belehrte mich ein halbstarker, langmähniger Stammesbruder und klopfte mir kumpelhaft auf die rechte Schulter. Dann umarmte er schützend die zwei Kleinsten links und rechts neben sich und küsste sie mit einem lauten Schmatzer.

Ich dachte, mich trifft gleich der Schlag! Drehte mich wortlos um und schlich genervt die Treppe hinunter. Die Bagage knallte die Tür hinter mir zu und lachte so laut auf, dass mir die Ohren schmerzten.

„Scheiße. Pech gehabt. Zigeuner!", stöhnte Gerd, als ich unten ankam und ihn wütend anstierte.

„Wir müssen sie so schnell wie möglich loswerden. Sonst werden wir in Zukunft kaum noch vernünftige Mieter finden, die neben dem Pack wohnen wollen. Himmel, sei uns gnädig", murmelte ich entsetzt und schlich wie ein geprügelter Hund zu meinem Wagen.

Das Café mit schlichter, aber gepflegter Küche lief gut an. Auch weil es sonst keinen sauberen Laden in der Nähe gab, in den eine ordentliche, gepflegte Frau allein reingehen konnte. Selbst ich kam immer häufiger auf einen Kaffee rüber, und weil die Straße ruhig war, konnte man immer einen Parkplatz finden. Als dann auch noch im Frühsommer das Wetter stimmte, stellte „Emma", wie ich sie nun nannte, die Tische raus, und prompt wurde der Laden auch noch zu einer Art Wartezimmer für Frau Rossos Kundinnen, die oft extra früher kamen, um von den guten Torten zu kosten. Ja, die vorfahrenden und parkenden Luxusautos der reichen Klienten bauten unmerklich ein richtig gutes Publikum auf. Das Café wurde ein kleiner Knaller. An den drei Außentischen blitzten häufig Cartier-Uhren und Friedrich-Juwelen, saßen Edelpüppchen in Jeans und Designerklamotten. Tranken Kaffee und manchmal auch ein Glas guten Champagner. Ich war ja „ohne Partner" und „fast geschieden", und so bemutterte mich die Wirtin raffiniert mit viel Charme und Sexappeal. Okay, es gefiel mir, und wenn immer mal eine „Hilfestellung" von mir verlangt wurde, schickte ich nicht Gerd, sondern hatte selber „zufällig" in Offenbach was zu tun und kam auf einen Sprung vorbei. Am Montag, dem Ruhetag, rief sie mich eines Tages wegen einer Heizungsversetzung an. Das Café wurde von drei unabhängigen Gasöfen geheizt, und einer davon blockierte die beste Sichtlage an der Fensterfront zur Straße. Den wollte sie verlegen, um noch Platz für einen weiteren guten Tisch rauszuholen. So fuhr ich erwartungsvoll nach dem Mittagessen die Friedberger Landstraße Richtung Süden, überquerte im Schritttempo den mit Autos blockierten Anlagenring und klappte, weil es warm war, mein Verdeck nach hinten. Dann drückte ich das Band in meinem Radiorekorder an, und es lief „Staying Alive". Das brachte mich richtig in Stimmung, und ich brummte nun durch eine kurz entstandene Lücke zum Bethmannpark hinunter, um am alten Untersuchungsgefängnis des Justizgebäudes Richtung Sachsenhausen abzubiegen.

Die Sonne schien, und an der nächsten Ampel hielt rechts neben mir ein offenes feuerrotes Mercedes-SE-Cabriolet. Am Steuer saß Aki, den ich ewig nicht gesehen hatte.

Neben ihm eine Frau im weißen Ibiza-Schleierkleid Typ Dora Herbst-Creation, mit riesiger Sonnenbrille, einem weißen Strohhut auf dem Kopf mit extrem weiter, tief hängender Krempe und einem graugoldfarbenen schicken Seidenschal gegen den Fahrtwind festgeknotet.

„Hey, du alter Handtaschenräuber, lange nicht gesehen. Hab gehört, dir gehört schon die halbe Frankfurter Innenstadt", rief Aki. Gut sah er aus: Sonnengebräunt bis in die Geheimratsecken hoch, und zur Schau rauchte er eine kubanische Zigarre mit grüngoldener Bauchbinde. Cohiba Presidente, oder Excelente-Superior? Ich war mir nicht sicher, jedenfalls eine teure. Ich grinste überrascht, weil ich merkte, dass ich ihn gern wiedersah.

„Geil, wieder einer von diesen frisch gebackenen, emsigen Millionären, die beweisen, dass auch der Nobody aus der Gosse durch Fleiß Mitglied der höheren Frankfurter Gesellschaft werden kann. Wie geht es dir?"

Obwohl wir uns vor ein paar Jahren oft gegenseitig ein Bein stellten und mit Bösartigkeiten bombardierten, freuten wir uns wie die Schneekönige über das Wiedersehen und lachten uns schief. Die Ampel schaltete auf Grün und beim Anfahren rief Aki mir zu:

„Blendend, Mann: Ich verkehre häufig abends im Club ‚Le Jardin' in der Kaiserhofstraße. Lass dich dort mal sehen, dann trinken wir einen auf die gute alte Zeit."

Ich nickte ihm zu, dass ich verstanden hatte, und fand das eine gute Idee. Mir war bekannt, dass das „Le Jardin" Frankfurts neuer Nr. 1-Schickeriatreff war, und ich wollte mich schon lange mal da umsehen. Hatte er mir meine damaligen Piratenaktionen tatsächlich vergeben? Aber diese Frau neben ihm? Trug sie nicht ein graugoldenes Hermestuch? Fast das Gleiche, dass ich Herta vor Jahren zu Weihnachten schenkte. Wer war sie, woher kannte ich sie bloß? Warum verbarg sie ihr Gesicht die ganze Zeit unter der Hutkrempe? Und der rote Mercedes? Ein paarmal parkte er die letzten Wochen vor dem Café. War der durchtriebene Aki ein Rosso-Klient? Ich verdrängte den Quatsch. Ach, wie konnte ich nur so blind sein.

Ruhetag. Das Café war geschlossen. Ich parkte direkt vor Emmas Eingang, griff mein Notizbuch und einen Zollstock und klingelte an der Hintertür. Sie schien auf mich gewartet zu haben, gut gelaunt und für einen Arbeitsbesuch entschieden zu flott rausgeputzt.

„Jörg, erst mal trinken wir eine gute Tasse Kaffee", flüsterte sie mir zärtlich zu und zog mich auf die von der Straße nicht einsehbare, lange Sitzbank des Eingangsbereichs. Der Tisch war, welch Zufall schon für zwei gedeckt: Kaffeegedeck und ein Teller mit zwei Sahnestückchen.

„Meinst du diesen Heizkörper?", fragte ich und deutete mit dem Zollstock auf den direkt am Fenster.

„Du Dummerchen. Ich freu mich ja so, dass ein kluger starker Mann mir hilft. Meine Eltern stören uns heute nicht, die sind auf Arztbesuch in Frankfurt, und du denkst nur an die blöde Heizung." Sie holte eine heiße Kaffeekanne von der Theke, an deren Deckenbeleuchtung ein Knoblauchmännchen baumelte, stellte sie auf den Tisch und schenkte uns ein. Das Knoblauchmännchen, da war es wieder. Die Rosso hatte sie ganz schön im Griff, all diese dummen Weiber.

„Zwei Stückchen Zucker, habe ich recht?"

Ich nickte zufrieden, gab mich aber cool und hatte dann nur die eine Idee: sie sofort flachzulegen. Ich rührte herum, nippte einen kleinen Schluck und drückte sie dann auf das Polster. Sie hatte das erwartet und ließ alles mit einem zärtlich-spöttischen Zug geschehen.

Wir fanden gut und sehr leidenschaftlich zueinander. Als ich dann später in meinen Wagen stieg und eine Zigarette zündete, kam ich mir fast wie ein billiger Freier vor. Hatte ich sie nicht indirekt für ihren Liebesnachmittag bezahlt? Als ich am Haus hochschaute, glaubte ich Herta im geöffneten Fenster der Rosso zu sehen. Unsinn?

In den nächsten drei Monaten kündigte bereits das dritte Mal ein Offenbacher Mieter.

„Was, um Gottes willen, ist da los? Und dann waren es noch dazu gute Zahler", fragte ich besorgt meinen Hausmeister.

„Das ist wegen'de Zigeuner. Die machen sich immer mehr breit. Letzte Woche feierten sie im Hof ein Fest und haben über einem offenen Kohlefeuer einen ganzen Hammel gegrillt. Dazu haben'se ihre Geigenmusik gemacht und wild herumgetanzt. Den ganzen Abend traute sich kein Mieter heraus. Und dann tragen'se alle so komische breitkrempige Hüte, ihre Weiber grelle lange Kleider und dazu die vielen schmuddeligen Kinder. Ich habe den Verdacht, da oben in der kleinen Wohnung wohnen schon mindestens zehn Leute. Morgen guck ich mir mal den Wasseruhrstand an."

Ich war fertig mit den Nerven, weil ich wohl spürte, dass da einiges Unangenehmes auf mich zukam.

Inzwischen lief eine harte Zeit an: Die Mieterschutzgesetze waren so lange okay, wie sich die Masse der deutschen Mieter noch dran hielt. Aber in der Innenstadt wandelte sich rasant die Klientel. Immer mehr Deutsche zogen aus und dafür verstärkt Ausländer ein, zuerst noch solide Italiener, Portugiesen, Spanier der ersten Stunde und die arbeitsamen Türken der ersten Generation. Es folgten entwurzelte Jugos, dann die armen Polen, Nordafrikaner, Schwarzafrikaner, Pakistani. Unter ihnen nun leider jede Menge Chaoten: geflohene brutale Gangster, pfiffige Betrüger und verwahrloste Drittland-Gesetzlose, professionelle Diebe, Prostituierte, Trickbetrüger und ab und zu auch noch ein paar deutsche Sozialbetrüger und psychisch kranke Druggys. Deutschland, das Schlaraffenland, aber auch Müllhaufen der Drittländer-Armutsflüchtlinge und arbeitsscheuen deutschen Abstauber.

Da hätten wir schon längst, wie alle anderen westlichen Zivilisationen, neue Mietgesetze gebraucht, für Mieter und Vermieter, wie in den USA mit ihren knallkurzen Räumungsaktivitäten innerhalb von vier Wochen, die den Räumungsvorgang bei Mietbetrügern extrem verkürzen. Denn nun registrierte ich oft Monat für Monat gesetzlose Mietnomaden, die mich ständig mit Zigtausend Mark schädigten, ohne die geringste Gefahr, jemals dafür belangt zu werden.

Natürlich gewann ich jeden Räumungsprozess und bekam nach etlichen Wochen den Titel. Dieser ging auch sofort an die Gerichtsvollzieher-Verteilerstelle. Nach oftmals mehr als drei Monaten wurde geräumt, vorausgesetzt, der Mietbetrüger gehörte zu den Unwissenden, da unsere Altgesetze ja auch noch die „Räumungsverweigerung" beinhalten. Die Gesetzeskundigen unter ihnen machten davon natürlich gern regen Gebrauch zur weiteren Verzögerung bis zur Mietübernahme durch die Stadt. Dieser kann man dann nur mit konkreter Klagedrohung begegnen. Welch eine ungerechte weitere Plage für den Vermieter. Das konnte tatsächlich manchmal ein volles Jahr Mietverlust bedeuten, wenn man Gerichts- und Räumungskosten mitrechnete.

Dem rundum abgesicherten Mieter, der doch jederzeit, wenn finanziell am Ende, zum Sozialamt gehen kann und gesetzlich Geld für seine Miete erhält, der, wenn er der Typ des verantwortungslosen Antriebslosen ist und nicht einmal dazu seinen Arsch hochkriegt, kann so schnell nichts passieren. Ihn zu lange in der Wohnung zu lassen, ist dein Ende. Er gräbt dir das Wasser ab, er trocknet dich aus. Termingerecht kündigen, damit du selbst überlebst und deine monatlichen Bankschulden und Reparaturen bezahlen kannst, ist deine einzige Möglichkeit zu überleben. Der Staat lässt dich total im Stich. Drangsaliert dich zusätzlich durch Mietspiegeldrosselung und noch schlimmer, neuerdings auch noch mit Sonderkosten für Abwassersanierung, Straßenbau und „Umfeldaufwertungsforderungen", scheinbar ohne zu überlegen, woher denn das Geld auf einmal kommen soll. Da fehlt nur noch die seit Jahren ständig geforderte „Vermögenssteuer", ein Lieblingsthema der Linken, die keinen Schimmer haben, wie schwierig es ist, so mühsam sein monatliches Geld zu verdienen. Da wird es viele Selbstmorde geben.

So allein gelassen und auf dich gestellt, lässt du dir als Vermieter alles Mögliche einfallen, um den Mietbetrüger so schnell es geht loszuwerden, von smarten „Abfindungsaktivitäten", über kostensparende Geldgeschenke bis zur Umzugsübernahme. Denn bleiben dreiste, großmäulige Mietdiebe zu lange drin und spielen sich auf, lernen ihre Nachbarn schnell, wie schwach du als Vermieter in diesem Staat dastehst, und sind dann die nächsten, die dich fast um den Verstand bringen.

7

Ich wurde mitten in der Nacht wach, weil Herta, die ursprünglich vor Mitternacht von einem Besuch bei ihrer Cousine Elsa zurück sein wollte, mich durch das Aufschließgeräusch weckte. Ich guckte auf die Uhr und stellte fest, es war bereits vier Uhr morgens.

„Wo treibst du dich herum die ganze Nacht? Sag mir nicht bei deiner Freaky-Elsa. Du hast einen frischen Kerl, der's dir besorgt. Rücks raus, du alte Schlampe! Wer ist das Schwein?"

„Einer, der noch mit seinem aufrechten starken Cock umgehen kann, ha! Du schlapper Komasäufer!", schrie sie höhnisch. Rannte dann direkt in das Gästezimmer, in dem sie schon seit über einem Jahr allein schlief, und knallte die Tür zu.

Ich hörte noch das Schlüsselschließen, etwas Rascheln, und dann war es still. Wohl auch mit unserer Ehe. Das war klar, denn sie verlangte am nächsten Morgen die Scheidung.

Fast ein Dreivierteljahr dauerte dann der nie endende Scheidungshorror mit Sticheleien, maßlosen Forderungen, Beschimpfungen und erniedrigendem Theater. Die endgültige Trennung musste sein. Da war ich Realist. Ich versuchte also, das Haus in der Bergerstraße zu verkaufen, plante, alle Schulden auf meinen Namen zu übernehmen, und Herta mit 300.000 bis 400.000 in bar abzufinden. Wollte es uns möglich machen.

Sie packte ihre sieben Sachen und im Sommer 1982 zog sie einfach mit ein paar Möbelstücken aus und verschwand. Erst Wochen später erfuhr ich ihre neue Adresse.

Ich war sie also los, und obwohl wir uns die letzten Jahre nur noch bis auf Blut gegenseitig fertig gemacht hatten, schien die Wohnung trotzdem auf einmal so furchtbar leer. Also soff ich am Abend noch ein paar Gläser mehr. Irgendwie fehlte sie mir. Miststück! Eins war mir klar: Herta genoss es sicherlich volle Pulle, sogar noch bei der Trennung, mir mit ihrer linken, hinterhältigen Tour eins auszuwischen: Nicht sie war schuldig, sondern ich untreuer versoffener Weiberheld hatte unsere Ehe auf dem Gewissen, posaunte sie überall herum. Die Nachbarschaft hintertrug es mir. Mir einfach so direkt mit Spaß in die Fresse zu rotzen, mich abzulegen wie eine alte, abgenutzte

Joppe und dazu noch fast zu ruinieren. Oh, wie ich sie dafür hasste.

Leidend spielte ich in meinen Gedanken Tag und Nacht zig Methoden zu ihrer Vernichtung durch, vom Strangulieren bis zum Absturzmord. Am liebsten wäre mir natürlich der Lustmord mit vorhergehender, ausgiebiger Demütigung gewesen, wobei ich mir ausmalte, wie sie bis zur letzten Sekunde um ihr Leben betteln würde.

Ich überdachte meine Lage. Mit über 40 gehörte ich bereits zum alten Eisen. Jeden Morgen erschrak ich erneut über mein Spiegelbild: Die Haare wurden immer dünner, die Geheimratsecken größer …

Die Häuser brachten bei Verlusten durch mehr als zwei, drei Mietbetrüger pro Quartal oft weniger Einnahmen als Kosten. Die aufgenommene Reparaturhypothek für Dach und Fassade des Hinterhauses musste ich ihr, statt dringend zu renovieren, wohl zur Scheidungsabfindung auszahlen. Ich betete bereits für ein faires Angebot für die Bergerstraße, aber keiner biss an. Die Banken hatten mich im Zinstilgungsschraubstock. Wenn nicht ein Wunder geschehen würde, war ich das Haus in ungefähr einem Jahr los, das war mir klar und knebelte mich Tag und Nacht. Pleitegehen. Wieder als kleiner Grafiker zu arbeiten, war für mich alten, abgehalfterten Alkoholiker nicht mehr drin. Denn für kreative 8-Stunden-Arbeit war ich inzwischen zu zittrig und fett. Mir fehlte der spritzige Elan des jungen Draufgängers, der mit Gewinnerlächeln und charmanter Anmache umgarnt, um erneut auf „Winnerstreet" zu pokern.

Herta erzählte mir damals zum Abschied gehässig, sie werde mit ihrem Neuen, einem bekannten Frankfurter Millionär, an die Côte d'Azur umsiedeln. Das schicke, angenehme Leben einer vermögenden Lady an der Corniche zelebrieren, so wie sie es immer aus verlogenen Schickeriazeitschriften vorgelebt bekam. In schwindelerregend teuren Modeklamotten auf der Meeresterrasse eines bekannten Luxushotels zu lunchen, mit langstieligem Champagnerglas in der Hand. Unter gepflegt manikürten Palmenkronen, an glucksenden türkisblauen, mit Unterwasserscheinwerfern ausgeleuchteten Swimmingpools. Ich sah sie so richtig lebendig vor mir, wenn ich abends vor dem Fernseher meine Biere trank, unterstützt von preiswerten eiskalten Doppelkornadditionen. Jede Nacht wachte ich dann vor dem rauschenden Fernseher ohne Programm auf und humpelte, tastete mich zum ungemachten Bett.

Merkwürdig, im Spätsommer des Jahres bekam ich auf einmal andauernd Anfragen von Immobilienmaklern und Privatinvestoren, ob ich nicht Lust hätte, meine „renovierungsbedürftigen Altbauten" in Offenbach zu verkaufen, mal bot mir einer für beide Häuser 200.000, mal 300.000 Mark. Manche wären sogar bereit gewesen, inklusive Schwarzgeld, ein bisschen mehr zu bezahlen. Als ich mehrmals bohrte und die Interessenten fragte, warum sie gerade an den beiden alten Hütten interessiert wären, bekam ich die unterschiedlichsten Antworten: Ein Kunde suchte gerade preiswerte Gebäude, um sein Geld durch aufwendige Renovierungen vor dem Finanzamt zu retten, oder von Privaten ganz schlicht hinter vorgehaltener Hand die Info:

„Der sicherste Weg in den nächsten Jahren, meine schwarze Kohle mit heimlichen Reparaturen unterzubringen."

Ich lebte immer noch von den vier Liegenschaften, die mir oftmals viel Ärger und schlaflose Nächte bereiteten. Genoss es kaum noch, durch ihren Besitz als reich und erfolgreich zu gelten, weil damit in Kürze sowieso Schluss war. Herta hatte Anrecht auf ihren Anteil an den drei Immobilien, die wir gemeinsam „zur ehelichen Hälfte" erworben hatten. Die Abfindung für sie machte mir furchtbare Sorgen: Sie verlangte tatsächlich frech 600.000 in bar. Quatsch!

„Dann gib mir doch als Entschädigung die Doppelliegenschaft in Offenbach, aber schuldenfrei", forderte, bohrte sie hundsgemein.

Eines Tages las ich dann in einer neuen, clever getexteten Anzeigenserie mit „Gebrauchtwohnungen" vom Makler Paul, womit er inzwischen das große Geld scheffelte: Umwandlung von Altbaumiet- in Eigentumswohnungen. Als ich besonders klamm war, machte ich es ihm nach, entschied, mein Offenbacher Hinterhaus als abgetrenntes Teileigentum zu verkaufen. Nebenbei begann ich, immer mehr meiner Antiquitäten zu versilbern. Das half mir Monat für Monat über die schlimmsten Engpässe hinweg. Ich plante, mit diesem Verkauf genug Erlös zu erzielen, um auf einen Schlag alle Schulden und meine Ex mit ihren geforderten 600.000 loszuwerden. Damit ich vom verbleibenden, schuldenfreien Vorderhaus plus der anderen trotz hoher Hypotheken einigermaßen leben konnte. Ich besprach noch einmal die Abfindung mit Herta und bot ihr die zwei Cityhäuser mit kleinen Hypotheken und 300.000 cash. Sie war überhaupt nicht umzustimmen. Nur um endlich dieser Qual zu entkommen, gab ich erst einmal auf.

Die Rosso fuhr jedes Jahr für einen Monat nach Jugoslawien in die wilde, einsame Bergwelt nördlich von Belgrad. Nach Alibunar. Immer in der ersten Dezemberwoche per Bahn. Und vorher kaufte sie für ihre Familie jede Menge Geschenke: meist heiß begehrte, technische „Made in Germany"-Produkte, wie eine Stihl-Kettensäge für den Bruder, einen Solingen-Messersatz für die Tochter oder einen von diesen neuartigen CD-Spielern mit ein paar populären Scheiben für den geliebten Enkelsohn. Dort schien sie immer die „reiche Tante aus dem Westen" zu spielen, denn sie putzte sich vorher wie ein Pfingstochse raus: Trug ein flottes, graues Kostüm, blitzende Lackschuhe, eine wertvolle goldene Armbanduhr und auf dem Kopf einen breitkrempigen lila-grauen Riesenhut mit exotischem Federschmuck. Jedes Jahr bestellte sie sich extra für die Fahrt zum Bahnhof ein teures Taxi. Als sie im Dezember wieder losfuhr, verabschiedete sie sich kurz von mir und dem Hausmeister und bat uns in ihre kleine Wohnung hinein, wo sie uns zu einem Slibovitz-Umtrunk einlud und jedem eine Flasche ihres zweiten Lieblingsgetränks zu Weihnachten schenkte: Jägermeister.

Wir dankten ihr dann mit einem gemeinsamen Weihnachtsgeschenk, einer großen Flasche 4711. Die wir dann nie wieder sahen oder rochen. Leider, das hätte den vermüllten Räumen vielleicht etwas geholfen. Bestimmt verschenkte sie diese gleich weiter an ein anderes Mitglied ihrer Großfamilie. Ihr Mann war schon vor zig Jahren gestorben, aber sie hatte viele Geschwister, Kinder und Enkelkinder und wurde ab und zu von dem einen oder anderen besucht. Sie blieben aber nicht lange, weil die Wohnung einfach zu klein und teilweise mit bis zur Decke gestapelten Kartonbergen vollgestellt war. Hinzu kam, dass alles in ihren zwei Zimmern immer noch furchtbar roch. Dem Schickeriaklientel war das wurscht, denn sie akzeptierten den Gestank irgendwie als eine Art „Zigeunerauthentik", Teil eines geheimnisvollen, weitergetragenen Urwissenumfelds aus fernen Zeiten.

Wir ertrugen es jedes Jahr erneut mindestens zehn Minuten lang, zum Glück durch den beißenden Slibovitz abgemildert.

„Die Alte ist wirklich okay. Aber dass sie bei dem Blasenleiden keine Windeln trägt und dazu noch diesen irrsinnigen Hamstertick hat, das ist mir zu eklig. Hoffentlich bleibt sie endlich, da wo der Pfeffer wächst: In ihren geliebten wilden Bergen von Alibunar, wo es noch Wölfe geben soll", jammerte Gerd, als wir wieder auf dem Flur waren und normal durchatmeten.

„Na ja, immerhin zahlt sie seit Jahren immer pünktlich ihre Miete und verhält sich vorbildlich“, sagte ich die positive Seite sehend.

Als sie Mitte Februar immer noch nicht zurück war, machte ich mir allmählich meine Gedanken. Die Miete kam weiterhin automatisch per Dauerauftrag. Im März erhielt ich dann das traurige Schreiben von einem Nachlassanwalt mit deutscher Übersetzung aus Belgrad: Die Rosso war verstorben. Das verdarb mir den Tag, denn irgendwie habe ich sie immer gut leiden können. Sie war ja auch so ein einsamer Einzelkämpfer wie ich.

Im Herbst ’83 kam dann ihr ältester Sohn mit Bündeln von Erbschaftsunterlagen, Übersetzungen und Vollmachten vom deutschen Generalkonsulat und den Schlüsseln. Er bestellte eine Müllmulde und füllte sie tagelang mit ihren wertlosen Habseligkeiten. Weil das so staubte und stank, waren die Wohnungsfenster ständig geöffnet, und von dem Stockwerk darüber hatte unser neugieriger Hausmeister einiges ausspionieren können.

„Der zerlegt vor der Entsorgung jeden Gegenstand in seine Einzelteile und bricht sogar die Fußleisten und verdächtige Dielenbretter hoch. Klar, er sucht ihre Schatztruhe mit dem vielen Schwarzgeld!“, meinte Gerd.

Ich gab ihm recht. Aber immerhin war er der Erbe, und wenn er nicht zu viel Schaden anrichtet … Ich hatte Verständnis. Ein paar Tage später rief mich weinend die Möller an:

„Ich bin von dem jungen Rosso angezeigt worden wegen Diebstahl. Den ganzen Vormittag wurde ich von der Kripo vernommen. Um Gottes willen, ich habe dort kein Geld gesehen, gefunden oder geklaut.“

Ich beruhigte sie und sagte ihr, weil sie einen Zweitschlüssel hatte, wäre sie lediglich Opfer eines Routineverhörs. Das beruhigte sie kaum. Als ich dann zwei Tage später zur weit geöffneten, total ausgeräumten Rosso-Wohnung ging, schnappte mich der kräftige, junge Rosso und hielt mir ein Klappmesser unter die Gurgel. Auf seine Fragen nach dem Verbleib ihres Geldes, bei denen er mir schmerzhaft meinen Arm verdrehte, beteuerte ich schweißgebadet, mindestens eine Viertelstunde lang, dass mir davon nichts bekannt wäre. Zum Glück kamen ein paar bestellte Handwerker mit meinem Hausmeister den Flur hoch, und er ließ von mir ab und verschwand wortlos. Vor Schreck noch etwas zittrig guckte ich ans Fenster. Da hing doch tatsächlich eines von den Knoblauchpüppchen und grinste mich frech an, obwohl ich total unschuldig war.

Gerd griff sich am Wochenende bei der Renovierungsbesprechung grinsend den Knoblauchgnom und steckte ihn in seine Jackentasche.

„Den bewahr ich mir als Andenken auf. Hat bestimmt magische Kräfte. Alle weiblichen Kundinnen, auch ihre Ex, waren mit ihm über ihr Liebes-Netzwerk verbunden. Wussten, wer es mit wem trieb, welche Betten vakant waren und entlohnten die Rosso großzügig für ihre begehrten positiven Ratschläge", witzelte er kopfschüttelnd.

Ich roch seinen hochprozentigen Alkoholatem. Der Armleuchter war schon am helllichten Tag am Saufen. Traurig!

Der junge Rosso war dann spurlos verschwunden. Wir sahen ihn nie wieder. Ende des Sommers erzählte mir dann die Möller, dass ihr Verfahren eingestellt worden war und ihr Mann eine Sicherheitsschiene zur Verstärkung der Wohnungstür und eine Alarmanlage eingebaut hätte. Ich lobte die Maßnahme und über die Monate geriet der Fall allmählich in Vergessenheit.

Bei der Renovierung stellte mein Hausmeister fest, dass aber praktisch alles in der Wohnung, außer der Gasheizung und dem Elektrosicherungskasten, aufgebrochen oder zerlegt worden war. Selbst vermeintliche Hohlräume in den Wänden waren aufgemeißelt worden. Schadenshöhe im Normalfall: fünfstellig! Das bedeutete viel Arbeit und Geld bis zur möglichen Neuvermietung. Dafür konnte ich den Sohn nun nicht haftbar machen. Das kostete und tat mir sehr, sehr weh.

Verbissen inserierte ich also wieder Verkaufsanzeigen. Da mir das Wasser bis zum Hals stand, freute ich mich über einen überraschend auftauchenden Interessenten für mein Nordendhaus mit dem Friseursalon. Der Verkaufspreis, inklusive einkommenssteuerfreiem Gewinn, da ich das Haus bereits über den Steuerfreitermin hinaus besaß, gab mir genug Kohle für die anstehenden Wohnungs- und Hinterhausdachreparaturen. Zahlte die Althypothek weg und eine restliche Reparaturhypothek und ermöglichte mir eine Reserve zur späteren Begleichung der „Bergerstraße"-Schulden. Natürlich verlor ich durch die hohe Vorfälligkeitsentschädigung der Bank ganz schön, und der zukünftige monatliche Mieteingang war nun kleiner. Das nötige Überlebenseinkommen konnte ich nur durch diese Tilgung, die die Monatsrate an die Bank entscheidend senkte, erreichen. Gruselige knappe Zukunft. Über die Jahre hatte ich nach Gesetz stetig die Mieten auf dem Haus angehoben und es brachte immerhin brutto monatlich über 6.000 Mark. Das miese Haus in Sachsenhausen musste noch irgendwie in die Gewinnzone gebracht werden. Ich machte mich also an die Planungsarbeit, und als vierzehn Tage später die Rosso-Wohnung vermietbereit war, zog ich dort ein. Fühlte mich aber unwohl, total unten, körperlich und seelisch. Im Terrassencafé ließ ich mich monatelang nicht blicken, weil ich mich zu sehr als Loser fühlte. So kam ich auf die Idee, mich aufzubauen, und fuhr mit dem Auto für eine Woche nach Duhnen. Dort mietete ich mich preiswert bei einem Verwandten von Zeus ein. Das Wetter war für Norddeutschland Spitze. Jeden Tag marschierte ich bei angehender Ebbe hinaus ins Wattenmeer zur Nacktbadedüne um mal wieder ein paar nackte junge Frauen zu sehen, eventuell anzumachen und zum Abend in den Abschleppschuppen einzuladen. Aber mir gelangen nur ein paar langweilige Nachtflirts, und dann musste ich dringend wieder zurück.

Als ich wieder in Offenbach war, musste das Zigeunerproblem gelöst werden. Ich sah das ganz realistisch. Verhandeln, schöne Worte? Blödsinn! Sinti und Roma sind smarte Geschäftsleute, bei denen nur eines zählt: ein schöner dicker Stapel Hundertmarkscheine! Die Miete wurde denen gleich im zweiten Monat von der Stadt bezahlt, und als die erste Wohnung im 1. Stock meiner Neuerwerbung fertig war, bot ich sie dem Clan an. Der musste die jetzige kündigen und mit neuem Mietvertrag nach Frankfurt-Sachsenhausen umziehen. Dafür bot ich für Aufwands- und Umzugskosten eine einmalige Barentschädigung von 4.000 Mark. Das funktionierte, und schon zwei Monate später wohnten sie in meinem kleinen Haus.

Ich kratzte noch mühsam bis zum Jahresende das Geld für eine Fassadenkosmetik des Hauses zusammen und baute den ehemaligen Erdgeschoss-Töpferbetrieb zu einem Rohbauladen mit drei großen Nebenräumen aus. Das Sachsenhäuser Juwel hatte rechts eine Einfahrt in den Hof, groß genug für einen kleinen Lieferwagen. Besser gesagt Leichenwagen. Trotz besoffenem Kopf, den ich mir Abend für Abend nach dem Zigeunerumzug zermarterte, kam mir nämlich eine zündende Idee: Ich inserierte das Untergeschoss mit sensationell günstiger Miete im monatlich erscheinenden Fachblatt für Beerdigungsinstitute. Eine Woche später war es vermietet. Den satt entlohnten Sintis war das egal und im zweiten Stock und im Dachverschlag konnte ich später immer noch ein paar Asylanten unterbringen. Das Haus brachte bereits über 1.000 Mark Miete. Bingo!

Drei Monate später rief mich Herta an:

„Wir besitzen vier Liegenschaften: Frankfurt Nordend, das Haus Bergerstraße, das Abrissgebäude in Sachsenhausen und die Offenbacher Doppelliegenschaft. Auf allen Objekten sind Hypotheken eingetragen. Außer im Nordend bin ich in allen anderen als Mitbesitzer zur ehelichen Hälfte eingetragen worden. Meine faire Hälfte ist nur mit viel Aufwand, Notar-, Bank-, Buchhaltungskosten abzutrennen. Ich habe die einfache Lösung: Mach Offenbach mit einer Hypothek schuldenfrei und gib mir die Liegenschaft, plus 200.000 Abfindung in bar. Ich habe es satt, ewig weiter ohne Ergebnis herumzulabern. Entscheide es so, denn das ist einfach und du bist mich los. Wir löschen gleichzeitig meinen Mitbesitzeintrag in den zwei anderen Frankfurter Cityhäusern und haben endlich unseren Frieden. Vergiss nicht, wir hatten in unseren ersten Ehejahren auch viele schöne Zeiten."

Ich sagte ihr natürlich nicht, dass ich das Nordendhaus, in dessen Grundbuch nur ich eingetragen war, schon längst verflüssigt hatte. Und bat um Bedenkzeit. Sie legte verärgert auf.

Parallel zu ihr meldete sich nach meiner ersten Verkaufsanzeige für die Offenbacher Liegenschaft ein Herr Joachim Jakob, Anwalt und Notar eines vermögenden Frankfurter Investors, dem die Euroimmo International gehörte. Der Inhaber lebte ständig in Cannes. Ich sah ihn sowieso nicht, weil nicht er selbst, sondern seine Firma eventueller Käufer war. Sein Generalbevollmächtigter war Jakob, der drei Wochen lang mit mir zäh verhandelte. Sein Spruch: „Sie haben Glück, für die alte Schrottbude einen großzügigen Interessenten zu finden. Die notwendige Renovierung wird ein Vermögen verschlingen." Er war der Erste, der mir dann 400.000 bot. Ich war natürlich sofort einverstanden und fragte ihn, wie er sich Einfahrtsregelungen und die Trennung beider Grundstückshälften vorstellte.

„Trennung der Grundstückshälften? Ich versteh sie wohl nicht richtig, Herr Baron, das Preisangebot gilt für die gesamte Offenbacher Liegenschaft. Okay, dann das letzte Angebot, 450.000?"

„Danke, ich überlege es mir."

Damit war dann die Verhandlung erst mal beendet.

Herta bohrte und bohrte, und ich wurde von ihrem Anwalt mit

einem nie endenden nervenaufreibenden Prozess bedroht. Ich erklärte ihr, dass ich nicht wüsste, wie ich ihr rein rechnerisch aufgrund der vorhandenen anderen Hypothekenbelastungen außerdem 200.000 zahlen könnte. Sie wusste ja auch, dass das Schuldenfreimachen noch dazukam, und machte mir nach langer Überlegung den „fairen, letzten Vorschlag“: die Offenbacher Doppelliegenschaft schuldenfrei zu übernehmen mit nur 100.000 zusätzlich in bar. Total am Ende meiner Kräfte willigte ich ein! Wir machten den Vertrag, und sie war nun alleiniger Besitzer. Beim Notarvertrag erzählte ich ihr, dass sie, als neue Hausbesitzerin, nun meine Vermieterin war. Ihr Notar und sie lachten sich halb tot und ich solidarisch mit. Die ganze Sache war aber leider eher zum Weinen.

Als ich dann am nächsten Tag an dem wunderschönen Doppelmietshaus als Mieter vorfuhr, stand mir das Wasser in den Augen. Was hatte ich all die harten, mühsamen Jahre dort erlebt. Grausam, ständig vom „Schuldturm“ bedroht, konnte ich trotzdem auch farbige, positive Erlebnisse addieren: die Erlebnisse mit der Kneipe. Der Bau des wunderschönen Penthouse mit der Erwartung einer glücklichen, gemeinsamen Zukunft. Die schrille Rosso und mein sexuelles Fantasieausleben mit den Mieterinnen.

Nun hatte ich Herta endgültig vom Hals. Aber noch genug Kohle für einen Ausstieg ins Paradies? Schon seit einigen Jahren träumte ich immer dann, wenn ich ganz und gar verzweifelt war, den süßen Traum vom Aussteigerleben am Mittelmeer: in den ewigen Sommer. Malaga? Marbella? Eventuell Mallorca? War er überhaupt realisierbar? Zum Glück litt ich aber nicht an meinem notwendigen schmerzvollen Aderlass. Weil der Preis seiner Abfindung stimmte: Schließlich stand das nur dürftig renovierte Doppelhaus, das ich zudem preiswert erworben hatte, direkt im ewigen Schatten eines hässlichen alten Bunkers und hatte dadurch keine Chance auf künftige höhere Wertsteigerungen!

Erst drei Wochen nach der Protokollierung meinte mein Hausmeister, von dem ich mich leider trennen musste, beiläufig und kopfschüttelnd:

„Ich bin ja gespannt, was für ein Palast das hier wird. Die Häuserreihe zwischen uns und dem Main haben DIE ja auch dazugekauft. Wird nun leider alles platt gemacht: der Bunker, ihre zwei Häuser, die Reihe am Fluss. Denn hier entsteht Hessens Nr. 1 Hotelanlage. Direkt am Main, nur ein paar Autominuten von City und Flughafen entfernt. Das Ganze soll fast 300 Millionen kosten."

Verwirrt bat ich ihn um eine Erklärung, und er erzählte mir alles, was ich in den letzten Monaten in den Zeitungen verpasst hatte: Geschäftsleute aus Dubai planten hier die Errichtung eines neuen Fünfsternehotels, des „Airport International Inn". Ich hatte die Verbindung zum Tagesgeschehen verpennt, war zu sehr in meiner kleinen Selbstmitleidwelt gefangen gewesen, ständig besoffen und angeschlagen.

Ich nickte irritiert. Mir war schummrig. Ein furchtbarer Verdacht stieg in mir auf: Herta hatte also von diesem Großprojekt erfahren, mich nicht fair informiert und auf meine Kosten das Geschäft ihres Lebens gemacht. Und da fiel mir mit einmal die bornierte Beifahrerin von Aki ein. Aufgrund des Riesenhutes, ihrer Sonnenbrille und weil sie mich durch stures Abwenden ignorierte, konnte ich damals nicht ihr Gesicht erkennen. Sie trug sogar Hertas Hermesschal. War SIE Herta gewesen? War Aki ihr betrügerischer Partner, dieser Abzocker?

Zwei Anrufe und ich wusste, wer die Besitzer von Euroimmo waren: Aki und unglaublich, sein Onkel Samuel Akter. Und Akis Spitzname ergab sich aus seinem richtigen: Akter-Israel. Akter war sein Onkel. Das war ein großer Prügelakt gewesen, zu dem sich drei Menschen zusammengetan hatten. Aki, Akter und Herta.

Ich war total im Eimer und soff mir doppelt so stark jede Nacht die Hucke voll. Nur noch in meinen Träumen flog ich frei mit weiten weißen Schwingen über die Frankfurter Wolkenkratzer: Dresdner Bank, Deutsche Bank, Messeturm und den Main, und dann sah ich unten meine zwei armseligen, verschuldeten Altbauhütten. War ich bereits am Abtrudeln? Stürzen? Hinten im Süden stand die Sonne immer noch hoch. Sollte ich nicht endlich ihre Richtung nehmen? Im ewigen Sommer landen?

Das Haus in Sachsenhausen stand von Anfang an unter einem bösen Stern. Ich hätte es, verdammt noch mal, nicht anfassen sollen: Umgebung Müll, Nachbarn Müll, Gebäude Müll. Schon die ersten Wasserabrechnungen waren mörderisch hoch. Die Zigeuner handelten mit alten und gebrauchten Orientteppichen, wuschen und reinigten sie Tag und Nacht und hängten sie überall zum Trocknen auf: an

Zäunen, Büschen und Bäumen, an ihren Autos, in den Fenstern und am Fahrradständer. Ich griff mir schließlich im zweiten Monat ihren Clanchef und meckerte ihn an:

„Unser Wassergeld wird in diesem Vierteljahr über 1.000 Mark über normal liegen. Das mach ich nicht mehr mit. Zahlt freiwillig einen Wasserzuschuss von 300 im Monat dazu und wir bleiben Freunde."

Er musterte mich grimmig. Antwortete nicht, sondern brüllte dann ein paar hundsgemeine Wörter gen Himmel. Wohl Flüche in seiner geheimen Sintisprache. Drehte sich beleidigt weg, ging und ließ mich einfach stehen. Zwei Tage später, am Donnerstag. kam ein Telefonanruf vom Beerdigungsunternehmer:

„Wir haben heute Nacht einen furchtbaren Wasserschaden erlitten. Rohrbruch im ersten Stock bei den Zigeu... Landfahrern. Die gesamte Decke im Empfangsraum ist heruntergekommen. Unser Schaden liegt bei mindestens 10.000."

Ich war wie vom Blitz getroffen, versprach, sofort rüberzukommen. Zog mir nur ein paar einfache Klamotten über und raste nach Frankfurt hinüber. Immer am Main entlang. Nicht mal zehn Minuten später stand ich im Institutseingang, und es sah schrecklich aus: Das Wasser, inzwischen durch Schließung des Haupthahns gestoppt, war von oben gekommen. Zwei Decken hatte es heruntergerissen, war dann weiter in den Keller gelaufen und stand fast einen halben Meter hoch. Die Feuerwehr war noch beim Auspumpen, und mir war klar, dass ich die Zwischendecken zwischen den Geschossen herausnehmen und zur Austrocknung wochenlang geöffnet halten musste. Ab sofort auch keine Mieteinnahmen oben und unten. Mein endgültiges finanzielles Desaster drohte.

Ich rief meinen Ex-Hausmeister an, und dann gingen wir gemeinsam zu den Sinti-Mietern im ersten Stock. Wir waren etwas ängstlich und erwarteten eine wütende Meute, die uns hasserfüllt empfangen würde. Aber nein: Schon auf dem Flur hörten wir fröhliche Zigeunermusik aus dem Rekorder, und ihr Oberhaupt begrüßte uns gut gelaunt mit strahlender Miene.

„Warum kommt Wasser aus Ihrer Wohnung? Was ist kaputt?", fragte ich und sah mich um. Zwei Frauen waren immer noch beim Aufwischen.

Der Chef deutete auf das Badezimmer:

„Altes Bleirohr, einfach so geplatzt. Wasserdruck und schlechter

Rooohrrr!", sagte er, stolzierte wichtigtuend durch die weit aufstehende Badezimmertür und nickte zur Decke hoch. Oben hingen zwei Bleiwasserrohrenden, von denen das obere noch in seiner Verbindungsecke steckte. Das untere Ende hatte sich durch zu viel Druck gelöst. Die vergammelten Bleirohre hätten schon vor Jahrzehnten durch Kupferrohre ersetzt werden müssen. Da gab es auch nicht viel zu beweisen: Die marode Verbindung hatte sich gelöst. Durch Verrottung und Wasser- oder Menschenkraft. Ich war aber glücklicherweise normal versichert!

„Wir müssen sofort hier raus. Reservieren sie uns bitte drei Hotelzimmer und einen trockenen Lagerraum. Bis alles wieder repariert ist. Wie viel Sofortzuschuss geben sie uns armen Menschen für die ersten zwei Wochen? Wir können doch nicht kochen, duschen, waschen. Der Umzug, Fahrt- und Transportkosten und so, wie viel?", fragte der gut gelaunte Abkocher.

Ich bekam fast einen Nervenzusammenbruch. Mir schwamm alles vor den Augen.

„Das regelt in den nächsten Tagen alles die Versicherung. Morgen Mittag zahlen wir ihnen erst mal 500 auf die Hand, und dann sehen wir weiter", war mein gestammelter Kommentar.

„Keine Angst: Wir sind bei einem großen bekannten Unternehmen versichert", beruhigte ihn mein Hausmeister und klopfte mir dabei beruhigend auf die Schulter.

Das tat gut und ich vermisste ihn bereits, denn das war die letzte Woche seiner Tätigkeit für mich. Für meine letzten paar Mieter war das anteilige Hausmeistergeld nun zu hoch. Ich drückte ihm dankbar seine Rechte, schaffte gerade noch ein freundliches, cooles Nicken und verabschiedete mich angeschlagen, sprachlos, mit Handzeichen.

Die nächsten zwei Wochen mit dem Wasserschadenhorror schafften mich, aber ich kriegte alles, Stück für Stück, genervt über die Runden. Die Sintis zogen ins Hotel, und der Bestatter räumte seinen Bürokram sowie Mustersärge und -urnen in ein Lagerhaus. Die Versicherung zahlte bei beiden Mietern fair. Am folgenden Montag wollte ich mir endlich wieder was Gutes tun, ich verspürte so richtigen Druck, badete sehr sorgfältig, rasierte mich perfekt und kaufte für meinen Kaffeehausengel einen wunderschönen Blumenstrauß mit zwölf schneeweißen Rosen. Dann setzte ich mir meinen neuen schicken original Panamahut auf den Kopf und klingelte hinten an der

Notausgangstür ihres geschlossenen Betriebs. Montagvormittag, am Ruhetag, machte sie immer die Wochenabrechnung für die Bank und ihre Buchführung. Sie öffnete mir mit mürrischem Gesichtsausdruck. Gut gelaunt mit den Worten:

„Für meine geliebte Nachbarin einen Frühlingsgruß", überreichte ich ihr den prächtigen Strauß. Sie aber kreischte nur, weil ich sie wohl störte.

Ehe ich antworten konnte, grapschte sie ihn und schlug mir damit zweimal mit viel Kraft auf den Kopf. Dadurch flog mein guter teurer Hut quer über die Straße und landete aufgrund einer gleichzeitigen Windböe im Abflussdreck. Ich war sprachlos und starrte sie an – geschockt, wie festgefroren.

„Nachbarin, Nachbarin und nicht mehr Mieterin. Du widerlicher, anmaßender Dreckarsch!", brüllte sie und spuckte mir ins Gesicht. Ich sagte kein Wort. Ich hatte es ja irgendwie verdient, weil die angebotene Liebesentlohnung von mir akzeptiert und nun offen zur Ausbeutung umgedeutet wurde. Ich war also für sie immer ein verhasstes, widerliches Ungeheuer gewesen, ein anmaßender, kleiner Niemand. Okay, so nahm ich ihre Prügel wortlos, schuldig, regungslos und schlich, als sie mir die Tür vor der Nase zuschlug, wie ein geprügelter Hund hoch in meine Wohnung. Wo ich mir ein paar Korn reinknallte, den Fernseher einschaltete und mich gedemütigt auf das einladende Sofa warf.

Um finanziell klarzukommen, versilberte ich nach und nach meine Antiquitäten. Am Wochenende schlich ich dann, immer noch total fertig von dem Horror, als ein vom Leben Geschlagener in der Dämmerung in ein bekanntes Offenbacher In-Lokal am Marktplatz. Setzte mich etwas entfernt vom leeren Stammtisch hinter die Treppe. Dort bestellte ich mir zum Trotz eine Flasche Mumm Piccolo. Kurz darauf kam Erhard beim Kneipenbummel in den Laden und setzte sich, als er mich entdeckte, zu mir. Dabei stolperte er und fiel fast über den Tisch.

Ich half ihm, der furchtbar nach Schnaps stank, in den Stuhl und war froh, dass der Kristallaschenbecher auf dem Tisch liegen blieb. Obwohl der Kerl schon ziemlich dicht war, bestellte ich ihm bei der Bedienung, die inzwischen meinen Sekt brachte, ein Bier.

„Da sieht man, dass du immer noch am Ball bist. Früher Morgen und schon eine teure Flasche Champagner", lallte Erhard.

„Du Weihnachtsmann bist besoffen. Es ist früher Abend, und das ist ein bescheidenes Fläschchen Sekt“, korrigierte ich und erzählte ihm meine Wasserschadenstory.

„Und zahlt das mit dem Hotel ebenfalls deine Versicherung?“, fragte er mich.

Ich nickte und informierte ihn, dass ich aber leider keine Mietausfallversicherung besaß und jeden Monat ein Stück mehr in die finanzielle Katastrophe rutschte.

„Du hast immer noch mein Wort: Wenn nichts mehr läuft, helfe ich dir aus, capito?“

Ich begriff nicht, was er meinte, und runzelte fragend die Stirn.

„Mit dem Abfackeln, mein Freund. Dann biste saniert und machst die Mücke in dein geliebtes Mittelmeerexil. Mach doch endlich Schluss mit dem Vermietgeschäft, in dem dir heutzutage jeder missgünstige Mieterneider in den Sack tritt. Nach diesem Tiefschlag folgten der nächste und der nächste. Merke: Fährst du auf der Autobahn unter der Brücke durch und jemand wirft einen Stein auf dich, dann ist das nicht das Ende, wenn er dich verfehlt. Es werden immer wieder neue Steinewerfer heranwachsen. Die Gefahr bleibt bestehen, dass dich endgültig einer trifft. Schaff dir das Scheißgeschäft vom Hals: Mich löhnste mit 10.000 auf die Hand ab. Okay?“

Dieser Blödmann fehlte mir noch. Ich schüttelte verärgert den Kopf. Kam der Kerl doch schon wieder mit seinem bekloppten Versicherungsbetrug.

„Okay, du Suffkopp. Hättste am großen Wasserfalltag bei meinen Zigeunern machen sollen, da kam kurz darauf der ‚Große Regen‘ aus dem ersten Stock und hätte dein Feuer gelöscht, ha, ha ... und mir doppelten Ärger erspart“, juchzte ich und fand das einen tollen Witz. Dann drehte ich meine Flasche auf, füllte das Glas mit dem prickelnden Sekt, hielt es gen Himmel und orderte dem armen Alkoholiker ein weiteres Bier auf meine Rechnung.

Ich stand auf, hob mein Glas und grölte einen dämlichen Trinkspruch:

„Wenn du denkst, es geht nicht mehr, kommt von irgendwo ein kleines Lichtlein her. Erhard, Prost, alter Kumpel. Du bist ein echter, großer Freund. Scheust selbst den Flammentod nicht, um unsere Freundschaft auf ewig zu festigen!“

Erhard war inzwischen total voll und sehr gerührt. Ich sah Tränen in seinen Augen glitzern.

Am Stammtisch saßen inzwischen zwei, drei Pärchen, aßen die Leberspezialität des Hauses und wurden immer fröhlicher. Zwei der Männer fixierten mich bei meiner lauten Huldigung mit giftigen Blicken und diskutierten irgendetwas. Es wurde ein langer Abend und kurz vor Mitternacht trennten wir uns in Topform. Erhard blieb noch, ich wankte besoffen und gut gelaunt hinaus. Dabei bemerkte ich nicht, dass das Gespräch der alkoholisierten Stammtischler abrupt verstummte und zwei der Männer blitzschnell aufstanden und noch vor mir hinausgingen. Ich sang ziemlich laut in Hochform, „I can't get no satisfaction". Überquerte die Berliner Straße und bog Richtung Mainufer in die kurze, dunkle Verbindungsgasse ab. Als ich die Litfaßsäule erreichte, sprangen mich im Dunkeln zwei furchtbare Schlägertypen an und schlugen von zwei Seiten brutal auf mich ein. Ich war so überrascht und betrunken, dass ich überhaupt nicht zur Verteidigung kam. Spürte nur entsetzliche Schmerzen. Glaubte aber, in einem der beiden Schläger den Ex-Manager der Reinigungsfirma zu erkennen. Das bestätigte sich durch seinen Spruch:

„Der Kerl hat meine kleine Mende gedemütigt, haut drauf."

Prügel für den Hausbesitzer.

Ich schrie, und dann rang ich nur noch von tausend Teufeln gepeinigt nach Luft, verlor den Halt und stürzte rückwärts mit der rechten Schulter gegen die Betonsäule. Ein furchtbarer Keil schien meine rechte Seite zu spalten. Als ich dann elend auf den Boden lag, traten die wahnsinnigen Typen mir ihre Schuhe in den Leib.

„Mein Geld ist in der rechten Hosentasche, nehmt ... nehmt ...", krächzte ich noch, aber sie stoppten nicht. Mir war klar, ich war verloren. So gut wie tot und drückte mich, verzweifelt meinen Kopf mit den Armen schützend, an die Säule.

Da hörten sie plötzlich auf. Jemand schien sich furchtbar mit ihnen zu prügeln. Ich merkte noch, dass sie laut herumbrüllten und davonrannten. Dann verlor ich die Besinnung. Als ich zu mir kam, saß ich auf dem Boden, blutete wie eine Metzgersau, und alles tat mir weh. Ein Sanitätertyp verband mich und fragte:

„Alles Okay? Verstehen sie mich?"

„Oh Gott, ich leb noch. Ja!"

„Da haben sie aber Glück gehabt, dass ihr ehemaliger Nachbar vorbeikam. Ein geübter türkischer Kampfsportler. Der hat uns auch herbeigerufen", sagte ein Polizist daneben. Leuchtete mich mit seiner Taschenlampe ab und deutete auf den Mann, der neben mir kniete und meinen rechten Arm zum Verbinden hochhielt.

Als ich ihn ansah, erblickte ich den „Affen". Meinen ehemaligen Mieter Affrendi. Er war mir zur Hilfe gekommen und schlug die beiden Angreifer in die Flucht. Es peinigte mich richtig, als ich an seine letzten Worte von damals dachte: „Denkst du, ich bin ein Hund?"

In diesem Moment kapierte ich Rassistenarsch endlich, dass DIE auch Menschen wie du und ich sind. Dann verlor ich die Besinnung.

Ein Sommerabend im Jazzhaus. Eigentlich wollte ich nicht mehr hingehen in diesen „Kleine-Leute"-Schuppen. Getragen von zwei Besuchertypen, blutjungen Fachschülern, Studenten und unterbezahlten, oft ausgenutzten Praktikanten, die alle noch an ihre rosige Zukunft glaubten. Und die vom Leben bereits geschlagene, eine Generation ältere „Altengruppe", zu der ich gehörte. Bei der, vor lauter billigen Frivolitäten und dünnem Geschwätz, kaum noch Ergiebiges von Wert in den Gesprächen aufkam. Hauptsächlich, weil jeder bereits über die Jahre den Respekt vor dem anderen verloren hatte und unsere Gruppe als elenden, abgefuckten Loserverein sah. Das Einzige, was uns noch half und zeitweilig aufbaute, war der Alkohol. Oben links in der Ecke saßen wir wieder wie in der guten, alten Zeit zusammen und soffen schäumendes Bier vom Fass und rauchigen Whiskysoda: Erhard, Zeus und ich. Die Highroller Aki und Poppy waren jetzt zu erfolgreich fürs „Slumming" und kamen nicht mehr zu uns in die gute alte Jazzgasse „herab". Aber dafür gesellte sich später an diesem Abend, man staune, der „große Fleißberg" dazu:

„Gut, wieder hier zu sein im vertrauten alten Freundeskreis. Ich weiß als Künstler, wo meine Wurzeln sind. Mit euch ein gutes Bier zu saufen, ist was Gutes, Gradliniges. Wir sitzen hier, weil wir uns mögen, nicht des billigen Vorteils wegen. Werde nie total abheben und mich endgültig an den großen Mammon verschachern. Denn ich habe einiges dazugelernt: Unsere gestalterischen, kreativen Werte werden leider weltweit, schwerpunktmäßig in New York und London von internationalen Zockern vermarktet, ausgelutscht und du als Idealist zur billigen Prostituierten auf die ‚getürkte' Winningstreet gejagt. Hier, in simplen Gemeinsamkeiten wie unserem Bierabend mit den guten alten Kumpels liegt doch die wahre Wertigkeit des Lebens."

Ich bestellte ihm ein Bier und einen Doppelkorn über den Körbchenweg. Zog die Alkoholladung vorsichtig hoch, reichte ihm sein Glas und unterbrach ihn, indem ich ihm mit meinem erhobenen zuprostete:

„Prost Peter, ich spüre, du bist auf dem richtigen Weg. Der ist hart, weil es halt hinter vielen prächtigen Kulissen dieses Lebens stinkt. Dein Weg ist dornig gewesen. Du hast ihn tatsächlich erreicht: den goldenen Topf am Ende des Regenbogens. Zahlst nun seelisch deinen Preis. Wirst es aber überwinden. Schön, dass du mal wieder reinschaust."

Mit dankbarem Blick schaute er mir in die Augen. Ich sah Tränen in den seinen stehen.

„Jörg, du bist doch der beste Kamerad", flüsterte er, gab mir einen verstohlenen Stoß in die Rippen und lächelte.

Als wir so richtig voll waren und Kühlung suchend hinaus in die nächtliche Gasse schwankten, um an der Fensterstehbar weiterzutrinken, zog Peter mich zur Seite:

„Also, du mit deinen Häusern hast es ja richtig gemacht: Immer sichere Mieteinnahmen und bis ans Lebensende ausgesorgt. Geld beruhigt. Ich beneide dich, weil ich mich tagtäglich dafür prostituieren muss, zahle mit meinen Werten, um zu überleben. Na, du kennst ihn ja besser als jeder andere hier, meinen Partner Emil Sawitzki. Der ist eine Bestie, nichts ist ihm heilig. Bei ihm zählt nur die große Kohle. Wie kann ein Mensch nur so dahinvegetieren. Ihm fehlt doch was im Kopf. Übrigens: Er fragte gestern nach dir. Meinte, er hätte etwas Interessantes für dich. Sollst ihn anrufen. Ich erzählte ihm von meinem Frankfurttreff und habe es ihm versprochen." Ich sagte ihm den Rückruf zu.

Die Versicherung zahlte den Schaden voll und teilte mir mit, dass ich ab Jahresablauf nicht mehr versichert sei. Rausgeschmissen, toll! Da musste also eine neue her. Finanziell ging es mir aber mieser, weil ich keine Mietausfallversicherung hatte. Im Spätsommer rutschte ich auf einer Eisfläche aus. Brach mir kompliziert das rechte Handgelenk und verzerrte mir den rechten Unterschenkel. Ich war für ein verlängertes Wochenende im Krankenhaus gelandet, und zwischen den zwei unangenehmen Behandlungen kam die Rechnung für die neue Wohngebäudeversicherung. Erhard half mir mit den wichtigsten Botengängen aus und so schrieb ich die fällige Überweisung für die neue Gebäudeversicherung und gab ihm das Formular zum Einreichen für die Bank.

In der Wochenmitte durfte ich dann wieder heim und war wirklich beeinträchtigt: humpelte und konnte Arm und Hand nicht gebrauchen. Ein gemeiner längerer Krüppelzustand, der mir vieles aufbürdete: kompliziertes An- und Ausziehen, Waschen, Schlafen, allein schon die Umstellung, dass ich mir den Hintern nun mit der linken Hand abwischen musste. Na ja.

Wie jedes Jahr waren die wenigen verbliebenen Mieter bestimmt wieder nach Weihnachten pleite, und ich musste, wie jedes Jahr, mein Konto haushoch für die drückendsten Rechnungen überziehen, weil kaum einer bezahlte. Durch den Winter machten immer ein, zwei Gasöfen und Warmwasserboiler schlapp. Tausende für den Klempner. Entsetzliche „Vorfreude", weil ich schon auf böse Terminanrufe meiner Bank wartete. Stapelte Mahnungen, zahlte nur die gemeinsten, die „kurz vor dem Gerichtsvollzieher". Und dann diese blöde neue Wohngebäudeversicherung. Sie mahnte, obwohl noch nicht mal angelaufen. Ich rief dann an und teilte denen wütend die Daten meiner Kopie mit und dass die Knete wirklich überwiesen worden war.

Da fiel mir wieder Sawitzki ein. Sollte ich ihn nicht anrufen? Ich ging ans Telefon, wählte ihn an und erfuhr von seiner Sekretärin, dass er gerade für drei Wochen nach Cannes geflogen war. Sie gab mir seine Telefonnummer vom Hotel Carlton, und so rief ich ihn an, und er legte los:

„Baron, warum hast dich nicht bei mir gemeldet? Ich habe gehört, dass dich deine Scheidung ganz schön gekostet hat. Die Hälfte deiner Häuser sind weg. Da kannste doch ein paar gute alte ehrliche deutsche Märker gut gebrauchen. Hab ich recht?

Ich war verblüfft. All die Jahre hatten wir hier und da mal miteinander geredet. Hauptsächlich verbunden über unsere schon so verdammt weit entfernten frühen Jahren in Bremen, und sonst war aber nichts gelaufen. Er murkste zwei Stufen höher in den großen Geschäften herum und war zum erfolgreichen Immobilienkaufmann der zweiten Generation geworden. Buchmann, Bubis, Selmi waren die großen Vorbilder aus der ersten. Sie kauften nach Vorlage der Stadt Frankfurt eine festgelegte Mindestquadratmetermenge mit mehreren kleineren Abrissliegenschaften zusammen. Machten diese platt und durften darauf ihre Wolkenkratzer bauen. Einige wurden steinreich und ein paar von ihnen Milliardäre. Danach folgten die Stars der zweiten Gruppe wie Schleich, Chenü, Golms, Lunkewitz, Schneider, Wisser, viele andere und natürlich Sawitzki. Wie konnte ich noch mit ihm in seiner Königsklasse zusammenkommen?

„Emil, du bist doch sonst kein Freund langer Worte. Sags schon. Klar, bin ich zurzeit stier und geldhungrig. Also los, haste 'nen Job für mich?"

„Jörg. Ich werde älter und meine Geschäfte laufen jetzt immer mehr europaweit. Meinen restlichen Frankfurter Mietshausbesitz, den ich noch nicht aufteilte, will ich als Altersrente behalten. Die Aufteilung von Mietshäusern in Eigentumswohnungen mit ihrem lukrativen Cash ist nun endgültig gelaufen. Der Markt ist leer. Es gibt keine preiswerten, schnell und einfach aufzuteilenden Projekte mehr, die sich lohnen. So kümmere ich mich jetzt um alte, unerledigte Geschäfte: Ich habe auf Ibiza und bei Marbella noch einige Ferienwohnungsprojekte, bei der im Aufteilungsverkauf etliche Ladenhüter nicht verkauft wurden, die nun ewig leer und unvermietet vor sich hingammeln. Diese Restbestände, wie zum Beispiel auf Ibiza: vier Wohnungen in Cala Llonga, drei Mal drei in Santa Gertrudis, fünf bei Cala Pada und dann in sieben weiteren Feriengebieten: je zwei bis fünf, bringen nichts! Die separate Vermietung kostet mehr Unterhalt, als sie saisonal bringen würde. Vermietagenturen vor Ort zu beauftragen lohnt sich nicht, weil die Restbestände zu weit verstreut sind und dauernd gereinigt und repariert werden müssen. Hinzu kommen fixe Umlagekosten, Steuern. Na ja, du kapierst schon, was ich meine. Also, die Ibizawohnungen möchte ich schnell vom Hals haben. Sie gehören meiner Andorrafirma ‚Rhein S.A.'. Du hast richtig gehört: deutscher Name. Ha, ha, weils Vertrauen bei den deutschen Schwarzgeldkäufern schafft! Könntest du für ein paar Monate rüberfliegen und alle Teilobjekte überprüfen, optisch und technisch in Ordnung bringen lassen und preislich als ‚Schnäppchen-Pakete' für deutsche Anleger zusammenstellen? Danach zwei unabhängige Makler vor Ort, die Erfahrungen mit deutschen Käufern haben, mit dem Verkauf dieser Pakete, die mit flexiblen Preisen laufen, für Rhein S.A. beauftragen? Der erfolgreichere Makler von ihnen übernimmt dann später alles."

„Was wäre für mich drin, Emil?"

„Junge, wir kennen uns seit Jahren, und ich weiß, dass du mich nicht linkst und dich verplapperst. Hinzu kommt, dass du was von dem Geschäft verstehst und ein ausgeschlafener Typ bist. Das kriegste gut von mir bezahlt. Es sind rund 45 Wohnungen im Verkaufswert von sechs, fast sieben Millionen Mark umgerechnet in Peseten nach neuestem Pesetentageskurs. Kostenloser Flug und freie Unterkunft, mein Freund! Ich gebe dir drei Monate Zeit. Geld dürftest du eigentlich nicht dafür verlangen, weils ja freier First-Class-Urlaub ist. Ha, ha. Also, für Flug, Leihwagen und sonstige Kosten: 3.000 beim Abflug. Du wohnst im Cala Llonga Projekt, Apartment 312, in meinen ‚Apartementos Estrella'. Nach Beendigung, 10.000 bar. Natürlich schwarz und ohne Quittung auf die Pfote. Alles läuft auf Handschlag! Vertraust du mir?"

Ich brauchte sie, diese Kohle. Gerd könnte in der Zeit meine zwei Häuser verwalten. Sawitzki war zwar ein Räuber, aber ich war mir sicher, mich würde er nicht damit bescheißen.

„Emil, während ich da unten für dich rummurkse, muss ich jemand anderen hier für meine Verwaltung bezahlen. Sagen wir 13.000?"

Emil Sawitzki machte eine kleine Denkpause, dann war er einverstanden, und wir vereinbarten einen Einweisungstreff für den nächsten Monat. Danach, ab ersten November, sollte ich hinunterfliegen.

8

Aus Wut über meine aktuellen finanziellen Sorgen und den Losermakel trank ich die folgenden Tage immer mehr und ging aus Angst, aber auch Trotz, nie mehr an den verdammten Briefkasten. Das ganze geldgierige Pack dieser Welt konnte mir gestohlen bleiben. Erhard half mir ab und zu und ich bezahlte ihn dafür reell. Weil er fast mein einziger Kontakt zur Außenwelt war, jammerte ich ihm wahrscheinlich auch zu viel die Ohren voll. Trotzdem half er mir kameradschaftlich auf die Beine. Ich hatte zu der Zeit nichts mehr richtig im Griff, obwohl meine Gesundung durchaus gut lief, weil ja durch Sawitzkis Job zum Jahresende zusätzlich gutes Geld winkte. Aber sie dauerte natürlich ewig. Erhard, selber ein seelischer Krüppel, warf mich manchen Morgen aus dem Bett und riss die Fenster zum Lüften auf, weils wohl gemein stank. Mehrmals mahnte er, ob ich auch sonst auf alle laufenden Sachen achte und nichts verkommen lasse. Leicht besoffen wie so oft, beschimpfte ich ihn oder schmiss ihn ganz einfach raus.

Sawitzki gab mir Oktober '84 wie versprochen Job und Reisegeld mit viel Info und Erklärungen, Unterlagen, Plänen und Schlüsseln. Klärte mich über viele interessante „landesübliche Verkaufsdetails" auf wie: In Spanien wurden damals Immobilien zum tatsächlichen Preis mit dem „Contracto Privado", dem Privatvertrag zwischen Verkäufer und Käufer gemacht. Der ausländische, also auch deutsche Käufer, zahlte üblich dann nur 1/10 der Verkaufssumme auf ein spanisches Devisenkonto A ein, und mit dieser Quittung gingen dann beide zum Notar und unterschrieben. Kurz vor dem Zeichnen des Notarvertrags, unglaublich: nur ein Zehntel des echten Verkaufspreises, dem echten Vertrag. Ideales Schwarzgeldversteck! Das lief natürlich nur sicher im direkten Deal zwischen Verkäufer und Käufer. Natürlich ohne Zeugen, die einem als Mitwisser gefährlich werden könnten.

Gerd kümmerte sich um meinen Hausbesitz und ich stieg, beruhigt und gut gelaunt wie lange nicht mehr in mein Flugzeug: „Ibiza, ich komme!"

Ich landete auf dem Ibiza Airport, mietete mir einen kleinen Seat und mit einer Inselkarte orientierend und nach ein, zwei Infostopps, erreichte ich das Apartmentgebäude. Es lag „angeklebt" an einem Steilhang, hoch über der Bucht von Cala Llonga. Das Zweizimmerappartment, nur über mörderische 110 Treppenstufen erreichbar, bot eine Superaussicht und war sehr gepflegt. Ich warf meinen Koffer aufs Bett, drehte im Radio den heißen Ibiza-Musiksender an, langte mir eine zollfreie Flasche Johnny Walker aus dem Seitenfach, mixte mir mit Leitungswasser einen starken Drink und warf mich auf dem kleinen Balkon in einen bequemen Deckchair. Unter mir die Bay, sagenhaftes Sommerwetter, obwohl bereits November. Keine Menschen mehr im Wasser, aber etliche nahmen noch Sonnenbäder auf Miet-Strandliegen der Strandbars. Drei ankernde, dümpelnde Segeljachten und ein einsamer, ins weite Meer hinaustuckernder, spanischer Fischer in seinem typischen, hölzernen, weißen Boot. Oh süßer Vogel Glück. Ich sah dich lange nicht mehr. Ich schloss die Augen und fing an zu fliegen. Immer höher, aus der Bucht heraus. Unter mir das immer kleiner werdende Fischerboot.

Ich, Ikarus, wünschte doch, frei wie ein Vogel zu sein. Ikarus, irgendwann werde ich mich von allem Ballast lösen und in den Himmel fliegen wie du.

Tag für Tag kontrollierte ich die einzelnen unverkauften Wohnungen: notierte Schäden und schätzte vorsichtig ihren Wert nach den alten Verkaufspreisen ein. Manche von ihnen lagen im Erdgeschoss, direkt neben einem lärmversprechenden Swimmingpool und wieder andere über einer wertmindernden Garagentoreinfahrt oder am polternden Fahrstuhl. Nach drei Wochen hatte ich eine gute Übersicht und machte für jeden der zwei Makler ein Verkaufspaket von nahe zusammenliegenden Einheiten für je zwei Millionen und je ein kleines für eine Million. Danach beauftragte ich die Handwerkerfirmen und beaufsichtigte die Instandsetzungsarbeit. Alles dokumentierte ich gewissenhaft mit meiner Kamera und in einem Kostenordner. Zwischendurch machte ich natürlich jede Menge Freizeit: Frühstück in kleinen Kneipen am Meer, machte preiswerte Mittagspause im reinen Spanierviertel im Westen von Ibiza-Stadt. Verkehrte jede Nacht in den bekannten Inselkneipen, die von den deutschen oder englischen Residenten frequentiert wurden. Die Preise waren '84 noch ganz schön unten im Keller. Das Glas Bier kostete fast überall unter 1,50 Mark und das gute Essen in zünftigen Insiderrestaurants halb so viel wie in Deutschland. Hauptsächlich bummelte ich mittags im nahen Santa Eulalia-Bereich rund um den Plaza Kiosko. Abends verkehrte ich in der Deutschenkneipe Columbus, der legendären Bar Sandy's und im Grillrestaurant Es Caliu. Seltener, weil ich halb besoffen zurückfahren musste, in Ibiza-Stadt in der alten Hafenbar, dem Deutschentreff La Nada oder bei Bruno in seiner neuen Beachbar. Hier lernte ich die schrillsten Typen kennen, von denen die meisten von deutschen Justizbehörden gesucht wurden. Von drei jungen Männern damals durchschnittlich zwei! Vorsicht war geboten. In diesen Herbst- und Wintermonaten waren fast nur noch Dauerresidenten oder betuchte deutsche Ferienhausbesitzer anwesend. So waren die Treffs relativ leer und man konnte leider kaum ein Mädchen aufreißen.

Trotzdem traf ich mich ein paar Mal mit der einen oder anderen. War aber nichts Ernstes. Ich erholte mich allmählich ein bisschen von den mörderischen Jahren davor.

Ende November kam Emil herübergeflogen und ich zeigte ihm mein Arbeitsergebnis. Er war zufrieden und so übergaben wir gemeinsam die Doppelpakete an zwei deutschorientierte Makler, die einen guten Eindruck machten. Ich kontrollierte noch bis Mitte Dezember die restlichen Reparaturen und tauchte dann, sonnengegerbt, Ende des Monats wieder in Frankfurt auf. Emil drückte mir, ohne Kommentar, mein ausgehandeltes Honorar bar in die Hand und versprach mir im nächsten Herbst die Marbella-Abschlussarbeit. Ich bedankte mich bei ihm und sagte, er könne jederzeit auf mich und meine Verschwiegenheit rechnen.

Eigentlich war während meiner Abwesenheit alles ruhig verlaufen. Aber schon in der zweiten Woche kam diese furchtbare Nacht: Irgendwer schlug mir fast die Wohnungstür ein. Ich wankte schlaftrunken zur Tür, öffnete sie und erblickte zwei Uniformierte, einen Feuerwehrmann und einen Polizisten.

„Sind sie Herr Jörg Baron, dem das Haus Westerstraße 14 in Frankfurt-Sachsenhausen gehört?"

Ich nickte ängstlich, weil es klar war, dass ich gleich einen ganz gemeinen Schlag in der Magengegend kassieren würde, und fragte ungeduldig:

„Okay, nun sagen sie schon wer tot oder ein Verbrecher ist!"

„Ihr Sachsenhäuser Haus steht in Flammen."

„Oh Gott, ich werf mir nur 'n paar Klamotten über und komm sofort rübergefahren."

Ich drehte mich um, sprang geschockt ins Schlafzimmer, zog mich an und rannte zur Tür. Als ich sie außen zuschloss, bemerkte ich die immer noch wartenden Beamten.

„Wir kommen mit runter zu ihrem Wagen."

Ich nickte sprachlos und rannte voraus auf die Straße. Als ich die Tür des Wagens aufschloss, sah ich einen der Uniformierten seine Hand auf die Motorhaube legen.

„Eiskalt. Seit Stunden nicht gefahren", sagte er und der andere notierte das.

Ich stieg zitternd ein, gab Gas und düste Richtung Frankfurt-Sachsenhausen. Da war dann was los: drei Feuerwehren mit grellem, sich drehendem Blaulicht, Wasserschläuche, Eimer, Beile und jede Menge Glassplitter, verkohlter Dreck, Schaum und Wasser. Und mein Mietshaus: Nur noch ein paar kleine züngelnde Flammen zeigten sich im Dachstuhl, viel beißender Qualm. Dann ein lauter Befehl des Feuerwehrhauptmanns:

„Sofort alle Mann zurückziehen. Sofort! Schläuche und Gerät sichern!"

Es krachte. Der Dachstuhl brach in sich zusammen und stürzte in das Hausinnere. Ich war in einem furchtbaren Traum gefangen, aus dem es kein Entkommen gab. Schnallte erschüttert ab.

„Sind sie der Hausbesitzer, Herr Baron?"

Das war der Feuerwehrhauptmann. Ich nickte, wortlos in das Inferno starrend.

„Machen sie sich bloß nicht verrückt, sie sind doch versichert."

Ich lächelte sauer und wandte mich gebrochen ab. Erst in der Dämmerung, als es feststand, dass das Feuer gelöscht und die Brandstelle gesichert war, tuckerte ich nach Hause. Trank Bier mit ein paar Korn. Schmiss mich entnervt auf mein Bett und versuchte, zu schlafen. Was mir kaum gelang. Hundeleben.

Am nächsten Nachmittag rief ich zuerst die neue Versicherung an, gab den Schaden nebst Versicherungsnummer durch und bat um faire Regelung.

„Es existiert keine gültige Versicherungspolice, mein Herr. Die wurde ihnen, wie mehrmals schriftlich angemahnt, vorgestern storniert. Wie ich sehe, wurde auch nie die überfällige Prämie bezahlt", antwortete mir die wie ein Roboter sprechende teilnahmslose Mitarbeiterin.

„Ihr Versicherungsbanditen wollt mich wohl ruinieren! Das wollen wir doch mal sehen!“, keifte ich und knallte den Hörer auf das Telefon. Dann zog ich mir den Morgenmantel über und humpelte zitternd zum Briefkasten hinunter. Als ich aufschloss, fiel mir ein dicker, fast quadratisch geformter Papierklumpen entgegen, der mir vor die Füße klatschte und sich in seine Einzelteile auflöste: Mahnungen, Rechnungen, Rechtsanwalts-, Behörden- und städtische Versorgerbriefe. Meine gesamte Post von fast einem halben Monat. Gerd hob sie vorher gewissenhaft auf, ich Idiot aber ignorierte sie bisher. Klaubte sie erneut zusammen und stopfte sie in den aus der linken Mantelseite gerafften Frotteesack. Dann schlich ich mich, nun in sichtbaren Unterhosen, mit nackten Füßen und unrasiert, leise nach oben zurück. Dort legte ich sie auf den ungelesenen Haufen und fing an sie durchzusehen. Zum Glück sah mich draußen niemand von diesem verdammten Mieterpack. Ach nee, gehörte ich nicht schon längst wieder dazu?

Am Abend suchte ich dann halb besoffen alle möglichen Kneipen ab, um mir Erhard zu greifen. Von der Bank war kein Geld für die Wohngebäudeversicherung abgebucht worden, das erfuhr ich beim Durchsehen der Auszüge. Natürlich war auch ein scharfes Schreiben meiner Bank dabei, mit der Aufforderung endlich das total überzogene Konto auszugleichen.

Ich kriegte furchtbare Angstzustände, als ich die zerknitterte Stornierung der Versicherung in der Hand hielt und hatte nur noch eine Idee: Erhard, dieser verfluchte Scheißösterreicher, musste sofort her! Niemand hatte ihn die letzten Wochen, in denen ich rund um die Uhr über Zeitungsanzeigen meine geliebten Antiquitäten verkaufte, gesehen. Das Geld half mir, die nächsten drei Monate finanziell zu meistern. Was hatte Erhard damals bloß mit der Überweisung getan? In dieser Nacht wollte ich es endgültig wissen und suchte ihn systematisch überall. Im Jazzhaus hatten alle gute Laune, nur Unbekannte, als ich kurz hereinschaute. Im Club Voltaire konnte man kaum durch die Rauchschwaden blicken, da war er leider auch nicht. In der Kneipe „Onkel Müller“ in der Hintergasse war er seit Wochen nicht gesehen worden und hatte noch 120 Mark Saufschulden offen. Blieb nur noch der Straßenimbiss am Eisernen Steg, der südliche Citytreff der gescheiterten Alkoholiker und Penner. Dort hatte ich ihn in der Vergangenheit, immer mal wieder, mit ’ner Bierbuddel in der Hand angetroffen. Ich raste also über die Alte Brücke, parkte den Wagen zwischen zwei Platanen am Main und übersah gehetzt den wunderschönen Sommerabend, die ersten Lichter der Hochhäuser und die angestrahlten alten Denkmale, Dom, Historisches Museum, Paulskirchenspitze und davor die vorbeiflitzenden Autos der Mainpromenade, die sich im Fluss spiegelten. Am Wasserhäuschen waren alle Säufer voll und beschimpften sich bereits aggressiv. Mitten im Pack stand der lallende Erhard. Ich rannte auf ihn zu. Packte ihn an der Schulter und riss ihn zu mir herum. Erschrocken ließ er seine halb volle Bierflasche fallen. Als er mich erkannte, legte er seinen Arm um mich.

„Mensch, Alter. Hast dich endlich hochgerappelt. Wurde mal Zeit, dass'de wieder am normalen Leben teilnimmst. Trink einen halben Liter mit mir", jubelte er.

„Du elender Saufkopf, als ich im Krankenhaus lag, hab ich dir doch die wichtige Überweisung für die Bank gegeben. Was um Himmels willen hast du damit gemacht?"

„Die Überweisung, Überweisung ... natürlich. Scheiße, Scheiße, Scheiße, hatte ich total vergessen und erst zwei Wochen später in der Jacke gefunden. Tut mir so leid, dann weggeworfen. War sie wichtig? Hast sie doch bestimmt aufgrund der Mahnungen längst nachgereicht?"

„Wahnsinniger Schwachkopf. Nein! Hab ich nicht. Verflucht! Und das ist jetzt mein Untergang!"

„Aber nein Jörg, nun reg dich ab. Herr Wirt, zwei Flaschen Henninger für mich und meinen guten alten Kumpel. Reg dich doch mal ab", brüllte er und knallte mir lachend seine Rechte in die Rippen.

„Hast doch längst ausgesorgt. Dafür hat, wie versprochen, dein bester Freund Erhard gesorgt: Deine Bude hat so schön gebrannt wie Dresden in der großen Bombennacht, ha, ha ... und jetzt biste voll saniert, gestopft wie nie. Vergiss ihn aber nicht, wenn du die fette Feuerversicherungskohle bunkerst, deinen armen Kumpel Erhard, der die Bude mit dem Kerzentrick zündelte."

Selbstzufrieden und trotz des vielen Alkohols genug auf der Hut, flüsterte er den Rest des Satzes hinter vorgehaltener Hand.

Ich ließ ihn einfach stehen, den kaputten, gehirnamputierten Narren. Schlich mich gepeinigt zum Auto, klappte das Verdeck runter, schaltete mein Lieblingsband ein, drehte die Lautsprecher auf, um mich volldröhnen zu lassen und fuhr langsam am Ufer lang. Die Eagles.

„Welcome to the Hotel California ... such a lovely place.

Any time of year ... The pink Champagne on ice."

Richtung Offenbach und kapierte es immer mehr: Erhard hatte die Versicherungszahlung vergammelt und mir später „helfend" das Haus angesteckt.

„Welcome ... such a lovely place ... Champagne of ... Scheiße!"

Merke: Einem nackten Mann kannste kein Hemd mehr vom Arsch ziehen. Mich an ihm rächen? Nein. Das arme Schwein war schon dabei, sich selbst zu richten.

Ich flog gen Himmel. Direkt in die Flammen der Sonne. Oh Ikarus, meine ersten Federn lösen sich, immer mehr. „Such a lovely place ... you can find it here ..." Fuck you all!

Ich parkte meinen Dampfer in einem Feldweg hinter Alt-Sachsenhausen, lehnte mich erschöpft zurück und stürzte, oh Glück, sofort in die süßesten Träume. Als es nachts anfing zu regnen, wurde ich wach, schloss überrascht, nass wie ein Biber, das Dach und fuhr heim.

Meine finanziellen Reserven gingen für sämtliche offenen Rechnungen und Gerichtsvollzieherforderungen drauf. Ich bekam keinen Pfennig von irgendeiner Versicherung und bot sofort das übrig gebliebene Abrissgrundstück billig zum Verkauf an. Es ging auch sofort weg, aber deckte nicht mal, aufgrund der Vorfälligkeitszahlungen an die Bank, die darauf gezogenen Kredite. Ich verkaufte wieder etliche Antiquitäten, um zu überleben. Im nächsten Monat kam dann die lang erwartete Bankeinladung. Man stundete mir nichts mehr und zwang mich mein letztes Mietshaus zu verkaufen. Alles, was mir nach Abzug aller Schulden blieb, waren lächerliche 19.000 Mark. Als ich Zeus später im Jazzhaus traf und ihm alles erzählte, meinte er nachdenklich:

„Grausam, gruselig, du bist aber gesund, hast keine Schulden und kriegst immer noch'n Ständer. Also hoch den Kopf und stell wieder was auf die Beine. Sei aber clever, melde dich erst mal arbeitslos. Weil'de die Sperre kriegst, warst ja lange kein Arbeitnehmer. Flieg auf zwei, drei Wochen auf Billigurlaub nach Südspanien: Sonne, Meer und Palmen und jede Menge Weiber-Frischfleisch. Da kommste wieder voll auf die Beine und ins seelische Gleichgewicht. Mach dich bloß nicht mehr verrückt. Das Leben ist doch so beschissen kurz."

Er hatte recht, ich träumte von nichts anderem. Aber diesmal musste es Marbella sein. Tat etwas ganz Verrücktes, rief Eva an, die noch drei Wochen Resturlaub hatte und ihn eine Woche später nehmen durfte. Sie kam über Nacht mit der preiswerten Mitfahrzentrale nach Frankfurt. Morgens um sechs umarmten wir uns und wollten uns nie mehr loslassen. Ich verstaute ihre Reisetasche neben der meinen, tankte meinen SL voll, und dann fuhren wir auf die Basel-Autobahn Richtung Spanien. Viva España!

Eva hing weit zurückgelehnt glücklich in ihrem Sitz, und als ich Bob Dylan einschob, „The answer my friend ... blowing in the wind ...", rückte ein liebes Lächeln in ihr Gesicht, und sie küsste mich von der Seite. Ich streichelte ihr die kalten Hände. Unser Fahrtziel war der kleine putzig-schmuddelige Hafen der spanischen Costa Brava-Stadt „L'Escala" mit seinen Billighotels und preiswerten Restaurants am großen Sandstrand. Die deutsche Autobahn, Rheinüberquerung, Frankreich, Epinal ... schwierige kurvenreiche Route Nationale. Dann die Autobahn Paris-Marseille.

Nachmittags, fast drei Stunden hinter Lyon, stoppten wir endlich und ich schlief erschöpft ein. Das gab mir dann anschließend genug Kraft, um weiter bis in die Camargue zu fahren. Eva tankte während der Tour immer wieder Schlaf. Kurz vor Avignon seufzte sie:

„Sorbas, schade, dass wir uns damals nicht gefunden haben. Ich meine nicht, dass es deine Schuld war, nein, gewiss nicht. Ich war damals so jung und dumm und er konnte mir mehr ‚Große Welt' bieten, ja, mehr als du. Ein kleiner Sportwagen und ein bisschen mehr Taschengeld in der Geldbörse, und schon glaubte ich an den gelungenen Start ins ‚High Life'. Dann hatte ich ruckzuck zwei kleine Kinder. Eine Zeit lang ging scheinbar alles gut, aber er trank, um in Schwung zu kommen, er trank, um weiter zu machen und er trank auf seine Erfolge. Er war ein beneideter, tollkühner Macher und Gewinnertyp. Aber, im Grund genommen war er immer nur ein Held mit der Flasche in der Hand. Am Ende verlor er dann auch noch das schöne Erbe. Er lebt jetzt von der Sozialfürsorge."

„Alkoholiker bin ich auch, nur nicht am Tage. Aber jeden Abend ab acht Uhr, da knall ich mir dann ein paar rein und freue mich ein bisschen am Leben. Ich zwinge mich, jeden Tag durchzuhalten. Am Tage erdrückt mich alles, alles um mich herum, meine eigene Ohnmacht. Aber du, du gibst mir auch am Tage eine große Kraft. Ich habe dich immer geliebt. Da kam kein anderes Mädchen ran, all die Jahre. Jede, die mit mir schlief, warst im Endeffekt du! Jede! Wenn ich sie dann im

Dunkeln überall berührte, stellte ich mir vor, du wärst neben mir. Oh Gott, es ist so schön, dass du wieder bei mir bist.“

Als ich sie kurz ansah, weil sie schwieg, sah ich Tränen in ihren Augen.

„Sorbas, müssen wir nicht da rechts abbiegen?“, holte sie mich in die Welt zurück.

Bei Avignon planten wir die Landstraße zu nehmen, hinein in die Camargue mit dem Tagesziel „Saintes-Maries-de-la-Mer“. Kamen spät im Dunkeln an und übernachteten in einem der typischen Touristenabsteigen. Ein neues, schäbig nachempfundenes Camargue-Strohdachbauernhaus mit drei dekorativen weißen Vorzeigepferdchen. Wir nahmen ein Zimmer. Gepeinigt von stechenden Moskitos auf der Terrasse, im Badezimmer, Flur und Zimmer – überall. Wir verfolgten sie mit unseren Schuhen schlagend und jagend, bis endlich nichts mehr summte. Dann schliefen wir erschöpft halb ausgezogen ein.

Am nächsten Vormittag war Markttag. Hinter dem Rathaus parkten wir ein und bummelten über den großen Platz, der von drei Angeboten beherrscht wurde: Billigkleidung, Antiquitäten und verführerischen Fresssachen, von Carmarguehonig bis zu deftigen Wurstwaren, frisch geschlachteten Rebhühnern bis zu lecker duftenden Feldhasen am Gasgrill schmorend. Gegenüber zog sich ein neues, lärmendes Band von Restaurants, Kneipen und Cafés mit Außentischen lang. „Jetzt geht die gute alte zünftige Carmargue den Bach runter“, dachte ich mir kopfschüttelnd. Wir bestellten uns im Café de l'Univers zwei Café Noir und dazu ofenwarme Croissants mit Butter. Der Himmel war wolkenlos, der Tag warm mit viel Sonne. Wir küssten uns und waren irre gut drauf. Zur Mittagszeit machte ich den Vorschlag, zum vorher entdeckten Hasengrill zurückzugehen. Und erwischten zum Glück noch den vorletzten: Gespickt mit Speck und Knoblauch, eingerieben mit Kräutern der Provence.

„Den schaffen wir nicht mal in zwei Tagen“, seufzte Eva.

Ich grinste wissend, denn mir lief bereits vor Gier das Wasser im Mund zusammen. An einem anderen Stand kauften wir noch ein paar Flaschen Listel Roséwein, stiegen in den Wagen und fuhren los, weiter gen Südwesten. Hinter Aigues Mortes hielten wir dann an einem Feldweg neben einem Flamingosee. Legten eine Decke ins Gras, öffneten eine Flasche Listel und packten unser Campinggeschirr aus. Eine leichte Brise wehte vom Mittelmeer zu unserem Binnenmeer herüber. Ich riss den verlockend duftenden, noch warmen Hasen in größere Stücke und dann machten wir uns über ihn her, bis zum letzten Stück, wie die Kannibalen. Spülten jeden Bissen mit dem köstlichen Wein hinunter und fielen schließlich völlig erschöpft auf die ausgebreitete Decke. Hoch oben am Himmel tuckerte ein altes Doppeldecker-Kleinflugzeug Richtung Spanische Küste. Sonne, liebe Sonne und ich, der Ikarus, passte auf, dass ich ihr nicht zu nahekam. Durch einen Kuss von Eva wurde ich wach.

„Na, du warst sofort eingeschlafen. Die anstrengende Fahrt und den ganzen Hasen aufgefressen. Kein Wunder, dass du schlappmachst!" lachte sie. Eva hatte schon alles gereinigt und aufgeräumt. Wir lagen im hohen Gras und so sagte ich:

„Schlappgemacht? Oh nein mein Schatz, jetzt kommt der zweite Hase dran."

Zog sie zu mir auf die Decke. Sie ließ sich fröhlich lachend nehmen und wir erfuhren ein wunderschönes Liebesglück im hohen Provencegras. Die Vorsehung hatte uns wieder vereint.

Wir zigeunerten weiter Richtung Süden über die Pyrenäen hinüber bis L'Escala. Jede Nacht schliefen wir in irgendeinem Hotel am Wegesrand und campierten an einsamen Binnenseen, Mittelmeerstränden und Waldrändern. Verdrängten, dass die schöne Zeit so furchtbar kurz war. In der letzten Woche wohnten wir in einer kleinen Stadtherberge in L'Escala, direkt in der Fischerbucht neben den Anchovishäusern. Am Abend vor der zweitägigen Autobahnrückfahrt erzählte ich ihr von meinem Plan, nach Südspanien zu ziehen.

„Wenn ich mir eine einfache Existenz aufgebaut habe, hole ich dich nach, mein liebster Schatz. Wir gehören zusammen, das habe ich immer gewusst und jetzt mache ich es für uns wahr."

Sie küsste mich, sah mir zärtlich in die Augen und sagte:

„Mein geliebter Sorbas, ewiger Träumer. Du hast in Frankfurt schon bewiesen, dass du erfolgreich sein kannst. Ich bin bereit!"

Auf dieser Fahrt verbrauchte ich über ein Drittel meiner gesamten Barschaft und bereute es nie.

Als ich zu Hause ankam, erwartete mich ein harter Schocker. Eine Nachbarin meiner Eltern bat um Rückruf. Vater wäre „sehr krank". Mit Vorahnungen rief ich sie an und erfuhr, dass er vor fast einem Monat durch einen Schlaganfall gestorben war und meine Mutter im

Krankenhaus lag, brutaler Hörsturz. Weil ich unerreichbar war, hatte man ihn schon beerdigt.

Sofort setzte ich mich wieder ins Auto und fuhr mit hastig zusammengeworfener Wäschetasche nach Bremen. Meiner Mutter ging es wieder so gut, dass ich sie am nächsten Tag aus dem Krankenhaus abholen konnte. Und dann war ich drei Wochen dort, hielt meine Mutter seelisch über Wasser und räumte auf: Behördengänge, Bekleidungsbeseitigung, Sichtung der wichtigsten Unterlagen. Meine Mutter war durch die Soldatenpension finanziell abgesichert und die helfende Nachbarin, eine gute Freundin meiner Mutter, bewies mir, dass ich dann wieder beruhigter heimfahren konnte. Waren verdammt harte Tage für mich, die ich nur mit viel Alkohol packte.

Drei Monate später riss ich mir meine Nummer beim Arbeitsamt ab, wie zwei schäbig gekleidete Leute vor mir. Altes Ehepaar, wohl über 50. Ich konnte gar nicht richtig gucken, wegen der riesigen, mit Seitenabdeckung versehenen, über die Brillengläser gestülpten Sonnenbrille. Ich hoffte, nur keinen Bekannten zu treffen. Auf einem der beiden abgeschabten Holzstühle vor dem Beamtenzimmer saß ein bärtiger Muslimtyp. Der war wohl vom langen Warten eingeschlafen. Seine Augen waren geschlossen und er schnarchte laut. Irgendwie kam er mir dann auf einmal bekannt vor. Mich traf fast der Schlag, als ich Affrendi erkannte. Der Affe! Gott, da mussten wir uns gerade hier wiedertreffen. Merde ... Zimmer 220 mit dem Schild „Anmeldung". 4710 war meine Nummer. Zum Glück nicht 4711, da hätte ich doch bei dieser Scheiße einen Schreikrampf gekriegt. Vor dem Affen, auf dem Boden, lag seine Reihennummer 4688. Er hatte bereits seinen Eintritt verpennt. Ich war zu feige, ihn zu wecken. Ich schämte mich. So hob ich lautlos die Papiernummer auf und steckte sie ihm vorsichtig in seine offene Hemdbrusttasche.

„Denkst du, ich bin ein Hund. Wir sind doch alle gleich auf dieses Erde!", hatte er zu mir gesagt, damals. Wie die Masse der Mieter, so hatte auch er niemals kapiert, dass ich mich immer bemühte, fair zu sein. Fair, total fair! In der Regel rotzten sie mich bei jeder Lappalie einfach gleich an, einfach so, direkt ins Gesicht. Ohne mir eine kleine Chance für ein klärendes Gespräch zu geben. Angriff als beste Verteidigung? Nein, weil sie meinen Status des „reichen Hausbesitzers" bereits klein gemacht hatten: Sie ahnten, dass sie in ihrem Leben niemals so viel Geld verdienen würden, um ein solch großes Mietshaus zu besitzen.

Ich gehörte für sie bereits zu „denen da oben", den Reichen, die immer recht hatten, sich alles leisten können und sie aufgrund ihres Geldes fertigmachen können. Wenn die Situation erst eskaliert war, war es hart für mich, noch fair das Gesicht zu wahren. Denn der einfachste kleine Fehler würde mir im Folgenden als Schwäche ausgelegt werden. So schlug ich oft zur Verteidigung mit doppelter Wucht zurück:

„Penner, Sozialamtsbetrüger und Asylerschleicher rieche ich zehn Meilen gegen den Wind. Sie gehören, glaube ich, dazu. ‚Wir' Hausbesitzer haben hier in Frankfurt seit Jahrzehnten gute Beziehungen zu den Behörden. Da hat ein kleiner ausländischer Schimmelpilzbetrüger wie sie keine Chance, Geld abzustauben. Kündigen sie und ziehen sie zum nächsten Monat aus. Dann haben sie keinen Ärger. Oder wollen sie etwa zurück in ihr wunderschönes Marokko? Hier unterschreiben und die Sache hat sich erledigt."

Jeder zweite Fremde akzeptierte diese Einschüchterung, weil er nicht um unseren Rechtsstaat wusste. Erst die schon erfahrenere, zweite Generation der Gastarbeiter war dann klug genug, ihre Rechte zu kennen und durchzusetzen. Sie ließen sich nicht mehr durch einen billigen Spruch abfertigen. Sondern benutzten gemeinsam gesammelte Erfahrungen austauschend auf der Basis der gesetzlichen Mieterrechte diese als Hebel, um uns Hausbesitzer mit gemeinen Tricks zu martern ... Was las ich gestern in der Zeitung? In RheinMain haben es neuerdings Mieter mit muslimischen Namen schwer, eine Wohnung zu finden. Viele junge Migranten haben das gute Mieterimage ihrer Väter immer häufiger durch „cleveres Vermieterabzocken" angekratzt. Durch ihr Verhalten machen sie es nun ihren eigenen Leuten schwer, akzeptiert zu werden. Ebenso deutsche sozial schwache Bewerber. Hausbesitzer haben neuerdings immer mehr Angst vor smarten Mietertricksern, das war leider auch meine Erfahrung. Diese Angst weiter ins finanzielle Chaos geschoben zu werden, trieb mich an, bei säumigen Mietern sogar heimlich die Briefabsender zu kontrollieren. Anhäufungen von Inkassofirmenbriefen und typische Mahnschreiben der Energieversorger, die ihre Zahlungsrückstände bewiesen, gaben mir schnell die Sicherheit, um ihre schwachen Zahlungsversprechen zu entlarven und um ihren „Garaus" vorbereiten zu können. Ich versuchte zu agieren, aber kämpfte bereits eine verlorene Schlacht. Aber das Erfolgmenschleben als deutscher Hausbesitzer war ja nun für mich gelaufen ...

Ich lebte noch eine ganze Weile von der Stütze und erzählte es schamvoll kaum jemand. Dann erfuhr ich von dem Antiquitätenhändler Neumann, dass er eine gemeine Unterleibsoperation vor sich hatte, das bedeutete Krankenhausaufenthalt und Rehabilitationskur. Sein Antikladen würde voraussichtlich für mindestens fünf Monate geschlossen bleiben müssen. Mit Panik in der Stimme klagte er mir – als ich bei ihm zufällig auf ein Schwätzchen reinschaute –, dass das lange Schließen seinen geschäftlichen Untergang besiegeln würde. Ich beruhigte ihn und schlug ihm vor, dass ich bereit wäre, den Job eines Verkäufers mit 500 Mark Grundgehalt plus Verkaufsprovision für ihn zu übernehmen. Weil wir uns schon so lange kannten und uns vertrauten, bekam ich den Job im Herbst 1985 und das „half dem Vater erst mal wieder aufs Fahrrad". Aufgrund des Weihnachtsgeschäfts konnte ich mir eine kleine Reserve schaffen und war dennoch trotz zusätzlicher Stütze im Februar des nächsten Jahres schon wieder klamm, weil ich über Weihnachten Eva in Bremen besuchte. Das mir inzwischen fremd gewordene Bremen mit seinen lang entbehrten preiswerten Genüssen, Knipp, Labskaus und Grünkohl mit Pinkel, machte mir Spaß, und die Tage und Nächte mit meiner geliebten Braut bauten mich wieder richtig auf.

„Ende des Jahres mach ich mich auf in den ewigen Sommer, Marbella, ganz weit unten, gegenüber von Afrika. Da baue ich mir für uns was auf mein Schatz. Du wirst sehen."

Sie nahm mich in ihre Arme und drückte mich ganz fest an sich.

„Sorbas ich liebe dich", flüsterte sie und ich küsste ihre Augen.

Es schockte mich eigentlich kaum, als ich die Überschrift in der Frankfurter las: „Frankfurter Immobilienkaufmann hinter Gittern!" Ich hatte auch gleich eine Idee, wer gemeint sein könnte und las weiter, dass Emil Sawitzki wegen Steuerhinterziehung eine volle Woche vernommen wurde, weil er in Spanien für „deutsche Schwarzgeldbesitzer" im großen Stil am Finanzamt vorbei Einkommen versteckt hatte. Ein von der Steuerfahndung schon länger überwachter Münchener Arzt wurde dabei erwischt, wie er von Sawitzkis Rhein S.A. mit Schwarzgeld Immobilien erwarb. Er und der mitschuldige Ibiza-Inselmakler Schröder hatten bereits gestanden.

Ich rief Sawitzkis Büro an und seine Sekretärin informierte mich, Emil sei zurzeit in Andorra und Spanien, um seinen guten Namen wieder zu bereinigen.

„Er ruft sie erst im nächsten Monat zurück. Zurzeit, viel Ärger ... Sie haben es ja wohl in der Presse gelesen."

Schade. Ich kapierte das nicht ganz. Emil deutete mir nie etwas davon an. In seinem Alter, größerer Steuerbetrug? Mit der Chance, bei den großen Beträgen vielleicht zwei, drei Jahre hinter Gitter zu kommen? Für so blöd hielt ich ihn wirklich nicht.

Ja, das Sozialamt. Ich hatte echt sehr, sehr lange durchgehalten und bettelte erst, als wirklich nichts mehr ging. Die letzten drei Tage, bevor ich endlich hinschlich, fraß ich, wie in den gemeinsten Losertagen, nur noch Ölsardinen und Brot. Zuerst angelte ich vorsichtig mit einer kleinen Kuchengabel Fischleib für Fischleib aus der Dose und passte höllisch auf, dass aber auch kein Tropfen ÖL daneben kleckste. Presste die Stücke vorsichtig auf mein butterloses Brot. Bisschen Salz drauf. Gott, wie gut das schmeckte. Danach brach ich genießerisch kleine Brotbrocken vom Leib und tunkte sie in das verbliebene Öl der Dose. Dazu trank ich Pulverkaffee mit viel Zucker. Das bisschen Essbare, das jetzt noch in der Wohnung war, etwas Mehl, Zucker, Salz und zwei, drei Löffel Kaffee schwand. Scheiße, ich war echt am Ende. Bis zuletzt hoffte ich, meiner „Bestimmung" zu entgehen, dem Canossagang zum Amt.

Ich guckte an diesem Morgen in den Spiegel: Ich sah eine gemeine, abgehärmte ältere Loserfratze. Mein Einwochenbart musste runter. Mit kaltem Wasser. Kein Strom. Vorsichtig nässte ich mein Gesicht, rieb es mit meinem Stück Kernseife solange ein, bis es etwas aufschäumte, und setzte dann vorsichtig die Klinge an. Nur zweimal schnitt ich mich ein bisschen am Nasenflügel und am Kinn und dann war es geschafft: glatt wie ein Babypo. Ich nässte ein kleines Handtuch und wusch mich mit dem eiskalten Lappen am ganzen Körper. Zog frische Wäsche an, ein sauberes blaues Hemd, Jeans und blauen Blazer. Dazu schwarze Socken und Schuhe. Die rieb ich mit der Unterhose vom Vortag blank.

Am Nachmittag also zum Amt. Kein Strom in der Bude, das musste ich vorher noch meistern. Ich holte mir einen Schraubenzieher und öffnete den Sicherungskasten. Der sah leider ganz normal aus, nichts verschmort oder locker. Eigenartig waren nur die überlangen vier Verbindungskabel zu den Sicherungen, die obendrein auch noch etwas aufgerollt waren. Ich begriff nicht den Sinn. Sah aber dann den zerkratzten Spalt links an der Kastenrückwand. Eigenartig. Vorsichtig, um keinen gewischt zu kriegen, steckte ich den Schraubenzieher hinein und da sprang der billige Blechkasten wie eine kleine Tür aus der Wand. Sesam öffne dich? Dahinter war ein eingemauerter, billiger Blechsafe. Unglaublich. Der war abgeschlossen und ich guckte zum Fenster, weil ich keine Zeugen wünschte. So schloss ich hastig die Vorhänge und prüfte, ob meine Wohnungstür abgeschlossen war. Natürlich war sie dicht. Zuerst mithilfe eines großen Schraubenziehers, mit vielen kräftigen Hammerschlägen und zuletzt mit einem Beil, brach ich dann die Klappe auf. In dem Blechkasten lagen, ordentlich gebündelt, 18.000 Mark. Meine Hände zitterten, als ich sie barg und zweimal mit pochendem Herz durchzählte. Im Safe war nur Geld. Keine Papiere oder Dokumente, die bewiesen, welcher der Vormieter es dort verbarg. Bestimmt waren es die Ersparnisse der verstorbenen Rosso gewesen, oder? Ihr Lohn von einigen Hundert verarschten Schickeriaweibern einschließlich meiner blöden Kuh? Jetzt jedenfalls gehörten sie mir: auch als „Wiedergutmachung" der durch ihren Sohn total zerstörten Wohnung.

Sorgfältig versteckte ich meinen Schatz wieder im aufgebrochenen, aber nicht sichtbaren cleveren Versteck und machte mich auf den Weg in die Innenstadt. Als ich am Stromzählerkasten im Erdgeschoss vorbeiging, kam mir die Idee, meine Sicherung zu überprüfen und sah sofort die schwarze Sperrplombe vom Elektrizitätswerk. Schietekuchen, nur knapp mit zwei Rechnungen im Minus und schon abgehängt. Aber sie hatten mich zu dem Sicherungskasten und seinem verborgenen Schatz geführt. Ich knallte kopfschüttelnd die Blechtür zu und trat auf die Straße. Was für ein Frühlingstraumtag. Die Sonne knallte und ich schleppte mich das letzte Mal zum Loseramt. Schließlich zahlten die noch bisschen Stütze. Ich rächte mich die nächsten Wochen so richtig gemein an Herta. Erklärte ihr hämisch, dass ich ab sofort die Miete prelle, mit allen von zig Mietergaunern gelernten Tricks. Erst zum Jahresende könne sie mich, allenfalls mit viel Glück, loswerden. Ihr bliebe nur dieser Weg. Für den ersten Mieteschuldmonat im April kam die erste Mahnung. In der zweiten Mahnung Ankündigung der eventuellen Kündigung zum Dritten des nächsten Monats. Dann fristlose Kündigung zum 20. Mai. Ha, ha ... Da half mir ein Wochenende mit weiterer Verzögerung. Dann, weil ich nicht reagierte: Einreichung der Räumungsklage bei Gericht. Im Juni Bescheid des Gerichts mit Anfrage. Zum Anfang Juni mein „reger Schriftverkehr“ mit vielen Argumenten und Widerufsideen, dann Gerichtsferien bis August und Verhandlung Mitte September. Einholung von ärztlichem Attest: Diagnose Depressionen. Ich verlor bewusst den Prozess, logo, weil ich ja nicht bezahlte. „Weinte“ theatralisch vor Gericht und bat den Richter um einen späten Auszugstermin Ende Oktober: Aus gesundheitlichen Gründen. Wurde stattgegeben. Dann kein Auszug von mir am 31. Oktober. Herta reichte den Titel bei der zuständigen Gerichtsvollzieherverteilungsstelle ein und bekam Mitte November die Nachricht, dass der Gerichtsvollzieher Anfang Dezember räumt. Zähneknirschend zahlte sie die 3.000 Mark Vorschuss. Am Räumungstag verweigerte ich rechtskundig – jawohl doch! –, hinter meiner Wohnungstür Eintritt und Räumung. Ging zum städtischen Amt, wo ich meinen finanziellen Bankrott schriftlich erklärte. Herta kriegte von der Stadt Mitte Dezember die Nachricht, dass diese die Mietkosten für mich übernähme. Die Stadt zahlte und ich blieb weiterhin in der Wohnung. Herta fuhr zum Anwalt, der die Stadt mit einer Klage bedrohte und sie aufforderte, grünes Licht für die endgültige Räumung zu geben.

Ich lachte mich inzwischen fast tot. All dieses hatten die Betrügermieter ja früher mit mir gemacht. Ich traf „meine Vermieterin“ mehrmals in „ihrem Anwesen“ und nannte sie ohne Zeugen „blöde Diebeskuh“, mit Zeugen: „gierige Hausbesitzerperson, die sich an armen Leuten reich macht“. Dann passierte gar nichts bis Ende Dezember, weil unser christlich-ehrbares Offenbach „arme Mieter in der Not“ nicht zu Festtagen auf die Straße wirft. So lief es dann weiter ab: In der Neujahrsnacht trank ich extra echten teuren französischen Champagner und sprengte vergnügt mit zwei Schweizer Krachern Hertas Hausverwaltungsbriefkasten im Flur! Natürlich kam noch im Januar 1987 die Räumungsankündigung vom Gerichtsvollzieher: Drei Tage vor dem Auszug brachte ich die paar mir gebliebenen, noch nicht verkauften Wertsachen und Antiquitäten bei Gerd unter, bei dem ich mich auch anmeldete, und packte zwei Koffer mit dem Wichtigsten in meinen Wagen.

Gleichzeitig erfuhr ich telefonisch vom Tod meiner Mutter. Geschockt fuhr ich sofort hoch und erledigte alles: Beerdigung, Behördenkram und Entrümpelung. Das kostete mich fast 1.000 Mark, weil kein Pfennig mehr auf ihrem Konto war. Nach 10 Tagen war alles erledigt.

Zurück, zerlegte ich meine Wohnung samt Resteinrichtung mit einem Beil in Einzelteile: schlug Löcher in die Rigipswände, spaltete Türen, Zargen, Fensterfragmente, zerschlug die Einrichtung und Fenster. Atomisierte Bad- und Kücheneinrichtung, spritzte dunkles Motoröl an Decken, Teppichböden und Wände, riss alle Elektroleitungen heraus, zerbeulte die Gasheizung, stieg in mein Auto und fuhr einfach los nach Spanien. Mit dem Wissen, dass kein Gesetz oder die Behörden mich für den Schaden am Haus meiner „Vermieterin" haftbar machen würden. Deutsche Mietbetrüger und Vermieterschädiger werden geschont.

9

Um den Hals trug ich meinen Brustbeutel mit dem Geld, extra noch am Körper mit Hansaplast gesichert. Wegen der Sommerreifen gings zuerst Richtung französischen Atlantik und dort, immer an der wärmeren Küste lang, über die Grenze. Kein Wintereinbruch mit Schnee, Glückspilz.

„Driving to Hotel California ... such a lovely place ... „

Ich übernachtete hinter meinem Steuerrad auf einem Parkplatz in Zaragoza. In einer Gaststätte an der Autobahnausfahrt Richtung Valencia praktizierte ich auf dem Klo meine Katzenwäsche und frühstückte ausgiebig. Es war sehr kalt im Landesinneren und ich hatte nur eine Idee, soweit wie möglich in den wärmeren Süden zu kommen. Vorbei an Valencia am späten Nachmittag. In Alicante kam ich kurz vor Mitternacht an und hielt extra an einem besseren Hotel in der Hoffnung auf einen Platz in der abgeschlossenen Garage. Schließlich war der kleine Wagen bis zum Platzen mit meinen Koffern, Decken und Kleidung vollgestopft und dadurch eine lohnende Einladung für Diebe. Der Rückspiegel war total mit Taschen und Klamotten zugepackt. Ebenso der Nebensitz, der mir nur einen kleinen, beschränkten Blick nach rechts erlaubte. Ich hatte Glück und bekam ein Einzelzimmer mit Garagenparking. Müde Nebensaison. Bueno!

Am Morgen ließ ich mir sehr viel Zeit: Der Viertagebart verschwand, ich wusch mir etwas Unterwäsche, und dann fuhr ich weiter, nun immer direkt an der Küste lang, auf Autobahnteilstücken und Landstraßen. Nachmittags hielt ich zum Tanken und Essen am Hafen von Vera. Gegenüber vom Fischerbootanleger, unter Palmen, wurden vor einer kleinen Hafenkneipe Sardinas gegrillt und so setzte mich gut gelaunt mitten in die Gruppe der lärmenden Seeleute. Bestellte eine Portion Sardinas mit Patatas und eine Flasche San Miguel-Bier. Das zünftige Essen, die fröhlichen heimgekehrten Fischer und die zünftige Aussicht auf ihre sanft schaukelnden Boote lösten alle restlichen depressiven Gedanken meines Gehirnkastens in nichts auf. Seit Langem zum ersten Mal wieder keine Sorgen, kein Handlungsdruck und das viele Bargeld am Körper. Mann, war ich gut drauf!

Malaga war mir zu groß. Ich hoffte, in der Nähe von Marbella, nahe zum Meer, etwas Günstiges mieten zu können. Es wurde schon Abend. So hielt ich vor Fuengirola an, direkt an der Landstraße, an einem etwas heruntergekommen wirkenden Zwei-Sterne-Hostal mit Parkplatz auf einem abgeschlossenen Hof. Meinen wichtigsten Koffer mit den Papieren und Kleidung nahm ich mit auf mein Zimmer, aber nach dem Frühstück stellte ich am Morgen fest, dass jemand das Fahrerfenster zerschlagen hatte. Fast ein Drittel meiner bescheidenen Habe im Wageninneren war geklaut worden. Zum Glück war der Kofferraum abgeschlossen. Geklaut wurde aber viel Kleidung, meine neue, teure, weiße Lederjacke, ein Minikoffer mit Geschirr und einem Gaskocher, ein Fernglas, ein tragbarer Schwarz-Weiß-Fernseher und zwei Wolldecken. Pech gehabt. Große Sorgen machte mir die Fensterscheibe. Nun war der Wagen nicht mehr abschließbar.

Aufgrund des sagenhaft warmen Wetters gings trotzdem. Ich fuhr weiter nach Westen und mietete mich dann nach zäher Preisverhandlung mit dem englischen Vermieter kurz vor Marbella für einige Monate in ein preiswertes Apartmenthotel mit Tiefgarage ein. Schleppte meine Sachen hoch in das Einzimmerappartement im zweiten Stock und legte mich erschöpft aufs Bett. Das war erst mal geschafft. Natürlich rief ich sofort meinen Schatz Eva an. Überglücklich erzählte ich ihr von meinen Plänen.

„Ich plane hier bei Marbella in den Bergen eine kleine, heruntergekommene Finca zu kaufen. Möglichst mit großem Grundstück. Hab mich für längere Zeit eingemietet und werde planmäßig Tag für Tag interessanten Immobilienangeboten nachgehen."

„Sorbas, ich habe gehört, dass gerade in dieser Schickeriagegend von Marbella und Puerto Banus die Preise schwindelerregend angezogen haben. Verlieb dich nicht zu sehr in deine Finkaträume, eine gescheite, preisgünstige Wohnung tuts auch. Verlieb dich lieber in mich."

„Sorbas." Sie hielt mich also immer noch für 'ne Flasche. Na ja, nette Flasche. Ich erzählte ihr alle Erlebnisse der Fahrt und wir schmiedeten trotz ihrer Bedenken die herrlichsten Zukunftspläne.

„Du wirst sehen Liebste, ich finde eine Finca und in die Stallungen kommen Ferienappartements. In zwei Jahren kann ich dann von dem Einkommen leben. Und dann versuchst du mit einer cleveren ‚Vorruhestandsidee' ein paar Jahre später nachzukommen."

Sie hörte mir begeistert zu und verschlang fasziniert jedes Wort.

„Sorbas, wir werden unseren gemeinsamen Traum leben, Geliebter … tausend Küsse!"

Sorbas, dieser Losername. Weil sie ihn mit so viel Zärtlichkeit hauchte, sagte ich nur, „natürlich, Schatz."

Zwei Monate brauchte ich, um es endgültig zu kapieren: Eine „verlassene kleine Finca mit ein bisschen Land gab es nicht für meinen dünnen Geldbeutel. Anzahlen und Finanzieren war mir kaum möglich, weil ich ja keinerlei Einkommen nachweisen konnte. Also klapperte ich weiterhin per Automobil die Makler der Gegend ab und suchte nun eine später ausbaufähige Ruine.

Noch ein voller Monat und ich kriegte einen Telefonanruf vom Engländermakler:

„Mister Baron? It's you? Yes. Here ist Broker Rice, you remember me? Okay. Ich habe etwas für sie. Nicht hier bei Marbella, aber gar nicht so weit entfernt in Benalmadena. Das ist ein kleines Dorf kurz vor Torremolinos. Wir könnten uns dort morgen Mittag auf der großen Plaza im Café Margarita treffen. Kostet nur umgerechnet 10.000 Germanmarks. Mit Meeresblick, aber sehr einsam. Wäre das was für Sie?"

„Meeresblick?" Bingo. „Ich bin interessiert und komme. Benalma...?

„…dena. Benalmadena, Sir. Aber nicht der Beachort, sondern darüber auf dem Berg. You got it? Fine."

Ich war richtig heiß, obwohl ich schon vorher wusste, dass das Objekt aufgrund des Niedrigpreises lausig sein musste. Vor Aufregung konnte ich kaum schlafen und stand schon im Morgengrauen auf. Typisch, hat man mal was Wichtiges vor, dann regnet es. Draußen kamen vom Meer pechschwarze Gewitterwolken angerauscht und dann zog ein Sturm heran, der sogar zeitweilig Hagel warf. Trotzdem störte mich das Unwetter nicht, denn in meiner Fantasie sah ich mich schon vor einer geilen, zum Landsitz ausgebauten Finca auf der Terrasse thronen, im Schaukelstuhl mit 'nem gut gefüllten Rotweinglas in der Hand. „Mucho Gusto!"

Die Straßen waren noch leer. Ein paar Kleintransporter und ein einsamer Neckermann-Reisebus. Ich war natürlich eine halbe Stunde früher da und nutzte die Zeit für einen Spaziergang. Benamaldena lag wie beschrieben auf dem Berghang weit vom Meer entfernt. Die Häusergruppe unten am Strand hieß Playa Benalmadena.

Ich traf Rice schon beim Einparken vor dem Café und er lud mich in seinen Wagen ein.

„Come with me. Das Grundstück mit dem Gebäude liegt hoch oben vor dem Dorf Alhaurin de la Torre. Etwas schwierig zu finden. Sehen sie da oben die Felswand? Die rötliche?"

Ich nickte. Merde, das war mindestens zwei bis drei Kilometer entfernt.

„Direkt darunter ist die Immobilie. Prima Orientierungspunkt, nicht wahr?"

Ich nickte wieder und nahm mir vor, cool zu bleiben und mich nicht schocken zu lassen.

Dann fuhr er wie ein Rallyefahrer linke Kurve, rechte Kurve, geradeaus. Die Asphaltstraße wurde zum ungepflasterten Camino und rohe, festgebackene Feldsteine brachten die Reifen zum Prasseln. Nach zehn Minuten waren wir da.

„Gloria Victoria ... your little future paradise!", rief Rice, trat in die Bremse und deutete den braungrauen felsigen Hang hinauf.

Unsere Staubwolke überholte uns gleichzeitig, und als sie sich langsam auflöste, sah ich in einer fast 200 Meter tiefen Einkerbung den Hang hoch einen kleinen zweiräumigen Ziegenstall stehen. Eine vergammelte aufgebrochene Holztür hing nur noch schief an einer Angel, und zwei winzige Fensterlöcher, ohne Glas, aber mit über Kreuz eingemauerten Ästen gesichert, lugten aus den lila angepinselten, blätternden Wänden. Wir stiegen aus und keuchten auf einem Trampelpfad zum Gebäude hoch.

Rice ging sofort zur schief hängenden Tür, riss sie weit auf und schimpfte:

„Seit Jahren hausen hier Hippies, weil das Gebäude unbewohnt ist. Ich verstehe aber nicht, dass diese Pigs mitten in die Räume hineinscheißen müssen."

Es stank fürchterlich nach Urin und Kot. Der lag mitten im einzigen Raum, in dem tatsächlich ein zünftiger antiker Kamin dominierte.

„Wie viel Quadratmeter hat das Grundstück?", fragte ich ihn und ging hinaus, weil ich den bestialischen Mief nicht mehr aushielt und ein lautes Geknatter vernahm.

„2.000 und hat seinen eigenen Brunnen", sagte Rice, der mir verunsichert folgte und in den Himmel guckte. Ich folgte seinem Blick und sah ein langsam landendes kleines Doppeldeckerflugzeug hinter dem Berg verschwinden.

„Ist dahinter ein Flughafen?"

„Das war eine alte Cessna. Ja, ein winziger Sportflughafen. Macht aber kaum Lärm. Da landen am Tag weniger als zehn Maschinen. Winziger Privat-Airport mit meist Oldtimern."

Ich beschloss, am nächsten Tag noch mal allein herzukommen, um die Gegend und ihre eventuellen Tücken zu erkunden.

„Der Malaga-Flughafen liegt viel weiter, über zwanzig Kilometer südöstlich und stört hier nicht. Da oben kommt erst mal ein Dorf, Alhaurin de la Torre. Erst nördlich davon fängt die Piste vom Aeroporte Torre an. Wenn sie sich ein Flugzeug zulegen, können sie von Germany direkt hierher fliegen und fast vor ihrem Haus landen", meinte Rice witzig und lachte.

„Wenn ich das hier kaufe, ist kein Geld mehr für das Flugzeug übrig."

An seinem müden, wortlosen Lächeln, dann Nicken spürte ich, dass Rice nach der stinkenden Präsentation nicht mehr an eine Verkaufschance glaubte.

Er wusste ja nicht, dass er es mit einem abgebrühten, erfahrenen Althausverwerter zu tun hat.

Am nächsten Morgen fuhr ich direkt nach Alhaurin de la Torre und entdeckte an der Verbindungsstraße Richtung Ronda ein kleines unbedeutendes Dorf, mit nur drei Straßen: 20 mittelalterlichen, eng zusammengebauten Häusern mit ehemaliger Wehrfunktion und einer Kirche mit Friedhof dahinter. Über die Friedhofsmauer, Richtung Nordost, sah ich dann den kleinen Sportflughafen mit großer, teildurchgerosteter, verzinkter Wellblechhalle. Einen Tower gab es nicht, aber ein gläsernes Eckbüro zur Flugpiste hin. Total tote Hose: Neben der Landebahn standen rund zehn aufgereihte, gegen Sturm festgezurrte alte Kleinflugzeuge in gutem Zustand: etliche Piper, zwei Cessnas, eine uralte Bücker und sogar eine deutsche Focke-Wulf Stieglitz.

„Die Stieglitz hat noch für Franco Feindflüge durchgezogen. Sie wissen, der Bürgerkrieg?", sagte jemand auf Deutsch.

Ich drehte mich um und staunte. Ein alter, schlanker Graukopf. Der bestimmt weit über siebzig Jahre auf dem Buckel hatte, einen ölverschmierten, zerrissenen Overall mit dem Bundeswehradleraufnäher trug, grinste mich fragend an.

„Also, dass ich wie ein Gringo aussehe, okay. Aber woher wussten Sie, dass ich Deutscher bin?"

Der „Flieger" lachte, machte eine zackige Ehrenbezeugung, schlug die Hacken zusammen und sagte mit Kommandostimme:

„Ex-Geschwaderkommodore, Oberstleutnant Schneider. Haben sie gedient? Melde gehorsamst, sie fahren einen Mercedes mit deutschem Kennzeichen!"

Ich erwiderte schmunzelnd in Grundstellung seine Ehrenbezeugung und meldete:

„Gefreiter der Reserve, Baron, grüßt einen Landsmann. Leben sie hier?"

„Seit sieben Jahren in Malaga. Habe noch in der ersten Zeit der Bundesluftwaffe als Ausbilder gedient, nun pensioniert, mit unendlich viel Zeit, meinem Hobby nachzugehen."

„Lassen sie mich raten. Der Fliegerei?"

Er grinste ertappt.

„Gibt es hier, außer Ihnen, noch weitere Einsiedler?"

„Ja, den englischen Nachtwächter. Alkoholiker, aber zuverlässig. Er übernachtet hier viermal die Woche. Am verlängerten Wochenende, Freitag bis Montag ist bisschen Betrieb, dann sind zwei andere Leute rund um die Uhr hier im Einsatz. Darf ich sie zu einer Tasse Kaffee einladen?"

„Mit Vergnügen."

„Treten sie ein."

Schneider öffnete die Tür seines Büros, aus dem gelandete Flugzeuge, die Flugpiste der Länge nach und durch ein Fenster auch die Halle von innen zu sehen waren. Es gab ein paar vergammelte Büroschränke, zwei Schreibtische und an den Wänden waren neben Flug- und Landkarten Hunderte von Fliegererinnerungen zu entdecken: Fotos, Medienberichte, Postkarten aus aller Welt, Pin-up-Girls und einige gerahmte staatliche Lizenzurkunden geheftet und aufgehangen. Unter dem Fenster am Eingang stand ein Feldbett mit ein paar Wolldecken für den Nachtwächter. Als ich mir alles in Ruhe angesehen hatte und in die Halle hineinblickte, sah ich dort ein wüstes Durcheinander: drei zum Teil zerlegte ältere Sportflugzeuge, Werkzeugdepots, ausgebaute Motoren, Ölkanister und seitlich abgestellt, eine frisch lackierte knallgelbe Piper-Hochflügelmaschine.

„Das ist meine Piper PA-15 Vagabond, zweisitzig von 1949. Wenn ich die restlichen Ersatzteile aus den USA erhalten habe, hoffe ich in der nächsten Woche abheben zu können. Ist aber noch allerhand Arbeit dran."

Ich war natürlich entzückt und bat ihn, sie näher anschauen zu können. So gingen wir in die Halle hinein.

„65 PS, sind nur 387 davon gebaut worden. Cruisegeschwindigkeit 150 Kilometer die Stunde. Fliegt mit einer Tankfüllung gute 400 Kilometer und bis zu drei Kilometer hoch", sagte der stolze Besitzer und half mir ins Cockpit. Da saßen wir dann fast eine Stunde und vergaßen unseren Kaffee. Der alte Pilot erzählte wilde Fliegergeschichten aus den letzten Tagen der Hitlerzeit und seinen Kommandeurtagen bei der Bundesluftwaffe.

Ich hörte ihm begeistert zu und erwähnte ganz am Rande und nicht ohne Stolz, dass mein Vater im letzten Krieg auch zum Fliegerverein gehörte. Er wäre schon länger tot und ich dachte einen Moment an meine Mutter, die ihm kurz danach folgte. Das machte mich traurig. Wenn die wüssten, wie abenteuerlich ich jetzt unterwegs war.

„Oberstleutnant, sie haben mir ein unvergessliches Erlebnis beschert. Ich muss heute noch einiges in der Stadt erledigen. Darf ich sie mal wieder besuchen?", sagte ich dankbar für die freundliche Aufnahme und er schlug fröhlich in meine Hand ein.

„Dieser verschlafene Oldtimerflugplatz liegt doch am Arsch der Welt. Da freut man sich doch, wenn mal jemand mit Format vorbeischaut. Immer willkommen!"

Mithilfe eines erfahrenen Gestors kaufte ich dann meine Traumfinca und wartete auf den Notartermin. In der Zwischenzeit erkundete ich Tag für Tag meine neue Heimat: Malaga, Marbella und natürlich Benalmadena, das aus einer ziemlich müden Häuseraufreihung und ein paar Nebenstraßen an der Küstenstraße bestand.

Jetzt rief ich auch Gerd an und fragte nach Post.

„Nichts von Bedeutung Jörg. Gib mir mal eben deine Adresse und Telefonnummer durch. Ach übrigens. Sawitzki hatte vor 'ner Woche angerufen. Ich erzählte ihm, dass du jetzt in Spanien, bei Marbella lebst."

Ich war überrascht, gab ihm die Daten durch, bedankte mich und nahm mir vor, später in Sawitzkis Frankfurter Büro anzurufen. Vergaß es aber erst mal.

Überall wurde im noch explodierenden Baugewerbe gemauert. Täglich wuchs in dem Kaff ein gigantisches Betonmassiv zwischen Gebirge und Meer. Auch in Benalmadena tummelten sich viele deutsche Touristen, aber die Engländer des preiswerten Massentourismus' dominierten. So öffneten fast täglich irgendwelche Tommy-Kneipen: „Susans Inn“, „London Bridge“, „Uncle Bob“ und auch einige irische, wie „Dublin Port“ und „Ring of Kerry“. Ich ging häufig in einfache spanische Lokale, um zu essen, in die englischsprachigen und deutschen nur, um zu saufen, weil ich mich dort ja verständigen konnte. Besonders gerne nahm ich meinen ersten Schluck, den sogenannten „Sundowner“, im „Ring of Kerry“ bei Fred und Angie, weil die Beachkneipe auf einer kleinen Landzunge stand und man einzigartige Sonnenuntergänge Richtung Gibraltar genießen konnte. Nach ein paar Besuchen bemerkte ich, dass Angie, Ehefrau und Bedienung des Inhabers, einen eigenartigen, fast deutschen Akzent hatte. Als ich sie darauf ansprach, benahm sie sich sehr merkwürdig, ließ – vor Schreck? – ihr Tablett fallen und als ich sie nach dem dritten Drink um „the check please“ bat, kam sie sehr nervös angerannt und flüsterte mir auf Deutsch zu:

„Bleibst du länger in Benalmadena?“

Ich nickte überrascht und sagte, ihre Gesichtszüge studierend:

„Hab ein Haus gekauft und werde mich hier zur Ruhe setzen.“

„Okay, okay. Das bleibt unser gemeinsames Geheimnis. Versprich mir, niemandem davon zu erzählen. Ich schulde dir noch umgerechnet rund 1.000 Glas Bier und schlage dir ab sofort Folgendes vor: Jeden Tag, und das 1.000-mal, geht dein erster Drink auf Kosten des Hauses. Verzeih mir, damals brauchte ich das Geld für meinen irischen Traum. Ich nahm damals die Fähre und bin damit nach Südirland getrampt. Hab schon ein halbes Jahr später den Mann fürs Leben gefunden, Fred ... Ist das ein Angebot?“

„Einverstanden“, hörte ich mich sagen, völlig überrascht, weil ich in diesem Moment Ingrid erkannt hatte, die diebische, kleine, damals so schlanke Elster von meiner ersten Englandfahrt. Wie das Leben so spielt, hätte sie nichts gesagt, ich hätte sie vielleicht nie erkannt. Aus Ingrid wurde also Angie. Okay und „Prost“. Meine Leber würde es mir schon danken.

An dem Abend rief mich Emil im Hotel an.

„Gerd hat mir deine Hotelnummer gegeben. Du hast ja bestimmt den Scheißdreck von meiner Verhaftung mitgekriegt?"

„Klar Emil, alles wieder Okay?"

„Mit 'nem blauen Auge davongekommen. Hab Blut und Wasser geschwitzt und erst gar nicht kapiert, was lief. Die Schmiere kam mit 'nem Rollkommando. Hat mein komplettes Büro gefilzt und fast die Hälfte meiner Akten, den Computer und mich mitgenommen. Erst im Laufe der Verhöre kam ich drauf, was wirklich los war: Der linke Makler Schröder rief mich nur einige Tage später nach Erhalt seines kleinen Ibiza-Pakets an und erzählte mir, er kenne einen heißen schwäbischen Bauunternehmer. Der hätte für die Gertrudis-Wohnungen umgerechnet rund 500.000 Mark geboten. Also nur den halben Preis. Ich wollte endlich mal verkaufen und ging hoch auf 660.000 und der Deal lief. Sie schickten die Papiere und ich unterzeichnete notarbestätigt. Kurz darauf kam er mit einem Kölner Juwelier, der sich für das große Paket, Nähe Santa Eulalia, interessierte, aber nur um die 1,2 Millionen bezahlen wolle. Weil's so gut lief, einigte ich mich auf fast 1,4 und verkaufte wieder. In nur drei Wochen brachte das Projekt über zwei Millionen Mark! Mann, war ich gut drauf mit dem Santa Eulalia Makler. Also erhielt er, weil der andere 'ne Niete war, zum Monatsende die andern zwei unverkauften Pakete dazu. In nur zwei Monaten verkaufte der Räuber das kleine zum halben und das große zum 2/3-Preis. Da kamen fast zwei weitere Millionen rüber, cash, und Ibiza hatte sich erledigt. Ich dachte: Schade, dass der Schröder nicht im Gebiet um Marbella makelt. Falsch gedacht. Kurz darauf wurde der letzte Käufer, ein Münchener Schönheitsmetzger, der anscheinend nicht wusste, wohin mit der vielen Kohle, an der Schweizer Grenze vom Zoll mit 200.000 Mark in Tausendern erwischt, versteckt im Teddybär seiner kleinen Tochter. Da haben sie sich den Kerl in die Mangel genommen, bis er aber auch alles verriet, bis hin zu den Schwarzgelddeals auf Ibiza!"

„Schwarzgelddeals? Verstehe ich nicht. Das sollte doch alles legal laufen, öffentlich mit uns unbekannten Maklern, Gestoren und Notaren. Erklär mal näher!"

„Also, ich hatte schon mal 'ne Brutalozeit mit der Steuerfahndung. Du verstehst? Hatte mich damals mit einer problematischen, mit viel Schweiß ausgehandelten Nachzahlung im letzten Moment vor dem Knast gerettet. Da ging es um fast zwei Millionen versickerte Provisionen mit einem polnischen Bauprojekt. Ich durfte mir also nichts mehr erlauben und stand wohl irgendwo auf 'ner schwarzen Liste oder so. So hatten die mich diesmal im Zuge der Ermittlungen sofort unter Verdacht. Passiert war im Endeffekt was ganz Simples: Als mich der Schröder beim ersten Verkauf anrief, hat der Bauunternehmer sich für das kleine Paket interessiert und ihn gefragt, ob er einen Teil des Betrages „schwarz" löhnen könne. Schröder bat ihn einen Tag zu warten und handelte mich gierig auf 660.000 runter. Dann verkaufte er dem Stuttgarter das Paket für eine Million, aufgeteilt in 340.000, schwarz ohne Quittung und die restlichen 660.000 offiziell als Kaufpreis. Du verstehst?"

„Unglaublich. Das hat der Gangster doch wohl nicht mit allen vier Paketen gemacht?"

„Doch! Hat er, der Lümmel. An den vier Paketen kassierte er also mich Ahnungslosen ausbootend über zwei Millionen schwarz plus seine offizielle Maklerprovision! Und mich hätten'se dafür beinahe für mindestens vier Jahre in den Knast gesperrt. Ich hatte mich in der ersten Nacht, als ich endlich kapierte, was lief, schon fast aufgegeben. Zum Glück hatte der Schönheitschirurg und später dann auch die anderen, keine gute Nerven und alles wurde restlos aufgeklärt. Ich fühl mich wie neugeboren."

„Glückwunsch, Alter, ging ja noch mal gut. Was geschieht nun mit dem Marbella-Bestand? Ich wohne nun ständig hier unten, hätte die Zeit, in Ruhe alles zu organisieren. Krieg ich den Job?"

„Natürlich. Ich komme aber vorher, so im Frühjahr 87, auf längeren Urlaub nach Marbella und dann ziehen wir das Abschlussgeschäft alleine, ohne irgendwelche Immogeier durch. Ist das ein Wort?"

Ich sagte ihm gut gelaunt zu und so lief es dann auch – fast.

Schon nach vier Monaten wurde ich zum richtigen Eigentümer meiner Hütte: Kaufpreis umgerechnet nur 9.000 Mark plus 1.200 Beratungs- und Umschreibkosten. Sofort nach der Escritura, der spanischen Besitzurkunde, kaufte ich mir im Baumarkt einige Maurerutensilien, Reinigungsgeräte und –mittel, Gartenkrams und mehrere dicke Ketten und Vorhängeschlösser, mit denen ich mein offenes Auto belud. Dazu kamen noch ein kleiner Gartenklappstuhl und eine Flasche Wein. Fuhr selig hoch nach Alhaurin de la Torre. Parkte direkt vor meiner Haustür und entlud das Auto. Zwei Stunden lang fegte, schrubbte ich die zwei Zimmer und die Terrasse. Räumte grob alles auf und testete dabei den Ziehbrunnen: Da hing echt ein solider, verzinkter Eimer dran und das Wasser, das ich hochzog, roch und schmeckte gut. Bingo! Ich mauerte die Tür mit schnell trocknendem Fertigzement fest und zog mir danach erschöpft mein schweißnasses Hemd aus. Dann schaltete ich befriedigt meinen Radiorekorder im Auto ein, ließ „Led Zeppelin" laufen und öffnete glücklich die erste Weinflasche auf eigener, spanischer Scholle. Es war fast totenstill, nur ein paar Zikaden zirpten und viele Insekten summten. Und es war gemein heiß. In der Ferne, über den Ziegeldächern von Torre, reflektierte die steil stehende Sonne ihre blitzenden Lichtfragmente auf den Wellen des südlichen Mittelmeeres. Welch Paradies ... Ich hob die Flasche und prostete der Sonne zu:

„Sag mir, liebe Sonne! Bin ich nun der tollkühne Ikarus oder Sorbas der sympathische Luftikus?"

Die Antwort folgte von oben: Ein kleines, kanariengelbes Sportflugzeug, bestimmt eine Piper, kam hoch oben aus der Sonne geflogen und steuerte mich knatternd zur Landung an. Pilot Schneider? Es kam immer näher und flog dann, einige Hundert Meter hoch über mein Grundstück Richtung Norden, um hinter den Felsen zu verschwinden. Der Flugplatz. Ich nahm mir vor, ihn die nächsten Tage wieder zu besuchen. Dann verriegelte ich mit den mächtigen Ketten und Schlössern die Tür und fuhr hinunter zum Hotel.

Natürlich schrieb ich sofort einen begeisterten Lagebericht an Eva. Malte, von meinen Zukunftsideen angetörnt, alles dreimal so großartig aus, wie es in Wirklichkeit war, und entwickelte die wildesten Ausbauideen für meine Finca. Ja, ich machte mich aus lauter Freude zum Narren, der von der Wirklichkeit schon vier Schritte entfernt war. Was ich da stehen hatte, war doch nur ein besseres kleines Stallgebäude mit Lehmboden und ohne irgendwelchen Komfort. Das einzig Positive waren der gut erhaltene mittelalterliche Kamin und der gesunde, wasserspendende Brunnen. Sie wurden leider durch die anderen Mängel entwertet: kein Bad, kein Klo, keine Elektrizität und die absolut einsame Lage mit der ständigen Gefahr, ausgeraubt zu werden. Das Grundstück sah aus wie ein ehemaliger Steinbruch mit unfruchtbarem Geröllboden. Außer einem zukünftigen Minigemüsegarten, für den ich mühsam jede einzelne Schubkarre guter Erde anfahren musste, waren kaum bezahlbare, größere Bepflanzungen möglich. Ich zeichnete stundenlang an irgendwelchen Bauplänen für eine preiswerte

Gebäudevergrößerung, die ich mir sowieso nicht leisten konnte, weil ich mit meinen letzten paar Kröten höchstens noch ein Jahr überleben konnte. Vorausgesetzt ich würde mir ein gebrauchtes Bett besorgen und sofort einziehen, um das Geld fürs Hotel zu sparen. Mit dem Brunnenwasser waschen, spülen, baden und kochen? Na klar doch. Holz war in Form verdorrter Äste überall auf der Hinfahrt zu finden und mein Kaminfeuer war okay für das Kochen der Mahlzeiten und würde außerdem mein Häuschen im Winter wärmen. Drei Tage später war ich bereits mutig eingezogen und hauste ab sofort in der einsamen Bude wie ein Eremit. Trug einen Einwochenbart und war von der südspanischen Dauersonne dunkelbraun gebrannt. Das Einzige, was wirklich Geld kostete, war fortan mein Benzinverbrauch. Gleich in der ersten Woche ging ich hinüber zum Flugplatz, um den Piloten mit einer guten Flasche Rotwein zu besuchen. Im Nu fand ich eine flache Abraumhalde als Durchgang nach Torre, deren mühelose Begehung ungefährlich war. So brauchte ich nur eine Viertelstunde.

Der alte Flieger saß tatsächlich in seinem Büro und gab gerade per Sprechfunk eine Landegenehmigung durch. Er freute sich wie ein Schneekönig, weil ich wiederkam.

„Die letzte Landung für heute. Ein reicher Unternehmensberater aus Hannover, die neueste Chessna mit allem erdenklichen Schnickschnack. So was kostet. Die Schickeria hat selbst uns entdeckt. Herr Baron, meine Freunde nennen mich Horsti. DU, bitte in Zukunft zwischen uns, ich bin der Ältere."

„Horsti, okay, ich heiße Jörg."

„Jörg, die Flasche Wein war aber nicht nötig und dann noch eine gute Marke, Carta de Plata. Ich haue zwei Bratwürste in die Pfanne, schnibble Kartoffeln mit rein und dazu trinken wir deinen edlen Tropfen? Ist das ein Wort?"

Ich nickte erfreut und bat um einen Korkenzieher. Ich erzählte ihm nun von meinem Einzug ins Häuschen und er fand das super. Über die nächsten Wochen wurden wir gute Freunde und zweimal nahm er mich bei seinen Kurzflügen mit. Ich dachte an meinen Ikarus-Traum, dem ich näherkam. Als ich eines Tages den Flughafen besuchte, sah ich schon von Weitem ein paar Leute an einer auf die Seite gekippten älteren Piper herumwerkeln. Ein kompletter Flügel war weggebrochen und überall lag Glasbruch von den Cockpitfenstern.

„Da ist nichts mehr zu machen, die Maschine ist Schrott. Sie kam gestern Abend als letzte rein und Robert, die alte Säufernase, war eingepennt. Vergaß leider die Maschine festzumachen. Keine Räderblocks und Sturmsicherung, obwohl der Wetterbericht warnte. Ein paar starke Gewitterböen warfen sie einfach um. Weil die Versicherung bezahlt und die Piper ein gängiges Modell ist, wird Eigner Wolf die Maschine, Instrumente, sowie ein paar intakte Ersatzteile auf Lager legen."

„Um den Versicherungsschutz weiter zu sichern, müssen wir den alten Säufer rausschmeißen. Tut mir leid, aber es muss sein", sagte der aufgewühlte Schneider zum Mitinhaber Don Suarez.

Der nickte nur und machte ihm auf Spanisch den Vorschlag, den Schrotthändler vom Nachbardorf sofort alles abholen zu lassen, damit der Flughafen wieder den Sicherheitsbestimmungen entspricht. Ich verzog mich und ging erst zwei Tage später wieder hinüber, weil inzwischen eine Idee in mir wuchs: Wer übernimmt den Job von Nachtwächter Robert? Dass der nur einen Hungerlohn verdiente, war mir klar. Als ich Schneider fragte, guckte er mich erstaunt an, sagte aber dann:

„Den Job gebe ich dir gerne, aber er wird so schlecht bezahlt, dass ich es kaum aussprechen mag."

„Na sag schon, wie viel?"

„Umgerechnet nur 400 Mark im Monat. Und dafür im Schnitt 17 Nächte pro Monat bei Wind und Wetter Wache schieben. Ein harter Hungerlohn."

„Gib mir den Job. Ab morgen Abend?"

„Ich hab dich gewarnt. Einverstanden. Du fängst einfach an. Ich weise dich morgen ein. Zum Glück kennst du dich ja schon ganz gut hier aus und wir haben keine Nachtflüge. Den Papierkram zieh ich die nächste Zeit in Ruhe für dich durch, weil dein Spanisch noch null ist. Willkommen bei der Truppe!"

„Danke Sir!"

Ich fand den Job Spitze. Er sicherte mir tatsächlich den absoluten Bodensatz des Überlebens. Ich war also richtig gut drauf und besoff mich am Abend volle Pulle, begleitet von alten Bob Dylan-Songs im Autoradio. Als es fast dunkel war, kamen jede Menge Fledermäuse angeschossen. Flogen nur ein paar Zentimeter an meinem Kopf vorbei. Berührten mich natürlich nicht. In der Ferne fuhr ein Frachter im gleißenden Mondlicht Richtung Gibraltar.

Ich fühlte mich „on Top of the World". Auf dem Bankkonto waren noch ein paar Tausend Mark und in Offenbach hatte ich noch bei meinem ehemaligen Hausmeister einen ganzen Schrank voller kleiner Antiquitäten: Silber, Porzellan, Gemälde und Nautiquitäten. Ein Billigflug hoch, eine Anzeige in der Frankfurter und jederzeit würde die Kasse klingeln. Meine geheime Reserve. Mit dem Job kam ich nach zwei Monaten Einarbeitung sehr gut zurecht.

Im Spätsommer, als es nicht mehr so heiß war, klärten wir ihn vorab per Briefverkehr und zuletzt noch im teuren Ferngespräch mit einer Tüte voll Pesetenmünzen: Evas ersten Besuch in meinem neuen Paradies. Zwölf Tage konnte sie herunterkommen. Ich löste noch ein paar der neuen Euroschecks ein, um etwas Geld auf den Kopf hauen zu können, und dann kam der Tag, an dem ich sie vom Malaga-Airport abholte. Wir fielen uns in die Arme, küssten uns leidenschaftlich und wollten nicht mehr loslassen. Für ihren Besuch hatte ich extra zwanzig Meter vom Haus einen Sichtschutz vor eine Felswand gezimmert. Dahinter einen soliden Donnerbalken mit Plumpsklo gebaut. Daneben einen Witz von einer Duschenkonstruktion: ein an der Felswand angebrachter Wasserbehälter mit Duschkopf und Handzug. Das „Badezimmer" wurde erst drei Tage vor ihrem Besuch fertig, und ich benutzte es trotzdem nicht, damit es frisch blieb. Vorgesorgt hatte ich mit zwanzig Liter Chlor in einer tiefen Sickergrube. Aber die brutale Hitze? Wie gut würde die Chlorgrube gegen den Gestank funktionieren?

Wir beluden den Mercedes mit ihrem Gepäck und fuhren offen gen Westen. Am Playa La Misericordia, kurz vor der Abbiegung nach Alhaurin Torre, hielt ich direkt am Meer, und wir betraten das Restaurant des Familienhotels „Los Loros". Es war bereits dunkel, und wir tranken auf der Meeresterrasse eine Flasche guten Rotwein. Urlaubslaune. Um uns herum jede Menge deutsche Touristen, die uns mit ihrem guten Karma ansteckten. So alberten wir wie zwei Jungverliebte herum:

„Da hab ich aber Glück gehabt, dass du als Mittelmeer-Villenbesitzer dich überhaupt noch mit so einer alten Schachtel abgibst. Sind doch genug hübsche junge Dinger hier, die auf eine solche Chance lauern", scherzte Eva und ließ sich ihr zweites Glas nachschenken.

„Na ja, Villenbesitzer ist Unsinn. Das kleine Gebäude sieht aus wie ein alter Ziegenstall. Glaube ja nicht, dass ich bewusst mit der Schilderung untertrieben habe. Man kann aber was aus dem Bau machen: Er hat Meeresblick, ein großes separates Grundstück und sogar einen vernünftigen Brunnen. Aufgrund meines Nebenjobs kann ich hier bereits allein existieren. Ich werde in Deutschland Antikkram verflüssigen und damit über den Winter zwei einfache Fremdenzimmer anbauen, die ich ab nächstem Jahr vermieten könnte. Hinzu kommt noch der Knüller: Der winkende topbezahlte Job für eine deutsche Immobiliengesellschaft. Ein Freund von mir legt damit nächstes Jahr los. Du wirst sehen. Lassen wir aber das Thema, weil du erst mal die Immobilie sehen musst. Wenn ich ein einigermaßen Einkommen habe, bereiten wir deinen „Vorruhestand" vor, Frühpensionierung aufgrund eines Rückenleidens oder so. Dann bekommst du zwar eine niedrigere Rente, aber wir leben endlich zusammen."

Sie war schnell beschwipst und freute sich wie ein Kind.

„Liebling, ein ewiges Leben hier an südlichen Stränden unter Palmen. Welch ein Traum. Es sieht ganz so aus, als hättest du bereits den ersten, erfolgreichen Schritt gemacht."

Sie sah auf einmal sehr, sehr müde aus.

„Camarero, la cuenta por favor!", rief ich somit zur Theke und bezahlte. Und dann stiegen wir in den Wagen und fuhren gemütlich hoch in die Alhaurin-Berge, wo es tiefschwarze Nacht war. In einer Kurve hielt ich dann ein paar Minuten, und wir guckten fasziniert hinunter auf die Lichter von Benalmadena. Die Meeresbrise war wohlig warm.

Am nächsten Morgen wachten wir sehr spät auf. Ich zündete den vorbereiteten Kamin an. Kaffeetopf und Bratpfanne wurden aktiviert. Ich schnitt Bocadillos auf und belegte sie mit gutem Serranoschinken. Sie wankte müde zum „Badezimmer" und betrat es mit einem Aufschrei:

„Da sitzt eine widerliche, graugrüne Eidechse. Ist sie giftig?"

„Nein, Liebling, die kleinen Eidechsen sind harmlose, nützliche Geckos. Aber Vorsicht bei Schlangen, Spinnen und Skorpionen", rief ich und hörte ein leicht irritiertes Lachen.

Nach einer Weile kam sie zurück, blieb kopfschüttelnd stehen und blickte lange aufs Meer hinunter. Dann drehte sie sich zum Häuschen, das sie spöttisch musterte.

„Also, lieber Sorbas. Du hast bei Gott nicht untertrieben. Das ist bestimmt ein mittelalterlicher Schweinestall. Und du glaubst, ich ziehe da tatsächlich ein? Mein Gott, es wird ein Vermögen kosten, aus dieser Ruine ein einigermaßen passables, vorzeigbares Wohnhaus zu bauen.

Das mit dem „Und du glaubst, ich ziehe da tatsächlich ein?" gab mir einen furchtbaren Schlag in die Magengrube. Sie sprach mit der Stimme meiner Mutter.

Wie hätte mich ein bescheidenes, kleines Lob aufgebaut? Ich hatte so darauf gehofft.

„Setz dich erst einmal, und trink eine Tasse Kaffee, dann sieht unsere Welt schon besser aus", murmelte ich hilflos. Baute das Frühstück auf meinem neuen Terrassentisch auf. Klappte die zwei Deckchairs auseinander, machte eine einladende Geste und zwang mir ein „nettes" Lächeln ins Gesicht. Sie setzte sich und schenkte uns den Kaffee ein.

„Der Kaffee riecht und schmeckt sehr gut, also, die Aussicht ist ja gar nicht so schlecht, und ruhig ist es ja auch hier", murmelte sie einlenkend.

Ich gab ihr die Skizze meiner Bauplanung und erklärte: „Links neben dem Gebäude erhöhe ich die antiken Steinmauern und überdache sie. Darunter entstehen übers Jahr zwei einfache Fremdenzimmer mit drei Bädern. Die Bäder sind dann an der hinteren Wand aufgereiht. Das rechte kriegt eine Tür ins jetzige Schlafzimmer. Die Wasserpumpe zum Brunnen und die Elektroleitungen speise ich über eine Solaranlage auf dem Dach, die am Tage Batterien auflädt. Sonne gibt's ja genug. Später kann in einem Anbau hinter dem Haus ein Butangasdepot angemauert werden. Das wird mehrere Gasöfen und den Gasherd der Küchenbar versorgen. Es gibt natürlich viel zu tun, und vorher muss ich leider noch das Geld dafür verdienen."

„Sorbas, glaubst du wirklich, es lohnt sich, hier so viel zu investieren? Was ist, wenn du dann diesen ganzen Kram nicht mehr sehen kannst und das nächste Flugzeug zurück nach Deutschland nehmen möchtest?", sagte sie und musterte mich herausfordernd.

„So weit wird es nie kommen. Nach Deutschland geh ich nicht zurück. Ich fühl mich hier fast pudelwohl."

„Fast?"

„Na, mein Traum wäre vollkommen, wenn du hier mit mir leben würdest?"

Sie sah sich um, sah mich an und guckte dann überrascht hoch in den südlichen Himmel.

„Da kommt ein Flugzeug heruntergejagt, hält direkt auf uns zu. Hoffentlich stürzt es nicht über uns ab."

„Das ist eine kleine Sportmaschine, die auf meinem Flugplatz landet. Mein neuer Job, du verstehst? Ich hab dir doch erzählt, dass der ein paar Gehminuten hinter meinem Felsen liegt."

„Lass uns doch einen Spaziergang dorthin machen."

„Mein Dienst beginnt heute Abend um sechs Uhr, dann gehen wir gemeinsam. Heute fahren wir zum Lunch, die Uferpromenade von Benalmadena an. Da gibt's in meinem Lieblingsrestaurant ‚Walters Bierbrunnen' original spanische Paella."

„Original Paella beim Walter?" Sie lachte.

„Die frühen deutschen Gewerbetreibenden haben hier alle einen spanischen Partner. Das war früher so Gesetz. Der vom Walter heißt Pepe und ist ein guter, gelernter Koch vom Festland. Du wirst sehen, ein Spitzenkoch der traditionellen spanischen Küche."

Und so wuschen wir das Geschirr, räumten das Schlafzimmer auf und verschlossen sorgfältig die Tür. Ich klappte das Verdeck nach hinten, hielt ihr die Tür auf und mit „Stairway to Heaven" von Led Zeppelin fuhren wir sehr langsam vorsichtig die gemeinen Schlaglöcher des Caminos meidend, bis zur Betonpiste. Dort gaben wir Gas, und im Nu waren wir am Meer.

Pepe servierte uns unsere Paella persönlich in einer Riesenpfanne. Dazu zwei Flaschen guten Torres-Tafelwein und natürlich den Blick auf die Palmen-Promenade und das Meer. Wir bekamen richtig gute Laune.

„Also, wenn der Brunnen mitmacht, wäre ein Swimmingpool, rechts von der Terrasse eine echte Bereicherung. Und davor nur zwei Palmen. Aber richtig große, ältere, so an die acht Meter hoch. Und das Grundstück muss vorne zum Camino hin eine schneeweiße Mauer bekommen. Mit einem dramatischen Ranchero-Tor: links und rechts zwei hohe Steinsäulen und darüber ein roher großer Balken mit dem Namen drauf eingebrannt: ‚Rancho Baron'. Kann ich mir gut vorstellen, und vielleicht war irgendeiner deiner Vorfahrten tatsächlich mal ein echter Baron gewesen. Du hättest Ahnenforschung machen müssen", scherzte Eva.

Ich freute mich zum ersten Mal richtig über ihren Besuch. Die gute alte Eva war wieder wie früher, positiv denkend und lieb.

„Eigentlich hatte ich eher an einen Apfelbaum gedacht. Um den sich eine Schlange windet, ‚Ranchero Adam und Eva‘? Ha! Wie klingt das?“

Unter dem Tisch trat sie nach mir, und dann küsste ich ihre vom Safran gelb eingefärbten Lippen.

Wir verlebten schöne, glückliche Tage. Besuchten mehrmals den Airport und erkundeten die Nachbarorte. Machten die kreativsten Zukunfts- und Ausbaupläne, und an Evas Abflugtag, grillte ich auf dem offenen Kamin zwei riesengroße Pierna de Corderos mit einer „Tonne“ Alioli-Knoblauchcreme. Tranken noch auf der Terrasse eine Karaffe edlen Roten, und schon musste ich ihr am Flughafen leider den Abschiedskuss geben.

Als ich dann zurück zum Haus kam, geriet ich regelrecht in Panik. Ich fühlte mich total allein, von allen verlassen, am Ende der Welt.

Sawitzki verschob mehrmals seinen Besuchstermin, sodass ich ab 1989 nicht mehr daran glaubte. Er steckte nämlich bis zum Hals im Altbaugeschäft nach der überraschenden Wende. War, wie er mir kurz mitteilte, „bis zum Hals in Leipziger und Berliner Immobilien engagiert“, und so ließ ich ihn in Ruhe. Weil er sich dann nicht mehr meldete, gab ich unseren Kontakt auf.

Zum Glück hatte ich den Job bei Schneider, der inzwischen zum richtig guten Freund wurde. Der Flughafen füllte mich immer mehr aus, und Schneider brachte mir jetzt wichtigere Arbeiten bei, um ihn auch am Tag alleine managen zu können: Wetterdienst, Sprechfunkerfahrung, Einweisungsmanöver für Abflüge und Landungen, Sicherheitsmaßnahmen, technische Generalkontrolle, Umgang mit Treibstoff, Ölen und Ersatzteilen. Und als ich eines Morgens im Frühjahr ’90 zum Flugplatz kam, fand ich ihn schlafend am Schreibtisch. Nein. Er war ganz einfach während der Arbeit gestorben. Schlaganfall. Ich war bestürzt und angeschlagen.

Das Einzige, was mir Kraft gab, war der Briefkontakt mit Eva. Einmal die Woche rief ich sie vom Flughafentelefon an, und das baute mich immer ein bisschen auf.

Dann kam vom Alhaurin-Notar ein Schreiben. Das war der Hammer: Der schon seit Jahren kranke Schneider vermachte mir in seinem Testament seinen 35 Prozent-Anteil am kleinen Flughafen und die wunderschöne „antike“ Piper. Sein 65 Prozent-Partner bot mir Horsts Job an und ich akzeptierte. Das warf mich um!

Und jeden Tag, wenn ich nun als sein Nachfolger zur Arbeit kam, ging ich zuerst zur knallgelben Piper hinüber, die ich dann auch noch taufte. „Ikarus“ malte ich in dunkelgrünen Buchstaben auf ihre beiden Türen auf. Sie wurde ja nun nicht mehr geflogen, sondern stand als ewiges Denkmal für meinen verstorbenen Freund direkt rechts vom Schiebefenster in der Halle. Ich stellte einen neuen Nachtwächter ein, und mein Firmenanteil mit dem Arbeitszuschlag brachte mir monatlich umgerechnet 1.500 Mark. Das war sehr gutes Geld, und mir ging es gut. Und als „Flughafenbesitzer“ wurde ich dann allmählich wer in der deutschen Residentengruppe von Benamaldena.

Eva war wegen einem „Rückenleiden“ in ärztlicher Behandlung und machte sich Hoffnungen auf ihren „Vorruhestand“:

„Ende des Jahres hab ich den durch. Der Doktor stellt mir zurzeit die Unterlagen zusammen und meint, ich bekäme das 100-prozentig hin. Du Jörg, nun Flughafenmitbesitzer, unser Traum wird bald wahr. Auch finanziell packen wir es“, sagte sie noch, und dann hörte ich nichts mehr von ihr. Fast sechs Wochen lang.

Ich rief in ihrer Bank an und erfuhr im Sommer ’90, dass sie schon länger im Krankenhaus liegt. Dort kriegte ich eine Woche später ihren Arzt ans Telefon, und der teilte mir mit, dass sie verstorben wäre. Krebs.

Unglaublich. Ich wollte sie doch mit den zwei Fremdenzimmern überraschen, die mir ein kleiner Bauunternehmer bereits im Rohbau hingestellt hatte. Ebenso Evas Tor mit den zwei prächtigen Säulen „Ranchero Baron“. Ich war seelisch am Ende wie nie. Wunderte mich später immer wieder, wie ich es damals schaffte, mich nicht aufzugeben.

Die nächsten Jahre liefen immer schneller davon. Ich baute meine Fremdenzimmer, und aufgrund der meist deutschen Gäste und gleichzeitigen Fliegerbekanntschaften fand ich ein ausgefülltes Leben mit vielen neuen Bekannten und Freunden. Da bekam ich auf einmal Ende ’92 einen Anruf von Emil Sawitzki.

„Ein Glück, dass du noch lebst. Bin gerade dem Beinahebankrott entkommen. Erzähl ich dir nächste Woche in Ruhe. Ich habe einen Flug nach Malaga gebucht: Donnerstag mit der Lufthansa, Flug 242, komme ich dort an. Kannst du mich abholen?“

Es war Spätherbst und tote Hose. Das Wetter war noch spitze. Ich hatte viel Zeit und sagte ihm natürlich zu. Am Donnerstag fuhr ich dann gemütlich mit offenem Verdeck die Küstenstraße entlang. Scherte kurz vor dem Flughafen aus und setzte nun den Strohhut auf, weil die Sonne durchkam und er unter 70 Stundenkilometern nicht mehr wegflog. Nachsaison und der Malaga-Airport war leer wie nie. Ich parkte einfach vor der Ankunftshalle, ging zur automatischen Pforte, wo ich sogar einen freien Sitzplatz fand. Wenige Wartende, viele Kinder und fast nur Spanier. Nicht einmal 20 Menschen, aber laut waren sie. Unglaubliches, fast ratterndes Geschnatter. Mehrmals verstand ich nicht die Lautsprecheransagen. Die meisten von ihnen waren einfache Leute.

„Den Bildungsstand der Spanier erkennst du an der Lautstärke ihrer Unterhaltung. Je lauter, desto näher dem unteren Bodensatz der Gesellschaftsschicht“, sagte Horst einmal, als wir uns bei einem spanischen Festtag auf dem Marktplatz von Benalmadena trafen und uns nur noch mit Zeichensprache unterhalten konnten.

Und dann kam er mit einmal heraus, der große Hasardeur Emil. Grinste mich erkennend vom linken bis zum rechten Ohr an und kam mit zwei Vuitton-Räderkoffern angerannt. Hinter ihm wieder mal eine neue schlanke Braut, höchsten 25 Jahre.

„Hallo altes Haus. Hast dich gar nicht verändert, Jörg. Darf ich dir meine Verlobte Anastasia vorstellen“, rief er und nickte in ihre Richtung. „Und dahinter, der blonde Riese, ist mein Freund Werner Kirchoff aus Bremen. Kirchoff-Waffeln?“

„Habe ich als Kind immer geliebt und träume heute noch davon“, sagte ich und schüttelte Anastasia und Kirchoff die Hand. Tatsächlich der stinkreiche Kirchoff-Sohn, Erbe der berühmten Keksdynastie. „Aber warum haste nicht gesagt, dass Ihr zu dritt seid. Ich bin mit meinem engen SL gekommen?“

Sawitzki gab mir den kleineren seiner zwei Koffer.

„Nimm du den Werner im Auto mit, gehen wir zuerst zu den Taxis. Wir wohnen im Gran Guadalpin am Puerto Banus und treffen uns dort nachher in der Lobby, okay?“

Ich ging voran, und wir luden die anderen Koffer in das erste Taxi. Emil und seine Braut setzten sich hinein und fuhren ab. Kirchoff und ich stiegen in meinen Wagen und ich gab Gas, Richtung Marbella. Ich warf meinen Strohhut nach hinten und setzte mir mein Rolling-

Stones-Polocap auf. Das mit der roten, ausgestreckten Zunge. Schöner, warmer Tag und wenig Verkehr. Wir fuhren zügig die Meeresstraße entlang.

„Da haben sie wohl das Richtige getan: weg vom verregneten Bremen, runter an diese wunderschöne Küste. Vielleicht kauf ich mir hier ein Ferienhaus? Bin gespannt, ob sich nicht zu viel negativ verändert hat. Die Spekulanten betonieren leider überall die Küsten zu", sagte der gut gelaunte Kirchoff.

„Es gibt immer noch einige schöne Ecken. Die hohen Preise von Marbella haben auch ihren Vorteil, sie halten die Billigheimer auf Abstand. Der Knüller ist natürlich das Topwetter. Selbst im Januar gibt es Tage wie im norddeutschen Hochsommer."

„Ihr alter Pagodendach-SL ist natürlich der Traumklassiker für hier unten. Zuverlässig und überall leicht zu reparieren. Schöner Wagen!", sagte Kirchoff und strich entzückt über den Lederbezug des Armaturenbretts.

„Soll es ein Ferienhaus bleiben, oder wollen sie später total am Mittelmeer leben?"

„Sie fragen instinktiv das Richtige. Ich werde jetzt 50 und hab seit meinem Abitur im befreundeten Unternehmen gelernt und danach im väterlichen Betrieb geschuftet. Jetzt ist mein jüngerer Bruder dran, und ich mach wohl Schluss. Wie ich von Emil hörte, stammen sie aus Bremen-Nord, sind hart arbeitender Selfmademan. Das finde ich sehr sympathisch, weil es mir ja ähnlich ging. Hab praktisch ganz unten anfangen müssen. Nach dem Abi Bäckerlehre im befreundeten Backgroßbetrieb und dann ein Jahr dort brutal durch alle Abteilungen. So was tut weh. Danach an Vaters Seite der Verkaufsabteilung geholfen", sagte er.

Ich verstand ihn, den satten „Millionenerben" nicht. Was meinte er mit „ganz unten"? So nickte ich nur freundlich, schwieg und dachte mir meinen Teil.

„Die Firma war, als ich sie nach Vaters plötzlichem Tod übernahm, total heruntergewirtschaftet und machte bereits rote Zahlen. Ich habe mich gepeinigt, jeden Tag erneut zusammengerissen: Kredite aufgenommen, Personal verjüngt, die Produktpalette auf einige wenige Renner minimalisiert und neue, leistungsfähigere Maschinen angeschafft. Furchtbar, sag ich ihnen. Mein Vater hat das jahrelang alles gehen lassen, weil er immer kränker wurde. Jetzt machen wir wieder zweistellige Millionenumsätze. Darauf bin ich stolz!"

Der arme Millionenerbe. Wie er mir leidtat, fehlten nur noch die Tränen.

„Ohne Fleiß keinen Preis", sagte ich freundlich und deutete auf das Städteschild. Wir fuhren nun durch Marbella, besser gesagt nördlich drum herum und dann südlich zum Meer zum Fünfsternehotel. Wir hielten direkt vor dem Eingang, stiegen aus, und ich gab dem Portier die Schlüssel zum Einparken. Gran Guadalpin, die teure Luxusherberge. Eine kühle verspielte Marmororgie und der wunderschöne Blick auf Pool und Palmen, Schritte vom Meeresstrand entfernt. Kirchoff ging auf sein Zimmer, weil Emil früher eingetroffen war und somit alle bereits eingecheckt hatten. Danach trafen wir uns an einem schattigen Platz auf der Poolterrasse. Dort war es angenehm ruhig und lärmfrei, weil keiner im Wasser war. Sawitzki ließ zwei eiskalte Flaschen Champagner kommen und entschuldigte Anastasia.

„Sie ist total k. o. vom Flug. Hat sich ein bisschen hingelegt. Sie ist Russin, direkt aus Moskau. ‚Miss Bikini '89'! Schönheitsschlaf, comprende?"

„Hättest du aber auch nötig, Emil. Ich hab dich gar nicht erkannt. Dachte zuerst, du hättest deinen Papa geschickt."

Kirchoff und ich lachten uns krumm und schief. Emil, der alte, eitle Lebemann, fand es nicht so spaßig. Er rang sich ein müdes Lächeln ab und stöhnte:

„Kein Wunder, dass ich so früh gealtert bin, alter Kumpel. Diese Ost-Investments haben mich fertig gemacht. Die Immobilienpreise drüben nach der Wende: Ein Traum, sag ich dir. Ich habe etliche Straßenzüge in Leipzig aufgekauft, einen zweistelligen Millionenbetrag dort investiert wie im Rausch. Leider! Leider! Zum Glück hab ich aber noch eine kleine ehemalige Schiffswerft an der Ostsee, bei Rügen gekauft. Da drüben kannste mit Wohnraum kein Geld verdienen. Die Mieten und Verkaufspreise sind im Keller, weil das Überangebot sie stranguliert. Ich habe praktisch meine ganze Kohle drin, habe aber gerade den Hafen gut verkaufen können. Der Erlös rettete mich vor der Pleite und hält mich weiterhin über Wasser. Jetzt biete ich die Ostimmobilien als ‚Altersinvestment' an. Mit Mietgarantie einer gerade gegründeten Tochtergesellschaft. Damit wird geködert und abgesahnt. Hoffentlich hole ich mir nicht damit die Pest an den Leib. Mein Gott. Jetzt gucken wir beide uns die nächsten Tage mal meinen vergessenen

Ferienwohnungsbestand an. Ein Job für dich, Jörg. Die Wiedervereinigung ist uns leider bisher dazwischen gekommen."

Wir holten alte gemeinsame Erlebnisse hervor und erzählten uns die der letzten Jahre. Der Champagner wirkte, und weil ich schon ziemlich angetrunken war, verabredete ich mich mit Emil für den nächsten Vormittag in der legendären Portside Bar im Hafen Puerto Banus.

Es wurde eine wilde Woche: Wir bummelten durch Marbella und Umgebung, sahen uns Emils Wohnungen an. Soffen zwei Nächte in den berühmten Hafenklubs Tibu und Linekers durch, und am letzten Tag fuhren wir zu meinem Platz und Flughafen. Sawitzki fand meine Flughafenbeteiligung interessant, und ich fühlte mich zum ersten Mal wieder erfolgreich. Und dann flogen die drei wieder ab.

Im Frühjahr hörte ich nichts von ihm und auch nicht im Sommer. Er sollte sich länger in Florida aufhalten. Dann las ich über ihn einen Zeitungsartikel: Emil hatte im großen Stil vermögenden Freiberuflern und sparsamen höheren Angestellten seine Wohnungen als „Alterssicherung mit Vermietgarantie von 8 Prozent" angedreht. Leider ging die „Vermietgarantiefirma" zum Herbst pleite, haftete also nicht mehr, und Sawitzki wurde verklagt. Als ich zweimal im Herbst anrief, war er immer noch nicht erreichbar, hatte mir aber eine Nachricht hinterlassen aus Kanada. Weil die in „Wirtschaftssachen" nicht so schnell ausliefern? Warum ging er als Jude nicht einfach nach Israel?

Die Juden existierten bislang eigentlich nicht für mich. Einer war evangelisch, der andere muslimisch, wieder einer jüdisch. Okay. Ich verstand ihn eigentlich nie, den Hass auf Juden im Nachkriegsdeutschland. Spürte und bemerkte ihn immer wieder, aber nahm ihn nicht ernst. Dieser Hass gegen Leute, die es aufgrund der schrecklichen Hitlerzeit-Morde doch kaum noch gab. Und sie waren auch beim letzten Nahostkrieg keine passiven Lemminge, sondern siegten mutig gegen die Überzahl ihrer Feinde. Allerdings die, die ich kennenlernte, waren durchweg kluge, wagemutige Geschäftsleute. Diese Erfolgslegende von der „jüdischen Geschäftsüberlegenheit" lebte bei vielen weiter und schlug nicht selten in Hass um. Mir fällt wieder der Spruch von einem weniger erfolgreichen „Berater" aus dem Terrassencafé ein, wie er schimpfte:

„Vermiete deine Gaststätte ja nicht an die Judenbrut vom Bahnhofsviertel. Lass bloß die Pfoten von diesen Abkochern. Kaum haben sie dich mit dem unterschriebenen Vertrag in der Hand, drangsalieren sie dich bereits mit ihren Mafiamethoden: Kürzen mit fadenscheinigen Argumenten die Pacht und setzen sofort mit verlogenen Forderungen ihre Anwaltshyänen auf dich an. Blutegel sind das! Ich warne dich, Baron! Blutegel. Sie saugen dir ruckzuck das letzte Blut aus. Dann kannste kaum noch die Monatshypotheken deiner Bank löhnen. Hocken doch jetzt die coolen Leute von der zweiten Nachkriegsgeneration am Hebel: ausgeschlafene, smarte, akademische Jungabkocher. Verwöhnte, anmaßende Erben der hart arbeitenden Nachkriegszocker. Das sind brutale Raudis mit guten Nerven, weil sie sich für ihre erste Million nicht schinden mussten. Jetzt machen'se sogar schon Großreibach am heruntergekommenen Hafen. Wer hätte je gedacht, dass in der Scheißgegend schnelle, große Kohle drin ist", schimpfte er damals neidisch auf diese kreativen Geschäftsleute, der unbelehrbare Nazi und Fremdenhasser.

Und ich? Ich protestierte nicht einmal. Biss mir auf die Zunge. Heute kann ich meine ehemalige Gleichgültigkeit kaum fassen.

Wir Deutschen hatten Schreckliches angerichtet, und wir sind, in der absoluten Mehrzahl, bereit, das Geschehene gutzumachen. Aber wie? Mit Geld geht's kaum. Nur die Zeit und der feste Wille, Juden- oder Fremdenhass ständig mutig die Stirn zu bieten, kann es schaffen.

Bei Gesprächen über den Sawitzki fiel immer mal wieder der Begriff „jüdischer Häuserhai". Er wurde nur ganz „behutsam" zum „bösen Juden" abgestempelt. Hatte er berechnend von dieser Unsicherheit der aufgeklärten, sühnebereiten, wissenden Nachkriegsbevölkerung profitieren wollen?

1993, Emil rief mich endlich wieder an:

„Da bin ich wieder. War länger in Kanada und hab mich mit meinen Gläubigern einigen können. Die Ostgeschichte ist abgehakt. Wann kommst du wieder mal nach Deutschland. Ich habe mir in Frankfurt ein Penthouse gekauft. In Sachsenhausen, direkt am Main, auf dem ehemaligen Gelände vom Schlachthof. Kannst bei mir wohnen."

„Ich komme darauf zurück, danke Emil. Was läuft sonst noch so in Good Old Frankfurt?"

„Die alten Immobilienmacher von früher sind fast alle tot und die jüngeren bekannten sind eigentlich auch nicht mehr am Pokern:

Golms, Poppy, Akter, Weich. Es sind jetzt ganz andere Stars am Drücker: Der King ist ein Doktor Schneider aus Königstein. Der baut neu oder restauriert in vielen deutschen Großstädten, hauptsächlich aber in den Ostgebieten. Unglaublich, nur in den besten Citylagen und im Milliardenbereich. Eine Größenordnung wie Buchmann und Bubis."

„Also ein richtiger Großspekulant. Abzocker? Bei den Summen muss er doch ein gigantisches Kreditkarussell aufmischen, viel, sehr viel riskieren. Also einer der, wenn er sich verkalkuliert, sich und alles, was an ihm hängt, mit in den Abgrund reißen kann."

„Das stimmt. Merke: Das gesamte Geschäftsleben im Multimillionenbereich scheint schnell ein rücksichtsloses, unverantwortliches Glücksspiel zu sein, wenn es trotz wissenschaftlicher ausgefeilter Entwicklungs- und Absatzstrategie nicht funktioniert. Wenn Mercedes auf das falsche Modell setzt oder die Allianz mit einem neuen kreativen Versicherungsmodell abhebt und beim Publikum nicht ankommt, so kann es negative Folgen nach sich ziehen: Dass eine Fabrik geschlossen wird, Anleger und Trittbrettinvestoren viel Geld verlieren, Mitarbeiter ihren Job! Das ist der Lauf der Welt. Nichts lässt sich 100-prozentig voraussagen. Jürgen Schneider oder Neckermann, Grundig, Borgward. Alles wagemutige, hart arbeitende Macher, die nicht immer gewinnen können. Wir werden sehen, wie weit er kommt. Unverantwortliche Zocker, das sind Anlagebetrüger, unprofessionelle Banker und Schneeballsystemfirmen. Aber Unternehmer wie Schneider pokern nicht wie Leute am Kasinoglücksrad mit irgendwelchen Zahlen, Chips, Schuldscheinen, zukünftigen Marktverlusten oder Gewinnen. Nein, das sind getriebene Unternehmer, die etwas Greifbares, etwas Gutes, etwas von Wert schaffen wollen: Häuser, Maschinen, Bekleidung und das jeden Tag mit vollem Risiko. Immer wieder kommen bekannte Multiunternehmen in die roten Zahlen, manchmal über Jahre und rappeln sich dann wieder auf. Das sieht dann so zyklisch aus: „Sieben fette, sieben magere Jahre usw. Aber klappt leider nicht immer. Neue Sterne steigen auf, alte verlöschen und stürzen ab und reißen leider auch ihre Trabanten mal mit. Das ist der Lauf der Welt."

„Was macht eigentlich dein Kunstengagement? Habe lange nichts mehr davon gehört?"

„Das große Kunstgeschäft ist nichts weiter als ein hinterhältiges, billiges Hütchenspiel, das du von der Straße kennst. Da baut jemand einen künstlichen Apparat aus Künstler, PR-Agent, Galerienverbund

und falschen Käufern auf. Alle spielen nur das eine Spiel: Scheinkunstmarkt. Manipulieren Preissteigerungen mit Scheinkäufen, oft auch mit Bestechung und unreellen Gutachten, manchmal jahrelang, bis der bekloppte „Sucker" des Jahres vorbeikommt, ein übererfolgreicher Millionär oder Museumsdirektor mit guten politischen Beziehungen. Und wenn der auf die Betrügerschau reinfällt und kauft, dann ist das Hütchenspiel aufgegangen. Ein hoher Marktwert ist für den Künstler erreicht. Die Besitzer von weiteren Werken des „hoch bezahlten Künstlers" haben auf einmal ihren wertlosen Plunder, ihre Fettecke in gutes Cash verwandelt. Ich habe eine Weile da mitgemacht, zuerst auf regionaler Deutschlandebene, dann größer. Hab ganz gut verdient, aber die in London und New York waren dann dabei, mich als neuen Konkurrenten anzusägen. Darum hab ich jetzt einfach eingecasht und aufgehört. Internationale Kulturverarschung, des Kaisers Neue Kleider ...

Übrigens, ich habe immer noch die letzten zwanzig Appartements in Spanien. Irgendwann bricht dort der Markt zusammen, weil diese ewige Bauexpansion sich bald nicht mehr rechnet. Bis dahin will ich flüssig genug sein, um billig an Meeresblickobjekte zu kommen. Die gehen immer schnell wieder hoch wie auch das gute, alte Gold. Es gibt überall gutes Geld zu verdienen. Frankfurt sitzt in ein paar Jahren auf zu viel Gewerbeimmobilien. Hat aber zu wenig preiswerten Wohnraum. Wo liegt die große Kohle: im Umwandlungsgeschäft. Geeignete, unvermietbare Gewerbeflächen zu Wohnungen und Wohnlofts umzuwandeln, das ist es! Du bist jung genug, steig da ein. Du machst die finanzielle Grundlage dafür durch den Verkauf meiner restlichen Spanienimmobilien. Ich melde mich."

„Emil, wünsch dir was. Wenn ich nach Frankfurt komme, dann heben wir einen zusammen. Bis bald!"

Es kam nie dazu. Nur ein paar Monate später las ich in der Zeitung:

„Der bekannte Frankfurter Immobilienkaufmann und Kunstsammler Emil Sawitzki ist tot. Er war im Hafen von Nizza beim Rückwärtseinparken mit seinem Rolls-Royce in das Hafenbecken gerollt und ertrunken."

Ich war geschockt. Es war nur eine Kurzmeldung, die darüber informierte, dass er der Sohn des legendären Majors Karl Sawitzki vom

Muli-Gebirgsjägerregiment 19 war, der 1942 zu einem der Nazihelden des Kaukasus-Angriffs „Aktion Edelweiß“ wurde, weil er als Einzelkämpfer bis zu seinem Tod dem Feind sechs Stunden die Stellungen blockierte. Und sein Sohn Emil war als Fähnrich dabei gewesen. Sawitzki, der Superzocker, war in meinen Augen vom liebenswerten Hasardeur zum eiskalten Abzocker mutiert. Von meinen Vater bekam er damals in den ersten Jahren nach dem Krieg, weil er ein begnadeter Spekulant war, schnell den jüdischen Hetznamen „Itzig“ verpasst. In Wirklichkeit aber war Emil Sawitzki ein ehemaliger rechtskonservativer Soldat und kein Jude.

Für einen Moment sah ich ihn wieder vor mir: mit dem beladenen Muli, dem Dreiradtransporter und dann in seinen atemberaubenden unterschiedlichsten Luxuskarossen. Immer obenauf, bereit für den nächsten Einstieg eine Nummer größer. Mit dem ewigen frechen Siegerlächeln der Ellbogenbrutalos in der Fresse. Mein gefallenes Idol.

Mir war im Alter nun endlich klar: Wenn du in diesem Deutschland erfolgreich bist, weil du neue, andere Wege oder Lösungen benutzt, dann danken es dir die Spießer mit Unverständnis und Neider mit gemeiner Minoritätszuweisung. Schnell bist du ein Kanake, Jude, Schwuler, Spekulantenschwein. Heil Fremdenhass! Die Eltern geben ihn an ihre Kinder weiter. Leider ist der Prozentsatz der furchtbaren Narren, die die Naziverbrechen ignorieren, immer noch sehr groß. Viele der jungen „Machos“ benutzen offen oder versteckt rassistische Schlagwörter. Wüste böse Sprüche, die sie aber meist mit zunehmender Lebenserfahrung ablegen. Hoffen wir, dass der wirklich unbelehrbare Kern nie stark wird. Voraussetzung hierfür ist nur eins: Bildungshilfe um Gettobildung zu vermeiden. Nur echte Hilfe zur Selbsthilfe. Auch bei deutschen Faulsäcken, die von unserem Sozialstaat übermäßig profitieren. Wie oft hab ich die letzten Jahre in meinen Häusern junge, von der Stadt unterstützte Abstauber erlebt, die heimlich die halbe Woche schwarz arbeiteten? Wir brauchen viel mehr Kontrolle, als sich Berlin das vorstellt.

Ich sehe im Satellitenfernsehen den Wahnsinn Berliner Polit-Fehlentscheidungen: Absurde Sparprogramme, Hartz IV, zu lasch kontrolliert. Zu viele Abstauber kriegen Oberwasser.

In unseren westeuropäischen Nachbarländern besitzt die Bevölkerung bis zu 80 Prozent Wohneigentum, das selbst genutzt wird. In unserem Land nicht mal die Hälfte. Die größte Belastung der Lebenshaltung ist für den Mieter seine monatliche Miete. Sie schmälert sein Einkommen und schwächt seine Lebensqualität bis zur Selbstaufgabe.

Der große Sawitzki ist schon eine Ewigkeit in der Kiste. Eines seiner letzten Worte:

„Grunderwerb ist das einzig Sichere in diesen unsicheren, wertevernichtenden Zeiten. Land existiert nur einmal und lässt sich nicht vervielfältigen, das behält nicht nur, sondern steigert automatisch seinen Wert. Denn die Weltbevölkerung wird noch Jahrzehnte rasant wachsen und die Welt mit ihren geistigen Errungenschaften und entsetzlichen Irrtümern weiterlaufen."

Und Wohneigentumsbesitzer haben mehr Kaufkraft, eine bessere Altersversorgung und mehr Lebensqualität. So können sie sich mehr leisten. Haus- und Grundbesitzer gehen nicht für Klassenkämpfe auf die Straße oder kassieren beim Sozialamt, sondern krempeln die Ärmel hoch und schaffen weiter an ihrer und so unser aller erfolgreichen Zukunftsbewältigung. Da müssen schlaue, realistische Programme für zukünftige „Erstbesitzer" her, die nicht Miete zahlen, sondern Eigentum abbezahlen. Solange die da oben nichts Gescheites bringen, wird es uns Immobilieninvestoren immer besser gehen.

Die Regierung will es einfach nicht kapieren, dass an der deutschen Fortschrittsmisere seit über 40 Jahren nur besonders eines Schuld ist:

Die von einer Generation zur nächsten weitervererbte traditionelle Mietergesellschaft. Sie konserviert auch in Zukunft die Gruppe der ewigen Proletarier, die wegen Arbeitsplatzmangel oder Faulheit den Lebenskampf aufgibt und sich bequem vom arbeitenden Bevölkerungsteil ernähren lässt. Grundlage für eine bessere deutsche Zukunft ist nämlich die Schaffung von preiswertem Wohneigentum für jedermann!

Die Notiz in der Zeitung informierte auch darüber, dass Sawitzkis Firma einen Monat zuvor Konkurs angemeldet hatte. Als Grund wurde sein waghalsiges Immobilieninvestment im deutschen Osten angegeben, durch das er über Nacht zahlungsunfähig geworden war. Der Strolch besaß immer noch rund zwanzig Wohnungen in Spanien. Ich war wohl der einzige Mitwisser.

Ich musste auch einen Moment an Fleißberg denken, an den ewig versponnenen, schrillen Kreativen. Im Verbund mit dem knallharten Geschäftsmann war er zeitweilig zum Sieger geworden. Ob seine Glückssträhne weiterhin von Bestand sein wird?

Ich traf Fleißberg zwei Monate nach dem Unglück, als ich meine restlichen Antiquitäten von Gerd holte. Im Kaufhof-Stehcafé, wo der gute Kaffee nur 1,50 Mark kostete und man jede Menge Frischfleisch anmachen konnte: Verkäuferinnen, Schülerinnen, Studentinnen, Sugarmuttis, Streunerinnen. Zuerst erkannte ich ihn gar nicht, weil er einen wilden, ungepflegten Vollbart trug und sein Gesicht dazu noch hinter einer gigantischen, pechschwarzen Dior-Sonnenbrille verbarg. Aber als ich mich dann auf einen der Barhocker setzte, weil mein Getränk kam, sprach er mich an:

„Alter, du im Kaufhaus Billigheimer? Biste so stier oder suchste 'ne Braut? Kein großer Auftritt mehr im illustren Kreis der Terrassencafézocker?

„Ja, ja. Meine Existenz unter den reichen Schmeißfliegen wird mir doch zum Verhängnis. Abgestempelt und in die ewig abgeschlossene Schublade gesteckt. Das kann nicht bleiben! Darum Kehrtwendung. Wie geht es dir, Peter? Frühstück im Hotel de Paris, Lunch im Negresco, Teatime auf der Carltonterrasse? Geile Abkehr vom täglichen Einerleielend der Normalos. Verkaufst du immer noch gut? Mensch, Fleißberg, eigentlich sah ich dich in meinen wilden Träumen schon im Foyer vom Waldorf Astoria rumlümmeln: Irgendwelchen reichen New York-Spinnern deine Kunstergüsse aufs Auge drücken. Höchste Weihen und Anerkennung der Weltartszene empfangend. Was bringt dich zurück in die Kulturkloake Frankfurt, in der der aufbegehrende, heimische Macher doch nur zum Niemand gestempelt wird, wo nur Blender und fremde Propheten zählen?"

Fleißberg sah sich um, und weil wir alleine waren, rückte er mit seinem Hocker näher.

„Jörg, dir als altem Kumpel kann ich es ja offen sagen: Mir schwimmen zurzeit die Felle davon. Der tragische Tod meines Geschäftsfreundes Emil als Auslöser, ich sage bewusst „Geschäfts-Freund". Ich stürze zurzeit ins Bodenlose. Du bist doch ein Durchblicker, dem man nichts vormachen kann: ER war doch der Träger meines Ruhms, Erfolgs, Senkrechtstarts. Weil die International Artmafia nur, wenn du mit dem stärksten, erfolgreichsten Abkocherteufel einen Pakt schmiedest, für Übererfolg garantiert. Er ködert, besticht die staatlichen

Sammlungen, schafft Platz bei den privaten Galeriezockern, die aus dem Nichts den nicht existierenden Marktwert vortäuschen, und baut deine Erfolgsgarantie bei den reichen Sammlern auf. Mein Pakt mit dem Teufel lief rasant an, in nicht mal sechs Jahren. Die Frage ist, ob mich ein anderer rechtzeitig abfängt und wieder hochpokert. Sawitzki war ein Supermephisto, ein König der Intrige, des geschmierten Einflusses, des geschickten Absahnens."

Ich war mir schon längst darüber im Klaren, dass das moderne, lukrative Artbuisiness nur so funktionieren konnte. Emil hatte mir ja bereits genug Aufklärung verschafft. Ich hatte Mitleid mit Peter. So kurz vor der dicken Ruhm- und Cashorgie ins Bodenlose abgestürzt.

„Peter, du bist einer der besten Typen, die ich kenne. Dein handwerkliches Können, gepaart mit Kreativität und einem Schuss des so wichtigen Größenwahns, wird dir auch weiterhin den Erfolg ebnen und Anerkennung sichern. Mach mutig weiter, und traue dich! Daran glaube ich."

Er rückte näher an mich heran, drückte mir dankend die Hand. Ich bemerkte an seinem hochroten Kopf, dass er gerührt war, und freute mich. Streicheleinheiten sind nicht mit Gold aufzuwiegen. Sie sichern dir Ergebenheit und Treue, schmälern aber nicht die Brieftasche.

„Also, du mit deinen Häusern hast es ja wohl richtig gemacht und dein Geld clever ins Ausland geschafft. Beneide dich, weil ich mich tagtäglich prostituieren muss, um zu überleben. Ich finde keine vernünftige Galerie. Nur ab und zu einen alten Kunden, der noch ein Bild nachkauft. In den letzten zehn Monaten wars nur einer und der Arsch hat mich auch noch auf 8.000 Mark runtergehandelt. Wir werden älter, verdammt. Da ist kaum noch Zeit übrig. Mein Leben lang habe ich konstant an meinem Ziel gearbeitet, ein erfolgreicher, anerkannter Künstler zu sein, der dieser Welt etwas gibt, andere mitreißt mit der Idee, unsere Welt zu einem glücklichen, sprudelnden Gesamtkunstwerk zu verändern, das Lebensfreude, Lebensbejahung, Lebenszufriedenheit sät und wachsen lässt. Ein Werk, das alle bereichert, Kraft weitergibt, die allen gute Ernte bringt. Du bist ja im Endeffekt auch nur so einer von dieser armseligen angepassten Spießern. Keine Ahnung von den wahren Werten, schön mitrennen im Schutz der Hammelherde. Kannst mich doch am Arsch lecken."

Der „große Fleißberg", nie besonders nett, immer noch ein Topego mit geilem Ausflippen drauf. Ich traf ihn danach nie wieder und hörte auch nichts mehr von ihm, vom „großen Fleißberg". Vielleicht wird er nach seinem Tode berühmt?

Erster Januar 2012. Wieder ein neues Jahr. Was es wohl bringt? Heute war es noch immer sehr stürmisch in Benalmadena. Von der Terrasse aus seh ich Feuerwehrleute, die mit ihren knatternden, manchmal aufkreischenden Stihl-Motorsägen die umgestürzten Bäume des nächtlichen Sturms zerteilen. Nun wird der Himmel endlich klar, und die Vormittagssonne knallt allmählich alles warm. Ich hole ihn sofort raus, meinen geliebten Pagodendach-SL. Vorsichtig befreie ich ihn von seiner schützenden Wetterplane, unter der dann sein immer noch, obwohl leicht verknittertes, neu aussehendes, schwarzes Stoffdach hervorlugt. Startet natürlich problemlos. Rollt ungewöhnlich ruhig hinaus auf den sorgfältig geharkten Hinterhofkies und überwältigt mich wie immer mit seinem spektakulären, feuerroten Lack. Wie ein frisch poliertes „Judenei" glänzt er in der nun explodierenden Sonne. Judenei?

„Wieder so ein Nazischimpfwort", denk ich laut.

Vom Vater war er mir früh eingeimpft worden, und andere zündeten ihn erneut in meinem Gehirn: den ansteckenden Machovirus, der dich „stark macht": Fremdenhass! Heute kann ich meine ehemalige Gleichgültigkeit kaum fassen. Der gute „Affe" bewies mir, dass wir alle nur schwache Menschen sind, die es ganz schön hart haben, im täglichen Konkurrenzkampf zu überleben. Harte Bandagen sind manchmal notwendig, aber wir sind doch alle Brüder im gleichen Boot und manchmal schneller aufeinander angewiesen, als wir es vorher zu träumen wagten. Jeder hat verborgene Stärken, die er im entscheidenden Moment zum Guten mobilisieren kann. Wir müssen uns respektieren und gegenseitig helfen. Wir machen dadurch unsere Welt lebenswerter. Sie gehört uns doch allen. Wir haben sie nur geborgt für diese paar kurzen Lebensjahre. Ich kapierte endlich: Affrendi war für mich ein dummer, gerade aus dem Mittelalter bei uns eingeschlichener „Bauernlümmel" und entpuppte sich hernach als Menschenfreund mit großem Herzen. Vaters „Juden-Itzig" mit der „fliehenden Stirn" war in Wirklichkeit ein knallharter Nazioffizier, der „über Leichen" ging, und Aki, der „Nationalsozialistische Kosten-Nutzen-Rechner", der mit der Idee, „alte, unnütze Esser" zum Wohle aller frühzeitig auszumerzen hausieren ging, war der Sohn eines verfolgten Juden des Dritten Reiches.

Ich halte an, steige aus und löse das Verdeck. Klappe es unter das hochgeklickte, mit beigefarbenem Leder verbrämte Abdeckblech. Die gleichfarbigen Lederpolster glänzen edel. Ich setze mich, lass die Tür sanft ins Schloss fallen und fahre langsam hinunter zur Küstenstraße. Dort schalte ich mein Lieblingstape an: das Nirvana-Album mit dem letzten Angstgekreische des Selbstmörders Cobain. Dreh die Lautsprecher hoch und peitsche die Membrane. Das immer noch stürmische Meer schäumt, tost und donnert dazu theatralisch. Ich cruise und kapiere: Bin doch für mich der „King of the world", bis zur letzten Sekunde, wenn der Tod mich auslöscht.

:-(„Schade, schon zu Ende“,
haben Sie jetzt bestimmt gedacht.
Aber keine Sorge, es gibt doch noch mehr
kurzweilige Bücher aus dem Solibro Verlag :-)

»Am Tag, als Janis Joplin starb, unterschrieb mein Vater den Kaufvertrag für unser Reihenhaus. Er legte so den Grundstein dafür, dass eine große Liebe zu einer Gütergemeinschaft verkam.«

Empfohlen von Ingo Naujoks bei **Jürgen von der Lippes »Was liest Du?«** im **WDR**

»Es gibt Bücher, die sind so gelungen, das man sie kaum aus der Hand legen mag – es sei denn, um sich die Lachtränen abzuwischen. Frank Jöricke ist mit seinem Erstling ein derartiges Kunstwerk gelungen.«

Badisches Tagblatt

Frank Jöricke:
Mein liebestoller Onkel, mein kleinkrimineller Vetter und der Rest der Bagage
Münster: Solibro Verlag 2010
[cabrio Bd. 2]
ISBN 978-3-932927-36-2
Broschur • 256 Seiten

mehr **Infos** & **Leseproben**:
www.solibro.de

»Regeln sind nur wichtig, wenn sich das Herz nicht sicher ist.«

»Ein abenteuerliches Buch. Voller Sehnsucht, voller Empathie, voller Verzweiflung und Gelächter.«

Mathieu Carrière

»Es ist in der Tat so, dass man beim Lesen anfängt, die guten Sätze zu unterstreichen, und bald ist die Hälfte des Buchs unterstrichen, und dann schaut man sich die restlichen Sätze an und stellt fest, dass die eigentlich auch sehr gut sind.«

Süddeutsche Zeitung